개정증보판

눈길을 사로잡는
스마트폰 앱 UX & UI 디자인

눈길을 사로잡는
스마트폰 앱 UX & UI 디자인

지은이 **김영삼**

펴낸이 **박찬규**   엮은이 **이대엽**   디자인 **북누리**   표지디자인 **아로와 & 아로와나**

펴낸곳 **위키북스**   전화 **031-955-3658, 3659**   팩스 **031-955-3660**
주소 **경기도 파주시 문발로 115 세종출판벤처타운 311호**

가격 **30,000**   페이지 **528**   책규격 **190 x 240mm**

개정증보판 3쇄 발행 **2017년 07월 31일**
ISBN **978-89-98139-47-6 (93000)**

등록번호 **제406-2006-000036호**   등록일자 **2006년 05월 19일**
홈페이지 **wikibook.co.kr**   전자우편 **wikibook@wikibook.co.kr**

Secrets of Seductive UX & UI Design: Principles and Practices
Copyright © 2015 by 김영삼
All rights reserved.
First published in Korea in 2015 by WIKIBOOKS

이 책의 한국어판 저작권은 저작권자와의 독점 계약으로 위키북스가 소유합니다.
신 저작권법에 의해 한국 내에서 보호를 받는 저작물이므로 무단 전재와 복제를 금합니다.
이 책의 내용에 대한 추가 지원과 문의는 위키북스 출판사 홈페이지 wikibook.co.kr이나
이메일 wikibook@wikibook.co.kr을 이용해 주세요.

이 도서의 국립중앙도서관 출판시도서목록(CIP)은
서지정보유통지원시스템 홈페이지(http://seoji.nl.go.kr)와
국가자료공동목록시스템(http://www.nl.go.kr/kolisnet)에서 이용하실 수 있습니다.
CIP제어번호 2014005931

눈길을 사로잡는
스마트폰 앱 UX & UI 디자인

Secrets of Seductive UX/UI Design: Principles and Practices

디자이너와
개발자가 함께 보는

개정증보판

김영삼 지음

위키북스

앱 UX/UI 디자인의 시작

아직 온라인보단 오프라인을, 그래픽보단 수작업을 더 좋아합니다. 처음 펜을 잡을 때부터 화려한 기교보다는 손끝에서 나오는 나의 감각을 더 믿고 움직였습니다. 아직도 책상 한쪽에는 뭉툭한 미술 연필과 스케치북이 있습니다. 그래픽을 위한 디자인이 아닌 디자인을 위한 그래픽을 하고 싶습니다.

단지 디자이너라는 이름으로 포토샵을 만지는 엔지니어에 그치지 않고, 스마트폰 UX/UI 전문 디자이너와 개발자로 새롭게 시작할 수 있게 저의 경험과 기술을 아낌없이 보태드리겠습니다. 분명 중요하지만 그동안 많은 관심을 받지 못했던 앱 UX/UI 디자인에 대해 이야기하고 싶었습니다.

모바일의 시대, 하지만 디자인은?

국내 모바일 환경은 IT의 발전과 함께했으며, 전 세계적으로도 콘텐츠와 기술력 면에서는 항상 선두를 유지해왔습니다. 특히 불과 몇 년 사이에 스마트폰의 보급과 그에 따른 앱 시장은 이제 IT 시장에 빠질 수 없는 중요한 위치를 차지하고 있습니다.

동시에 앱 개발에 필요한 전문 인력을 양성하는 교육센터 및 학원들도 수없이 생겨났습니다. *어떤 운영체제가 전망이 좋다더라, 어떤 개발 언어를 배워야 한다더라* 등 모든 앱 개발이 프로그래밍 언어 위주로만 생겨나고 마치 프로그래밍 언어로만 앱이 만들어지는 것 같은 분위기가 형성됐습니다. 그 누구도 앱 디자인과 기획에 대해서는 아무 관심이 없었습니다.

그 결과, 앱 시장의 거품이 사라진 현재 넘쳐나는 개발자와 앱 시장의 과열, 한 박자 느린 정부의 지원, 무료 앱의 난립 등으로 스마트폰 강대국인 우리나라를 대표하는 앱은 손에 꼽을 정도로 적은 게 현실입니다.

물론 앱 개발에 필요한 개발과 환경도 중요합니다. 하지만 최근의 앱 트렌드는 감성과 철학입니다. 다행히 최근에는 앱 개발에 필요한 UX, UI, 기획, 디자인 쪽에도 점차 관심이 늘어나 앱 개발을 단순한 프로그래밍과 운영체제의 조합이 아닌 다른 시각에서 접근하는 방식에도 관심을 두기 시작했습니다.

앱은 수많은 코드와 이미지의 조합으로 이뤄집니다. 모바일 기기는 하루 24시간 동안 사용자와 함께하기에 그 위력이 대단합니다. 이런 앱에 생명력을 불어넣는 것이 바로 기획과 디자인입니다. 앱 개발에 필요한 개발 관련 책과 정보는 무수히 많은 반면 디자인에 대한 정보는 찾아보기 힘든 게 현실입니다.

디자인, 스마트폰 앱과 만나다.

과연 지하철이나 버스에서, 또는 침대에 편하게 누워서 최근에 가장 인기 있는 모바일 게임이나 앱을 즐기는 사용자가 "*이 앱은 정말 버그가 없군!*", "*이 게임은 프로그램 로직이 정말 잘 짜여져 있어?*"라는 생각을 할까요? 이제는 사용자를 사로잡는 탄탄한 기획과 눈을 뗄 수 없게 만드는 디자인을 중요하게 생각할 때입니다.

이 책을 기획하고 만들게 된 계기는 바로 여기에 있습니다. 비록 처음으로 앱 디자인에 관해 다룬 터라 부족한 면도 있겠지만 이를 출발점 삼아 앱을 기획하고 디자인하고 싶어하는 분들께 조금이나마 도움됐으면 좋겠고 앱 UX/UI 디자인에 관심을 두는 분들이 많아지길 바라는 바입니다.

앱을 사용해 보거나 제작 과정에 좀더 깊이 들어가 보면 앱은 단지 몇 백 줄의 코드와 몇 번의 포토샵 작업으로 나오는 것이 아닙니다. 최근 이슈가 되고 있는 감성과 철학, 트렌드, 사용자에 대한 이해, 버튼과 아이콘 하나하나의 위치와 색상 등 제작보다 앞선 그 무엇인가가 더 크게 작용한다고 볼 수 있습니다.

이 책을 통해 그 모든 것을 말할 순 없지만 그와 같은 기획과 제작에 필요한 최소한의 디자인 기술과 지식을 전파하고 자신이 제작자이자 기획자이고, 바로 사용자라는 사실을 항상 잊지 말아야 합니다.

디자이너들이여, 날개를 달자

디자인 관련 업무와 강의만 벌써 15년째입니다. 중간에 고비도 많았고 다른 분야에 대한 유혹도 많았습니다. 유행에 따라 방향을 바꿔야 하나, 라는 고민도 많이 했습니다.

특히 현업에 있으면서 느낀 국내 IT 업계에서 그래픽 디자이너라는 위치는 수동적인 자세, 전문성 부족, 짧은 생명력, 값싼 인력이라는 인식이 많았습니다. 이런 인식을 떨쳐 버릴 수 있는 방법은 바로 디자이너 자신의 마음가짐과 끊임없는 노력과 자기 계발일 것 입니다.

부디 디자인을 하는 모든 분들이 날개를 달고 좀더 넓고 큰 세상에서 꿈을 펼쳤으면 합니다.

스마트폰과 앱이 이슈로 자리 잡으면서 하던 일을 모두 접고 과감히 앱 디자인 교육이라는 분야에 뛰어들었습니다. 내가 말하는 바가 최선은 아니더라도 누군가는 앱 디자인에 관한 이야기와 중요성을 말해야 한다고 생각했습니다. 처음에는 국내 IT 교육 환경이 개발 쪽에 치우쳐 있어 상대적으로 불러주는 곳도 적고 앱 디자인 자체에 대한 중요성도 그리 높지 않았습니다. 하지만 점차 앱 개발을 바라보는 시선이 기획, UX/UI 쪽으로 바뀌면서 디자인에 대한 수요와 중요성도 함께 늘어났습니다. 그래서 조금 늦은 감은 있지만 이 책을 집필하게 됐습니다.

처음에는 황무지였던 앱 UX, UI 디자인 교육 시장의 중요성을 알고 항상 옆에서 도움을 주신 소프트캠퍼스의 윤상봉 부장님, 앱 디자인 교육에 대한 많은 관심과 지원을 해주시는 SK T아카데미의 김주성 과장님, 한경진, 최혜원, 김영주 대리님과 스태프 분들, 그리고 KT 에코노베이션 스마트스쿨의 전문기 매니저님과 생산성본부의 권오형, 이선임 연구원님, 그리고 전주정보영상진흥원의 이인규 차장님, 부산진흥원의 김경진님, 개발 환경과의 협업에 대한 많은 정보와 조언을 해주신 김미영, 장지은, 진현주, 윤재성, 김재웅 강사님, 항상 좋은 정보와 말씀을 해주시고 책 출간과 편집에 도움을 주신 위키북스의 박찬규 대표님과 이대엽님, 마지막으로 국내 IT 현장에서 자기자리에서 최선을 다하시는 많은 개발자와 디자이너분들께 감사를 드립니다.

김영삼

02. 스마트폰 앱 디자인 환경

02. 일러스트레이터의 활용

03. 포토샵의 활용

02. 스마트폰 앱 UX, UI 디자인

02. 앱 디자인 제작

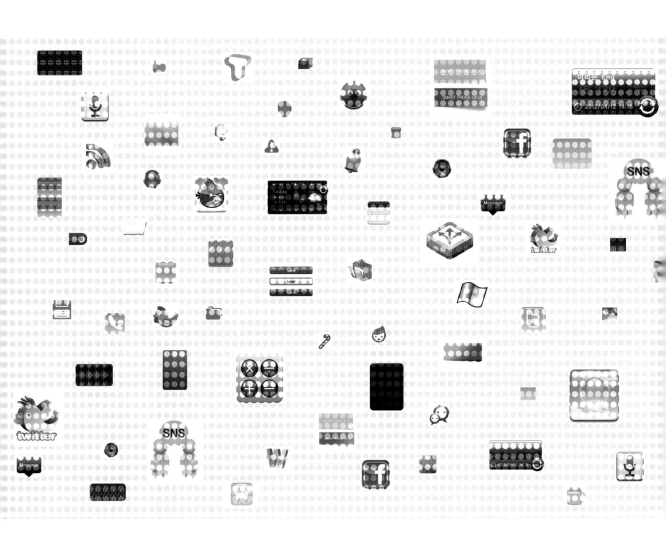

01

스마트폰 앱
UX, UI
디자인 환경

최근 스마트폰의 보급과 그에 따른 다양한 앱의 출시로 UX, UI, GUI가 더욱 중요해지고 있습니다. 화면 크기가 작은 모바일 환경의 효과를 최대화하려면 UX/UI 요소를 충분히 고려해서 기획해야 합니다. 이번 장에서는 디자이너가 알아야 할 UX, UI, GUI의 개념을 알아보고 이를 활용해 좀 더 효율적이고 아름다운 앱을 디자인하는 방법을 살펴봅니다.

01

UX, UI 디자인

UX

사용자 경험(UX: User Experience)은 사용자가 특정한 시스템, 제품, 서비스, 콘텐츠 등을 이용하면서 느끼는 총체적 경험을 말합니다. 단순히 기능이나 절차상의 만족뿐 아니라 지각 가능한 모든 면에서 사용자가 참여, 사용, 관찰하고 상호 교감을 통해 해당 브랜드나 상품, 콘텐츠에 대해 알 수 있는 가치 있는 경험입니다. 기업 입장에서 이런 부분을 기획하고 유지하는 과정 자체를 기업 입장의 UX라고 볼 수 있습니다.

이러한 흐름은 최근 새롭게 부상하는 스마트폰 분야에서도 확인할 수 있습니다. 스마트폰 환경에서는 사용자의 경험에 따른 조작의 편리성 및 UI 구성, 멀티태스킹(Multitasking), 실생활에 필요한 각종 앱의 활용 등으로 UX의 의미가 다양하게 정의되고 있습니다.

001.
UX란?

조작의 편리성	상품에 대한 이미지
효율적인 UI 구성	라이프 스타일의 변화
멀티태스킹	다양한 앱의 활용

스마트폰 환경의 다양한 UX 요소

UX 디자인

넓은 의미의 UX 디자인

사용자의 경험을 디자인한다는 뜻으로 UI나 GUI 개념보다 더 넓고 총체적이며, 기업의 문화적인 측면과 전략을 포함하는 개념입니다. 제품과 콘텐츠의 사용성을 개선하고, 사용자를 지속적으로 관찰해서 파악함으로써 사용자로 하여금 자연스럽게 기업의 UX 전략에 흡수되게 하는 것을 말합니다.

예를 들면 애플은 문화와 감성이라는 부분까지 포함해서 제품을 디자인합니다. 또한 아이팟, 아이패드, 아이폰, 아이TV까지 서로 다른 제품이라도 하나의 애플 제품을 사용하는 듯한 느낌을 주도록 UX 디자인에 통일성을 주고 있습니다.

아울러 맥 OS X의 최신 버전인 마운틴 라이언(Mountain Lion)에서도 아이폰이나 아이패드와 비슷한 인터페이스를 채용했습니다.

다양한 애플의 제품

iOS 기반의 통일된 OS

이처럼 넓은 의미의 UX 디자인은 사용자의 라이프스타일과 감성, 경험에 맞는 제품 및 콘텐츠를 기획/제작/서비스하는 일련의 과정을 포함하는 개념입니다.

좁은 의미의 UX 디자인

제품과 콘텐츠에 관한 전반적인 사례와 디자인에 대한 사항을 넓은 의미에서의 UX 디자인이라고 한다면 좁은 의미에서 UX 디자인은 하나의 콘텐츠 안에서 구현되는 전체 구조, 화면 설계, 조작의 편의성, 색상 등을 고려한 디자인을 말합니다.

보통 좁은 의미의 UX 디자인은 UI 디자인과 같은 의미로 사용되며 UX 디자인을 형상화한 것을 UI 디자인으로 볼 수 있습니다. 최근에는 스마트폰과 같은 모바일 기기의 열풍 덕에 모바일 기기의 UI나 앱의 UI 제작 및 디자인이 더욱 중요해지고 있습니다.

스마트폰을 포함한 모바일 기기가 제공하는 기능(터치패드, GPS, 동작 감지 등)을 제한된 화면 안에서 효과적으로 사용하게 하려면 효율적인 UI 디자인이 필수적입니다.

버튼 및 내용의 배치, 아이콘의 활용, 색상, 키패드 등과 같은 전체 화면의 구성 및 설계

UX 주요 사례

기존엔 상품 및 콘텐츠의 품질과 필요 부분에 중점을 뒀다면 최근엔 해당 상품과 콘텐츠에 연관된 서비스, 유행, 브랜드를 따르는 경향이 있습니다. 이는 **상품과 콘텐츠를 기획하는 회사의 전략이 바로 사용자의 입장과 경험에** 들어맞아 새로운 트렌드를 만들어 나가는 것입니다.

아이팟에서 아이패드까지

스마트폰이 보편화되기 이전의 휴대전화는 많은 한계가 있었습니다. 이동통신사의 정책, 단말기의 성능 등으로 항상 제한된 기능만을 제공했습니다. 따라서 사용자들은 디지털 카메라, MP3 플레이어, 휴대전화 등을 용도에 따라 따로 휴대하고 다녔는데, 최근엔 그 모든 기능이 하나의 스마트폰 단말기 안에서 구현되고 있습니다.

애플의 전략 중 하나는 새로운 트렌드를 이끌 제품의 발표회와 함께 항상 새로운 무언가를 선보인다는 것입니다. 언론에 굉장한 제품을 공개할 것이라고 모두 발표회에 주목할 때 최신 컴퓨터가 아닌 아이팟이라는 MP3를 선보였습니다. 그 후로 3년이 지난 후엔 아이팟은 애플 제품의 57%를 차지하며, 이 시대의 새로운 트렌드 아이콘으로 자리 잡았습니다.

하얀색 이어폰을 강조한 아이팟의 광고

MP3는 아무리 멋져도 주머니나 가방 속에 넣고 다니는 하나의 작은 모바일 기기였지만, 검은색 이어폰이 아닌 하얀색 이어폰을 귀에 꽂고 다니는 것이 어느새 패션 트렌드로 자리 잡았고 그 후 타사 제품의 이어폰도 대부분 하얀색으로 바뀌는 것을 볼 수 있습니다.

또 하나 새로운 점은 터치스크린 방식과 2~3번의 버튼 조작으로 원하는 정보에 도달할 수 있게 만든 인터페이스입니다. 이런 방식은 앞으로 많은 기업에 영향을 주어 대부분의 모바일 기기들이 기존 하드웨어 중심적인 디자인에서 소프트웨어와 인터페이스 중심의 디자인에 무게를 두기 시작했습니다.

아이팟   아이팟 터치   아이폰   아이패드   아이패드 미니

애플은 P2P 냅스터(Napster) 서비스에 이어 앱스토어를 기획해서 앱스토어와 아이팟 간의 연계를 통한 시스템을 만들어 MP3 플레이어의 새로운 시대를 열었고, 이것은 나중에 아이폰과 아이패드까지 이어지면서 하나의 애플 트렌드를 만들었습니다.

또한, 애플의 다양한 제품들을 하나의 선상에서 서로 연계할 수 있는 시스템을 만들어 애플 마니아까지 등장했습니다.

이런 애플의 UX 중심적인 기획이 얼마나 많은 트렌드를 만들어 내고 사용자들의 생활에 얼마나 많은 변화를 줄 수 있는지를 보여주는 대표적인 사례라고 할 수 있습니다.

스타벅스의 고급 커피에서 믹스커피까지

스타벅스는 커피 문화의 한 획을 그은 대표적인 사례입니다. 전 세계 40여 개국에 매장을 내고 특히 국내에서 큰 호응을 얻고 있는 고급 커피와 테이크 아웃(Take Out) 커피의 대표주자라고 할 수 있습니다. 너무나 평범한 상품인 커피를 고급화 및 문화 상품으로 전환한 스타벅스는 UX 측면에서 봤을 때 아주 성공적인 사례입니다.

스타벅스는 소비자들이 그 브랜드에 자신의 라이프 스타일을 맞추는 경우입니다. 이국적인 분위기와 비싼 가격 때문에 한동안 문제도 있었지만, 오히려 소비자들은 그 문화를 받아들여 스타벅스는 자신의 가치를 높이는 하나의 수단으로 발전했습니다. 스타벅스의 녹색 로고는 이제 고급의 상징이 됐으며, 커피 한잔으로 소비자들은 뉴요커(New Yorker)스러운 생활과 자신의 가치를 높일 수 있는 수단으로 생각하게 되었습니다.

스타벅스는 고급 커피 이미지의
대명사이며, 최근 고급 커피 믹스
시장까지 진출하고 있다.

타 업체들이 이와 같은 고급커피 시장에 참여해서 경쟁을 가속화하는 동안 스타벅스는 고급 커피 믹스를 내세워 또 한 번 새로운 커피문화를 만들고 있습니다. 최근에 새로운 마케팅 전략으로 코쿤족, 즉 싱글족들을 위한 인스턴스 커피인 Via라는 믹스 커피까지 출시해서 이제 도심과 고급 인테리어로 무장한 매장 말고 개인 가정과 사무실까지 진출 영역을 확대하고 있습니다.

스타벅스가 이런 커피 믹스를 출시하게 된 첫 번째 이유는 사용자가 인터넷을 통해 듣고 싶은 음악을 즉시 스마트폰에 내려받고, 읽고 싶은 책을 즉시 내려받아 전자책을 통해 받아 볼 수 있는 인스턴트 만족(Instant Gratification) 현상이 트렌드로 자리 잡고 있기 때문입니다.

두 번째 이유는 최근 증가하게 된 코쿤족, 즉 싱글족의 증가입니다. 코쿤족의 증가로 스타벅스를 가는 대신 집에서 고급 커피 믹스를 즐기는 수요가 많이 늘었고, 타 업체의 고급 매장 커피의 경쟁 심화와 경기 침체로 실업률이 증가하면서 매장에 있는 고급 커피의 수요가 줄었습니다. 이러한 시장의 변화로 전문 매장에서 맛볼 수 있는 수준의 스타벅스 커피를 집과 사무실에서도 즐길 수 있도록 커피 믹스 시장에 진출하게 된 것입니다.

사용자의 생활과 경험을 바탕으로 한 스타벅스 커피는 자연스럽게 사용자의 생활과 환경의 일부가 될 수 있는 UX의 좋은 예라고 볼 수 있습니다.

코닥의 UX 시스템

'UX란 사용자가 원하는 제품이 아닌 하나의 시스템이다'를 보여준 대표적인 사례는 코닥입니다. 이스트먼코닥(Eastman Kodak)은 1988년 기존에 있던 카메라의 큰 혁명을 일으켰습니다.

기존에 광각판을 통해 사진을 현상하던 방식은 일반 사용자가 이용하기에는 굉장히 불편했고, 쉽게 카메라에 접근하기 어려운 이유 중 하나였습니다. 하지만 필름 카메라로 전환하면서 대량 생산이 가능해졌고 사용자들도 쉽게 카메라를 이용할 수 있게 되었습니다.

또한 이스트먼코닥은 카메라를 위해 새로운 시스템을 구축했습니다. 필름 카메라 자체만으로도 큰 호응을 얻었지만 소비자들이 더는 스스로 현상하지 않아도 되게끔 코닥은 자체적으로 현상을 위한 공장을 설립해 소비자에게서 필름을 받아 직접 현상까지 해주는 시스템을 마련했습니다. 이때 코닥은 이와 같은 광고 문구를 사용했습니다.

"버튼만 누르세요. 나머지는 모두 알아서 해 드립니다."

이러한 시스템은 단지 카메라 생산에만 머물지 않고 카메라를 통한 하나의 흐름을 만들었고 이런 방식이 지금까지 발전해서 사용자가 직접 인화할 수 있는 디지털 카메라나 그 자리에서 바로 인화할 수 있는 폴라로이드 즉석 카메라까지 발전했습니다.

여기서 다시 한번 UX란 하나의 상품 및 콘텐츠가 아닌 하나의 시스템임을 확인할 수 있습니다.

양방향 통신이 가능한 디지털 TV 시대

UX적인 개념은 최근 휴대폰과 전자기기에 가장 큰 영향을 주었습니다. 지금까지 TV는 방송사가 송출하는 프로그램을 일방적으로 시청자가 시청하는 수준이었다면 디지털 기기의 발달과 인터넷을 이용한 네트워크가 발전하면서 이젠 시청자도 TV 프로그램에 참여할 수 있는 양방향 통신으로 바뀌고 있습니다.

TV를 보면서 바로 인터넷에서 정보를 검색하고 다양한 앱을 활용하며, 즉석에서 방송 콘텐츠를 주문할 수 있게 됐으며 방송 중 실시되는 설문 및 의견 수렴에도 실시간으로 참여할 수 있는 스마트 TV 시대가 오고 있습니다.

이런 기능은 시청자와 사용자의 생활 방식까지 바꿀 수 있는 하나의 큰 변화로 볼 수 있으며, 기술의 발전에 따라 새로운 UX 환경이 나타나는 예로 볼 수 있습니다.

UX는 트렌드다

앞에서 애플, 스타벅스, 코닥과 같은 유명한 UX 사례에서 알아본 것과 같이 UX는 하나의 트렌드 즉, 새로운 흐름을 만든다는 사실을 알 수 있습니다.

애플의 아이폰이라는 스마트폰이 나오면서 앱의 사용, 획기적인 UI 구성 등을 비롯해 새로운 스마트폰 시대가 열렸습니다. 그 후 출시되는 대부분의 스마트폰과 관련 앱들은 이런 흐름에 맞춰 출시되고 있습니다.

하지만 후발 주자들이 이런 흐름을 따르고 경쟁하고 있을 때 애플은 다시 아이TV라는 새로운 트렌드를 준비하고 있습니다.

마찬가지로 스타벅스도 고급스러운 인테리어와 커피로 새로운 커피 트렌드를 만들고 후발 업체들이 그에 몰두하고 경쟁할 때 값싸고 저렴하다는 인식이 보편적인 믹스커피를 다시 고급화 전략으로 준비해서 출시했습니다.

국내 업체에서도 이런 흐름을 따라 최근 다양한 고급 믹스커피를 연달아 출시하는 것을 볼 수 있습니다.

이처럼 UX란 사용자의 경험과 필요로 새로운 트렌드를 만들고 계속 발전하고 있는 것입니다. 우리가 스마트폰 관련 UX를 말할 때 항상 애플의 UX, UI 측면을 말하는 것은 시행착오를 겪으면서도 항상 새로운 것을 개발하고 인간 중심의 감성과 경험, 기술을 맞춘 제품을 출시하기 때문일 것입니다.

지금까지 UX에 관한 대표적인 사례를 살펴봤다면 앞으로는 이런 UX 관련 이론과 의미를 바탕으로 사용자에게 좀 더 효율적이고 아름다운 앱을 디자인하는 방법을 알아보겠습니다. 그 과정에서 스마트폰 앱 제작에 필요한 운영체제별 가이드라인, 디자인 기법, 디자인 환경, 앱 UX, UI 특징, 그래픽 기술 등 많은 부분에 대해 알아보겠습니다.

스마트폰 앱의 UX 환경 변화

"사용자는 실제 서비스를 보기 전엔 그 서비스를 원했는지조차 모른다."

UX란 뭔가를 보고 "오 멋지다 이거 신기한걸?" 이라고 느끼는 것이 아닙니다.

"그래! 맞다 맞아~! 이게 필요했었어!" 라고 느끼는 것이 바로 UX 입니다.

-스티브 잡스-

앞의 이야기는 스티브 잡스가 말한 UX에 대한 짧은 설명입니다. 최근 스마트폰 앱 개발이 활성화되면서 많은 사람이 앱 개발에 뛰어들고 있습니다. 하지만 대부분의 사람은 새로운 아이디어를 바탕으로 앱을 개발하려고 하는데 이는 새로운 어떤 것을 '발명'하려는 것과 같습니다. 물론 획기적인 아이디어를 바탕으로 개발되어 반짝 인기를 끄는 앱들도 있지만, 최근 성공한 앱들을 살펴보면 새로운 아이디어보단 기존에 있던 콘텐츠를 얼마나 스마트폰 환경에 잘 적용하느냐에 성공의 열쇠가 있는 것 같습니다. 즉, 성공적인 앱 개발은 발명이 아닌 발견이라는 의미와 더 가깝습니다.

앞 과정에서 성공한 UX 사례들을 살펴보았습니다. 대부분의 성공 사례들은 새로운 콘텐츠의 발명이라기보단 기존에 있던 콘텐츠를 사용자 생활에 밀접하고 편리하게 바꾸는데 초점을 맞추고 있습니다. 사용자의 생활과 아주 밀접한 연관이 있는 스마트폰 앱 UX는 다른 콘텐츠에 비해 사용자의 라이프스타일과 더욱 밀접한 연관성이 있습니다.

카카오톡의 메신저 서비스와 새로운 플랫폼 환경

한때 휴대전화의 문자 보내기 기능이 많이 사용됐습니다. 일일이 전화를 하기보단 문자를 이용해 간편하게 의사를 전달했습니다. 최근 스마트폰 사용이 확대됨에 따라 '문자'라는 용어보단 '카톡'이란 용어를 더 많이 사용하고 있습니다. 이는 스마트폰 시대가 오면서 새롭게 바뀐 변화로 볼 수 있습니다. 카카오톡의 문자 메신저가 인기를 끌자 네이버의 '라인', 다음의 '마이피플' 등과 같은 유사 서비스들도 나오기 시작했습니다. 이제 스마트폰 사용자라면 기존 문자 서비스보단 이런 앱을 이용한 문자 서비스를 더 많이 사용하게 되었습니다.

'카카오톡'은 대부분의 사람이 인정하는 성공한 앱 중 하나입니다. 이 앱의 주요기능인 문자 메신저는 그리 대단하거나 획기적인 아이디어는 아닙니다. 하지만 스마트폰 환경에 잘 적용된 UX 사례로 볼 수 있습니다.

카카오톡의 또 다른 새로운 UX 환경은 바로 플랫폼 서비스입니다. 카카오톡은 많은 사용자를 바탕으로 관련 앱들과 다른 앱들도 동시에 서비스하는 플랫폼 환경을 제시하였습니다.

인기 있는 앱이나 게임들도 카카오톡 플랫폼을 통해 서비스가 되면서 개별 앱으로 서비스하는 것보다 더 많은 사용자를 확보할 수 있었으며, 최근엔 포털 앱에서도 이와 유사한 플랫폼 서비스를 활발히 개발하고 있습니다.

페이스북, 트위터의 SNS 문화

스마트폰 사용자의 라이프스타일에 가장 영향을 미친 앱은 바로 페이스북과
트위터 같은 SNS 관련 앱일 것입니다. 이런 SNS 앱은 이제 하나의 문화로
자리 잡으면서 단지 SNS에 그치지 않고 동영상, 음악, 게임, 네트워크 등 다
양한 콘텐츠의 허브로서 발전해 나가고 있습니다.

SNS 관련 앱은 스마트폰 초창기 때부터 지금까지 계속 인기를 끌고 있지만,
개방형 네트워크와 개인 사생활 노출을 기피하는 사용자들을 위해 다시 로컬
(폐쇄형) SNS로 진화하고 있습니다.

기존 개방형 SNS 네트워크와 달리 친분이 있는 그룹끼리 또는, 같은 관심사
가 있는 사용자끼리 모이는 그룹형 SNS로 발전하고 있습니다.

대표적으로 가장 성공한 스마트폰 앱 UX 사례 두 가지를 알아봤습니다. 이
처럼 새로운 아이디어와 신기한 기능을 하는 앱보다는 가장 기본적이고 사용
자가 필요로 하는 점을 스마트폰 환경에 맞게 발전시킨 앱들이 더 성공한 스
마트폰 앱의 UX로 볼 수 있습니다.

002.
UI와 GUI란?

UI

사용자 인터페이스(UI: User Interface)는 휴대폰이나 컴퓨터 프로그램, 내비게이션, 전자 기기 등 시스템과 사용자 사이에서 의사소통하는 것을 목적으로 하는 사용 설명서의 일종이라고 할 수 있습니다. 이런 UI를 기획하고 설계할 때는 해당 시스템의 하드웨어적인 측면과 소프트웨어적인 측면을 고려해서 설계해야 합니다.

UI를 설계하고 디자인할 때 몇 가지 지켜야 할 원칙과 패턴이 있습니다.

특히 최근에는 스마트폰과 같은 다양한 모바일 기기의 출시로 UI의 중요성이 크게 주목받고 있습니다. 스마트폰에 쓰이는 UI는 앱을 포함하는 때도 있지만 대부분 스마트폰 자체의 기능과 디자인을 포함한 시스템 UI와 앱 자체의 기능을 수행하는 앱 UI로 나눌 수 있습니다.

시스템 UI

앱 UI

이러한 UI를 사용자로 하여금 좀 더 쉽고 효율적으로 사용할 수 있게 시각화한 것이 바로 GUI(Graphic User Interface)이며, UI와 GUI는 같은 의미로 볼 수도 있습니다.

UI 디자인 원칙

메타포

사용자들이 인식할 수 있는 적절한 메타포(Metaphor)를 이용해 해당 콘텐츠의 특징과 개념을 전달할 수 있게 해야 합니다.

예를 들어, 사무실에서 종이 서류를 보관하기 위해 파일 폴더를 사용하는 것을 컴퓨터나 스마트폰에서는 폴더 아이콘을 이용해 파일을 정리하거나 구분할 수 있게 만들어 놓았습니다.

또는 데이터를 저장할 때 디스켓을 이용해 저장하는 것과 마찬가지로 디스켓 모양의 아이콘과 버튼은 바로 저장의 의미를 나타냅니다. 이처럼 현실세계의 메타포를 이용해 인터페이스를 구성하면 좀 더 효과적이고 문화적, 언어적, 장벽을 쉽게 극복할 수 있습니다.

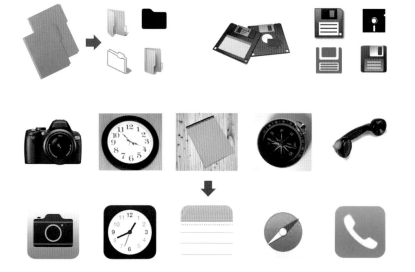

실생활에서 사용되는 이미지를 아이콘화함

아이폰에 사용되는 메타포 형식의 아이콘

직접 조작

직접 조작(Direct Manipulation)은 사용자로 하여금 버튼이나 아이콘 등을 이용해 직접 제어하고 있다는 느낌이 들게 하는 것입니다.

예를 들어 스마트폰을 조작할 때 아이콘을 누르면 바로 실행된다거나 아이콘을 직접 드래그해서 휴지통에 버리거나 하는 등 장면과 장면 사이의 흐름을 애니메이션으로 보여줘서 사용자가 실행한 화면이 확실히 실행되고 있음을 알려주는 것입니다. 이러한 직접 조작과 반응은 최근 스마트폰 UI에 많이 사용되는 방법의 하나입니다.

사용자가 손가락을 이용해
직접 조작하는 스마트폰 UI

보고 선택하기

사용자들은 화면에서 제공되는 정보를 바탕으로 행동하게 되며, 조작과 상
호작용을 할 때 자신이 무슨 일을 하고 있는지 화면상에서 볼 수 있고 자신이
보고 있는 것을 직접 확인해서 지정할 수 있도록 직관적인 UI를 설계해야 합
니다.

반응과 대화

사용자에게 시스템이 현재 무슨 일을 수행하는지 즉각적으로 알려줘야 합
니다. 조작과 작업을 수행할 때 시각적, 청각적, 진동 등과 같은 신호를
제공해야 합니다.

사용자의 터치에 반응해 준다.

스마트폰의 어떤 특정한 메뉴를 터치하면 사용자 반응에 의한 작은 진동을
느끼게 해서 현재 휴대폰이 작동되고 있음을 감지하게 하는 기능이나, 작은
키패드를 터치했을 때 다시 한번 확인시켜주는 기능 등이 있습니다.

관대함

시스템에 손상과 무리를 주지 않는 범위에서 모든 일을 사용자가 편하게 제
품과 콘텐츠를 조작할 수 있게 해야 합니다.

미적 완전함

미적 완전함(Aesthetic Integrity)이란 UI 디자인을 할 때 제품과 콘텐츠
가 지닌 최상의 디자인과 기능, 정보가 잘 조직되어 시각 디자인의 원칙에

일치한다는 것을 말합니다. 다시 말해 화면 상에서 훌륭하게 보이고 레이아웃 및 화면 설계의 수준이 높다는 의미입니다.

메타포와 그래픽적인 요소를 사용해 너무 많은 버튼과 복잡한 아이콘, 레이아웃의 부담감을 줄여야 합니다. 주제를 나타낼 때는 난해하거나 임의적인 그래픽 이미지를 사용하는 것도 피해야 하며, 일반적으로 사용자가 기대하는 행동에 그래픽 요소를 맞추게 하고, 버튼은 옆으로 밀리는 것이 아니라 눌려지는 것처럼 보이게 하는 것입니다.

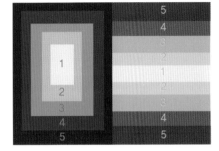

또한, 색상의 단계를 이용해 주제의 집중 또는 긍정적인 의미와 부정적인 의미의 구분을 통해 사용자가 더 쉽고 편하게 조작하도록 유도해야 합니다.

다양한 색상 단계

사용하고자 하는 색상의 가장 진한 색을 5부터 1까지라고 봤을 때 화면 중심에 집중하도록 단계적으로 표현해서 콘텐츠와 배경을 구분합니다.

옆의 그림과 같이 아이폰의 확인 팝업은 부정적인 동작은 어두운 바탕색 버튼으로 왼쪽에 배치하며, 긍정적인 동작은 밝은 바탕색 버튼으로 오른쪽에 배치하게 돼 있습니다. 그래서 사용자는 직관에 따라 긍정과 부정을 버튼의 배경색으로 판단하고 실수 없이 조작할 수 있습니다.

아이폰의 팝업창

사용자에 대한 이해와 접근성

UI를 구성할 때는 사용자가 제품 또는 콘텐츠를 사용하는 의도를 파악하고 그에 맞는 UI를 구성해야 합니다. 또는 사용자가 이동 중에 사용하는지, 정적인 사용인지 등을 고려해서 그에 맞게 UI 구성을 해야 하며, 항상 사용자로 하여금 제품의 테스트를 하게 해야 합니다.

가장 우선으로 제작하는 제작자 또한 사용자일 수 있기 때문에 사용자로서 고려하되 제작자 자신의 개인적인 취향과 성향은 최대한 자제한 후 UI를 설계해야 합니다.

모든 사용자가 컴퓨터에 접근할 수 있게 개발자가 상상한 평균 사용자와는 다른 대상 층을 염두에 둬야 하며 제품 개발 과정의 초기부터 대상 사용자의 문화적 및 언어적 요구와 기대사항에 유의해야 합니다.

조직성

해당 제품 및 콘텐츠의 UI를 설계하고 제작할 때 사용자에게 일관성 있는 개념적 구조를 제공해야 합니다. 이는 UI의 통일성과도 연관이 있으며, 일관성, 통일된 레이아웃, 항해성(Navigability) 등의 하부 원칙으로 강화될 수 있습니다.

예를 들면, 애플 제품의 UI는 일관성이 있어 다른 애플 기기를 사용하더라도 통일된 형태의 UI를 통해 사용자는 쉽고 빠르게 적응할 수 있습니다.

경제성

경제성이란 최소한의 표현으로 효율을 극대화하는 것입니다. 디자이너가 UI 설계를 하기 위해 꼭 필요한 요소만을 디자인하는 것을 의미하며, 너무 많은 기능을 제공하는 것은 바람직하지 못합니다. 또한 디자인된 모든 요소의 의미가 모호하지 않게 해야 합니다.

의사소통

UI 설계 및 디자인 시 보여줄 정보의 모습을 시각적인 요소를 이용해 알기 쉽게 조절하고 의사소통의 효율을 높이는 것을 말합니다. 가독성, 타이포그래피, 색상, 질감, 메타포, 아이콘 등의 요소를 적절히 사용하고 사용자와 콘텐츠 간의 규칙을 단순화할 필요가 있습니다.

장애인을 위한 디자인 원칙

최근 웹 접근성(Web Accessibility)의 의미가 강조되고 있습니다. 즉, 일반 사용자뿐 아니라 장애인을 위해 줌(Zoom) 기능이나 경보, 진동과 같은 기능을 부여함으로써 시각 장애인이나 청각 장애인을 위한 UI 설계도 중요합니다.

GUI

UI가 사용 설명서라면 GUI(Graphic User Interface)는 UI를 바탕으로 아이콘, 이미지 등을 사용해 해당 시스템을 쉽게 사용할 수 있게 한 그림 설명서라고 할 수 있습니다.

UI란 컴퓨터, 휴대폰, 내비게이션과 같은 기기를 조작할 때 사용하는 메뉴를
말하며, 더욱 쉽고 효율적으로 동작할 수 있게 아이콘 및 그래픽 등으로 구성
하는 것을 말합니다.

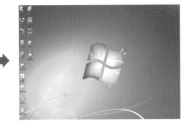
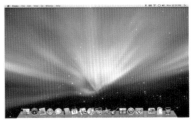

기존 운영체제의 UI 　　　　　　　　　　최근 출시되는 운영체제의 GUI

예전의 컴퓨터 사용 환경인 도스(DOS) 환경에서는 시스템을 운영하기 위해
별도의 실행 언어와 명령어를 알아야 했습니다. 하지만 최근의 윈도우 운영체
제는 아이콘과 이미지 형태로 돼 있어 누구나 쉽게 컴퓨터를 운영할 수 있습니
다. GUI의 중요한 점은 바로 접근성과 편의성에 있다고 볼 수 있습니다.

기존 휴대폰 UI(피처폰) 　　　　　　　　최근 휴대폰 UI(스마트폰)

최근 GUI 분야에서 가장 활발하게 개척되고 있는 분야가 바로 휴대폰입
니다. 피처폰 이후로 스마트폰의 등장으로 GUI의 중요성은 더욱 강조되
고 있습니다.

이전의 휴대폰은 화면의 크기, 용량, 색상 표현 및 콘텐츠 활용의 한계 때
문에 UI 구성이 제한적이었지만 스마트폰이 컴퓨터 수준까지 발전하면서
콘텐츠를 표현하는 데 거의 제약이 없어졌다고 볼 수 있습니다.

스마트폰 화면은 컴퓨터 모니터와 비교하면 아직까진 상대적으로 화면이 작기 때문에 효율직인 화면 구성과 조작의 편의성이 중요해졌고, 터치스크린 방식이 보편화되면서 사용자의 메뉴 활용 패턴을 고려한 디자인도 중요해졌습니다.

한 화면 안에서 모든 기능을 수행할 수 있는 화면 디자인

터치 영역을 고려한 키패드와 상호작용을 보여주는 디자인

통일성과 화면 전환, 검색의 효율성을 고려한 화면 디자인

UI 디자인의 흐름

UI 디자인에서 주의해야 할 부분은 바로 효율적인 화면 구성과 조작의 편의성입니다. 기능이 많다고 해서 UI 자체가 복잡해질 필요는 없습니다. 사용자들은 최소한의 터치를 이용해 자신이 원하는 정보를 얻고자 합니다.

복잡한 구조의 앱을 단순히 실행, 취소로만 구성

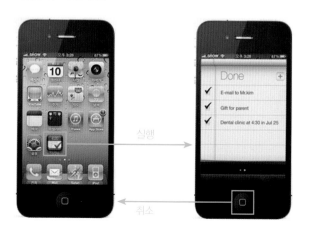

실행

취소

예를 들어 아이폰 같은 경우에는 복잡한 기능이 있음에도 앱 실행과 취소의 두 가지로 구분해 놓았습니다.

누구든 화면에 런처 아이콘(Launcher Icon)을 실행하고 전면에 있는 취소 버튼으로 다시 프로그램을 종료할 수 있습니다.

아주 간단한 구성이지만 이런 구성은 스마트폰 GUI의 대표적인 구성 방식으로 자리 잡았습니다.

이제 UI는 제작자의 범위에 국한되지 않습니다. 최근에는 사용자가 직접 자신이 원하는 UI를 구성하고 사용하는 기술까지 발전했습니다.

메뉴판을 보고 내가 원하는 음식만 추가해서 먹을 수 있는 것처럼 스마트 폰의 배경이나 앱 UI, 또는 블로그나 미니 홈피에 내가 원하고 필요한 기 능만 넣어서 나만의 GUI를 구성할 수 있습니다.

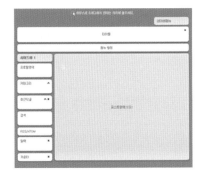   

사용자가 GUI를 직접 구성하고 꾸미는 블로그나 다양한 앱들

멀티태스킹과 액티비티(Activity)가 가능해지면서 GUI 또한 거기에 맞게 진화했습니다. 멀티태스킹은 하나 이상의 기능을 동시에 수행하는 기능이 며, 액티비티는 여러 개의 애플리케이션을 동시에 활용할 수 있게 하는 기 능입니다.

옆의 그림을 보면 새롭게 시작된 애플리케이션이 액티비 티 A라면 액티비티 Z는 가장 처음에 실행된 애플리케이 션입니다. 보통 스마트폰의 취소 버튼을 이용해 바로 전 에 실행됐던 애플리케이션으로 이동하는 것을 볼 수 있 습니다.

각기 다른 애플리케이션이지만 단말기의 취소 버튼 하나 로 컨트롤되는 것은 통합된 UI 안에서 구동된다는 것입 니다. 다시 말해 UI의 통일성을 의미합니다. 매번 애플리 케이션을 개발할 때마다 별도의 기능을 따로 넣는 것이 아니라 통합 플랫폼 이나 운영체제에서 한 번에 처리할 수 있게 만드는 것입니다. 이로써 효율적 인 화면 구성과 조작의 편의성을 확보할 수 있습니다.

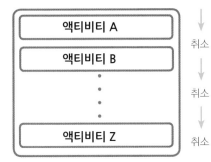

액티비티 구성

사용자 경험을 통한 웹 사이트의
기본 버튼 구성

사용자는 수많은 웹사이트를 서핑해본 경험을 토대로 대부분 로고는 좌측 상단에 있을 것이며, 그 버튼을 클릭하면 다시 첫 화면으로 이동한다는 것을 알게 됩니다.

또한, 많은 사용자가 자주 사용하는 메뉴를 빠른 실행 메뉴로 배치하는 것도 UX에 기반을 둔 UI 디자인의 일부로 볼 수 있습니다. 물론 디자인 측면의 혁신을 위해 이런 UX를 포기하기도 하지만 대부분의 사이트는 이런 형태의 UI를 갖게 됩니다.

사용자 경험을 통한 버튼 위치,
색상을 통한 화면 구성

최근 앱 UI 디자인은 통일성 있는 UI, 최소한의 조작, 버튼의 위치, 콘텐츠의 가독성, 색상의 활용, 단순함 등과 같은 UX 요소를 가지고 있습니다.

이는 모바일 기기의 특성상 이동 중일 경우 쉬운 조작과 빠른 인식, 작은 화면에서의 빠른 정보 전달, 터치 스크린의 특징 등과 같은 사항을 고려하기 때문입니다.

실사 이미지를 사용한 앱 UI 디자인

또한, 최근 앱 UI 디자인의 흐름을 살펴보면 나무, 종이, 가죽 등과 같은 실사 느낌을 주어 사용자가 좀 더 감성적이고 현실감을 느낄 수 있게 하고 있습니다.

모바일 기기의 디스플레이 발달로 현실감 있는 표현이 가능해지고 모바일과 현실과의 경계가 점차 사라지고 있습니다. 이런 UI 디자인의 흐름은 기술의 발달과 무관하지 않으며, 그에 따라 디자인도 점차 변화하고 있습니다.

UX, UI 디자인은 기술과 함께 발전한다

003.
UX, UI 디자인

최근 모바일 기기와 디지털 기술의 발전으로 UX, UI 디자인도 함께 발전하고 있습니다. 기존 텍스트 위주의 기계적인 UI에서 더 화려해진 그래픽 표현, 터치스크린, 동작 감지 등을 이용한 UI 구성 등으로 변화하는 추세입니다.

이동   그리기   확대   축소   누르기   이동   기울이기 가장 대표적인 사례는 앞의 그림과 같은 직접 조작입니다. 이러한 직접 조작으로 지금까지와는 새로운 형태의 UI 구성이 나타났습니다.

화면의 이동, 확대, 축소, 기울이기와 같은 일반적인 사용자의 행동과 경험을 바탕으로 한 UX 구성은 스마트폰의 대표적인 UI 구성 중 하나입니다.

기울이기

이동

확대/축소

UX, UI 디자인은 표현과 경험이다

UX 디자인은 어디까지 표현해야 할까? 표현 방법에 정해진 규칙은 없습니다. 하지만 UX 디자인은 항상 제작자가 아닌 사용자 편의와 경험을 기반으로 해야 합니다. 즉, 텍스트 및 색상의 강조, 동작의 효율성, 이미지의 사용, 정보의 신뢰 등 사용자의 사용성, 편의성, 적응성, 신뢰성, 디자인 등을 고려해서 UX 디자인을 해야 합니다.

UX 디자인 예1

	5월 20 (금)	5월 21 (토)	5월 22 (일)	5월 23 (월)	5월 24 (화)
서울/경기	흐린 후 갬 최저: 16도 최고: 22도 강수확률: 30%	맑음 최저: 17도 최고: 21도 강수확률: 10%	맑음 최저: 16도 최고: 22도 강수확률: 10%	구름 많음 최저: 19도 최고: 23도 강수확률: 10%	흐림, 황사 최저: 20도 최고: 24도 강수확률: 10%
서해5도	흐림 최저: 17도 최고: 20도 강수확률: 140%	흐린 후 갬 최저: 19도 최고: 21도 강수확률: 50%	구름 많음 최저: 16도 최고: 20도 강수확률: 20%	흐린 후 갬 최저: 20도 최고: 22도 강수확률: 45%	맑음 최저: 19도 최고: 21도 강수확률: 5%
영서	구름 많음 최저: 17도 최고: 23도 강수확률: 15%	맑음 최저: 16도 최고: 23도 강수확률: 15%	구름 많음 최저: 17도 최고: 21도 강수확률: 25%	맑음 최저: 20도 최고: 24도 강수확률: 30%	가끔 비 최저: 20도 최고: 20도 강수확률: 70%

앞의 그림은 최근 날씨를 기록한 표입니다. 만약 표에 내용이 텍스트로만 빽빽하게 들어있다면 사용자는 날씨에 대한 정보를 파악하기가 어려울 것입니다. 이때 현재 날씨에 대한 정보는 텍스트의 굵기 처리나 표의 색상 처리로 강조해서 쉽게 알아보게 할 수 있을 것입니다. 이런 작은 부분도 UX 디자인의 하나로 볼 수 있습니다.

텍스트 위주의 정보를 다시 한번 옆의 그림과 같이 표현했습니다. 사용자는 지난 날씨보단 현재 날씨와 내일 날씨를 더 중요한 정보로 생각하기 때문에 중요한 정보 순으로 배치하고 아이콘을 통해 중요한 정보를 시각화했습니다.

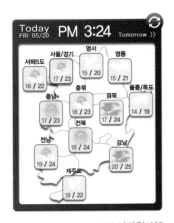

UX 디자인 예2

사람마다 조금씩 차이는 있겠지만 표로 나타낸 내용보다는 훨씬 더 보기 편하고 내용 전달이 잘 되는 것을 확인할 수 있습니다.

만약 날씨에 대한 정보에서 사용자가 생각하는 중요한 정보를 일반적인 기준에서 순서대로 나열하면 현재 날씨(내가 있는 지역) → 내일 날씨 → 주간 날씨 → 다른 지역 날씨 등으로 볼 수 있습니다.

이러한 정보를 사용자에게 최대한 효율적으로 표현할 필요가 있습니다. 그래서 이와 같은 구성으로 현재 시각과 날짜, 내가 있는 지역의 현재 날씨와 다른 지역 날씨 등을 한눈에 볼 수 있게 표현했습니다.

텍스트 위주의 정보를 좀 더 시각화하고 다양한 정보를 보여줌으로써 사용자의 접근성과 정보의 효율성을 높일 수 있습니다.

UX 디자인 예3

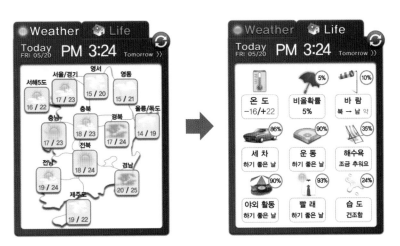

UX 디자인 예4

UX 디자인은 어디까지 표현해야 할까? 처음 텍스트와 표로 구성했던 날씨 정보가 계속 발전해서 위와 같은 형태로 표현됐습니다. UX 디자이너는 기존 상식에서 시작해 최근 유행하는 트렌드와 표현 기술, 사용자의 경험을 바탕으로 계속 발전시킬 수 있습니다.

UX, UI 디자인 프로세스

넓은 의미에서 UX, UI 디자인이란 콘텐츠에 대한 기획과 제작 등 전반적인 설계를 하는 것이며, 좁은 의미에서는 콘텐츠 자체의 기획, 구성, 디자인하는 것을 말합니다.

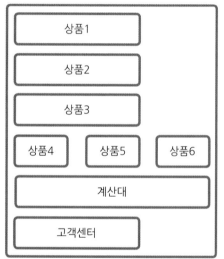

옆의 그림은 대형 마트의 기본적인 구성도입니다.

이때 소비자의 동선을 고려하고 원하는 상품을 어디에 어떻게 배치할 것이며, 또한 최대한 효율적인 쇼핑과 소비자가 원하는 제품은 무엇이고, 앞으로 어떻게 고객 관리를 할 것이냐, 그리고 상품 구매부터 집까지의 운송 또는 배송 서비스 등 전반적인 설계와 기획을 하는 것이 UX 측면입니다.

소비자에게 마트에 대한 이미지, 효율적인 동선을 배려한 상품의 배치, 쾌적한 환경 조성 등을 UX를 바탕으로 실천하는 것이 UI라고 볼 수 있습니다.

그리고 상품 특성(종류, 나이, 신상품 여부 등)에 맞는 상품 배치, 상품을 홍보하고 주목하게 하는 POP 광고, 상품 매대와 매장의 인테리어 등은 GUI에 속합니다. 이처럼 UX는 기획, UI는 설계와 실천, GUI는 표현으로 볼 수 있습니다.

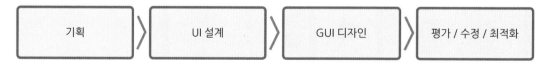

UX, UI 디자인 프로세스도 이처럼 기획, 설계, 디자인 순으로 진행되며, 이때 디자인을 위한 설계가 아닌 사용자의 경험과 감성, 교류를 중심으로 설계해야 합니다.

기획

상품 및 콘텐츠에 대한 기획을 말합니다. 이때 사용자의 특성, 목적, 편의
성, 사용성, 라이프 스타일 등을 비롯해 상품 및 콘텐츠의 장치(Device)
를 고려해야 합니다.

최근엔 스마트폰이나 태블릿 PC와 같이 특수한 기능이 탑재된 하드웨어에
맞춘 기획도 중요하게 여겨지고 있습니다. 이때 상품 및 콘텐츠의 사용성에
대해 기획만 하는 것이 아니라 효율적인 제작 프로세스와 충분한 시장조사,
벤치마킹 등도 여기에 포함돼야 합니다.

UI 설계

기획 단계에서 나온 내용을 바탕으로 실제 시뮬레이션 상품 및 UI를 제작합
니다. 이때 기획상에 오류가 있다면 수정하고, 시각적으로 볼 수 있는 도표
구조 및 콘티, 페이퍼 프로토타입 등을 제작합니다. 또한, 최근에는 시스템과
사용자와의 관계인 HCI도 고려해서 설계합니다.

HCI란 Human Computer Interaction의 약자로서 인간과 컴퓨터 간의
상호작용을 나타내는 용어입니다. 사용자가 직접 참여해서 사용성 향상에
대한 의견과 문제 해결 등을 통해 인간 공학과 심리학 등에 바탕을 두고 시스
템과의 상호 관계를 향상시킬 수 있는 설계와 디자인을 의미합니다.

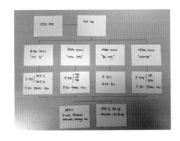  

스마트폰 앱의 경우 위의 그림과 같이 페이퍼 프로토타입(Paper
Prototype)을 이용해 전체 구조 및 UI, 화면 설계 등을 미리 시뮬레이션합
니다. 이를 통해 제작 전에 프로토타입을 수정, 편집해서 좀 더 효율적인 UI
설계를 할 수 있습니다.

GUI 디자인

콘텐츠에 들어갈 GUI를 완성하는 단계로, 디자인 요소와 실제 하드웨어의 UX 측면을 고려해서 디자인합니다. 또한, 기타 세부적으로 들어가는 서브 디자인, 버튼, 아이콘, 동적 이미지, 사운드, 애니메이션 등을 첨부해서 실제 시뮬레이션을 합니다.

평가 / 수정

완성된 UX, UI를 장치(Device)에 적용해 알파 테스트(내부 테스트)와 베타 테스트(외부 테스트)를 거쳐 장치에 최적화합니다. 이때 사용자 편의성과 효율성, 디자인 등에 대한 최종 평가와 수정이 이뤄집니다.

UX, UI 디자이너의 자세

디자인하기 전에 기획 의도를 확실하게 이해한다

UX, UI 디자인은 사용자 중심에서 기획하고 제작하는 것입니다. 디자인하기 전에 기획 의도에 맞는 확실한 정보와 배경 등을 정확히 파악하고 **충분한 자료 조사와 항상 필요에 의한 디자인을 할 수 있게** 미리 준비 단계를 거쳐야 합니다.

- 제작 의도
- 적용될 하드웨어의 특징 및 가이드라인
- 사용자 특징 파악

팀 간 업무 프로세스를 이해하라

UX, UI는 단순히 디자이너 혼자만의 역할이 아닙니다. 최근 UX, UI 디자인은 기획적인 면, 기술적인 부분에 많은 영향을 받기 때문에 상호작용을 통해 좀 더 긍정적인 측면으로 발전시켜야 합니다.

함께 작업하는 팀 간에 마찰 및 시행착오를 최대한 줄이기 위해서는 서로의 기술과 업무를 이해해야 합니다. 제작 초기부터 팀 간의 마찰과 이해 부족으로 프로젝트의 방향 자체가 잘못 잡히는 경우도 많기 때문입니다.

디자이너는 모든 프로세스에 참여하라

UX, UI 디자이너는 단지 UI를 아름답게만 하는 것이 아니라 실제 기획부터 개발자와의 소통, 실제 평가와 의견 수렴 등 모든 부분에 참여하고 열린 태도로 접근해야 합니다.

다른 사람의 의견을 충분히 수렴하라

모든 사람은 자신만의 생각과 주관이 있습니다. 특히 디자인은 제작자마다 특징이 더욱 잘 드러나는 분야 중 하나입니다. 디자이너들은 자기 작품에 빠져서 쉽게 그 디자인을 벗어나기가 어렵습니다. 이때 제삼자의 의견과 성공한 디자인의 패턴을 따르는 것도 중요합니다.

우리는 개인 작품 활동을 하는 예술가가 아니라 상업적인 디자인을 하는 사람으로서 자기 주관보다는 사용자 입장에 맞춰 디자인해야 합니다.

능동적으로 임하고 자신만의 경험을 살려라

아무리 자료 조사와 벤치마킹을 통해 좋은 디자인을 참고하더라도 디자이너 자신의 창조와 노력 없이는 절대 자기 것으로 만들 수 없습니다. 본인만 알고 있는 노하우, 자료 등을 찾아 그것을 다시 재창조할 수 있는 능력을 키워야 합니다.

디자이너는 사용자이자 제작자가 될 수 있다는 최대의 장점이 있기 때문에 그 경험을 살린 디자인을 할 때 가장 훌륭한 UX, UI 디자인이 탄생할 수 있습니다.

스마트폰 앱 UX, UI 디자인 특징

단순하고 사용하기 편한 디자인

단순하고 사용하기 편하게 디자인한다는 것은 모든 UI 디자인의 기본 원칙이며, 특히 아이폰 UI에서 쉽게 찾아볼 수 있습니다. 스마트폰을 사용할 때는 동시에 여러 가지 작업을 하는 멀티태스킹이 가능하므로 앱의 사용법 및 휴대폰 조작이 단순하고, 각 작업이 쉽게 처리돼야 합니다.

단순하고 사용하기 편한 UI를 디자인하기 위해서는 다음의 몇 가지 사항을 따라아 합니다.

애플리케이션 사용법을 명확하게 한다

애플리케이션의 조작법을 사용자가 즉시 이해하고 사용할 수 있게 간단명료하게 디자인해야 합니다. 아울러 애플리케이션의 주 기능이 즉시 드러나야 합니다. 사용자가 선택해야 할 컨트롤의 수를 최소화하고, 컨트롤이 정확히 어떤 일을 하는지 레이블을 좀 더 명확하게 나타내야 합니다.

예를 들어, 아이폰의 기본 애플리케이션 중 하나인 시계 애플리케이션의 스톱워치 기능을 보면 어느 버튼이 시작/정지 버튼이고 어느 버튼이 랩타임 버튼인지 한눈에 알 수 있습니다.

아이폰의 스톱워치 기능

이러한 UI를 디자인할 때 화려하거나 사실감 넘치는 스톱워치 시계를 구현할 수도 있지만 아이폰에서는 간단명료하게 기능에 충실한 UI 디자인으로 구현했습니다.

UI 디자인에서 색상이 나타내는 의미 또한 중요한 요소입니다. 주 기능과 부 기능의 버튼을 색깔의 차이로 구분해서 사용자가 기능의 우선순위를 쉽게 파악할 수 있습니다.

자주 사용하거나 정보나 주 내용의 정보는 화면 상단에 집중시킨다

사용자가 스마트폰을 이용하는 모습을 몇 가지 예상해 볼 수 있는데, 사용자는 한 손에 스마트폰을 들고 다른 손의 한 손가락으로 조작할 수도 있고, 혹은 한 손으로 들고 그 손의 엄지로 조작할 수도 있습니다. 또, 양손으로 스마트폰을 들고 양손 엄지로 조작할 수도 있습니다.

어떤 경우든 사용자에게는 화면의 상단이 가장 잘 보이며, 따라서 화면 상단의 접근성이 가장 좋다고 볼 수 있습니다. 그래서 앱 UI를 디자인할 때 가장 자주 이용되는 정보를 상단에 배치하고, 사용자의 시선이 화면의 상단에

서 하단으로 내려감에 따라 일반적인 것에서 구체적인 것으로, 혹은 고수
준에서 저수준에 해당하는 정보를 표시해야 합니다.

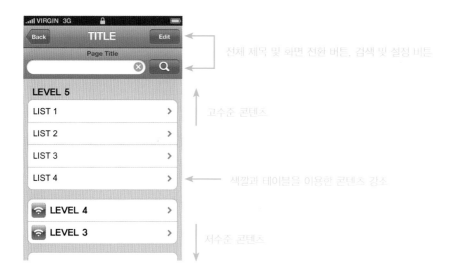

텍스트 입력은 최소화한다

사용자가 정보를 직접 입력하는 행위 자체는 사용자의 시간과 주의를 빼앗습
니다. 애플리케이션에서 뭔가 유용한 것을 제공하기 전부터 사용자의 입력을
요구한다면 사용자의 속도감과 사용자가 애플리케이션을 계속 사용할 의욕
을 떨어트릴 수 있습니다.

물론 사용자 입력을 받아야 할 경우도 있겠지만 이 경우에도 사용자가 제공
한 정보를 바탕으로 앱에서 가능한 한 많은 정보와 기능을 제공해야 합니다.
이렇게 함으로써 사용자는 뭔가 진척되고 있으며, 앱 사용 중에 지체되고 있
지 않다고 느낄 수 있습니다.

사용자의 입력을 받을 때는 텍스트 필드보다는 테이블 뷰를 사용하고, 사용
자에게는 단어를 입력하는 것보다 목록에서 단어를 선택하게 하거나 단어 완
성 기능을 이용해 사용자 입력을 최소화해야 합니다.

단어 완성 기능

테이블 뷰

필수 정보 및 버튼은 간결하게 표현한다

UI의 텍스트가 간단하고 직접적이면 사용자는 빠르고 쉽게 집중할 수 있습니다. 그러므로 가장 중요한 정보를 밝히되 간결하고 눈에 띄게 표현해서 사용자가 너무 많은 단어를 읽어보지 않더라도 이후에 무엇을 할지 예측할 수 있게 해야 합니다. 또는 색깔을 이용해 주 버튼, 부 버튼 등도 구분해서 사용자가 쉽고 빠르게 인지하게 해야 합니다.

마치 헤드라인에 정보를 함축시켜 표현하는 것처럼 컨트롤에 간단한 레이블 (혹은 빠르게 이해할 수 있는 픽토그램 형태의 아이콘 등)이나 텍스트 등을 사용해 사용자가 한눈에 사용법을 파악할 수 있게 해야 합니다.

색상의 차이를 이용한 버튼

직관적이고 간결한 버튼

픽토그램 형태의 아이콘

모든 버튼 및 터치 영역은 손가락으로 누르기 쉬운 영역을 제공한다

컨트롤이 너무 조밀하게 배치돼 있으면 사용자는 컨트롤을 누를 때 조심하기
위해 시간을 허비하게 되고, 실제로 잘못 누를 가능성 또한 커집니다. 컨트롤
및 사용자 인터랙션 요소의 간격을 확보해서 사용자가 최소한의 노력으로 정
확히 누를 수 있게 버튼의 크기 및 영역을 설정해야 합니다.

한 손 조작 모드에서도 충분한 버튼 영역을 제공해야
합니다.

아이콘 크기는 72 x 72이지만
실제 터치 영역은 120 x 140
입니다.
(안드로이드 HDPI 기준)

(단위: 픽셀)

올바르게 터치했는지 확인시켜
줍니다.

주 기능에 집중한다

주 기능에 초점을 맞추고 유지하는 앱은 만족감을 주며 사용하기가 즐겁습니
다. 그러므로 앱을 제작할 때는 제품의 주제에 초점을 맞추고 모든 기능과 UI
요소가 그것을 지원하게 해야 합니다.

이를 위한 한 가지 좋은 방법은 각 화면에 표시해야 할 내용을 결정할 때 스
스로 다음과 같이 질문하는 것입니다.

'이것이 과연 사용자가 지금 당장 필요한 정보(혹은 기능)인가?'

혹은 사용자가 상점에서 물건을 살 때 필요한 정보인지 다른 사람을 만나러
가는 중에 필요한 정보인지와 같이 구체적으로 질문해도 좋습니다. 만약 이
러한 질문의 답이 '그렇지 않다'라면 이제는 다른 상황에서라도 필요한 정보
인지 아니면 결국 아무 곳에서도 중요하지 않은 정보인지 판단합니다.

예를 들어, 신용카드 포인트를 관리하는 앱이 신용카드 사용자의 위치도 관리한다면 뭔가 초점이 맞지 않는 것입니다.

앱에서 제공하는 주 기능에 집중하고 단순하게 기획, 제작하는 것이 무엇보다도 중요합니다. 특히, 앱을 명확하게 하고 사용자 입력을 최소화하면 사용자는 앱의 가장 중요한 부분에 빨리 도달할 수 있으며, 이로써 사용자는 앱 사용에 초점을 맞출 수 있습니다.

예를 들어, 캘린더 앱은 날짜와 그날그날에 일어날 수 있는 이벤트에 초점을 맞춥니다. 사용자는 오늘 날짜를 선택하는 명확한 레이블의 버튼을 사용할 수 있고, 보기 옵션을 선택할 수 있으며 이벤트를 추가할 수 있습니다. 이는 가장 중요한 정보인 날짜와 그날그날의 이벤트가 가장 두드러지게 보이게 하는 것입니다. 또한 사용자 입력은 키보드로 일일이 입력하는 대신 이벤트 날짜 및 반복 간격, 알림 옵션을 목록에서 선택함으로써 간소화할 수 있습니다.

효과적으로 커뮤니케이션한다

커뮤니케이션과 피드백은 데스크톱 애플리케이션과 마찬가지로 스마트폰에서도 중요합니다. 사용자는 요청이 잘 진행되고 있는지, 혹은 다른 문제는 없는지를 알고 싶어 합니다. 하지만 그렇더라도 정말로 중요한 사항이 아니면 얼럿창을 띄우거나 확인을 자주 하는 등의 불필요한 기능은 피해야 합니다.

애니메이션은 그 자체가 사용자의 작업을 방해하거나 앱의 속도를 떨어뜨리지 않는다면 매우 효과적인 커뮤니케이션 방법입니다. 절묘하고 적절한 애니메이션은 상태를 보여주거나 유용한 피드백을 제공하며, 어떤 액션의 결과를 사용자에게 시각화해서 보여 줍니다. 그러나 과도하거나 불필요한 애니메이션은 앱의 흐름을 끊고 성능을 저하하며 사용자를 짜증 나게 할 수도 있습니다.

앱에서 텍스트로 제공되는 모든 커뮤니케이션에서는 사용자 중심의 용어를 사용하며, 특히 사용자 인터페이스에서 기술과 관련된 용어를 남발하는 것은 피해야 합니다. 용어가 사용자에게 적절한지 결정할 때는 대상 사용자가 알고 있는 용어인가를 기준으로 결정합니다.

사용자 중심의 용어를 사용한 메뉴

앱에서 텍스트로 제공되는 모든 커뮤니케이션에서는 사용자 중심의 용어를 사용하며, 특히 사용자 인터페이스에서 기술과 관련된 용어를 남발하는 것은 피해야 합니다. 용어가 사용자에게 적절한지 결정할 때는 대상 사용자가 알고 있는 용어인가를 기준으로 결정합니다.

예를 들어, 환경 설정의 Wi-Fi 네트워크 설정은 간결하고 어렵지 않은 말로, 기기가 어떻게 네트워크에 접속하는지를 설명하며, 통화, 설정, 화면 등과 같은 사용자가 직접 이해할 수 있는 용어를 사용해야 사용자는 시행착오를 겪지 않으면서 손쉽게 UI를 조작할 수 있습니다.

인터렉션 디자인

인터렉션이란?

인터랙션(Interaction)이란 용어는 최근 UX, UI와 함께 많이 사용되고 있습니다. Interaction의 사전적인 의미는 둘 이상의 물체나 대상이 서로 영향을 주고받는 일종의 행동을 의미합니다. 즉, 인터랙션은 단방향 서비스가 아닌 서로 교류가 있는 양방향 통신이나 서비스를 의미합니다.

인터렉션 디자인

사용자의 일방적이고 단순한 조작이 아닌 최신 디지털 기술을 이용한 사람과 제품의 상호작용을 통해 새로운 방식으로 소통하는 디자인을 말합니다.

예를 들어 작품 전시회에서 단순히 작품만 관람하는 것이 아니라 관객의 움직임에 반응해 소리나 영상이 움직이거나 반응하는 방식을 말합니다. 최근 패션쇼장이나 박물관 등에서도 이러한 기법을 이용한 전시 기법들이 많이 사용되고 있습니다.

스마트폰을 예로 들면 특정 메뉴를 터치했을 때 사용자 반응에 의한 작은 진동을 느끼게 해서 현재 휴대폰이 작동되고 있음을 감지하게 하는 기능이나 작은 키패드를 터치했을 때 다시 한번 크게 확대하여 확인시켜주는 기능, 작은 텍스트를 입력할 때 자동으로 확대해 보여주는 기능, 키패드 입력 시 자동으로 단어를 추천해주는 자동 완성 기능 등이 이런 인터렉션 디자인으로 볼 수 있습니다.

004.
UX, UI 디자인 트렌드

디자인의 방향도 기존의 아름다움을 추구하는 것에서 멈추지 않고 사용자와 기기의 소통을 고려한 디자인으로 바꿔어야 하며, 반응과 소통도 중요한 디자인 요소 중 하나입니다.

플랫 디자인

플랫 디자인은 기존의 평면 아이콘, 픽토그램 아이콘과 같이 이미지의 형상화를 최소화 하고 간략/명료하게 표현해서 최소한의 효과를 적용한 디자인 방식을 말합니다. 최근에 윈도우8, iOS7, 안드로이드 4.4 킷켓 버전 등에서 이런 플랫 형태의 디자인을 사용함으로써 앱 디자인의 새로운 트렌드로 자리 잡게 되었습니다.

Window8   안드로이드 4.4 킷켓   iOS7

적은 효과

플랫디자인은 뚜렷한 특징의 외관을 가지고 있으므로 별다른 효과를 주지 않
습니다. 그래야 사용자의 쉬운 이해와 상호작용이 따르는 게 되며, 직관적인
설계 및 사이트 구조의 명확한 구조에 중점을 둠으로써 성공적인 플랫디자인
프로젝트를 이끌게 됩니다.

단순한 요소

각 UI 요소는 이용하기 쉬워야 합니다. 디자인에 대한 설명이 적고 사용자에
게 직관적이어야 상호작용이 잘 될 수 있기 때문입니다. 콘텐츠는 단순한 디
자인뿐 아니라, 사용자의 클릭을 유도하기 위해 버튼의 색상을 대담하게 사
용합니다.

타이포그래피

글씨체는 심플한 디자인과 일치해야 합니다. 화려한 폰트는 심플한 디자인에
서는 이상하게 보일 수 있습니다. 하나의 디자인 콘셉트는 비주얼과 폰트의
일정한 스타일을 가지고 있기 때문에, 최종 결과물에는 대담하고 간단하게
효과적인 폰트가 표현될 수 있어야 합니다.

색상

색상은 플랫디자인에서 가장 큰 비중을 차지합니다. 다른 디자인보다 색을 과감하게 사용해서 더 밝고 화려하기 때문입니다. 플랫 아이콘의 경우엔 두세 가지의 색을 사용하되 배경 및 UI의 보조 색의 대비를 활용해 더 돋보이게 색상을 표현하기도 합니다.

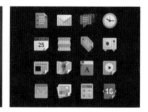

미니멀한 접근 방식

플랫디자인은 본질적으로 간단하고 심플할 때 더 잘 표현됩니다. 디자인에 많은 이야기를 담기보다는 간단한 색상 및 텍스트로 표현하는 것이 좋고, 시각적인 면을 강조하고 싶으면 사진을 이용하는 편이 더 낫습니다.

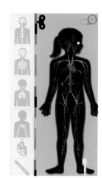

이미지 출처: http://dribbble.com

인포그래픽스

인포그래픽스는 정보, 자료 또는 지식의 시각적 표현입니다. 정보를 구체적, 표면적, 실용적으로 전달한다는 점에서 일반적인 그림이나 사진 등과는 구별됩니다. 복잡한 정보를 **빠르고** 명확하게 설명해야 하는 기호, 지도, 기술 문서 등에서 사용됩니다. 차트, 기본박스, 지도, 다이어그램, 흐름도, 로고, 달력, 일러스트레이션, 텔레비전 프로그램 편성표 등이 인포그래픽에 포함됩니다.

최근에는 스마트폰틀 이용해 정보를 조회하는 경우가 많기 때문에 스마트폰에서도 인포그래픽적인 디자인 요소가 중요해주시고 있으며 UI를 구성하는 대부분의 아이콘 등도 인포그래픽의 활용으로 볼 수 있습니다.

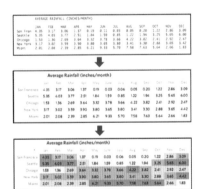

인포그래픽은 꼭 도형이나 이미지로만 제작되는 것이 아니며 간단한 볼드(Bold)처리, 단계적 색상 등을 사용해도 충분한 효과를 낼 수 있으며 난해하거나 기하학적인 도형이나 이미지는 피하고 누구에게나 익숙한 메타포와 기본 도형을 사용하는 것이 좋습니다.

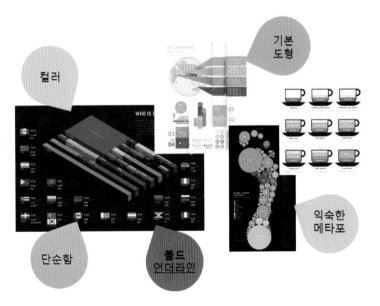

Material Design

모바일앱 디자인의 트렌드 변화

모바일 앱의 UI 디자인은 유행에 민감한 편입니다. 지금까지의 UI 디자인 유행을 살펴보면 그래픽의 효과와 이펙트를 강조했던 Aqua 디자인, 실사와 동일한 질감을 표현한 Real Graphic 또는 Skeuomorphism 기법, 실사 사진을 디자인에 적용하는 Photography, 단순함과 전체 UI의 조화를 강조한 Flat Design까지 많은 유행과 변화가 있었습니다. 최근에는 Google에서 선보인 머티리얼 디자인(Material Design)으로 트렌드가 변하고 있습니다.

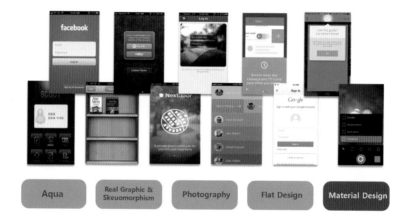

머티리얼 디자인

구글은 모바일과 데스크톱, 그리고 그 밖의 다양한 디바이스를 아우르는 하나의 일관된 디자인 가이드라인을 공개했습니다. 바로 머티리얼 디자인 (material design)입니다. 머티리얼 디자인은 질감이 느껴지는 표면 (tactile surfaces)과 대담하고 선명한 그래픽 디자인(bold graphic design), 그리고 아름답고 직관적인 사용자 경험을 위한 자연스러운 애니메이션이 특징입니다.

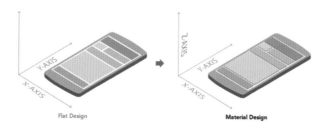

머티리얼 디자인의 표현 방법은 기존 플랫 디자인이 평면적이라면 편면적인 부분에 높이 값(Depths)을 적용해 입체적이고 선명한 레이아웃 구분이 특징입니다.

머티리얼 디자인은 x, y, z의 3차원 공간을 평면으로 표현하며, z 축을 기준으로 1DP의 두께값을 가집니다. 또한 그림자는 상단 라이팅(포토샵 90도 기준)으로 다른 뷰(view)와의 통일성을 유지합니다.

머티리얼 디자인은 각 의미를 가지고 있는 레이아웃들이 평면적으로 배치되는 것이 아니라 서로 겹쳐 있거나, 높이 값을 다르게 적용해 레이아웃을 입체적이고 명확하게 구성할 수 있습니다.

02

스마트폰
앱 디자인 환경

스마트폰이란?

최근에 스마트(Smart)라는 용어를 자주 접할 수 있습니다. 스마트의 사전적인 의미는 '똑똑한, 영리한, 깔끔한, 맵시 있는' 등이며, 최근에는 하나의 기기에 다양한 기능을 추가한 제품에 대부분 스마트라는 용어를 붙이는 경향이 있습니다.

그럼 스마트폰이란 무엇일까요? 스마트폰은 휴대폰과 개인 단말기(Personal Digital Assistant: PDA)의 장점을 결합한 것으로 휴대폰 기능에 무선 인터넷을 이용한 데이터 통신 기능을 추가해서 카메라, MP3 플레이어, 다이어리, 팩스, GPS 등 기존 모바일 기기의 기능을 하나로 통합한 것으로 볼 수 있습니다.

스마트폰의 가장 특징적인 부분은 기존 데스크톱이나 노트북과 같이 여러 가지 기능을 기본적으로 제공하고 다양한 애플리케이션(Application: 응용 프로그램/앱)을 사용자가 원하는 대로 설치 및 삭제할 수 있다는 것입니다.

001.
스마트폰 앱 제작 환경

다양한 스마트폰

더불어 와이파이(Wi-Fi)나 3G, 4G 이동통신망을 이용해 '언제 어디서든', '부담 없는 비용'으로 인터넷에 접속해 각종 인터넷 서비스를 이용할 수 있다는 점입니다.

기존 휴대폰에서는 인터넷을 부분적으로만 사용할 수 있었다면 스마트폰에서는 PC에서 활용할 수 있는 인터넷 환경을 각종 브라우저 프로그램을 통해 다양한 방법으로 이용할 수 있고 사용자가 원하는 애플리케이션을 직접 제작할 수 있으며, 기존 애플리케이션을 자신에게 맞는 형태로 인터페이스를 새롭게 구현할 수 있습니다.

또한, 운영체제가 같은 스마트폰끼리는 데이터 및 정보를 공유할 수 있다는 점도 기존 휴대폰과 다른 큰 특징이라고 볼 수 있습니다.

그리고 스마트폰은 탑재된 운영체제별로 구분됩니다. 스마트폰이 기존의 휴대기기와 차별화되는 점은 기존의 휴대기기에서 한걸음 더 나아가 개인용 PC의 기능을 수행할 수 있는 '사용자 지향적인 운영체제'를 탑재하기 시작했다는 것입니다.

PC용 운영체제로 윈도우나 리눅스, 맥 OS X 등이 있듯이 스마트폰에도 다양한 스마트폰 운영체제가 있습니다. 어떤 운영체제가 탑재되느냐에 따라 스마트폰에서 제공하는 기능의 종류가 다양해지고 제품의 장단점도 각각 다릅니다.

또한, 스마트폰에서 간편하게 사용할 수 있는 유료/무료 애플리케이션은 운영체제별로 사용 여부가 달라지기 때문에 스마트폰 자체의 사양과 성능은 물론 해당 운영체제에서 사용할 수 있는 애플리케이션의 종류와 개수 등도 제품 경쟁력을 파악하는 중요한 기준이 됩니다.

참고로 현재는 운영체제에 따라 스마트폰을 구분하는데, 크게 아이폰, 안드로이드폰, 윈도우 모바일폰으로 나뉩니다. 애플의 iOS가 탑재된 스마트폰이 아이폰이고, 구글의 안드로이드가 탑재된 대표적인 스마트폰이 갤럭시 시리즈이며, 마이크로소프트의 윈도우 모바일(윈도우폰7)을 탑재한 윈도우폰도 있습니다.

스마트폰용 운영체제는 이 밖에도 더 있습니다. 우리나라에서는 주목받고 있지 못하지만 전 세계적으로 높은 판매량을 기록하고 있는 림(RIM, Research In Motion, 블랙베리 시리즈에 적용)이나 심비안(노키아 N8, C6 등에 적용) 등이 있고 삼성에서 개발한 바다(자사의 웨이브폰에 적용) 등도 나름의 독자노선을 타고 영역을 확장하고 있습니다.

애플리케이션/앱

스마트폰이 기존 휴대폰이나 PDA와 다른 점은 바로 애플리케이션(Application/App, 응용프로그램)을 설치해서 활용할 수 있다는 점입니다. 이는 개인용 컴퓨터에서 사용하는 워드프로세서, 웹브라우저, 그래픽 편집 도구, 게임 등과 같이 다양한 프로그램과 같은 개념입니다. 스마트폰의 가장 큰 특징은 이러한 수많은 애플리케이션, 즉 앱(App)의 사용이라고 할 수 있습니다.

가끔 택배 기사님이나 A/S 기사님이 PDA나 스마트폰을 들고 고객 정보나 다양한 정보 등을 입력하고 받아보는 걸 자주 보셨을 겁니다. 이러한 것들이 최초의 모바일 애플리케이션이었습니다.

핸드폰의 1차적인 목적은 바로 전화 통화입니다. 물론 1차적인 의도로 지금까지 개발되어 사용되고 있지만 핸드폰 기기 자체와 다양한 멀티미디어의 발전으로 핸드폰은 1차적인 통화 목적 외에 2, 3차적인 용도로도 사용되고 있습니다. 여기서 가장 핵심적인 부분이 바로 애플리케이션입니다.

애플리케이션이란 바로 핸드폰에서 사용되는 다양한 서비스 응용 프로그램을 말합니다. 가장 대표적인 애플리케이션으로 모바일 게임을 들 수 있으며, 모바일 게임 외에 멀티미디어 컨트롤러, 주식, 교통상황 서비스, 날씨 서비스, 지도, 계산기, 메신저, SNS 등 아주 다양합니다.

최근에 출시되는 모바일 애플리케이션은 GPS를 이용한 서비스나 네트워크나 인터넷을 연동한 실시간 서비스 등을 활용한 것이 많습니다. 그래서 그와 관련된 하드웨어의 기능을 살려 실제 업무용 애플리케이션이나 개인 주식, 금융 등 실시간 서비스 애플리케이션으로 발전하는 추세입니다.

PC상의 다양한 애플리케이션

스마트폰상의 다양한 애플리케이션

포털 사이트 앱

금융 관련 앱

관공서 관련 앱

지도 및 교통 관련 앱

취업 관련 앱

메신저 관련 앱

브랜드 관련 앱

날씨 및 시간 관련 앱

최근 스마트폰 앱의 제작 범위는 이동성, 무선 인터넷, GPS, 동작 감지 등을 활용한 다양한 형태로 발전하고 있습니다. 이러한 앱은 기존 웹 사이트에서 서비스되는 콘텐츠보다 더욱 활용 범위가 넓다는 특징이 있습니다.

스마트폰의 보급 확대로 사용자들의 생활 방식도 바뀌고 있습니다. 스마트폰의 가장 강력한 기능인 이동성과 무선 인터넷, GPS 기능으로 점차 스마트폰을 사용하는 사용자가 점차 늘고 있습니다.

스마트폰 사용자가 가장 많이 사용하는 앱을 살펴보면 **정보 검색 및 웹 서핑**이 87.6%, **음악 듣기 및 내려받기**가 83.9%, **교통 및 길 안내** 77%, **달력 및 일정관리** 74.5%, **이메일** 72%, **모바일 뱅킹** 50% 등으로 조사되고 있으며, 평균 1시간 정도 사용한다고 합니다. 그만큼 PC와 스마트폰 간의 경계가 사라지고 스마트폰 앱의 활용도 점차 늘어나고 있습니다.

최근에는 현실과 3차원 가상 현실을 접목한 생활 도우미형 앱 등이 나오고 있습니다. 이를 '증강현실(AR, Augmented Reality)'이라고 하며, 관련 앱을 실행해서 카메라로 비추면 건물의 이름, 상호, 업종 등의 정보를 쉽게 파악할 수 있습니다.

증강현실 앱

예를 들어 옆의 그림과 같이 현재 위치에서 가장 가까운 약국, 화장실, 병원 등을 찾아주는 증강현실 앱은 이미 필수 앱으로 자리 잡았습니다.

이제 스마트폰의 사양이 어느 정도 평준화되면서 상대적으로 앱의 중요성이 커지고 있습니다. 얼마나 다양한 앱을 이용할 수 있는가가 스마트폰을 구매하는 데 절대적인 영향을 미칠 정도입니다.

하지만 최근에 너무 많은 앱이 쏟아져 나오는 바람에 앱의 품질 저하, 비슷한 앱의 난립과 같은 문제도 나타나고 있습니다. 그래서 이제는 앱을 지탱하는 하드웨어적인 측면보다는 얼마나 사용자에게 호감을 주고 필요성을 부각시키는지가 앱 제작의 필수 요건으로 자리 잡았으며, 이러한 앱을 개발하기 위해서는 사용자 경험과 감성에 맞춘 UX에 충실해야 합니다.

모바일 앱의 종류

네이티브 앱

네이티브 앱(Native App)이란 아이폰과 안드로이드폰과 같은 모바일 기기에 사용자가 마켓 및 스토어에서 직접 내려받아 해당 기기에 사용자가 임의로 설치하거나 삭제할 수 있는 애플리케이션을 말합니다. 현재 일반 사용자들이 말하는 '앱(App)'은 대부분 네이티브 앱을 의미합니다.

네이티브 앱은 해당 기기에 최적화되어 기기 제어, 주소록, 가속센서, 사진 등과 같이 해당 기기를 직접 제어할 수 있는 것이 특징이며, 각 운영체제(iOS, 안드로이드 등)에 맞는 프로그래밍 언어와 SDK로 제작합니다. 각 운영체제에 맞춰 앱을 개발하기 때문에 빠른 속도와 활용성을 자랑하지만 하나의 앱을 개발하더라도 각 플랫폼에 맞게 별도로 제작해야 한다는 단점이 있습니다.

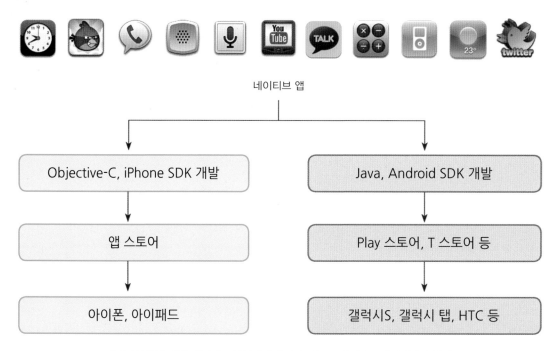

네이티브 앱은 같은 앱이라도 운영체제에 따라 별도로 제작하고 내려받아야 한다.

모바일 웹

모바일 웹(Mobile Web)은 기존 데스크톱 PC에서 보이는 웹사이트를 스마트폰이나 모바일 기기에 최적화한 것을 말합니다. 이러한 모바일 웹은 일반적인 웹 기술로 개발되지만 모바일 브라우저에 맞는 풀 브라우징(Full Browsing)이 가능하다는 특징이 있습니다.

웹사이트를 보여주는 브라우저는 마이크로소프트의 인터넷 익스플로러, 애플의 사파리, 구글의 크롬, 모질라의 파이어폭스 등이 있습니다. 이러한 웹 브라우저만 있으면 모든 웹을 볼 수 있어야 하는데 웹을 해석하고 표시하는 방식이 브라우저마다 차이가 있기 때문에 어떤 웹 브라우저에서 실행해도 동일하게 실행되고 보이는 사이트를 제작하는 것이 중요합니다. 그래서 모든 브라우저에서 같은 형태로 실행되고 보여줄 수 있게 하는 것이 웹 표준입니다.

웹 표준 형식은 XHTML 1.x나 HTML 4.x, HTML 5 등으로 제작하며, 기존의 테이블(table) 구조는 div로, font, b 등은 CSS로 제작합니다. 이 같은 표준화된 방식으로 제작된 웹사이트는 아이폰의 사파리, 안드로이드폰의 크롬 브라우저 등의 스마트폰용 웹브라우저에서 동일한 방식으로 동작합니다.

여기에 좀 더 모바일에 최적화되고 애니메이션 및 멀티미디어 효과, 터치 상호작용, 네이티브 앱과 유사한 실행 환경, 사용자 경험을 제공하는 한 단계 향상된 기능을 갖춘 모바일 웹을 모바일 웹앱(Mobile Web App)이라고도 합니다.

http://www.daum.net   http://m.daum.net   http://www.naver.com   http://m.naver.com

데스크톱 PC상의 웹과 모바일용 웹을 따로 제작해서 서비스한다.

하이브리드 앱

모바일 웹은 단지 웹사이트에서 제공하는 기능만 수행하며 스마트폰이나 모바일 기기의 하드웨어를 조작하거나 복합적인 기능을 수행할 수는 없습니다. 그래서 모바일 웹을 통해 스마트폰 및 모바일 기기를 직접 제어하거나 복합적인 기능을 실행해서 네이티브 앱과 같은 기능을 제공하는 앱을 하이브리드 앱(Hybrid App)이라고 합니다.

웹 기술로는 스마트폰이나 모바일 기기의 고유 정보에 접근할 수가 없습니다. 하이브리드 앱은 모바일 웹과 네이티브 앱의 특징을 조합한 형태로, 일반적인 웹 기술로도 모바일 기기의 고유 정보와 상호작용을 할 수 있게 하고 앱스토어나 마켓에 올리고 판매도 할 수 있는 애플리케이션입니다.

이를 가능하게 하려면 모바일 기기의 고유 기능을 웹 기술로 호출할 수 있는 추상화된 API가 필요하며, 웹앱을 네이티브 앱으로 감싸는 장치가 필요합니다. 폰갭(Phonegap), 티타늄(Titanium)과 같은 제품이 이와 같은 역할을 하는 대표적인 제품입니다.

이러한 제품을 이용하면 내부는 일반 웹 기술로 구현하고, 외형은 네이티브 앱의 형태를 띨 수 있어 두 환경의 장점을 모두 취할 수 있습니다. 또한, 운영체제별로 같은 앱이라도 따로 제작하는 네이티브 앱과 달리 하이브리드 앱은 한 번만 개발하면 대부분의 운영체제에 동일하게 적용할 수 있다는 장점이 있습니다.

하지만 하이브리드 앱도 몇 가지 해결해야 할 점이 있습니다. 네이티브 앱과 달리 와이파이, 3G, 4G와 같은 무선망을 통해 제공되기 때문에 인터넷 속도, 데이터 통신량의 제한 등이 있습니다. 하지만 기술의 발전과 제작의 효율성 등을 고려해 볼 때 앞으로는 대부분의 앱이 하이브리드 앱으로 방향을 바꿀 것입니다.

다양한 하이브리드 앱

스마트폰 앱 마켓, 스토어

이런 다양한 앱의 활용 뒤에는 사용자가 스마트폰으로 직접 내려받아 설치할
수 있게 해주는 앱 마켓(App Market) 또는 앱 스토어(App Store)가 있습
니다. 실제 스마트폰 앱은 스마트폰 제조사와 이동통신사에 따라 운영체제가
각기 다릅니다. 사용자는 이런 마켓이나 스토어에서 웹 사이트를 통하거나
본인의 스마트폰을 통해 쉽게 접속해서 유료/무료 앱 등을 내려받을 수 있습
니다.

스마트폰 앱 마켓의 대표격인 애플의 '앱스토어'

스마트폰 앱 마켓의 정착과 스마트폰 앱 활용의 가장 대표적인 예로 바로 애
플의 앱 스토어가 있습니다. 애플은 아이팟 시절부터 앱의 개념을 처음으로
도입했으며, 스마트폰 시장의 대표 주자라고 할 수 있습니다.

앱 스토어에는 아이폰, 아이패드, 아이팟 등의 애플 제품에서만 사용할 수 있
는 앱이 등록돼 있으며 등록된 앱의 개수가 무려 25만 개를 넘어섰으며, 현재
다른 운영체제 마켓 가운데 가장 많은 앱을 제공하고 있습니다. 또한, 개인이
나 업체에서 직접 앱을 개발해서 앱 스토어를 통해 판매하는 새로운 형태의
수익 창출 모델로도 자리를 잡았습니다.

앱 스토어

아이튠즈

애플의 앱 스토어에서 아이폰이나 아이패드와 같은 기기에서 직접 내려받거
나 컴퓨터에 연결해서 아이튠즈라는 애플 전용 프로그램을 통해 다양한 앱을
내려받을 수 있습니다.

구글의 '플레이 스토어'

구글에서 개발한 안드로이드 운영체제를 내장한 스마트폰 앱을 사용할 수 있는 마켓이 바로 '안드로이드 마켓'입니다. 안드로이드 마켓도 스마트폰을 이용해 관련 앱을 직접 내려받을 수 있으며, 웹을 통해서도 해당 단말기로 내려받을 수 있습니다.

안드로이드 마켓에는 전 세계 10만 개 이상의 앱이 등록돼 있으며 애플의 앱 스토어보다는 규모가 작지만 하루에 공개되는 앱의 수는 가장 많은 마켓입니다. 이는 구글의 오픈소스 개념으로 누구나 쉽게 앱을 개발할 수 있다는 장점 때문입니다. 구글의 안드로이드 마켓은 애플의 앱 스토어에 비해 시작은 늦었지만, 안드로이드폰의 높은 보급률 덕분에 제2의 강자로 떠오르고 있습니다.

애플의 앱 스토어는 애플 관련 앱만 내려받을 수 있지만, 안드로이드 관련 앱은 안드로이드 전용 마켓뿐 아니라 이동통신사나 스마트폰 제조사와 같은 서브 업체에서도 독자적인 마켓을 구축해서 더 많은 사용자에게 서비스되고 있습니다.

이는 안드로이드 운영체제 자체가 오픈소스이고 개방과 공개를 모토로 삼는 운영체제이기에 가능한 것입니다. 국내에서는 KT의 '올레 마켓', SK의 'T스토어', LG U+ 의 '오즈 스토어' 등 각종 앱 마켓을 통해 다양한 앱을 제공하고 있습니다.

구글 플레이 스토어

T스토어

올레 마켓

삼성 앱스

RIM의 '블랙베리 앱 월드'

스마트폰은 운영체제별로 구분하는데, 국내에서는 크게 아이폰 계열과 안드로이드 계열의 스마트폰이 보편화돼 있습니다. 하지만 전 세계적으로는 아주 다양한 스마트폰 운영체제가 있습니다.

그 중 대표적인 것이 바로 RIM(Research In Motion)사의 블랙베리 OS입
니다. 이런 블랙베리 사용자들을 위한 마켓이 블랙베리
앱 월드입니다. 국내에서는 사용자가 적지만 전 세계적
으로는 1만여 개의 앱을 보유하고 있는 마켓 중 하나입
니다.

블랙베리 앱 월드

스마트폰 운영체제

스마트폰과 관련해서 빼놓을 수 없는 것이 바로 운영체제입니다. 우리가 보
통 PC를 사용할 때 윈도우라는 운영체제를 바탕으로 PC를 운용하는 것처럼
스마트폰도 그에 상응하는 운영체제가 있습니다. 스마트폰 앱을 개발하거나
디자인할 때 각 운영체제에 대해 알고 있어야 그에 맞는 앱이나 프로그램을
개발할 수 있습니다.

애플의 iOS 운영체제

- 운영체제 개발사: 애플
- 스마트폰 제조사: 애플
- 적용 사례: 아이팟, 아이폰, 아이패드

자료 참고: 네이버 캐스트(http://navercast.naver.com/contents.nhn?contents_id=4143)

iOS는 아이팟, 아이폰, 아이패드와 같이 애플의 제품군에 적용되는 운영체
제입니다. 아이폰은 최근 스마트폰 열풍을 몰고 온 주역 중의 하나로서, 전
세계에서 단일 기종으로는 가장 많은 보급율을 기록하고 있으며, UX의 개념
을 새로운 인터페이스로 적용한 좋은 사례 중 하나입니다. 또한 스마트폰이
나아갈 방향을 제시하고 앱의 정착화를 이끄는 선두 주자입니다.

다만 iOS는 매킨토시 환경에서 제작되고 운용되기 때문에 개인 PC의 파일
을 교환할 때는 '아이튠즈'라는 전용 프로그램을 거쳐야 하기에 조금 번거롭

고 다양한 파일 형식을 지원하지 않는다는 단점이 있습니다. 또한 애플의 폐
쇄적인 개발 환경 탓에 많은 개발자의 참여를 이끌어 내기가 쉽지 않다는 문
제가 있습니다. 하지만 애플만의 고유의 특성을 살린 제품군과 그 흐름은 하
나의 시대 아이콘으로 자리 잡고 있습니다.

버전 이름	버전
아이폰 (1세대) 아이팟 터치 (1세대)	3.1.3
아이폰 3G 아이팟 터치 (2세대)	4.2.1
아이패드 (1세대) 아이팟 터치 (3세대)	5.1.1
아이폰 3GS 아이팟 터치 (4세대)	6.1.6
아이폰 4 (GSM, CDMA)	7.1.2
아이폰 4S 아이폰 5 아이폰 5C 아이폰 5S 아이폰 6 아이폰 6 플러스 아이패드 (2세대, 3세대, 4세대, 5세대) 아이패드 미니, 아이패드 미니 레티나 디스 플레이 아이팟 터치 (5세대)	8.3

(2015년 6월 기준)

사용자가 개발한 애플리케이션의 추가가 허용되지 않았었으나, 2008년 6월
이후 iOS에서 소프트웨어를 개발할 수 있는 도구인 SDK가 공개되어 2.0 버
전부터는 애플의 앱 스토어를 통해 자유롭게 사용자 애플리케이션을 공개하
고 판매할 수 있게 됐습니다.

2010년 6월 8일, 애플 WWDC 2010 기조연설에서 스티브 잡스는 iPhone
OS가 아이폰은 물론 아이팟 터치, 아이패드에서도 쓰이는 범용 운영체제이
므로 공식 명칭을 iOS로 변경한다고 밝혔습니다. 또 2010년 6월 7일부터 현
재까지 iOS에서 동작하는 22만 5천 개 이상의 애플리케이션이 애플의 앱스

토어에 올라가 있으며, 누적 다운로드 횟수는 50억을 넘어섰고(2012년 2월 23일 기준 245억 번 초과) , 2010년 6월 안에 iOS 운영체제를 사용하는 기기의 판매량이 1억 대를 넘어설 것이라고 발표했습니다.

iOS 운영체제는 안드로이드와 달리 버전이 바뀔 때마다 기능적인 부분을 추가하되 기존 iOS의 UI 변화를 최소화해서 사용자에게 혼란을 주지 않고 항상 같은 UI를 사용하는 듯한 느낌을 주는 것도 특징 중 하나입니다.

iOS7은 애플이 iOS6의 후속으로 설계한 새로운 운영 체제입니다. iOS7은 2013년 6월 10일 애플 세계 개발자 회의에서 공개되었고, 2013년 9월 18일 정식 출시되었습니다. iOS7은 재설계된 사용자 인터페이스와 스마트한 멀티태스킹의 강화를 포함해서 다양한 기능이 향상됐습니다. 그 중 가장 새로워진 것은 바로 인터페이스 디자인입니다.

플랫(flat) 형태의 디자인으로 과감히 변화를 줘서 기존 UI보다 더 단순화하고 접근성을 쉽게 한 디자인을 선보였습니다. 이러한 플랫 디자인은 다른 운영체제의 UI나 앱 디자인에도 많은 영향을 주어 iOS7 출시 이후에 나오는 대부분의 앱도 이런 플랫 디자인의 형태를 가지게 됐습니다.

구글의 안드로이드 운영체제

- 운영체제 개발사: 구글
- 스마트폰 제조사: 삼성전자, LG 전자,구글, HTC 등
- 적용 사례: 갤럭시S, 옵티머스,모토로라, 디자이어 등

안드로이드는 국내에서 가장 잘 알려진 운영체제 중 하나입니다. 삼성전자의 갤럭시 시리즈가 안드로이드 운영체제를 탑재하면서 애플 아이폰의 iOS와 함께 가장 널리 보급된 운영체제 중 하나입니다.

애플의 iOS는 애플 제품에만 적용되지만, 안드로이드의 특징은 어느 단말기에도 운영체제를 적용할 수 있는 개방형 시스템이라는 점입니다. 그러다 보니 다양한 파일 형식을 지원할 수 있습니다.

예를 들어 MP4 파일만 재생할 수 있는 아이폰 iOS와 비교하면 안드로이드는 MP3, AVI, ASF, WMV 등 컴퓨터에서 사용되는 대부분의 파일 형식을 그대로 사용할 수 있습니다. 또 iOS의 아이튠즈와 같은 별도의 프로그램 없이 바로 컴퓨터에 연결해서 바로 USB 외장하드처럼 사용할 수도 있습니다.

타 기기와의 호환성도 높고 자바 프로그래밍 언어를 이용해 누구나 쉽게 안드로이드 관련 앱을 개발할 수 있습니다. 그러다 보니 애플의 iOS보다 더 높은 보급률과 활용성을 자랑합니다. 하지만 구글에서 운영체제의 업데이트나 패치 같은 것들을 내놓더라도 타사에서 제조한 단말기에 바로 적용할 수 없다는 단점도 있습니다.

특징	장점	단점
• 구글에서 오픈소스로 제공 • 타 기기와의 높은 호환성 • 다양한 앱의 활용	• 사용자 편의적인 인터페이스 제공 • 구글의 오픈 API로 개발 용이 • 쉬운 UI 제공 • 다양한 단말기에 적용	• 보안성 부족 • 멀티터치의 미비 • iOS보다 상대적으로 앱의 품질 저하 • 업데이트 적용의 불편

안드로이드 운영체제의 버전은 2007년 11월 안드로이드 1.0 베타 버전을 시작으로 버그 수정과 새로운 기능의 추가를 통해 새로운 버전이 출시되고 있습니다. 안드로이드 운영체제는 버전별로 디저트 이름을 토대로 한 코드 네임으로 개발되고 있습니다.

버전 이름	버전
애플파이(Apple Pie)	1.0
바나나브레드(Banana Bread)	1.1
컵케이크(Cupcake)	1.5
도넛(Donut)	1.6
이클레어(Eclair)	2.0 ~ 2.1
프로요(Froyo)	2.2 ~ 2.2.2
진저브레드(Gingerbread)	2.3 ~ 2.3.7
허니콤(Honeycomb)	3.0 ~ 3.2
아이스크림 샌드위치(Ice-Cream Sandwich)	4.0 ~ 4.0.3
젤리빈(Jelly Bean)	4.0 ~ 4.0.4
킷캣(Kitkat)	4.4
롤리팝(Lollipop)	5.0 ~ 5.1.1

안드로이드는 2009년 컵케이크 출시 이후 젤리빈까지 알파벳 순서대로 '달콤한' 것들로 코드명을 부여하고 있습니다. 대부분이 K에 대해서는 '키라임파이'가 유력할 것으로 예상했지만, 정식명칭은 '킷캣'으로 발표되었습니다. 안드로이드에서 '킷캣'이란 이름에 대한 부가 설명을 살펴보면, 킷캣은 아주 큰 시장의 소비자들을 가지고 빠르게 움직이는 소비재 브랜드 중 하나인 만큼 대화와 창조적인 브랜딩 캠페인, 그리고 강력한 디지털 존재를 만들기 위함이라고 합니다.

공식홈페이지에서는 '모든 사람이 안드로이드 킷캣을 경험하는 것이 구글의 목표'라고 명기가 돼 있습니다. 이는 iCloud와 같이 클라우드 적인 면을 좀 더 강화시키고, 좀 더 많은 사람에게 편리하고 빠른 안드로이드 운영체제와 환경에 대한 경험을 통해 더욱 점유율을 높이겠다는 의미입니다.

안드로이드 운영체제는 iOS와 달리 새로운 버전의 운영체제를 상대적으로 많이 출시하는 편입니다. 새로운 버전이 나올 때마다 UI 디자인 또한 크게 변화합니다. 단말기의 제조사가 많고 그에 따른 화면 크기도 다양하고 잦은 UI의 변화로 사용자는 새로운 느낌을 받을 순 있지만 그때마다 UI를 조작하는 데 혼선이 생길 수 있습니다.

마이크로소프트의 윈도우 모바일 운영체제

- 운영체제 개발사: 마이크로소프트
- 스마트폰 제조사: 삼성전자, LG 전자, HTC 등
- 적용 사례: 옴니아7 시리즈, 옵티머스7, HD7 등

컴퓨터 운영체제의 대표격인 '윈도우' 시리즈의 모바일 기기용 운영체제입니다. 컴퓨터 환경에서는 항상 기준이 되는 윈도우 운영체제를 모바일 기기용 운영체제로 제작해서 스마트폰에 탑재했지만 사용자에겐 큰 인기를 끌진 못했습니다. 생각만큼 많이 보급되지 않자 마이크로소프트는 윈도우폰7 운영체제를 출시해서 다시 한번 스마트폰 시장에 뛰어들었습니다.

많은 보급률을 보이진 않았지만 윈도우폰7 운영체제는 PC용 운영체제인 윈도우와 탁월한 호환성을 자랑하며, 가장 큰 장점은 PC와 같은 운영체제이기에 별도의 프로그램 없이도 PC와 호환된다는 것입니다.

스마트폰 전문 운영체제인 iOS나 안드로이드는 새로운 인터페이스를 제공하지만 윈도우 모바일은 사용자에게 인터페이스 면에서 큰 인기를 끌지 못했습니다. 하지만 윈도우폰7은 이런 인터페이스를 대폭 개선해서 출시함으로써 스마트폰 운영체제 분야에서 새로운 시장을 개척하려는 의지를 불태우고 있습니다.

스마트폰이 추구해야 할 최종 목표는 스마트폰의 개인 PC화입니다. 만약 이러한 전략이 통한다면 최고의 스마트폰 운영체제가 될 것입니다. 또 강력한 PIMS(personal information management system)를 제공해서 단말기와 개인 PC 간의 통합된 개인정보 관리 시스템을 구축할 수 있을 것입니다.

최근 스마트폰 운영체제의 특허 소송으로 각 단말기 제조사들도 다시 윈도우폰에 대한 관심이 많아졌습니다.

또한, 최근 마이크로소프트는 피처폰 세계 점유율 1위인 노키아를 인수하여 다시 한 번 스마트폰 시장에 큰 변화를 줄 것으로 예상하고 있습니다.

특징	장점	단점
• 강력한 PIMS 기능 제공 • 컴퓨터와의 최적의 호환성 • 친근한 인터페이스 제공	• 쉬운 인터페이스 제공 • 주변기기와 높은 호환성 • 단말기와 컴퓨터의 통합 관리 • 스마트폰 운영체제 특허 문제로 다시 관심 집중	• 모바일과의 접근성 부족 • 윈도우 특유의 버그 • 앱의 부족 • 보안성의 부족

기타 스마트폰 운영체제

국내 스마트폰 운영체제는 대부분 애플의 iOS, 구글의 안드로이드, 마이크로소프트의 윈도우폰7입니다. 하지만 이 밖에도 다양한 스마트폰 운영체제가 있습니다. 가장 대표적인 것으로 노키아의 심비안(Symbian), 림(RIM, Research In Motion)의 블랙베리(Blackberry), 국내 기업인 삼성의 바다 등이 있습니다. 실제로 전 세계 스마트폰 점유율로만 따진다면 iOS나 안드로이드 못지 않게 심비안이나 블랙베리도 많은 점유율을 차지하고 있습니다.

노키아의 심비안은 세계최고의 단말기 점유율을 바탕으로 운영체제 점유율 또한 세계 최고였습니다. 하지만 국내에서는 큰 호응을 끌지 못했기 때문에 우리에겐 조금 생소한 운영체제이기도 합니다.

또 국외에서 인기 있는 운영체제의 하나인 RIM의 블랙베리 같은 경우에는 '블랙베리 앱 월드'를 통해 아시아 지역 사용자들도 사용할 수 있고, 특히 소셜 네트워크 서비스나 메일 사용에 편리한 컴퓨터 형식의 자판인 쿼티 자판을 채택해 사용자에게 좋은 반응을 얻고 있습니다.

최근엔 국내 기업인 삼성전자에서도 바다라는 운영체제 이후 인텔과 타이젠 협회 회원사를 주축으로 새로운 운영체제인 타이젠(Tizen)을 개발했습니다. 애플과 같이 단말기와 운영체제를 동시에 출시하는 전략으로 보급형 스마트폰 시장에 대한 공략을 준비하고 있습니다.

노키아의 심비안 폰

RIM 의 블랙베리 폰

삼성의 타이젠 UI

종 류	특징	장점	단점
심비안	• 단말기의 높은 점유율	• 안정적인 하드웨어와 OS	• 상대적으로 무거운 OS
블랙베리	• 기업/사무용 적합	• 쿼티 자판 및 실시간 푸시	• 앱 부족

종류	특징	장점	단점
팜	• 개방형 웹 OS	• SNS 연동 및 멀티터치	• 앱 부족 및 보급률 미약
바다	• 국내 기업 개발	• 국내 시장의 높은 보급률 예상	• 앱 부족 및 보급률 미약

피처폰의 특징

일반 스마트폰 사용자라면 본인이 사용하고 있는 스마트폰에 어떤 운영체제가 탑재돼 있고, 어떤 환경에서 제작됐는지 중요하지 않습니다. 하지만 모바일 콘텐츠를 기획하고 제작하는 전문 제작자라면 꼭 알아야 할 부분 중의 하나입니다. 각 운영체제별로 기획, UI 구성, 디자인 등 제작 환경이 조금씩 다르기 때문입니다.

피처폰(Feature Phone)이란 스마트폰이 출현하기 전에 나오던 휴대폰을 말합니다. 피처폰은 이동통신사별, 단말기별, 플랫폼별로 구분합니다. 이러한 피처폰 관련 플랫폼은 휴대폰 안의 작은 운영체제로 볼 수 있으며, 초기엔 이동통신사별로 SKT는 GVM, GNEX, SK-VM, KTF는 BREW, LGT는 MIDP 등이 있습니다.

GVM, GNEX는 C 언어를 기반으로 제작되며, 신지소프트에서 제공하는 SDK(Software Development Kit)를 이용해 개발합니다. BREW는 C/C++ 문법을 사용하며, 퀄컴에서 제공하는 SDK를 이용해 개발합니다. SK-VM, MIDP 등은 자바 문법을 사용하며, XCE, 벨록스소프트, 각 이동통신사에서 제공하는 별도의 SDK를 이용해 개발합니다.

각기 다른 플랫폼을 탑재한 단말기 사용자가 하나의 콘텐츠를 사용하기 위해서는 플랫폼별로 모두 개발해야 합니다.

이는 해당 콘텐츠를 내려받아 사용할 사용자의 단말기가 어떤 플랫폼으로 돼 있는지 알 수 없기 때문입니다. 그래서 이런 불편함을 해소하기 위해 새로운 통합 플랫폼이 나오게 됐는데, 이것이 바로 WIPI(Wireless Internet Platform for Interoperability)입니다.

기존의 각기 다른 플랫폼의 피처폰

이처럼 같은 이동통신사의 단말기라도 플랫폼별로 개발하는 언어가 제각기 달라서 콘텐츠를 개발하는 데 큰 어려움이 있었습니다.

WIPI는 이동통신사들이 같은 플랫폼을 사용하게 함으로써 상호 호환성과 개발비의 낭비를 줄이자는 목적으로 2001년부터 국책 사업으로 추진됐습니다.

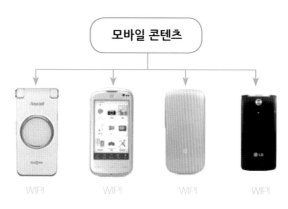

모바일 콘텐츠

현재 WIPI 플랫폼의 피처폰

이로써 하나의 모바일 콘텐츠를 제작하기 위해 플랫폼별로 여러 형태로 제작하는 방식에서 하나의 통합 플랫폼 형식으로 제작하게 됐습니다.

스마트폰과 피처폰의 성능을 비교해보면 당연히 스마트폰이 우위에 있습니다. 그럼 '스마트폰만 사용하면 되는 것 아니냐?'라고 할 수도 있겠지만 절대 그렇지 않습니다.

국내 스마트폰의 보급률은 2011년 3월을 기준으로 1,000만 대를 넘었습니다. 그리고 연말에 기존 2년 약정으로 피처폰을 사용하는 사용자의 약정기간 만료가 1,000만이 넘는다고 합니다.

전문가들은 이 같은 사용자 현황과 저가 스마트폰의 출시 등으로 1년 안에 스마트폰이 3,500만 정도 보급되고 전체 사용자 가운데 60% 정도를 차지할 것으로 예측하고 있습니다. 그리고 최근에(2012년) 발표된 자료에 따르면 스마트폰 보급률은 3,000만 대가 넘었으며, 전체 휴대폰 사용자 가운데 10명 중 6명이 스마트폰을 사용한다고 합니다. 휴대폰 시장의 흐름은 점차 스마트폰 쪽으로 흐르고 있지만, 아직 2,000만이 넘는 기존 피처폰 사용자도 절대 무시하지 못할 고객 중 하나입니다.

시장의 흐름이 스마트폰 쪽으로 바뀌어 가는 것은 사실이지만 실무에서 모바일 관련 콘텐츠와 앱을 개발한다면 분명 이러한 피처폰도 무시못할 중요한 고려 대상일 것입니다.

2011년 스마트폰: 1,000만 / 피처폰: 3,700만   2012년 스마트폰: 3,000만 / 피처폰: 2,000만   2013년 스마트폰: 3,500만 / 피처폰: 1,800만

개발 언어 면에서는 피처폰과 스마트폰의 개발 환경이 아주 많이 다르지만, 기획과 디자인에는 두 분야가 크게 다르지 않기 때문에 스마트폰 UX, UI 디자인에 대해 확실히 알고 넘어간다면 두 분야를 모두 소화해 낼 수 있을 것입니다.

스마트폰과 피처폰 콘텐츠 디자인의 차이

피처폰 관련 콘텐츠와 스마트폰 관련 콘텐츠 제작에서 가장 큰 차이점은 용량, 색상, 사이즈에 관한 부분입니다. 스마트폰은 어느 정도의 용량과 사이즈 제한은 있지만 대부분 큰 무리 없이 제작할 수 있지만 피처폰 같은 경우에는 용량, 색상, 사이즈에 대한 제약이 많이 따릅니다.

그러다 보니 디자인을 할 때도 최소한의 용량과 작은 사이즈에 맞는 형태의 디자인을 해야 합니다. 그래서 피처폰 같은 경우에는 픽셀을 이용한 도트(dot) 디자인을 선호합니다.

또 색상 표현의 한계가 있기 때문에 실사 이미지라도 최소한의 색상만 표현할 수 있게 다시 한번 가공해야 한다는 문제점이 있습니다.

이에 반해 스마트폰 관련 콘텐츠 디자인은 우리가 사용할 수 있는 실사 이미지와 색상을 대부분 표현할 수 있기 때문에 디자인상에서 큰 문제가 없습니다. 또 스마트폰 콘텐츠 디자인은 템플릿 디자인을 많이 활용하므로 피처폰 관련 디자인보다 훨씬 자유롭고 높은 품질을 얻을 수 있습니다.

하지만 스마트폰 관련 콘텐츠를 제작하기 위해서는 운영체제별로 제시하는 가이드라인과 이미지 규격, 해상도, 화면 크기 등과 같은 부분을 고려해서 제작해야 합니다.

피처폰 콘텐츠   스마트폰 콘텐츠 (앱)

스마트폰 운영체제별 개발 환경

모바일 기기	피처폰	스마트폰			기타(PDA)
		아이폰	안드로이드폰	윈도우폰	
개발 언어 및 운영체제	C,JAVA WIPI Clet WIPI Jlet Brew MIDIP	Objective C iPhone OS (MAC OS) iPhone SDK	JAVA Android SDK	C # Window7	Win CE
디자인	UX, UI 구성에 따른 일러스트레이터, 포토샵 등 활용				

각 휴대폰마다 제작 환경과 개발 환경은 조금씩 다르지만, 콘텐츠를 디자인할 때는 주로 일러스트레이터나 포토샵 같은 기존 그래픽 관련 툴을 이용하므로 디자인 제작 환경은 거의 같다고 볼 수 있습니다.

하지만 스마트폰 관련 콘텐츠를 제작할 때는 운영체제별로 디자인 및 개발 환경에 대한 제작 가이드를 제공하므로 규격에 맞춰 디자인해야 합니다.

아이폰(iOS) 개발자 사이트
http://developer.apple.com

안드로이드 개발자 사이트
http://developer.android.com

스마트폰 앱 UX, UI 디자인은 UI 디자인의 대표적인 사례로 자리 잡았습니다. 스마트폰은 하나의 기기에 많은 기능이 포함돼 있기 때문에 이러한 많은 기능을 얼마나 효율적으로 제어하느냐가 중요합니다.

또한, 소프트웨어적인 능력 외에 하드웨어적인 능력들을 탑재해 단지 보기 쉬운 디자인에서 멈추지 않고 사용자의 상태와 동작 등을 고려한 사용자 중심 인터페이스 디자인을 원칙으로 하고 있습니다.

002.
스마트폰 앱 디자인의 특징

스마트폰 앱 UI 구성 시 고려 사항

- 사용자는 이동 중에 있다.
- 사용자는 최소한의 동작으로 원하는 정보를 보길 원한다.
- 쉽고 명확한 메타포의 사용 및 아이콘의 활용
- 중요한 정보를 제공하기 위한 레이아웃 설정
- 텍스트를 최소화한다.
- 탭 할 수 있는 모든 요소는 터치하기 쉬운 영역을 제공한다.
- 사용자에게 빠르고 쉬운 피드백 제시
- 기능과 잘 어울리는 심미적 통합

모바일에는 이동성을 가진다는 의미가 있습니다. 스마트폰의 장점은 기존 휴
대폰에 노트북과 컴퓨터의 다양한 기능을 추가함으로써 노트북보다 훨씬 휴
대하기 편하고 다양한 앱을 통해 컴퓨터 못지않은 기능을 수행할 수 있다는
것입니다. 그러다 보니 작은 기기에서도 많은 기능을 제공하고 이동 중에
도 사용하기 편하게 UI를 구성하고 디자인해야 합니다.

또한, 대부분의 스마트폰 기기들이 터치스크린 방식으로 조작되기 때문에 손
가락의 터치 영역과 스크롤 방식 등도 고려해야 합니다. 확실한 메타포를 이
용한 아이콘 디자인이나 터치 영역을 고려한 크기 등도 중요한 디자인 요소
입니다. 이런 측면에서 스마트폰 앱 또는 GUI 디자인을 할 때 가장 효율
적인 디자인 방법은 아이콘의 사용입니다.

명확한 메타포를 사용한
안드로이드 런처 아이콘

스마트폰 화면은 노트북이나 컴퓨터 모니터에 비해 상대적으로 작습니다. 그
러다 보니 작은 화면에서 최대한 효율적으로 사용자가 원하는 정보 제공
과 조작의 편의성을 고려한 레이아웃이 중요합니다.

보통 사용자들은 한 손으로 들고 사용하는 경우가 많아서 아이콘이나 기타
컨트롤 버튼 등의 배치도 엄지손가락 하나로 제어할 수 있게 배치하는 것이
좋습니다.

또한, 정보를 표시할 때도 화면의 상단이 가장 잘 보이므로 사용자의 시선
이 상단에서 아래로 흐르도록 구성하면 좋습니다.

대부분의 스마트폰이 터치패드 형식으로 돼 있습니다. 컨트롤 버튼이 너무
조밀하게 배치돼 있으면 사용자는 버튼을 누를 때 조심하기 위해 시간을 허
비하게 되고, 실제로 잘못 누를 가능성이 커집니다. 그래서 스마트폰 관련
GUI를 제작할 때는 충분한 터치 영역을 제공해서 디자인해야 합니다.

결과적으로 스마트폰 앱의 인터페이스를 구성할 때는 단지 디자인에만 멈
추는 것이 아니라 이러한 여러 가지 구성 요소를 바탕으로 사용자 인터페

이스를 구성하고 이를 시각화해서 사용자가 직접 스마트폰을 조작할 수 있게 하는 것이 중요합니다.

UI 가이드라인

UX를 바탕으로 UI까지 설계했다면 다음으로 실질적인 GUI를 제작하게 됩니다. UI는 사용자와 시스템 간의 연결을 설계하는 것이라고 할 수 있으며, GUI는 이러한 인터페이스를 시각적으로 제작하는 마지막 단계라고 볼 수 있습니다.

GUI를 제작할 때 웹사이트, 내비게이션, PMP, 휴대폰(스마트폰), 기타 모바일 기기와 같이 해당 시스템에 따라 제작하는 가이드라인은 조금씩 다르겠지만, 이 가운데 중요한 몇 가지 가이드라인을 살펴보겠습니다.

사용자 중심

시스템의 최적화가 아닌 사용자 기능의 최적화를 목적으로 설계해야 합니다. 여기에는 최소한의 동작으로 원하는 정보를 얻을 수 있는 설계, 시스템과 하드웨어가 가지고 있는 특징을 살린 설계, 원하는 위치에 원하는 버튼 및 내용이 있는 설계 등이 있습니다.

통일성

브랜드의 경험과 가치를 고려해서 일관성 있게 GUI를 설계해야 합니다. 메뉴 체계 및 기능의 내비게이션에 공통된 규칙과 인터페이스를 적용해야 합니다. 이것은 사용자로 하여금 쉽게 콘텐츠를 사용할 수 있게 하자는 의미도 있지만 실제로는 GUI 제작을 효율적으로 하자는 의미도 있습니다.

	Low density (120), *ldpi*	Medium density (160), *mdpi*	High density (240), *hdpi*	Extra high density (320), *xhdpi*
Small screen	QVGA (240x320)		480x640	
Normal screen	WQVGA400 (240x400) WQVGA432 (240x432)	HVGA (320x480)	WVGA800 (480x800) WVGA854 (480x854) 600x1024	640x960
Large screen	WVGA800** (480x800) WVGA854** (480x854)	WVGA800* (480x800) WVGA854* (480x854) 600x1024		
Extra Large screen	1024x600	WXGA (1280x800)† 1024x768 1280x768	1536x1152 1920x1152 1920x1200	2048x1536 2560x1536 2560x1600

아이폰(iOS) UI 가이드라인

이처럼 콘텐츠 GUI를 개발할 때는 통일된 규격과 일관성을 유지해서 제작
상의 효율성을 비롯해 사용자가 통일된 GUI를 사용하게 하고, 기본적인
품질을 확보할 수 있게 해야 합니다.

메타포

GUI를 제작할 때 가장 중요한 부분 중 하나로서 난해하거나 복잡한 이미지
보다는 언어적이나 시각적으로 사용자가 인지하기 쉽게 설계해야 한다는 것
입니다. 이때 현실적이고 직관적인 메타포를 사용하는 것이 좋고 사용자 중
심적인 단어와 이미지를 사용해야 합니다.

최근에는 쉬운 메타포와 아이콘을 사용해 GUI를 설계하는 경우가 많고
대표적인 예로 스마트폰 애플리케이션을 들 수 있습니다.

가시성

가시성은 GUI를 구성할 때 관련 항목끼리의 그룹화와 간단 명료한 텍스트의
사용, 적절한 이미지와 아이콘 등으로 균형 잡힌 레이아웃 구성을 하는 것입
니다. 앞에서 설명한 명확성과 비슷한 개념이지만 가시성은 **기획된 의도를
아름답게 꾸미는 과정**으로 볼 수 있으며, 실제로 디자인화되어 **표현했을
때의 설계**를 나타냅니다.

명확성과 가시성을 고려한 GUI 디자인은 사용자가 사용의 편리함과 아름다
움을 동시에 만족하게 하는 중요한 요소입니다.

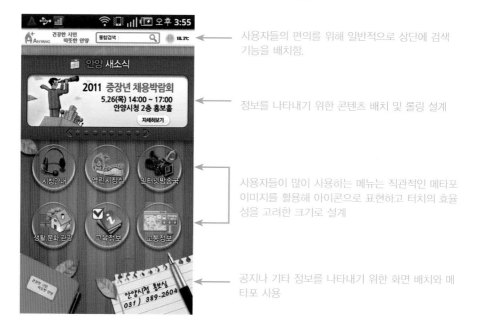

사용자들의 편의를 위해 일반적으로 상단에 검색
기능을 배치함.

정보를 나타내기 위한 콘텐츠 배치 및 롤링 설계

사용자들이 많이 사용하는 메뉴는 직관적인 메타포
이미지를 활용해 아이콘으로 표현하고 터치의 효율
성을 고려한 크기로 설계

공지나 기타 정보를 나타내기 위한 화면 배치와 메
타포 사용

피드백

사용자는 동작에 따른 즉각적인 결과나 진행 상황 등을 알아야 합니다. UI를
구성할 때 사용자 동작에 대한 어떤 눈에 띄는 변화나 소리, 진동 등과 같은
형태로 바로 응답이 있어야 합니다. 이런 측면에서 **변화와 결과를 실시간으
로 표시하는 것**도 아주 중요한 요소입니다.

최근에는 무선 인터넷을 활용해 실시간으로 정보 검색, 업데이트, 패치
등과 같은 서비스를 동시에 제공하고 있습니다. UX 측면에서는 한번의 제

작으로 끝나는 것이 아니라 **항상 사용자의 의견과 업데이트 등을 지속해서
서비스해야 합니다.** 그러자면 적절한 상태 바의 제공과 정보 및 피드백 제
공, 구체적이고 명료한 팝업 및 에러 메시지 등도 GUI 설계상 중요한 부분
중 하나입니다.

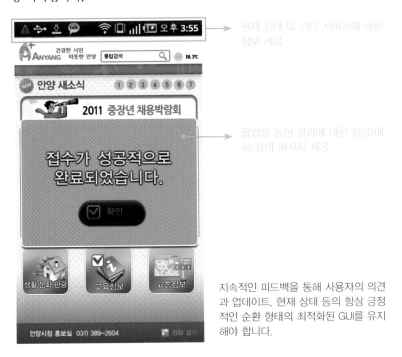

현재 상태 및 기타 서비스에 대한
정보 제공

팝업을 통한 결과에 대한 성공/에
러/상태 메시지 제공

지속적인 피드백을 통해 사용자의 의견
과 업데이트, 현재 상태 등의 항상 긍정
적인 순환 형태의 최적화된 GUI를 유지
해야 합니다.

템플릿 디자인의 활용

템플릿 디자인이란 콘텐츠의 통일성과 품질 유지, 제작의 편리성을 위해 안
드로이드나 아이폰 개발자 사이트에서 디자인에 대한 가이드를 제시하고 스
타일, 사이즈, 버튼, 배경 등과 같이 많이 사용하는 디자인을 제공하는 것을
말합니다.

디자인 템플릿은 크게 내부 디자인 템플릿과 외부 디자인 템플릿으로 나
눌 수 있습니다. 내부 템플릿은 운영체제별 개발 툴인 SDK를 설치했을 때
내부적으로 많이 사용하는 것 위주로 제공되는 디자인 템플릿을 말하며, 외
부 템플릿은 보통 프리랜서 디자이너나 디자인 전문 업체에서 직접 제작한
디자인 템플릿을 유료 또는 무료로 제공하는 것입니다.

내부 템플릿

내부 디자인 템플릿은 아이폰이나 안드로이드 SDK를 설치했을 때 내부적으로 지원되는 디자인 파일 등을 말합니다. 예를 들어 단말기의 상태를 나타내는 상단의 상태 바(Status Bar) 이미지나 기본 동작에 필요한 버튼 등의 이미지가 여기에 해당합니다. 이러한 이미지는 실제 디자이너가 사용하기 보다는 프로그래머가 개발할 때 주로 사용하는 기본 GUI 이미지입니다.

안드로이드 같은 경우에는 단말기 해상도별로 LDPI, MDPI, HDPI, XHDPI로 화면 크기가 나뉘는데, 각 해상도별 이미지를 따로 제공하고 있습니다. iOS에서는 내부 GUI 템플릿을 프로그램화해서 사용합니다.

안드로이드 SDK에서 제공되는 기본 GUI 디자인 템플릿

내부 디자인 템플릿의 활용

이러한 내부 디자인 템플릿을 사용하면 사용자에게 각 운영체제에 일관된 체계적인 인터페이스를 제공해서 공통적인 규칙과 조작의 편의성을 제공할 수 있습니다.

안드로이드 운영체제에서는 다양한 형태의 디자인 템플릿을 사이트를 통해 직접 제공하고 있습니다.

버전별 디자인 템플릿 내려받기
http://developer.android.com/
shareables/icon_templates-
v2.0.zip
http://developer.android.com/
shareables/icon_templates-
v2.3.zip
http://developer.android.com/
shareables/icon_templates-
v4.0.zip

실제로 포토샵 레이어 파일을 제공함으로써 레이어 스타일 효과를 동일하게 적용할 수 있도록 지원합니다. 이러한 템플릿을 지원함으로써 일정 수준의 품질을 확보할 수 있으며, 다른 아이콘과의 통일성을 유지할 수 있습니다.

최신 런처 아이콘 템플릿   위젯 템플릿 아이콘 템플릿

외부 디자인 템플릿

최근 스마트폰 앱 개발이 활발하게 이뤄지면서 스마트폰 앱과 GUI 디자인을 전문으로 하는 업체나 인력들이 많이 생겨나고 있습니다. 이러한 전문 업체나 디자이너들은 다양한 스마트폰 앱이나 GUI 디자인 소스를 제공합니다.

이런 흐름은 다양한 디자인 소스를 유료나 무료 형태로 제공함으로써 해당 업체 및 디자이너의 홍보나 디자인 트렌드를 이끌어 나가는 데 목적을 두고 있습니다.

예전에 웹 디자인이 한창 유행하던 시절에도 초반에는 디자이너들의 역량에
맞게 웹 디자인을 제작했지만 웹 환경이 발전하면서 미리 제작된 디자인 폼
이나 아이콘 및 일러스트를 여러 템플릿으로 제작하는 식의 제2의 판매 전략
으로 발전했습니다.

주로 쇼핑몰이나 중소기업 등에서 적은 비용으로 이러한 웹 디자인 템플릿을
이용해 쉽게 사이트를 제작할 수 있었기 때문에 스마트폰 앱 관련 디자인도
앞으로 이러한 형태로 발전하게 될 것입니다.

teehanlax.com

가장 대표적인 곳은 아이폰 GUI를 제공하는 teehanlax.com 디자인 사무
실입니다. 이곳에서는 최근 유행하는 아이폰 계열의 GUI 디자인 소스를 무
료로 제공합니다.

이 파일은 아이폰 애플리케이션 디자이너를 위한 소스 파일이지 판매나 홍보
목적으로는 절대 사용할 수 없습니다. 하지만 아이폰 GUI 디자이너들에게
훌륭한 소스 파일을 제공하고 아이폰 GUI 디자인의 방향을 제시합니다. 실
제로 포토샵 PSD 파일까지 제공하고 있어 제작 방법이나 효과를 직접 체
험하고 활용할 수 있습니다.

iOS7 GUI 템플릿

안드로이드 GUI 템플릿

http://ntt.cc

컴퓨터 프로그래밍, 자바 관련 소스 및 정보 등을 제공하는 사이트인 http://
ntt.cc에서는 디자이너를 위한 6개의 무료 안드로이드 GUI 관련 포토샵
PSD 파일과 아이폰 소스를 제공으로 디자이너는 한층 더 업그레이드된 아이
디어를 얻을 수 있습니다.

안드로이드 GUI 포토샵 PSD 파일

안드로이드 GUI와 관련해서는 http://developer.android.com에서 디자인 가이드와 스타일 효과 등을 내려받을 수 있습니다.

http://www.iconfinder.com

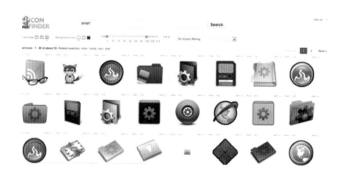

최근 아이콘의 사용과 중요성은 그 어느 때보다 중요시되고 있습니다. 하지만 아이콘 디자인은 나름의 전문성을 요구하기 때문에 전문가가 아닌 이상 높은 품질의 아이콘을 직접 그려서 사용하기는 몹시 어렵습니다.

아이콘 파인더(http://www.iconfinder.com)에서는 149,795개의 아이콘과 메타포 이미지를 무료로 제공하는 아이콘 전문 사이트입니다. 검색 엔진 형식으로 돼 있어 검색어를 입력하면 관련 아이콘을 찾아 내려받을 수 있습니다.

이러한 이미지는 항상 저작권 문제가 있는데, 아이
콘 파인더에서는 개인적으로 사용되는 목적이면 대
부분 무료로 사용할 수 있습니다. 하지만 모든 아이
콘이 무료는 아니고 사용하기 전에 항상 저작권을
정확히 확인해야 합니다.

아이콘을 검색한 후 INFO를 클릭하면 저작권에 관
한 내용을 확인할 수 있습니다.

http://www.iconfinder.com

- Creative Commons (Attribution–Noncommercial–Share Alike 3.0 Unsorted): 블로
  그에도 많이 사용하는 CCL 라이선스를 따른다는 의미입니다.
- Free for personal use only: 개인적인 용도에 한해 무료
- Free for commercial use (Do not redistribute): 상업적인 사용을 허용하되 재배포
  는 금지
- Free for commercial use: 상업적인 사용을 허용
- Free for commercial use (Include link to authors website): 상업적인 사용을 허용
  하되 링크를 넣으라는 의미입니다. 링크는 해당 이미지의 상단에 있습니다.
- GPL: 리눅스 등에서 사용하는 무료 라이선스로, 상업적 사용을 허용

http://www.scoutzie.com

스마트폰 관련 앱이 활성화되면서 앱을 전문적으로 디자인하거
나 앱 디자인에 관심이 있는 제작자들이 많이 생겨났습니다.

scoutzie.com은 프로와 아마추어 디자이너들의 커뮤니티로, 서
로 디자인한 앱을 공유하고 평가하는 사이트입니다. 종류나 운영
체제별로 다양한 앱 디자인을 참고할 수 있는 커뮤니티형 사이트
입니다.

http://dribbble.com　　http://www.lovelyui.com　　http://pttrns.com　　http://www.behance.net

남의 것을 다시 자기 것으로 재창조하는 것도 유능한 디자이너의 기술 중 하나입니다. 이러한 오픈소스를 그대로 사용하는 디자이너는 아마도 없을 것입니다. 이런 소스를 활용해 유행에 맞춰 참고해서 다시 자신의 디자인으로 만들 수 있어야 유능한 디자이너일 것입니다.

나인 패치 이미지의 활용

스마트폰 GUI에서는 나인 패치(Nine Patch)라는 그래픽 형식을 지원합니다. 나인 패치는 하나의 이미지를 활용해 해상도나 상황에 따라 여러 크기로 늘리거나 줄여서 사용할 수 있게 하는 기능입니다.

나인 패치로 처리하는 작업은 프로그래머가 직접 프로그래밍을 통해 처리하지만, 실제 디자인 자체와 나인 패치 이미지 제작은 디자이너가 담당합니다. 그러다 보니 나인 패치 이미지를 활용하는 것은 전적으로 누구의 영역이라고 볼 수 없고 프로그래머나 디자이너 모두 알아야 하는 내용 중 하나입니다.

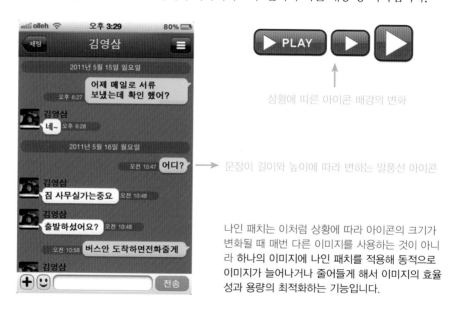

상황에 따른 아이콘 배경의 변화

문장이 길이와 높이에 따라 변하는 말풍선 아이콘

나인 패치는 이처럼 상황에 따라 아이콘의 크기가 변화될 때 매번 다른 이미지를 사용하는 것이 아니라 하나의 이미지에 나인 패치를 적용해 동적으로 이미지가 늘어나거나 줄어들게 해서 이미지의 효율성과 용량의 최적화하는 기능입니다.

이미지 확대/축소 시의 이미지 변화

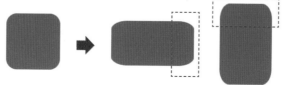

원본 이미지   가로 세로로 늘렸을 때 외곽 값이 왜곡된다.

나인 패치를 사용하지 않고 이미지의 크기를 조절하면 라운드 사각형 같은 경우 모서리에 왜곡이 생깁니다.

나인 패치의 적용

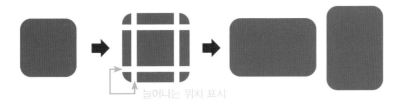

일반적으로 비트맵 이미지는 원본을 확대/축소하면 이미지가 왜곡되거나 깨지는 현상을 볼 수 있습니다. 스마트폰의 특성상 이미지의 확대/축소가 자주 일어나기 때문에 나인 패치 이미지를 적용할 때는 위와 같이 이미지에서 늘어나는 부분을 체크하고 그에 맞게 디자인한다면 이미지 확대/축소 시 왜곡 현상이 발생하지 않습니다.

Draw9patch

나인 패치 이미지를 만들 때 고려해야 할 점은 아이콘이나 배경 디자인을 할 때 가로/세로를 1픽셀 영역만큼 늘렸을 때 왜곡이 생기지 않는 영역을 고려해서 디자인하고 이미지에 나인 패치 전문 제작 툴로 다시 한번 적용해서 저장해야 한다는 것입니다. 안드로이드 운영체제에 적용되는 나인 패치 이미지는 Draw9patch라는 전용 툴을 사용해서 제작하게 됩니다.

디자인할 때

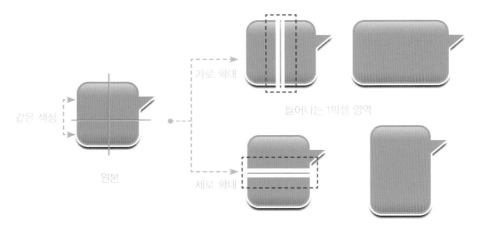

가로/세로에 임의의 1픽셀 라인을 설정해 1픽셀 모양과 색상 그대로 늘렸을 때 이미지와 색싱이 그대로 적용될 수 있게 디자인해야 합니다.

저장할 때

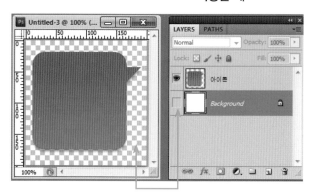

투명하게 처리됨

아이콘 및 기타 이미지를 제작해서 저장할 때 주로 포토샵을 이용합니다.

이때 반드시 Background 레이어를 해제한 후 배경을 투명하게 만들어야 합니다. 그다음 PNG 24비트 이미지로 저장합니다.

PNG 24비트 이미지는 외각을 투명하게 처리하고 트루 컬러를 지원하는 파일 형식입니다.

나인 패치 이미지 제작

포토샵에서 저장한 PNG 24비트 이미지를 나인 패치 형식의 이미지로 다시 제작하려면 Draw9patch라는 별도의 프로그램으로 다시 한번 제작해야 합니다. Draw9patch는 안드로이드 SDK를 내려받으면 자동으로 설치되는 프로그램으로, 나인 패치 이미지를 전문으로 제작하는 프로그램입니다.

안드로이드 SDK를 실행하려면 먼저 자바가 설치돼 있어야 합니다. 먼저 http://www.oracle.com에서 자바 프로그램을 내려받아 설치한 후 http://developer.android.com 사이트에서 안드로이드 SDK를 내려받아 설치합니다.

http://www.oracle.com → 자바 설치 → http://developer.android.com → Android SDK

안드로이드 SDK를 내려받아 설치

draw9patch.bat 실행

설치 과정이 모두 끝나면 android-sdk-windows 폴더 안의 tools 폴더에
서 draw9patch.bat 파일을 실행하면 Draw9patch 프로그램이 실행됩니다.

 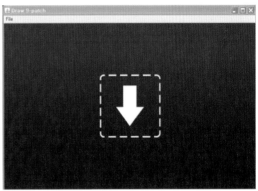

Draw9patch 이미지가 실행되면 이와 같은 화면이 열립니다. 조금 전에 포
토샵에서 저장한 PNG 24비트 파일을 File의 Open 9-patch 메뉴에서 불
러옵니다.

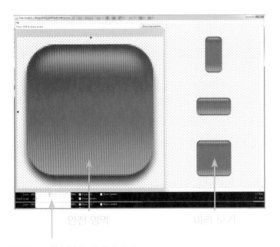 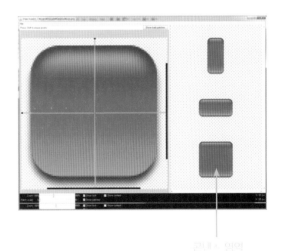

안전 영역　　　미리 보기

Zoom : 작업 영역 확대 / 축소
Patch scale: 미리 보기 확대 / 축소

콘텐츠 영역

불러온 png 파일이 화면에 나타나면 전체 외각 1픽셀 영역을 제외하곤 자동
으로 안전 영역으로 설정되어 작업이 진행되지 않습니다. 양쪽 모서리 부분
의 1픽셀 영역에만 작업이 이뤄지며, 상단, 하단, 좌측, 우측 영역으로 마우
스를 이동하면 조절바가 나타나는데 이 조절바를 이용해 영역을 설정할 수
있습니다.

상단과 좌측의 1픽셀은 가로/세로로 늘어날 부분을 표시하고 우측과 하단은
콘텐츠가 들어갈 수 있는 영역의 범위를 설정하는 부분입니다.

이처럼 나인 패치 영역과 내용 영역을 표시한 다음 다시 File에서 Save
9-patch로 저장하면 자동으로 .9.png 파일로 저장되며, 프로그램상에는
.9.png 파일을 나인 패치가 적용된 이미지로 자동으로 인식하게 됩니다.

나인 패치 적용 이미지 확인

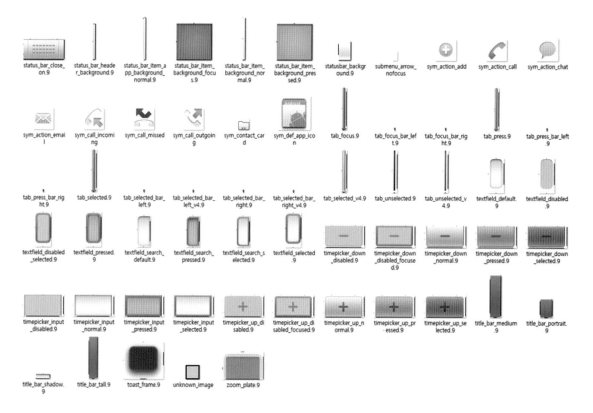

실제 android-sdk-windows를 설치한 후 res 폴더를 확인해보면 각 해
상도별 내부 템플릿 이미지를 볼 수 있습니다. 안드로이드 운영체제의 기본
GUI에 사용되는 이미지 중 확대/축소가 적용되는 이미지는 이처럼 나인 패
치 영역이 설정되어 준비돼 있음을 확인할 수 있습니다.

위 내용은 안드로이드 운영체제에서 Draw9patch 툴을 이용해 나인 패치
이미지를 제작하는 방식이고 아이폰 같은 경우에는 최초 png 이미지를 제작

하는 과정까지는 같지만 별도의 툴을 이용하지 않고 Objective-C를 이용해
프로그램 방식으로 세로 1픽셀, 가로 1픽셀을 늘려 나인 패치 이미지를 적용
합니다.

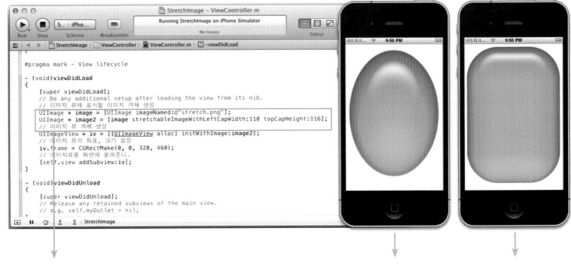

　　　　　나인 패치 비적용 이미지　　나인 패치 적용 이미지

레이아웃 및 구조

기존 모바일 환경에서는 LCD와 색상 표현의 한계, 사용 가능한 형식의 제한
등으로 디자인상의 제약이 많았습니다. 하지만 스마트폰은 기기의 발달로 기
존 모니터와 같은 디스플레이 환경에서 표현할 수 있는 대부분의 색상을 표
현을 표현할 수 있습니다. 대신 상대적으로 화면이 작기 때문에 레이아웃과
UI 구성이 더 중요하게 부각되고 있습니다.

레이아웃

스마트폰은 기본적으로 손가락을 이용해 터치하기 때문에 너무 작은
형태의 아이콘이나 버튼은 사용하지 않습니다.

실제로 런처 아이콘의 크기보다 더 넓은 영역을 터치 영역으로 설정하
고 있습니다.

스마트폰 기본 UI 버튼이나 앱 디자인을 할 때 터치로 인한 오작동을 피하고 확실한 내용 전달을 하기 위해 버튼의 크기는 손가락 터치를 고려해서 크게 제작합니다.

그리고 대부분 사용자가 오른손 엄지를 많이 사용하기 때문에 버튼의 위치는 주로 하단에 배치합니다.

사용자의 시선은 웹에 익숙해져 있어서 시선이 위에서 아래로 흐르게 돼 있습니다. 그래서 중요한 정보는 위에서 아래로 흐르듯이 구성하고 엄지 손가락을 이용해 좌우나 상하로 슬라이드하는 UI가 주를 이룹니다.

중앙에 주요 콘텐츠를 배치하고 자주 사용하는 버튼은 상단 또는 하단에 배치합니다. 그리고 검색과 화면 전환 버튼은 상단에 배치해서 전체 사용 버튼과 화면 사용 버튼을 구분합니다.

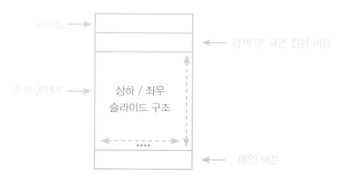

주요 콘텐츠, 버튼, 검색 등의 효율적인 배치

앱 구조

앱의 페이지 구성은 휴대폰이라는 특성과 버튼 조작의 활용도를 놓이기 위해
2~3 Depth를 넘지 않게 하고 각 앱의 기본 버튼 및 구성은 통일성 있게 제
작해야 합니다. 또한, 어느 화면에서도 다른 화면으로 넘어갈 수 있는 버튼을
구성해 화면별로 이동을 자유롭게 하는 것이 좋습니다.

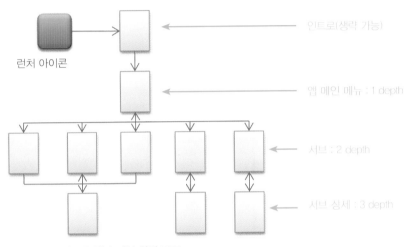

스마트폰 앱의 기본 화면 구조

앱의 종류에 따라 조금씩 다르겠지만 인트로 화면은 잠깐만 보여주고 자동으
로 메인 화면으로 이동합니다. 보통 1단계의 메인을 기준으로 한 단계씩 들
어갔다 나왔다 하는 구조이며, 더 단순한 구조로는 메인 화면에서 내부 콘텐
츠만 바뀌는 1단계 구조도 많이 사용됩니다.

1단계 구조 앱

색상 패턴

색상 단계

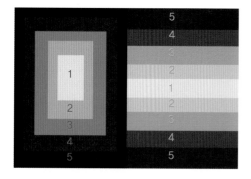

스마트폰 앱은 채도가 낮고 안정감 있는 색상을 많이 사용합니다.

사용하고자 하는 색상의 가장 진한 색을 5부터 1까지라고 봤을 때 화면 중심에 집중되도록 단계적으로 표현해서 콘텐츠와 배경을 구분합니다.

콘텐츠에 집중할 수 있게 색의
단계별 표현을 활용한 앱

모니터의 색상과 스마트폰 화면과는 단말기 제조사별로 조금씩 차이가 날 수 있습니다. 그래서 모든 디자인 제작이 끝나면 JPG나 PNG 파일로 만들어 단말기에 넣은 후 색상 검사를 미리 해야 합니다.

색상 표현

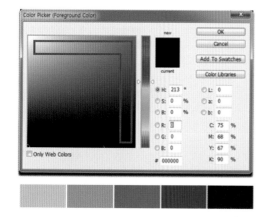

콘텐츠 표현 색상 및 단계

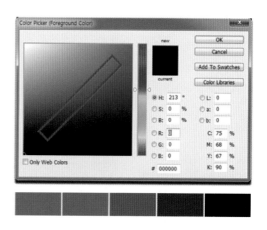

배경 표현 색상 및 단계

앱 디자인을 할 때 크게 배경 및 바탕을 표현하는 기본 색상과 내용과 버튼 같은 콘텐츠를 표현하는 색상으로 구분됩니다.

앱 전체의 안정감을 주기 위해서는 배경 및 프레임/바(Bar) 같은 경우에는 채도가 낮은 색상을 주로 사용하고 내용의 명확성과 배경과의 구분을 위해 콘텐츠에는 채도가 높은 색상을 주로 사용합니다.

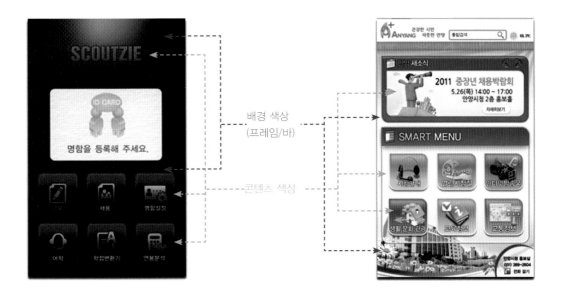

텍스처(texture)의 활용

텍스처는 앱 디자인뿐 아니라 다른 분야에서도 자주 사용되는 디자인 소스 중 하나입니다. 최근 앱 디자인에서는 이러한 텍스처를 디자인 소스로 사용하는 경우가 아주 많습니다. 텍스처를 사용하면 고급스럽고 안정감 있는 느낌을 줄 수 있으며, 특정 텍스처는 해당 앱의 브랜드 이미지까지 대표할 수 있습니다.

다양한 앱 텍스쳐

패턴 및 텍스쳐는 규칙적인 이미지의 조합이지만 단순 패턴만 적용하면 오히려 단순해 보일 수 있습니다. 그래서 불규칙 패턴이나 명암 대비, 색상 대비를 통해 변화를 준 패턴이 많이 사용됩니다.

또한, 최근에는 자연 친화적인 느낌의 앱을 많이 제작하고 있어서 자연스러운 실사 이미지나 자연적인 느낌의 이미지도 많이 사용합니다.

실사와 자연적인 느낌의 앱 디자인

03

스마트폰
앱 디자인 가이드

스마트폰 UI 디자인에는 크게 두 가지가 있습니다. 첫 번째는 스마트폰 자체를 운영하는 데 필요한 기본 UI 디자인이고, 두 번째는 스마트폰 앱 디자인입니다.

스마트폰 앱 디자인은 콘텐츠의 기획 의도, 주제, 조작 효율성에 맞는 디자인을 중요시하므로 운영체제별 디자인 가이드에서 크게 벗어나지 않는 한 큰 제약을 받진 않습니다. 하지만 스마트폰 기본 UI는 말 그대로 운영체제를 조작하기 위한 기본 메뉴이기 때문에 각 운영체제에서 제공하는 디자인 가이드를 따르는 것이 좋습니다.

스마트폰용 기본 UI 디자인을 하기 위해서는 해상도, 파일 형식 등 여러 가지 그래픽적인 요소를 알고 있어야 하며, 그와 함께 각 운영체제에서 제공하는 UI, UX 디자인 가이드에 대해서도 알고 있어야 합니다.

가장 대표적인 것은 안드로이드 개발자 사이트(http://developer.android.com)에서 제공하는 디자인 가이드입니다. 안드로이드 운영체제와 아이폰의 iOS별로 각각 디자인 가이드를 제공하지만 해상도를 제외하곤 디자인 형태는 대부분 비슷합니다.

안드로이드 UI의 특징은 오픈된 소스와 통일된 스타일의 적용과 제공으로 볼 수 있습니다. 이번 단원에서는 안드로이드 개발자 사이트에서 제공하는 디자인 가이드와 특징을 알아보겠습니다.

001.
안드로이드 UI 디자인 가이드 및 특징

구글(안드로이드)의 10가지 UX 디자인 원칙

구글의 안드로이드 UX팀은 실용적이면서 빠르고, 단순하면서 매력적이고, 혁신적이면서 보편적이고, 유익하면서 아름답고, 신뢰할 수 있는 디자인을 창작하는 것을 목표로 삼고 있습니다.

구글에서 제작되는 각종 소프트웨어는 이러한 원칙을 기준으로 기획, 제작되고 있으며 그중에서도 안드로이드 운영체제에 이러한 디자인 원칙이 가장 잘 반영되고 있습니다.

Useful: 사람을 향합니다. 그들의 삶과 일과 꿈을 위하여.

Focus on people – their lives, their work, their dreams.

구글의 제품 및 UI는 사용자에게 첨단 기술이나 시각적 효과를 통해 억지로 강요하지 않고 필요한 사용자에게 자연스러운 흡수를 추구합니다.

구글 제품은 사용자의 삶에 억지로 끼어들지 않습니다. 그러나 세상의 정보를 검색하고, 더 빠르게 창의적으로 일하며, 친구나 세상과 아이디어를 공유하고자 하는 사용자에게 새로운 세상의 문을 열어줍니다.

Fast: 천 분의 일 초까지 헤아립니다.

Every millisecond counts.

인간에게 시간보다 더 중요한 것은 없습니다. 구글의 UI는 간결한 코드와 집중할 수 있는 이미지 또는 아이콘의 사용으로 원하는 정보에 바로 접근할 수 있습니다. 가장 필수적인 기능과 정보는 가장 찾기 쉬운 위치에 배치하고, 불필요한 클릭, 타이핑 등을 배제합니다.

속도는 사용자에게 혜택이 됩니다. 충분한 이유 없이 속도를 희생하지 않는 것이 구글의 경쟁력입니다.

Simple: 단순한 것이 더 강력합니다.

Simplicity is powerful.

단순함은 사용성, 속도, 시각적 호소력, 접근성을 포함한 훌륭한 디자인 요소입니다. 우리에게 최상의 설계는 오직 사람들이 목표로 하는 것을 실현하는 데 필요한 기능을 포함하는 것입니다

강력한 기능과 UI를 제공하는 제품이더라도 단순하게 설계하고 제작합니다. 구글의 UX 팀은 더 많은 기능을 추가하는 대신 새로운 방향으로 제품을 단순하게 개선합니다.

Engaging: 초심자에게는 경험을 주고 전문가를 매혹합니다.

Engage beginners and attract experts.

구글의 UX, UI 디자인은 쉽게 접근할 수 있는 강력한 기능을 포함하더라도 표면적으로는 매우 단순하게 표현됩니다. 전문가에게 전문적인 UI와 기능을 제공하지만, 초심자에게도 쉽고, 빠르게 접근할 수 있는 UI를 설계하고 제공합니다.

잘 설계된 구글 UX, UI는 새로운 사용자를 끌어들이고, 필수적인 도움을 제공하며, 가장 가치 있는 기능을 직관적이고 단순하게 사용하도록 확신을 줍니다. 숙련된 기능의 점진적인 개선은 사람들이 제품의 사용성을 확장할 수 있게 도와줍니다.

Innovative: 혁신을 두려워하지 않습니다.
Dare to innovate.

일관된 디자인은 구글의 UX, UI에 대한 신뢰를 구축하며, 사용자를 편하고 능률적으로 만듭니다. 구글은 사용자의 욕구를 만족시키기 위해 혁신적이고 모험적인 디자인을 합니다.

구글은 현존하는 다른 제품과 UX, UI를 모방하거나 경쟁하기보다는 흐름과 구도 자체를 바꾸는 제품과 UX, UI를 개발, 설계하기를 원합니다.

Universal: 모두를 위한 설계를 합니다.
Design for the world.

인터넷상의 자원은 지구촌 모든 사람에게 열려 있습니다. 예를 들어 많은 사람은 PC 앞에만 앉아 있지 않고 모바일 기기를 가지고 이동하며 구글 제품을 이용합니다. 우리의 목표는 어떤 장치나 방법으로도 접근 가능하며, 현실에 대응 가능한 의미 있는 제품을 디자인하는 것입니다.

구글은 느린 접속과 가능한 오래된 브라우저 그리고 다양한 정보 이해 방법과 다양한 화면 선택을 지원합니다. UX 팀은 지구촌 곳곳의 사용자와 장치 및 문화를 위한 바른 제품을 설계하는 것과 사용자 경험의 근본적인 차이를 연구합니다. 간단한 변형 또는 겸손한 기능만으로는 사람들의 욕구를 충족하지 못합니다.

Profitable: 사업 계획에 도움이 됩니다.
Plan for today's and tomorrow's business.

구글 제품은 사용자에게 유용하면서도 경제적으로 도움될 수 있도록 노력하고 있습니다. 이 목표에 도달하기 위해 디자이너들은 사용자들의 목표와 사업적인 고려를 한결같이 통합해야 합니다.

광고는 반드시 광고답고 유용해야 합니다. 구글은 구글에 의존해 생계를 이어가는 사람들과 광고에 흥미를 느낀 사람들을 보호합니다.

구글은 앞으로 사용자들이 감소하더라도 제품으로부터 수익을 증가시키려고 노력하지 않습니다. 만약 수익에 도움이 되는 디자인이 사용자를 기쁘게 하지 못한다면 이것은 처음부터 다시 시작해야 합니다. 모든 제품이 수익을 목표로 하지는 않지만, 사업과 무관한 것도 아닙니다.

Beautiful: 주의를 산란시키지 않고 눈을 즐겁게 합니다.
Delight the eye without distracting the mind.

구글은 사용자에게 구글의 제품과 UI가 혁신적이고 아름답다고 느끼길 원합니다. 긍정적인 첫인상은 사용자를 편안하게 하고 믿음을 주며 자신들의 제품으로 만들 수 있다는 확신을 하게 됩니다.

최소한의 장식은 대부분의 구글 제품들을 깔끔하게 만듭니다. 군더더기 없는 디자인은 빠르게 로드되고 사용자들의 목표를 달성하는 데 방해를 주지 않습니다. 시각적으로 호소하는 이미지와 색상과 서체는 속도와 가독성, 그리고 쉬운 탐색에 대한 욕구에 대응하도록 조절되어 있습니다.

사용자와 문화적 배경에 따라 '고상한 단순함'이 모든 제품에 맞지 않을 수도 있지만, 구글 제품의 심미적 디자인은 사용성을 증가시키고 사용자를 즐겁게 할 것입니다.

Trustworthy: 사람들에게 확신을 주어야 합니다.
Be worthy of people's trust.

훌륭한 디자인은 구글 제품을 사용하는 사람들로부터 장기적인 신뢰를 얻습니다. 구글의 신뢰성은 기본적인 것들로 확립됩니다. 예를 들면 인터페이스는 효과적이고 전문적으로 만들고 실행은 쉽게 취소할 수 있으며, 광고는 명확하고 기술은 지속적이며 사용자들을 불쾌하지 않게 합니다. 게다가 구글 제품은 경쟁자와 공헌자의 링크를 포함하며 세상을 향해 열려 있습니다.

더 위대한 도전은 구글이 사용자들의 권리와 그들의 데이터를 존중하고 있다는 것을 증명하고 확신하게 하는 것입니다. 구글은 사용자들의 명백한 동의 없이 어떤 정보도 외부로 공유하지 않고 이를 어떻게 사용하는가에 대해 정직합니다.

우리의 제품들은 보안 위험이나 다른 웹사이트와 차이가 있는 보안정책 및 스팸의 피해나 데이터를 외부로 도난 당할 가능성에 대해 사용자들에게 주의를 환기시킵니다. 구글은 사용자들의 정보 공유에 대해 정직하지만, 더 확신을 주고 싶습니다. 구글이 더 성장함에 따라 우리의 좌우명인 '사악해지지 말자'는 생존에 더욱 필요한 말이 되었습니다.

Personable: 인간미를 보탭니다.
Add a human touch.

구글은 다양한 개성을 포함하고 있고 우리의 디자인도 그렇습니다. 문자와 디자인 요소들은 친근하고 빠르고 재치가 있으면서 지겹지 않고 거만하지 않습니다.

구글의 텍스트는 사람들에게 직관적이고 동일한 경험을 제공합니다. 누군가 질문을 한다면 이웃들이 비공식적인 조언을 할 것입니다. 구글은 특히 중요한 정보 또는 생계와 밀접한 경우에 개성 넘치는 디자인으로 하여금 그들을 방해하지 않습니다.

구글은 모든 것을 알고 있지 않으며 설계도 완벽하지는 않습니다. 우리의 제품은 반응을 원하고 그 반응에 따라 실행합니다. 현존하는 이런 디자인 원칙에 따라 구글의 UX 팀은 각 제품에 대해 가능한 한 최고의 타협점을 찾을 것입니다. 그에 따라 혁신과 개선은 지속할 것입니다.

구글 정보 〉기업 정보 〉구글의 사용자 경험 원칙 中

스마트폰의 화면 크기 및 해상도

해상도별 화면 크기

해상도별 화면 크기

	Low density (120), *ldpi*	Medium density (160), *mdpi*	High density (240), *hdpi*	Extra high density (320), *xhdpi*
Small screen	QVGA (240x320)		480x640	
Normal screen	WQVGA400 (240x400) WQVGA432 (240x432)	HVGA (320x480)	WVGA800 (480x800) WVGA854 (480x854) 600x1024	640x960
Large screen	WVGA800** (480x800) WVGA854** (480x854)	WVGA800* (480x800) WVGA854* (480x854) 600x1024		
Extra Large screen	1024x600	WXGA (1280x800)[†] 1024x768 1280x768	1536x1152 1920x1152 1920x1200	2048x1536 2560x1536 2560x1600

스마트폰 UI 디자인을 하려면 스마트폰별 화면 크기에 대해 알아야 합니다. 안드로이드 운영체제에서 지원하는 스크린 크기는 LDPI, MDPI, HDPI, XHDPI, XXHDPI, XXXHDPI로 크게 여섯 가지로 나눌 수 있고 각 해상도에 맞게 아이콘 및 기타 UI 디자인을 해야 합니다.

	대표이미지	XXXHDPI	XXHDPI	XHDPI	HDPI	MDPI	LDPI
대표 화면 크기		1440 X 2590	1080 X 1920	720 X 1280	480 X 800	320 X 480	240 X 320
전체 크기	512 X 512	192 X 192	144 X 144	96 X 96	72 X 72	48 X 48	36 X 36
아이콘 크기	470 X 470	188 X 188	138 X 138	88 X 88	60 X 60	40 X 40	30 X 30
사각형 아이콘 크기		186 X 186	134 X 134	84 X 84	56 X 56	38 X 38	28 X 28

갤럭시 S2
480 x 800

HTC 디자이어
480 x 800

갤럭시 S3
720 x 1280

갤럭시 노트
800 x 1280
갤럭시 노트2
720 x 1280

갤럭시 탭
600 x 1024

단위: 픽셀

안드로이드 운영체제가 탑재된
스마트폰의 화면 크기

안드로이드 운영체제를 사용하는 스마트폰은 제조사마다 단말기 특징에 따라 화면 크기가 조금씩 다릅니다. 그래서 하나의 화면 크기만 제공되는 것이 아니라 저해상도부터 고해상도까지 LDPI, MDPI, HDPI, XHDPI, XXHDPI, XXXHDPI로 해상도가 구분됩니다.

안드로이드 앱을 제작할 때는 이처럼 해상도를 구분해서 제작하며, 모든 해상도에 맞춰 제작하기가 어렵기 때문에 관련 앱을 서비스할 대표 모델과 대표 해상도를 정해서 제작하게 됩니다.

예를 들어, 안드로 원, 옵티머스 원, 갤럭시 A 등은 저해상도 폰으로 MDPI(HVGA)에 속하며, 화면 해상도는 320 × 480입니다. 그리고 갤럭시 S1, 갤럭시 S2, 넥서스 S, 베가 레이서 등은 HDPI(WVGA)에 속하며 해상도는 480 × 800, 800 × 1280의 고해상도폰입니다. 갤럭시 S3와 갤럭시 노트 같은 경우에는 XHDPI(HD)이며, 해상도는 720 × 1280에 달합니다. 그보다 고해상도 단말기인 갤럭시 S4, S5는 XXHDPI이며, 대표 해상도는 1080 × 1920입니다. 최근에 출시된 갤럭시 S6와 S6 Edge는 XXXHDPI로 대표 해상도는 1440 × 2560까지 해상도가 커졌습니다.

스마트폰 해상도

해상도는 그래픽 디자인을 할 때 사용되는 단위로, 화면의 픽셀(Pixels) 수를 의미합니다. 예를 들어 HDPI용 480 × 800픽셀(Pixels)이면 스마트폰의 가로는 480픽셀, 세로는 800픽셀의 점으로 이미지를 보여주는 것입니다.

이런 픽셀의 조밀도를 나타내는 것은 PPI(Pixels Per Inch)입니다. PPI와 함께 사용되는 용어로 DPI(Dots Per Inch)가 있는데 두 용어의 의미는 비슷합니다. 하지만 우리가 실제 그래픽상에서 어떤 이미지를 만들 때 100%로 보여줄 수 있게 설정하는 것은 DPI이며, 이것이 실제 어떠한 장치(모니터, 스마트폰 화면 등)에서 표현될 때의 조밀도는 PPI로 나타낸다는 차이가 있습니다.

단위: 픽셀

예를 들어 왼쪽에는 480 × 800 HDPI와 720 × 1280 XHDPI용으로 두 가지가 있습니다.

물리적인 크기는 4.3 : 4.8인치로 0.5인치밖에 차이가 나진 않지만 해상도는 480 × 800 대 720 × 1280으로 거의 두 배 정도 차이가 납니다.

4.3인치

갤럭시 S2
480 x 800

4.8인치

갤럭시 S3
720 x 1280

다시 말해 XHDPI용 스마트폰 화면은 HDPI용 화면보다 물리적인 크기인 가로/세로 1인치 안에 더 많은 픽셀(Pixels)로 이미지를 표현하기 때문에 HDPI보다 조밀도(PPI)가 높고 더 섬세한 표현이 가능한 것입니다.

각 스마트폰의 사양을 언급할 때는 디스플레이의 해상도와 PPI를 나타내는 부분에서 이러한 PPI의 수치가 높은 것일수록 고해상도 폰임을 알 수 있습니다.

제작할 때의 해상도 설정(DPI) 그래픽에서는 72DPI로 설정함

스마트폰 화면에 보여지는 조밀도(PPI)

화면에 들어가는 이미지를 제작할 때의 설정은 1인치 안의 픽셀 수(DPI)를 같게 해서 제작하지만 실제로 스마트폰 화면상에 보일 때의 물리적인 크기의 1인치(PPI)는 다르게 표현됩니다.

안드로이드에서 표현하는 해상도는 LDPI, MDPI, HDPI, XHDPI의 네 가지로 구분되는데 이때 기준이 되는 해상도는 MDPI입니다. 즉, 제작 당시 해상도(DPI)와 스마트폰 화면에 표현(PPI)되는 크기와 조밀도는 같다는 의미입니다.

예를 들어 MDPI용 런처 아이콘의 크기는 가로/세로가 48 × 48픽셀입니다. 화면으로 표현될 때는 같은 크기로 표현됩니다. 하지만 HDPI용에 표현하기 위해서는 기본 해상도(MDPI)에 1.5를 곱하게 돼 있고, XHDPI에는 2를 곱하게 됩니다.

그렇게 되면 HDPI용 런처 아이콘은 72 × 72픽셀, XHDPI는 96 × 96픽셀이 됩니다.

결과적으로 MDPI용 스마트폰 화면의 가로/세로 1인치 화면에는 48 × 48픽셀로, HDPI용 화면에는 72 × 72픽셀, XHDPI용 화면에는 96 × 96픽셀로 보이는 것입니다.

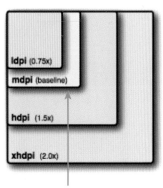

MDPI를 기본 해상도 (Baseline)로 함

안드로이드 관련 앱 디자인을 할 때 가장 이상적인 방법은 각 해상도마다 모든 이미지를 제작하는 것입니다. 하지만 이는 시간적, 비용적인 문제로 효율적이지 않기 때문에 해당 앱의 특징과 주로 서비스될 스마트폰의 성격을 파악한 후 대표 해상도를 정한 다음 제작합니다.

디자이너는 픽셀 단위를 사용하며, 개발자는 DP 단위를 사용합니다. 만약 디자이너가 XHDPI로 디자인하고 개발자도 XHDPI로 개발하게 되면 단위는 PX과 DP가 1:1로 같아집니다. 하지만 디자이너는 XHDPI(720 × 1280)으로 디자인하고 개발자는 HDPI(480 X 800)로 개발 환경을 맞춰 작업하면 해상도간에 차이가 발생합니다.

각 해상도별 비율을 살펴보면 LDPI는 0.75, MDPI는 1, HDPI는 1.5, XHDPI는 2의 비율을 가져 갑니다. 즉, XHDPI로 제작한 디자인의 1px은 HDPI로 제작한 개발자의 0.75dp로 볼 수 있습니다. 디자인 작업 후 디자인 가이드를 제작할 때에는 이러한 비율에 맞게 수치를 계산해야 디자인된 UI와 개발된 UI가 같아집니다.

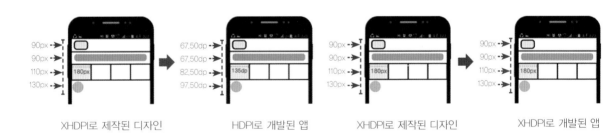

XHDPI로 제작된 디자인　　　HDPI로 개발된 앱　　　XHDPI로 제작된 디자인　　　XHDPI로 개발된 앱

하지만 디자인된 해상도와 개발된 해상도가 같을 경우엔 서로 단위가 1:1로 맞기 때문에 위와 같은 비율 계산을 할 필요가 없습니다. 그래서 개발 전에 디자이너와 개발자는 어떤 해상도로 제작을 할지, 어떤 해상도까지 변환을 할지에 대한 충분한 논의를 한 후 해상도를 맞추어 개발하는 것이 효율적입니다.

디자인 중심적이고 이미지가 많을 경우엔 XHDPI나 XXHDPI와 같이 고해상도로 제작하고 나머지 해상도는 강제로 단말기에 맞추는 경우가 많고, SNS나 플랫폼 형식의 앱과 같이 이미지의 사용이 적고 나인패치의 활용이 많은 경우엔 각 해상도 비율에 맞추고 단위변환을 통해 해상도를 최적화시키는 경우가 많습니다.

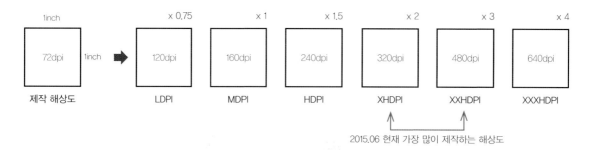

런처 아이콘(애플리케이션 실행 아이콘)

런처 아이콘은 스마트폰 UI 디자인에서 가장 핵심이 되는 아이콘 중 하나입니다. 보통 스마트폰 배경화면에서 앱을 실행해주는 실행 아이콘이라고도 하며, 해당 앱이 가지고 있는 느낌을 살린 앱의 얼굴이라고도 할 수 있습니다. 그래서 운영체제별로 런처 아이콘에 대한 가이드라인을 확실하게 정의하고 있습니다.

앱 디자이너들이 런처 아이콘을 가이드라인에 맞추지 않고 제작하게 된다면 각기 다른 효과와 느낌의 아이콘으로 통일성이 떨어지고 배경 화면 자체가 난잡해질 수 있습니다. 그래서 런처 아이콘 디자인을 할 때는 운영체제에서 제시하는 가이드라인에 맞춰 디자인해야 합니다.

이러한 가이드라인은 디자인을 제한한다기보다는 다른 아이콘과의 통일성과 일정 수준의 품질을 보장하는 데 목적이 있습니다.

스타일
안드로이드 운영체제에서는 각 런처 아이콘의 통일성과 품질을 보장하기 위해 몇 가지 디자인 스타일을 제시하고 있습니다.

깔끔하고 현대적인 느낌(Clean and Contemporary)
개인적인 디자인 성향은 될 수 있으면 피하고 일반적으로 통용되는 메타포를 이용한 디자인과 현대적이고 깔끔한 디자인을 해야 합니다.

단순하며 상징적인 디자인(Simple and Iconic)

- 캐리커처와 같이 단순하지만 특징을 잘 표현해서 부각하고 작은 크기에서도 잘 보일 수 있게 단순하게 표현해야 합니다.
- 런처 아이콘은 해당 애플리케이션의 얼굴이라고 할 수 있습니다. 해당 애플리케이션을 효과적으로 표현할 수 있는 상징적인 디자인이 필요합니다.
- 자연스럽고 기하학적인 선과 형태를 이용해 현실적으로 표현합니다. 이때 사진처럼 사실적이어서는 안 됩니다.
- 큰 이미지는 잘리게 표현하지 않습니다.

촉감과 질감(Tactile and Textured)

광택이 나지 않고, 질감을 살린 소재로 표현합니다.

정면뷰와 상단 라이팅을 사용(Forward – Facing and Top – lit)

안드로이드 2.0 이상에서는 투시가 있는 정면 뷰와 상단 라이팅을 사용해야 합니다.

안드로이드 개발자 사이트에서 제공하는 HDPI용 런처 아이콘 샘플

예를 들어, 녹화나 녹음은 녹화 버튼, 마이크나 음악은 스피커, 통화는 전화 모양 등과 같은 확실한 메타포를 사용하고 단순하게 표현합니다.

아이콘은 지나치게 복잡해서는 안 되며, 작은 형태의 디자인을 사용해서는 안 됩니다. 작은 크기에서도 확실히 구별될 수 있는 디자인을 사용해야 합니다.

아이콘을 디자인할 때 아이템이 잘리게 디자인하지 않습니다. 완성 크기 안에 적절히 들어갈 수 있게 배치하고 지나친 광택은 피하며 무광택 소재라도 적절한 빛 효과를 표현해야 합니다.

아이콘 자체의 두께나 너비를 너무 얇게 해서는 안 됩니다. 다른 아이콘과 유사한 두께감을 유지해야 하며, 너무 얇게 디자인하면 배경에 묻혀 보이기 때문입니다.

아이콘은 너무 평면적이지 않고 다양한 효과 및 알파 채널을 이용해 세련된 형대로 제작해야 합니다. 또한, 완싱 크기의 전체 프레임에 딱 맞는 크기로 제작하지 않습니다.

안드로이드 개발자 사이트에서 권장하는 질감과 기본 색과 강조 색의 조합 샘플

크기 및 위치

해상도별 런처 아이콘의 크기를 제시하고는 있지만 아이콘의 모양에 따라 크기와 위치가 달라 보일 수 있습니다. 그래서 같은 크기의 아이콘이라도 실제 이미지가 들어 있는 부분과 안전 영역, 그림자 영역 등을 나눠 각기 다른 아이콘이 통일성 있고 일정한 크기로 보여야 합니다.

안전 영역

전체 완성 크기
아이콘 크기
사각형 아이콘 크기

안드로이드 개발자 사이트에서 제공하는 XHDPI용 런처 아이콘 샘플

단위: 픽셀

	대표이미지	XXHDPI	XXHDPI	XHDPI	HDPI	MDPI	LDPI
대표 화면 크기		1440 x 2560	1080 x 1920	720 x 1280	480 x 800	320 x 480	240 x 320
전체 크기	512 x 512	192 x 192	144 x 144	96 x 96	72 x 72	48 x 48	36 x 36
아이콘 크기	470 x 470	188 x 188	140 x 140	88 x 88	60 x 60	40 x 40	30 x 30
사각형 아이콘 크기		186 x 186	134 x 134	84 x 84	56 x 56	38 x 38	28 x 28

런처 아이콘은 해상도별로 네 가지를 제작하는데, 위의 표를 보면 각 해상도별 완성 크기를 확인할 수 있습니다. 예를 들어, HDPI 해상도의 런처 아이콘의 전체 크기가 가로/세로 72픽셀이라면 실제 아이콘이 들어가는 영역을 60픽셀로 제작해야 합니다.

나머지 부분은 그림자와 외각 효과 등이 표현되는 곳입니다. 그리고 사각형 형태의 아이콘 같은 경우에는 다른 형태의 아이콘보다 조금 커 보일 수 있기 때문에 그보다 좀 더 작은 56픽셀에 맞춰 제작하는 것이 좋습니다.

질감 및 색상

런처 아이콘의 조명은 상단 라이팅을 사용하고 질감과 촉감이 느껴지는 듯한
소재를 이용해 만들어야 합니다. 아이콘 자체는 단순하더라도 소재 자체는
실제 존재하는 것처럼 보여야 합니다.

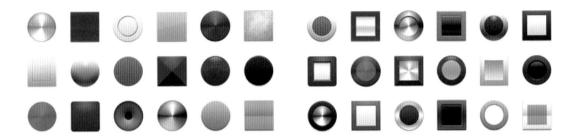

안드로이드 런처 아이콘은 보통 큰 배경 형태 위에 작은 형
태가 올라와 있는 형태와 강조 색과 중간색이 결합한 색상
으로 구성됩니다. 아이콘은 중간색을 결합한 형태를 사용
할 수도 있지만 강한 대비는 유지돼야 합니다. 가능하면 아
이콘에서 강조 색은 한 가지만 사용해야 합니다.

안드로이드는 런처 아이콘을 제작할 때 이와 같은 추천 색
상을 지원합니다.

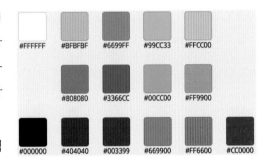

추천하는 색상을 바로 사용해도 되지만 좀 더 세련된 느낌을 주기 위해 흑백
의 수직 그라데이션으로 오버레이해서 사용할 수도 있습니다.

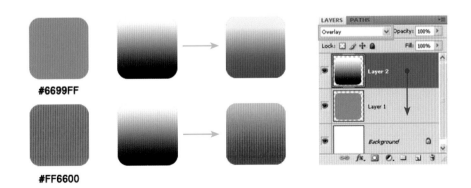

추천 색상 위에 흑백 그라데이션을 레이어 합성 모드에서 오버레이로 설
정하면 밑의 색상과 조합되어 좀 더 세련된 오버레이(Overlay) 색상을 표
현할 수 있습니다.

효과

런처 아이콘의 그림자와 라이팅은 측면보나 정면으로 보이노록 효과를 줘야 합니다. 이런 효과는 다른 아이콘들과의 통일성을 유지하기 위해서입니다.

런처 아이콘 확대 이미지   공통 레이어 스타일(이펙트)

❶ 빛의 방향은 상단에 있는 것처럼 적절히 표시

❷ 그림자는 포토샵의 그림자 효과를 사용
　#000000, 75% opacity   angle 90°
　distance 2px   size 5px

❸ 실제 질감을 나타낼 수 있는 소재로 사용

런처 아이콘을 제작할 때 주의할 사항은 광택과 낡은 이미지, 평면 벡터, 잘린 이미지 등과 같은 표현은 피하고 현대적이고 최소한의 무광택을 사용한 정면 이미지로 제작해야 한다는 점입니다.

템플릿의 활용

안드로이드 아이콘 템플릿 팩

http://developer.android.com/
shareables/icon_templates-
v2.0.zip
http://developer.android.com/
shareables/icon_templates-
v2.3.zip
http://developer.android.com/
shareables/icon_templates-
v4.0.zip

http://developer.android.com에서는 안드로이드 4.0버전까지 아이콘 템플릿을 포토샵 PSD 형식으로 지원했습니다. 하지만 4.0 이상부터는 새로운 아이콘 템플릿과 함께 컬러 스와치, 폰트 등 좀 더 새로운 디자인 템플릿을 추가하여 지원하고 있습니다. 이는 안드로이드 디자인 시 통일성과 일정 수준의 품질을 확보하기 위해서입니다.

DOWNLOADS

Android Icon Templates Pack, v4.0
»

Android Icon Templates Pack, v2.3
»

Android Icon Templates Pack, v2.0
»

HDPI의 런처 아이콘 템플릿

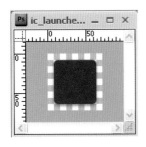 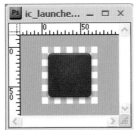 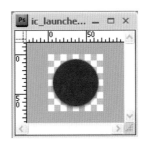 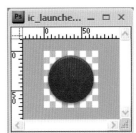

디자인 템플릿의 레이어 스타일(이펙트)에서 마우스 오른쪽 버튼을 이용해 Copy Layer Style로 복사한 후 새로 제작한 이미지 레이어에서 Paste Layer Style로 효과를 그대로 붙여 넣을 수 있습니다.

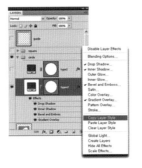 

메뉴 아이콘

메뉴 아이콘은 사용자가 메뉴 버튼을 터치했을 때 나타나는 시스템 아이콘입니다. 메뉴 아이콘도 XHDPI, HDPI, MDPI, LDPI의 네 가지 해상도별로 제작해야 화면에 왜곡 없이 제대로 표현됩니다. 그리고 **메뉴 아이콘 또한 템플릿을 활용해 정확한 레이어 스타일을 적용할 수 있습니다.**

스타일, 색상 및 효과

메뉴 아이콘은 정면으로 보이는 그레이 색상으로 표현합니다. 메뉴 아이콘 또한 통일성과 내용 전달 등 확실한 의미 전달이 돼야 하므로 3D나 복잡한 형태의 디자인은 피해야 합니다.

레이어 스타일을 이용해 살짝 깊이감이 있게 표현하며, 모서리는 주로 둥근 모서리로 표현합니다. 하지만 앱의 성격에 맞게 모서리의 모양은 조절할 수 있습니다. 아래의 레이어 스타일값을 적용해 아이콘마다 통일감을 줍니다.

포토샵 레이어 스타일 옵션

❶ 모서리: 최소 2픽셀의 둥근 모서리로 처리

❷ #8C8C8C에서 #B2B2B2 색상 조합의 그라데이션

❸ Inner shadow: #000000, 20% opacity
angle 90°
distance 2px
size 2px

❹ Inner bevel: depth 1%
direction down
size 0px
angle 90°
altitude 10°
highlight #ffffff, 70% opacity
shadow #000000, 25% opacity

주의 사항

• 회색(Gray) 색상만 사용(#8C8C8C → #B2B2B2)

• 입체적인 투시를 사용하지 않고 정면 뷰 형태로 제작

• 과도한 장식을 하지 않음

크기 및 위치

각 해상도별 메뉴 아이콘의 크기를 제시하고는 있지만 아이콘의 모양에 따라 크기와 위치가 달라 보일 수 있습니다. 그래서 같은 크기의 메뉴 아이콘이라도 실제 이미지가 들어가 있는 부분과 안전 영역, 그림자 영역 등을 나눠 각기 다른 아이콘들이 통일성 있고 일정한 크기로 보이게 해야 합니다.

전체 크기
아이콘 크기
사각형 아이콘 크기

안전 영역

단위: 픽셀

	HDPI(XHDPI)	MDPI	LDPI
전체 크기	72 x 72	48 x 48	36 x 36
아이콘 크기	48 x 48	32 x 32	24 x 24
사각형 아이콘 크기	44 x 44	30 x 30	22 x 22

위 그림에서 빨간색 사각형이 실제 완성 크기이며, 파란색 사각형이 아이콘이 들어갈 권장 크기입니다. 사각형 형태의 아이콘은 실제로 더 커 보이기 때문에 노란색 사각형에 맞춰 제작해야 다른 아이콘과 크기가 비슷해 보입니다.

제작 시 주의할 사항

안드로이드에서는 새로운 버전이 출시될 때마다 새로운 크기와 가이드라인을 제공합니다. 메뉴 아이콘 같은 경우에는 안드로이드 2.0에서 안드로이드 4.0 버전으로 업그레이드됐습니다. 이때 기존 버전과 새로운 버전에서 제작할 때의 차이점과 주의 사항은 다음과 같습니다.

- 각 해상도별 크기는 변화가 없지만 기존 버전보다 안전 영역이 더 넓게 처리되고 아이콘은 상대적으로 조금 작아졌습니다.
- 기존 버전보다 조금 밝은 색을 사용합니다.
- 외부 광채 효과를 적용하지 않습니다.
- 밝은 배경과 어두운 배경에 적용될 수 있기 때문에 중간 톤으로 색상을 설정해야 합니다.

상태 바 아이콘

상태 바 아이콘은 화면 상단에 수신 정도, 배터리, 알림 표시 등 현재 스마트폰의 기본 상태를 나타내는 아이콘입니다. 이 또한 XHDPI, HDPI, MDPI, LDPI별로 따로 제작해야 합니다. 기본 시스템 UI 아이콘은 제작할 필요는 없지만 해당 앱을 알리는 아이콘 가이드라인에 맞게 제작해야 합니다.

스타일, 색상 및 효과

상태 바 아이콘은 정면으로 보이는 그레이 스케일로 표현합니다. 상태 바 아이콘 또한 통일성과 내용 전달 등 확실한 의미 전달이 돼야 하므로 3D나 복잡한 형태의 디자인은 피해야 합니다.

❶ 정면 뷰로 제작하며, 기본 색상 팔레트에서 그라데이션으로 채우기

❷ Inner bevel: depth 100% | direction down   size 0px | angle 90° | altitude 30°   highlight white 75% opacity   shadow black 75% opacity

❸ 세부 정보: 흰색

❹ 내부 세부 정보: gray gradient from palette   + inner bevel: smooth | depth 1% | direction   down | size 0px | angle 117° | altitude 42° | highlight white 70% | no shadow

포토샵 레이어 스타일(이펙트) 옵션

상태바 아이콘의 컬러 팔레트

White
r 255 | g 255 | b 255
Used for details within the icons and bevel highlight.

Fill gradient
1: 1 r 105 | g 105 | b 105
2: r 10 | g 10 | b 10
Used as color fill.

Grey gradient
1: r 169 | g 169 | b 169
2: r 126 | g 126 | b 126
Used for disabled details within the icon.

Black
r 0 | g 0 | b 0
Used for bevel shadow.

크기 및 위치

각 해상도별 상태 바 아이콘의 크기를 제시하고는 있지만 아이콘의 모양에 따라 그 크기와 위치가 달라 보일 수 있습니다. 그래서 같은 크기의 메뉴 아이콘이라도 실제 이미지가 들어가 있는 부분과 안전 영역, 그림자 영역 등을 나눠 각기 다른 아이콘들이 통일성 있고 일정한 크기로 보여야 합니다.

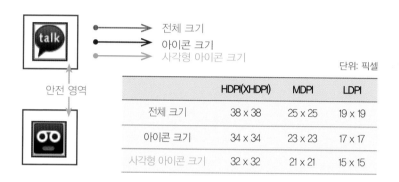

단위: 픽셀

	HDPI(XHDPI)	MDPI	LDPI
전체 크기	38 x 38	25 x 25	19 x 19
아이콘 크기	34 x 34	23 x 23	17 x 17
사각형 아이콘 크기	32 x 32	21 x 21	15 x 15

위 그림에서 빨간색 사각형이 실제 완성 크기이며, 파란색 사각형이 아이콘이 들어갈 권장 크기입니다. 사각형 형태의 아이콘은 실제로 더 커 보이기 때문에 노란색 사각형에 맞춰 제작해야 다른 아이콘과 크기가 비슷해 보입니다.

제작 시 주의 사항

메뉴 아이콘이나 상태 바 아이콘 같은 경우에는 운영체제 안에서 작동되는 아이콘이기 때문에 제작자가 따로 제작할 때는 기존에 있던 파일명을 동일하게 유지해야 하며, 기존 디자인과 너무 동떨어진 방식으로 디자인하면 통일성이 없어지므로 항상 가이드라인을 참고해서 디자인해야 합니다.

- 색상 팔레트를 참고해 회색(Gray) 색상만 사용
- 배경을 적용할 때 어두운 배경 위에 흰색으로 표현하며 테두리로 표현하지 않음
- 입체적인 투시를 사용하지 않음

탭 아이콘

탭 아이콘은 내부 UI나 앱 관련 UI에서 사용자가 환경 설정이나 선택 여부 등을 나타낼 때 사용되는 아이콘입니다. 탭 아이콘은 활성화와 비활성화의 두 가지 이미지로 제작됩니다.

스타일, 색상 및 효과

상태 바 아이콘은 정면으로 보이는 회색 색상으로 표현합니다. 그리고 탭 아이콘은 활성화와 비활성화의 두 가지 이미지로 제작되며, 이미지별 효과는 다르게 적용합니다.

비활성화 이미지

❶ 내부 색상 : #808080

❷ 내부 모양은 전체에서 투명하게 처리한다.

활성화 이미지

❶ 내부 색상 : # FFFFFF

❷ 내부 모양은 전체에서 투명하게 처리한다.

❸ # 000000, 25%의 투명도, 크기 3px

포토샵 레이어 스타일(이펙트) 옵션

크기 및 위치

전체 크기
아이콘 크기

안전 영역

단위: 픽셀

	HDPI(XHDPI)	MDPI	LDPI
전체 크기	48 x 48	32 x 32	24 x 24
아이콘 크기	42 x 42	28 x 28	22 x 22

제작 시 주의 사항

- 색상 팔레트를 참고해 회색(Gray) 색상만 사용
- 활성화와 비활성화 버튼은 다른 탭 아이콘들끼리 통일성 있게 제작
- 각 해상도별 탭 아이콘을 제작할 때 크기에 맞는 레이어 스타일(이펙트) 사용

다이얼로그 아이콘

다이얼로그 아이콘은 팝업 상단에서 다이얼로그의 상태(정보, 경고, 붉음 등)를 나타내는 아이콘입니다. 어두운 배경에서 눈에 띄도록 가벼운 그라디언트와 내부 그림자를 사용합니다.

❶ 정면 뷰, Gradient Overlay | Angle 90° Bottom: r 223 | g 223 | b 223 Top: r 249 | g 249 | b 249 Bottom Color Location: 0% Top color Location: 75%

❷ Inner Shadow: Black | 25% Opacity | Angle −90° | Distance 1px | Size 0px

* 어도비 일러스트레이터와 포토샵 등을 사용해 제작– 투명한 배경에 32x32픽셀의 이미지에 맞게 포토샵을 이용해 제작
* 위에 제시된 값의 레이어 스타일을 적용
* 위로 올라온 듯한 양각 형태의 아이콘으로 제작
* 전체 외각에 1픽셀의 여유를 두고 제작
* 배경을 투명하게 처리한 PNG 24비트 형식으로 사용

리스트 아이콘

목록보기 아이콘은 다이얼로그 아이콘을 닮았지만, 내부 그림자 효과를 사용합니다. 또한 List View 에서만 사용할 수 있게 설계됐습니다.

포토샵 레이어 스타일(이펙트) 옵션

❶ Inner Shadow: ack | 57 % Opacity | Angle 120° | Blend Mode normal | Distance 1px | Size 1px

❷ Background: Black | Standard System Color

전체적으로 다이얼로그 아이콘과 비슷하지만, 안쪽 그림자와 특히 빛의 각도를 120도로 설정합니다. 배경은 기본 시스템 색상을 따릅니다. 주로 검은색으로 지정하며, 검은색 배경 위에 아이콘이 올라오게 됩니다.

위젯 디자인

위젯은 사용자의 홈 화면에서 앱을 실행하지 않은 상태에서 기본 정보와 중요 정보를 바로 표시하는 기능입니다. 위젯은 홈 화면의 다른 런처 아이콘과 함께 화면에 표시되기 때문에 다른 아이콘과의 조합 및 색상, 크기 등을 고려해서 디자인해야 합니다.

위젯 크기 설정

해당 앱 또는 정보의 표시에 맞는 위젯 크기를 설정합니다. 위젯 사이즈는 각 운영체제 및 화면의 크기에 따라 조금씩 달라지지만 런처 아이콘 하나가 들어갈 크기를 1개의 셀로 봤을 때 4 x 1, 2 x 2, 3 x 3 형태의 테이블 형식으로 제작해야 합니다.

런처 아이콘 한 개의 영역
(120 × 140)

4 × 1과 2 × 2의 영역
(480 × 140, 240 × 280)

3 × 3의 영역
(360 × 420)

HDPI(480 × 800)를 기준으로 런처 아이콘 한 개가 들어갈 수 있는 영역의 크기는 120 × 140입니다. 이 영역을 한 셀로 봤을 때 4 × 1은 480 × 140, 2 × 2는 240 × 280, 3 × 3은 360 × 420으로 크기를 설정하면 됩니다.

만약 가로로 기울였을 때도 반응하는 위젯을 제작할 때는 마찬가지로 기운 상태인 800 × 480을 기준으로 4 × 1, 2 × 2, 3 × 3의 세 가지 형태의 크기로 제작하거나 나인패치 이미지를 사용합니다.

위젯 디자인 요소

위젯 디자인을 할 때 전체 외각 프레임, 내부 프레임, 콘텐츠의 세 가지 구성 요소가 있습니다. 모든 위젯 디자인이 이와 같은 요소와 디자인을 따를 필요는 없지만 가장 표준적이고 중요한 요소이며, 위젯 디자인 시 전체 완성 크기, 디자인 프레임, 위젯 패딩, 위젯 마진값 등을 고려해서 디자인해야 합니다.

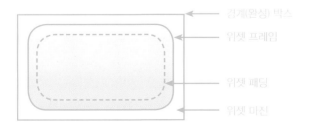

보통 위젯 디자인은 외각 프레임 안쪽에 조금 여유를 두고 내부 프레임을 배치합니다. 전체 디자인 안쪽에 내부 프레임을 넣는 이유는 다른 위젯 또는 아이콘과 정렬된 느낌을 주기 위해서입니다. 또한 포토샵의 레이어 스타일을 적용할 때 다른 아이콘과의 통일성을 주기 위해 상단 라이팅을 적용합니다.

위젯 전체 영역
내부 텍스트
내부 프레임

위젯 기능 아이콘
내부 콘텐츠
외각 프레임
(라운드 사각형)

4 x 1 형태의 위젯 디자인

외각 프레임은 직사각형보다는 부드러운 느낌과 다른 디자인과의 통일성을 위해 둥근 사각형을 주로 사용합니다.

내부 프레임을 사용하는 이유는 외각 프레임만 적용할 때 여백이 많아지고 위젯 자체의 크기가 다른 아이콘에 비해 더 크게 보이기 때문입니다. 이때 내부 프레임을 사용하면 좀 더 정렬된 느낌과 내부 콘텐츠에 집중하는 효과를 얻는다는 장점이 있습니다.

위젯 디자인 시 고려할 사항

- 화면 및 아이콘 크기를 고려한 크기 설정
- 외각을 둥글게 처리해 다른 런처 아이콘과 통일성을 유지
- 상단 라이팅을 사용한 효과 통일
- 내부 프레임을 활용한 여백 처리
- 정확한 콘텐츠 및 정보 표시
- 약간의 투명도를 적용해 배경과의 자연스러운 조합을 활용
- 고정 크기 또는 나인패치 이미지를 사용

테두리의 곡선 처리와 상단 라이팅. 내부 프레임. 투명도를 이용해 다른 아이콘과의 통일성을 준 위젯 디자인

내부 프레임이 없고 각진 프레임. 상단 라이팅을 사용하지 않아 다른 아이콘과 어울리지 않음

고해상도의 스마트폰 화면과 다양한 제작 기법을 이용하기 때문에 최근에는
실사 이미지를 형상화한 위젯 디자인을 많이 사용하는 추세입니다.

최근 스마트폰의 화면 크기가 다양해지고 고해상도로 제작되기 때문에 나인패치를 이용한
위젯 디자인을 많이 사용합니다. 하지만 나인패치 이미지를 사용할 경우 디자인이 단순해지
는 단점이 있습니다.

최신 버전의 안드로이드 운영체제의 특징

Build Beautiful Apps

http://developer.android.com

http://developer.android.com/design

안드로이드 운영체제의 가장 큰 특징은 바로 오픈소스와 다양한 자료 제공입
니다. 항상 새로운 버전이 출시될 때마다 해당 버전의 디자인 특징과 템플릿
자료, 가이드라인을 수시로 업데이트해서 개발자와 디자이너에게 많은 정보
를 제공하고 있습니다.

킷캣과 젤리빈의 특징

킷캣과 젤리빈의 UI 디자인은 기존 버전에서 많은 변화를 가져왔습니다. 아직 해당 버전의 스마트폰이 기존 버전보다 많이 보급되진 않았지만 앞으로 안드로이드 운영체제의 UX, UI 디자인의 미래라고 볼 수 있습니다.

킷캣과 젤리빈의 디자인 및 UI 구성은 기존 버전과 달리 좀 더 신비스럽고(Enchant), 좀 더 단순하고(Simplify), 좀 더 놀랄 만한(Amazing) UI 및 레이아웃 구성을 추구합니다.

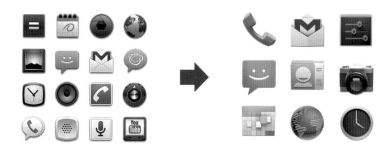

기존 버전의 런처 아이콘   킷캣, 젤리빈 버전의 런처 아이콘

킷캣, 젤리빈의 색상 활용

킷캣, 젤리빈의 UI을 디자인할 경우 기존 버전보다 전반적으로 좀 더 신비하고 맑은 형태의 색상을 사용합니다. 실제 주로 사용하는 색상과 팔레트를 제공하므로 디자인할 때 참고할 수 있습니다.

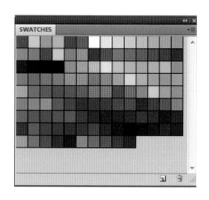

포토샵의 기본 색상 팔레트

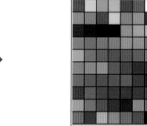

색상 추가

http://developer.android.com/design/style/color.html에서 최신 버전의 색상 팔레트를 내려받을 수 있습니다. 포토샵의 색상 팔레트(Swatches) 메뉴에서 Load Swatches를 선택한 후 내려받은 색상 팔레트를 추가할 수 있습니다. 이 색상 팔레트를 참고해서 아이콘 및 UI 디자인을 할 수 있습니다.

새로운 글씨체

기존 글씨체에서 좀 더 사용자의 신속한 정보 이해와 가독성을 고려한 Roboto라는 새로운 글씨체를 제공합니다.

새로운 글씨체는 http://developer.android.com/design/style/typography.html에서 내려받을 수 있으며, 안드로이드 프로그래밍이나 디자인할 때 활용할 수 있습니다.

| Roboto | Roboto Regular | Roboto Bold |

ABCDEFGHIJKLMN
OPQRSTUVWXYZ
abcdefghijklmn
opqrstuvwxyz

**ABCDEFGHIJKLMN
OPQRSTUVWXYZ
abcdefghijklmn
opqrstuvwxyz**

http://developer.android.com/design에서 새롭게 바뀐 디자인 요소와 레이아웃, 추가 기능 등 아이스크림 샌드위치에 대한 다양한 정보를 얻을 수 있습니다.
또한 킷캣 버전부터 기존 버전과 디자인 및 크기, 색상톤이 많이 달라지기 때문에 스마트폰 앱 UX, UI의 디자인 시 반드시 해당 버전을 확인한 후 개발자와 충분한 논의를 거쳐 디자인에 임해야 하며, 이러한 디자인 가이드라인은 참고 사항이지 필수 사항은 아니므로 디자이너는 항상 가이드를 참고하되 자신만의 새로운 디자인을 추구해야 합니다.

002.
아이폰 UI 디자인 가이드 및 특징

Less & More

애플의 디자인 철학은 너무나도 유명합니다. 애플의 디자인에 관해 이야기하려면 바로 애플의 산업 디자인팀 부사장인 조나단 아이브(Jonathan Ive)와 그의 디자인 스승인 디터 람스(Dieter Rams)를 빼놓을 수 없습니다.

조나단 아이브는 2002년 런던의 디자인 박물관에서 선정한 최초의 올해의 디자이너에 선정됐고 2003년에는 런던 디자인 박물관에서 선정한 최우수 디자이너에 Royal Society of Arts에서 선정한 Royal Designer for Industry 칭호도 받았습니다.

그는 스티브 잡스와 손잡기 전에 영국의 탠저린이라는 회사에서 욕조디자이너로 일하고 있었다고 합니다. 그래서 현 애플의 매끈한 디자인들이 모두 여기서부터 나왔다는 이야기도 있습니다.

애플이 제2의 전성기를 맞이할 수 있게 했던 아이맥이 바로 조나단 아이브에게서 나왔습니다. 이런 조나단 아이브에게 가장 큰 영향을 준 디자인 스승인 디터 람스의 Less & More 정신은 그대로 애플의 기기에 접목돼 있습니다.

Less & More = 더 적게 디자인함으로써 더 많은 것을 얻는다.

디터 람스의 영향을 받은 조나단 아이브의 애플 제품들

조나단 아이브의 이 같은 디자인 철학과 애플의 디자인 제품군은 그대로 아이팟, 아이폰, 아이패드까지 이어졌고 새로운 UI 디자인 환경을 탄생시켰습니다.

새로운 아이콘 형식의 탄생

이러한 조나단 아이브의 디자인 철학은 대부분의 스마트폰 UX, UI 디자인 분야에 새로운 패러다임을 제시하고 영향을 주었습니다.

아이폰 UI 디자인 원칙

아이폰의 UI 디자인은 전체 스마트폰 UI의 원칙이란 말이 있습니다. 그만큼 아이폰의 UI는 스마트폰 앱 디자인 환경에 많은 영향을 주었습니다. 최근에는 운영체제마다 각자의 UX, UI에 관한 내용을 정의하고 있지만, 스마트폰 및 태블릿 PC와 같은 모바일 기기의 UX/UI는 디자인부터 레이아웃, 전체 구조까지 애플의 아이폰 UX, UI에서 시작됐다고 볼 수 있습니다.

메타포

UI 디자인에 사용되는 메타포의 사용은 오래전부터 사용됐던 원칙이지만 최근 모바일 기기의 UI에 사용되는 메타포는 아이폰 UI의 메타포가 가장 대표적입니다.

아이폰의 메타포 사용은 현실세계의 이미지를 형상화해서 사용한다는 의미는 같지만 다른 운영체제에 비해 좀 더 직관적이라는 특징이 있습니다.

너무 새로운 메타포를 사용하거나 응용하기보다는 사용자가 한 번에 알아볼 수 있는 메타포 사용을 지향합니다.

시계를 나타내는 여러 가지 이미지   가장 확실한 메타포 사용

직접 조작

아이폰에서는 재생과 관련된 긴드롤이나 뭔가를 하기 위해 건드롤을 두드리는 것, 스위치를 밀어서 켜고 끄는 것, 휠을 돌려서 데이터를 선택하는 것 등 실제 사용자가 PC용 운영체제에서 하는 행위 자체를 그대로 활용합니다.

사용자가 뭔가를 조작할 때 모호하거나 추상적인 동작을 유발하는 것이 아니라 눈에 보이는 것을 직접 조작하게 하는 것입니다. 그렇게 되면 사용자가 어떤 객체를 직접 조작했을 때 그 행동에 따르는 결과를 좀 더 쉽게 이해할 수 있습니다.

마우스와 같은 중간 장치가 없어서 UI 구성 및 디자인을 할 때는 사용자가 어떤 객체를 조정하는 동안 그 객체는 화면상에 보이게 해야 하며, 사용자가 취한 조작의 결과는 화면에 즉시 표시해야 합니다.

눈으로 보고 선택하기

목록, 설정, 데이터 등을 보여줄 때는 목록 형태로 보이게 해서 사용자가 쉽게 목록에 접근하고 찾고, 선택할 수 있게 합니다.

또한, 사용자에게 텍스트를 직접 입력하지 않게 합니다. 그렇지 않으면 사용자의 시간을 뺏을 뿐만 아니라 UI 자체에도 필요 없는 화면을 구성하게 됩니다. 사용자가 텍스트를 입력하는 대신 목록 형태로 선택할 수 있게 한다면 좀 더 효율적이고 빠르게 작업할 수 있습니다.

피드백

사용자가 조작했을 때 즉각적인 피드백을 받거나 시간이 걸리는 작업에는 작업의 진행 상황을 알려줘야 합니다.

예를 들어 목록을 선택했을 때 하이라이트 되게 한다거나 소리 또는 진동을 통해 알려야 합니다.

사용자 컨트롤

어떤 조작이나 액션을 하는 것은 UI나 앱이 아니라 사용자여야 합니다. 액션은 직관적이고 단순하게 만들어 사용자가 그것을 쉽게 이해하고 기억할 수 있어야 합니다. 가급적 사용자가 이미 익숙한 표준 컨트롤과 액션을 사용하는 게 좋습니다.

어떤 기능이 실행될 땐 사용자가 설정, 삭제 등과 같은 내용을 시작할 때 반드시 확인을 받도록 하며, 각 작업을 진행하기 전에는 그것을 취소할 수 있는 UI를 제공해야 합니다.

표준 얼럿   통일된 레이아웃

아이폰 관련 앱은 표준 얼럿창의 사용과 통일된 레이아웃 구성으로 사용자가 UI에 익숙해지게 합니다.

심미적 통합

UI는 결과적으로 GUI 형태로 보이게 됩니다. UI 디자인 자체의 아름다움도 중요하지만, 심미적 통합은 UI 디자인이 얼마나 아름다운가의 정도가 아니라 UI가 앱의 외형과 기능에 얼마나 잘 융화됐는가의 정도를 의미합니다.

예를 들어, 작업형 앱 UI 디자인에서는 표준 컨트롤을 제공해서 작업을 부각하고 부가적인 장식 요소는 배경 및 패턴으로 유지합니다. 반대로 몰입형 앱 UI 디자인은 사용자가 앱에 대해 호기심과 재미를 얻을 수 있는 멋지고 독특한 디자인을 추구합니다.

어떠한 앱이라도 UI 디자인은 앱 특성에 맞게 디자인해야 하고 내부적으로도 일관성 있게 디자인과 UI를 구성해야 합니다.

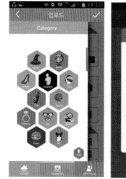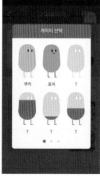

몰입형 앱

디자인 중심적인 앱으로, 디자인이 화려하고 독특하여 사용자로 하여금 호기심과 재미를 준다. 주로 데이터베이스 활용보단 앱 중심적인 기능이 많은 UI와 디자인이 많이 사용되는 앱입니다.

작업형(관리형) 앱

표준 컨트롤과 내부 템플릿 등을 주로 사용하고 리스트형 디자인이 많습니다. 데이터베이스를 활용하는 앱이나 SNS와 같은 앱에 많이 사용되는 UI 디자인입니다

스마트폰 화면 크기 및 레티나 디스플레이

아이폰 관련 앱이나 UI 디자인의 특징은 안드로이드보다 고해상도의 디스플레이를 활용한다는 것과 iOS 버전별로 디자인 변화가 크게 없다는 것입니다. 기존의 애플의 고유 디자인을 계속 유지하고 다른 애플 기기와의 연관성과 애플 특유의 디자인을 고수하고 있습니다.

iOS6까지는 좀 더 사실적이고 메타포 중심의 아쿠아(Aqua) 느낌의 표현이 특징이었다면, iOS7부터는 좀더 단순화되고 깔끔해진 플랫(Flat) 디자인이 특징입니다. 또한 안드로이드와 같이 디자이너가 직접 스타일 효과를 주는 것이 아니라 iOS 개발 툴 자체에서 스타일 효과를 획일적으로 처리할 수 있기 때문에 좀 더 통일성 있는 대기 화면을 연출할 수 있습니다.

레티나 디스플레이(Retina Display)는 사람이 눈으로 구별할 수 있는 인치당 픽셀 수, 즉 Pixels Per Inch를 넘어선 고해상도의 디스플레이라는 의미를 강조하기 위해 망막이란 뜻의 'Retina'와 'Display'를 결합해서 만든 용어입니다.

아이폰 시리즈 중에서는 아이폰4와 아이폰4S, 아이폰5, 뉴아이패드가 바로 이 레티나 디스플레이를 탑재해서 기존 아이폰3이나 아이패드의 화면에 비

해 더 선명하고 가독성이 뛰어난 미래의 디스플레이라고 주목받을 만큼 높은
화질을 제공합니다. 그래서 실사와 가깝고 좀 더 현실적인 디자인을 표현할
수 있습니다.

단위: 픽셀

아이폰3gs
320 x 480

아이폰 4.4s
640 x 960
(레티나 디스플레이)

아이폰 5
640 x 1136
(레티나 디스플레이)

아이패드
768 x 1024
뉴아이패드
1536 x 2048
(레티나 디스플레이)

단위: 픽셀

아이폰6Plus
180 X 180

뉴아이패드
152 X 152

아이폰4/5/6
120 X 120

아이패드
76 X 76

아이폰3
60 X 60

아이폰3와 아이폰4/5의 런처 아이콘을 비교했을 때 스크린의 물리적인 크기
는 각각 3.5인치로 같습니다. 하지만 아이폰4/5의 런처 아이콘이 아이폰3의
두 배의 해상도라서 더 고해상도로 보입니다. 아이패드의 런처 아이콘 크기
가 작은 이유는 아이폰4/5보다 스크린 크기가 두 배 가까이 크기 때문에 76
x 76픽셀로 제작해야 다른 아이폰의 런처 아이콘 크기와 비슷하게 표현되기
때문입니다.

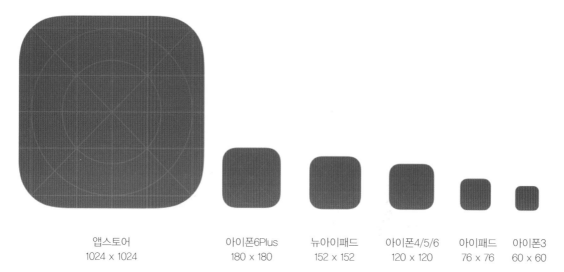

앱스토어
1024 x 1024

아이폰6Plus
180 x 180

뉴아이패드
152 x 152

아이폰4/5/6
120 x 120

아이패드
76 x 76

아이폰3
60 x 60

아이폰3, 아이폰4, 아이폰5,
아이패드, 뉴아이패드, 스토어
아이콘 크기 비교

* iOS7으로 업데이트되면서 기존 iOS6의 아이콘 가이드에 변화가 생겼습니다. 아이콘 제
작 시 변화 된 값을 적용하려면 위의 가이드를 따라야 합니다.

아이콘 제작 환경

iOS6에선 아이콘의 모서리와 광택이 자동으로 적용되었으나, iOS7에서는
플랫 형태의 디자인으로 바뀌면서 광택은 사라지고 모서리만 자동으로 라운
드 값이 적용됩니다.

런처 이미지가 들어갔을 때 자동으
로 라운드 시각형 형태가 적용됨

만약 iOS6에서 아이콘에 들어간 라이팅(빛 효과)을 없애려면 iOS 개발 툴에서 info.PLIST 파일에 UIPrerenderedicon 항목을 추가하고 값을 YES로 설정하면 됩니다.

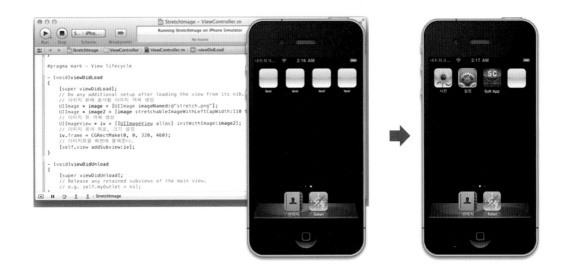

아이콘 제작 순서

비트맵 이미지의 특징 중 하나는 작은 이미지를 강제로 늘리면 화질이 깨지고 큰 이미지를 줄이면 이미지가 깨지지 않는다는 것입니다. 이와 같은 특징을 살려 아이폰 런처 아이콘을 제작할 때 필수 아이콘인 앱스토어용 아이콘과 앱용 아이콘도 거기에 맞게 제작해야 합니다.

가장 크기가 큰 이미지는 앱스토어 아이콘으로 가로/세로 1024픽셀입니다. 다음은 가로/세로 152픽셀의 레티나 디스플레이의 뉴 아이패드 아이콘입니다. 그 다음은 가로/세로 120픽셀의 아이폰4/5 아이콘이며, 그 다음은 가로/세로 76픽셀의 아이패드, 60픽셀의 아이폰3 아이콘 순서입니다.

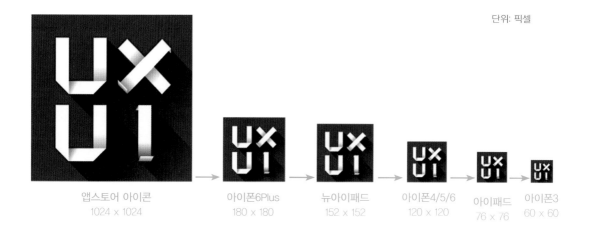

단위: 픽셀

앱스토어 아이콘
1024 x 1024

아이폰6Plus
180 x 180

뉴아이패드
152 x 152

아이폰4/5/6
120 x 120

아이패드
76 x 76

아이폰3
60 x 60

각 디스플레이에 맞는 크기의 아이콘을 제작하고 파일명과 이미지 형식은 가이드라인에 맞춰 정확히 저장해야 합니다.

물론 프로그래밍상으로 하나의 이미지를 파일명만 바꿔서 다른 디스플레이에 적용할 수 있지만 최적의 품질로 표현하기 위해서는 정확한 크기로 제작해야 합니다.

아이콘 디자인 특징

아이폰의 런처 아이콘 디자인의 특징은 메타포를 이용한 표현과 단순함에 있습니다. 안드로이드의 런처 아이콘과 달리 입체적인 면을 살린 디자인보다는 통일성 있는 정면 뷰와, 확실하지만 단순한 형태의 메타포 중심의 디자인입니다. 특히 iOS7에서는 더욱더 단순하고 깔끔한 형태의 플랫(Flat) 디자인을 시도하면서 앱 디자인의 새로운 디자인 트렌드를 만들어가고 있습니다.

iOS6의 디자인에서 iOS7 디자인의 변화

아이콘이 의도하는 바를 현실의 실제 사물을 형상화해서 반영하고 있습니다. 실제 앱스토어에 앱을 개발해서 올릴 때도 앱스토어 자체적으로 심사해서 난해한 아이콘이나 현실감이나 품질이 떨어지는 아이콘 및 앱 디자인은 올릴 수 없게 돼 있으며, 그 사유도 함께 제시해서 통일성 있고 일정 수준 이상의 앱만 올릴 수 있게 돼 있습니다.

iOS7 UI 디자인 특징

iOS6와 iOS7의 비교

새로 발표한 iOS7은 기존 iOS6에서 많은 변화를 가져왔습니다. 특히 가장 달라진 점은 실제 사물의 형상화와 텍스처를 본떠 디자인했던 스큐모피즘(skeuomorphism)과 3D, 그림자, 엠보싱 효과 등을 없앤 플랫(Flat) 디자인 형태로 바뀐 점입니다. 또한, 저채도와 패턴도 과감히 줄이고 반투명 효과와 깔끔한 색상과 라인을 살린 디자인을 좀더 강조했습니다.

i   iOS6   iOS7

iOS7의 아이콘 디자인

iOS7의 가장 큰 변화는 아이콘 디자인입니다. 특히 스토어부터 아이폰, 아이패드에 적용되는 대표 런처 아이콘의 규격에 변화가 생겼습니다.

	iOS6	iOS7
앱 스토어	1024 X 1024	1024 X 1024
아이폰6Plus		180 X 180
뉴아이패드	144 X 144	152 X 152
아이폰4/5/6	114 X 114	120 X 120
아이패드	72 X 72	76 X 76
아이폰3	57 X 57	60 X 60

또한, 아이콘 디자인에 적용되는 라운드 코너값도 iOS6에서 iOS7으로 바뀌면서 변화가 생겼습니다. 예전 iOS6은 일반적으로 사용하던 포토샵의 라운드 코너값을 그대로 사용했으나 iOS7은 애플이 자체적으로 만든 황금 비율의 라운드 코너값으로 바뀌었습니다.

$$\left|\frac{x}{60}\right|^5 + \left|\frac{y}{60}\right|^5 = 1$$

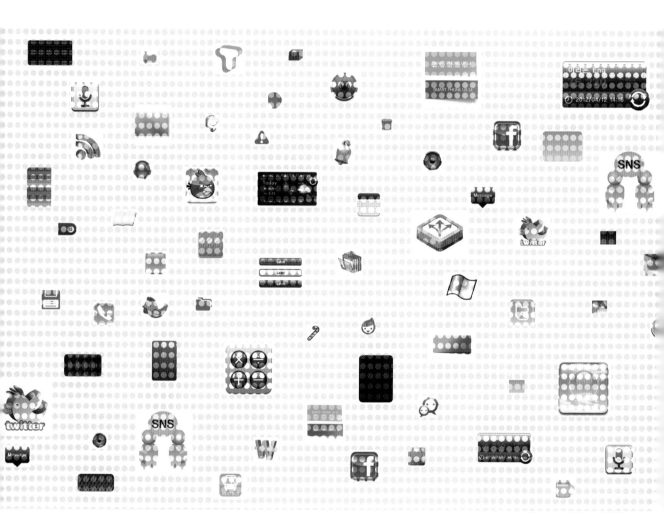

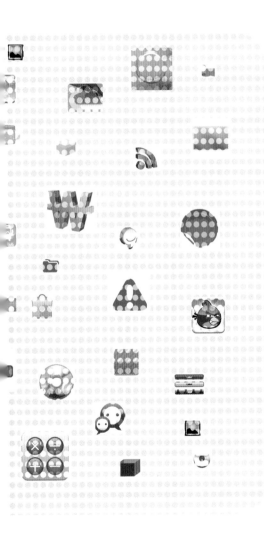

앱 디자인을
위한
그래픽 활용

그래픽 디자인 활용

해상도

해상도는 그래픽상에서 이미지를 표현할 때 정해진 영역 안에 몇 개의 픽셀, 또는 점(Dot)으로 표현하느냐를 나타내는 용어입니다. 단위로는 1인치당 몇 개의 픽셀로 표현하느냐를 나타내는 PPI(Pixel Per Inch)와 1인치당 몇 개의 점(dot)으로 나타내느냐를 의미하는 DPI(Dot Per Inch)를 사용합니다.

그래픽 제작은 크게 모니터 출력 작업과 인쇄 작업으로 나뉩니다. PPI와 DPI는 보통 같은 의미로 사용되기도 하지만 PPI는 모니터 및 디스플레이에서 표현하는 조밀도를 나타내는 단위이며, DPI는 제작 당시의 해상도를 나타내는 단위로 사용됩니다.

픽셀 또는 점의 수가 많을수록 고해상도의 정밀한 이미지를 표현할 수 있지만, 모니터 해상도 같은 경우에는 고해상도로 작업을 할 때 그만큼의 많은 메모리가 필요하므로 컴퓨터가 느려질 수 있고 이미지가 왜곡되어 보일 수 있어서 적정한 해상도를 설정해야 합니다. 모니터나 디스플레이 해상도로 작업할 때는 72DPI로 설정하는 것이 적당합니다.

주로 포토샵과 같은 전문 그래픽 프로그램에서 이미지를 제작할 때 오른쪽 그림과 같이 해상도를 pixels/inch -72로 설정을 합니다. 이는 제작 당시 가로/세로를 72픽셀로 설정하고 출력했을 때 가로/세로 1인치로 표현한다는 말입니다.

즉 1인치 안에 5,184의 픽셀로 이미지를 표현한다는 의미이며, 모니터상에서 이미지의 비율을 100%로 보이게 합니다.

001.
해상도 및 스마트폰 디스플레이

모니터 = 72 DPI(PPI) = 100%

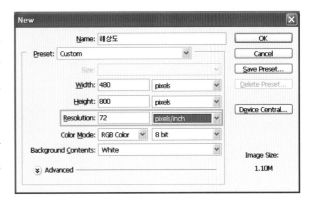

300DPI

72DPI

인쇄 작업땐 해상도를 고해상도로 설정해야 선명한 이미지를 얻을 수 있음.

인쇄 작업 시 고해상도로 설정하면 같은 1인치 안에 더 많은 점으로 이미지를 표현하므로 더 선명한 이미지를 표현할 수 있습니다. 하지만 고해상도로 작업을 할 때는 많은 메모리가 필요하므로 인쇄 작업 외엔 해상도를 항상 72DPI로 설정해야 합니다.

모니터나 스마트폰과 같은 디스플레이에는 해상도를 72로 설정하는 것이 화면에서 이미지를 100%로 보여주게 됩니다. 실제 포토샵과 같은 그래픽 프로그램에서 제작하는 해상도 크기는 스마트폰 화면의 해상도와 같아서 스마트폰 관련 콘텐츠를 제작할 때는 해상도를 72DPI로 설정해야 합니다.

인쇄나 프린트 출력 그래픽 작업을 할 때는 최대한 선명하고 섬세하게 표현해야 하므로 고해상도로 제작해야 합니다. 가로/세로 1인치 안에 표현하는 픽셀의 수가 많을수록 더 선명한 인쇄물을 얻을 수 있습니다.

해상도와 스마트폰 디스플레이와의 관계

스마트폰 앱을 디자인할 때 각각 운영체제별로 화면 크기와 해상도를 표기합니다. 특히 안드로이드에서는 화면의 인치 수와 해상도에 따라 XHDPI, HDPI, MDPI, LDPI별로 구분해 두고 가로/세로 1인치 안에 표현할 수 있는 DPI(Dots per inch)별로 구분해 놓습니다.

이는 실제 눈으로 보이는 물리적인 크기는 비슷하지만 1인치 안에 이미지를 표현하는 픽셀 개수의 조밀도(PPI)를 나타내는 것이며, 고해상도 스마트폰으로 갈수록(XHDPI) 픽셀이 더 조밀하게 구성돼 있음을 의미합니다.

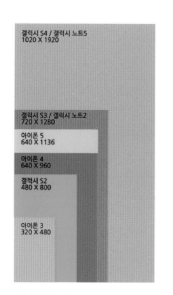

제작 해상도(72dpi 기준)

제작 당시의 해상도는 가로/세로 1인치 안의 픽셀 개수를 72dpi로 설정해서 제작하게 됩니다. 실제 해상도별 크기는 위 그림과 같습니다.

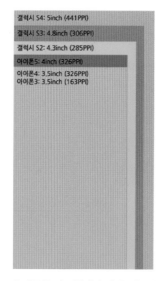

스마트폰 디스플레이 해상도(PPI)

PPI는 실제 스마트폰 화면에 보일 때 가로/세로 1인치 안의 픽셀 표현 개수를 나타냅니다. 제작 해상도(DPI)가 크고, 표현 해상도가 작을수록 고해상입니다.

안드로이드폰

아이폰

MDPI 스마트폰
480 x 800

HDPI 스마트폰
480 x 800

아이폰 4
640 x 960

아이폰 3
320 x 480

단위: 픽셀

480 x 800 해상도의 확대 화면

720 x 1280 해상도의 확대 화면

안드로이드 운영체제가 탑재된 스마트폰의 MDPI와 HDPI 해상도입니다. 물리적인 크기는 3.2인치와 4인치로 0.8인치밖에 차이나지 않지만 이미지를 표현하는 해상도는 320 x 480에서 480 x 800으로 두 배 이상 차이가 납니다. 그래서 같은 하나의 아이콘을 표현하는 데도 HDPI 해상도가 더 많은 개수와 조밀한 픽셀로 더 선명한 이미지를 표현할 수 있습니다.

아이폰 같은 경우 아이폰4는 아이폰3보다 두 배 크게 제작하게 됩니다. 하지만 표현되는 물리적인 크기는 3.5인치로 같아서 아이폰4는 아이폰3보다 두 배 더 조밀하게 표현할 수 있는 것입니다.

해상도별 제작 순서

해상도별로 이미지를 모두 제작하는 것이 정석이지만 그만큼 시간과 노력이 많이 들어가기 때문에 실무에는 대부분 대표적인 해상도 단말기를 기준으로 한 가지 해상도를 목표로 제작합니다. 이때 대표 해상도 크기를 먼저 제작하고 가변적으로 늘리거나 줄여 다른 해상도에 맞추는 경우가 많습니다.

아이폰 이미지의 제작 순서

아이폰4와 아이폰3은 각각 640 x 960, 320 x 480로 해상도 차이는 나지만 비율은 같아서 어느 쪽을 제작하더라도 양쪽 기기에서 모두 같은 비율로 표현됩니다. 해상도가 더 큰 아이폰4 크기에 맞춰 제작하고 리사이즈를 통해 아이폰3용 이미지를 제작합니다. 아이폰5는 아이폰4와 같은 레티나 디스플레이지만 아이폰4에 비해 세로가 960대 1136으로 176픽셀이 더 큽니다. 그래서 아이폰4 UI를 제작한 다음 배경 크기만 1136으로 늘립니다. 레이아웃은 아이폰4와 아이폰5 모두 동일합니다.

전체 제작 순서

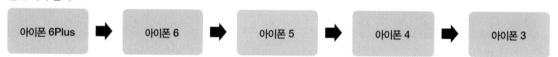

* 아이패드, 뉴아이패드는 아이폰과 비율이 다르므로 나인패치를 이용해
  레이아웃을 설정하거나 별도 제작해야 합니다.

*별도 제작

아이폰 필수 이미지 제작 순서							
종류	아이콘	런처 아이콘				앱 로딩		
크기	1024 x 1024	180 x 180	120 x 120	152 x 152	60 x 60	640 x 960	320 x 480	2048 x 1536
용도	앱스토어	아이폰 6Plus	아이폰 4	뉴아이패드	아이폰 3	아이폰 4	아이폰 3	아이패드

단위: 픽셀

아이폰 앱 같은 경우 서비스가 가장 많이 이뤄지는 아이폰4를 기준으로 제작하고 크기 조절을 통해 아이폰3용으로 바꿉니다. 아이패드 같은 경우에는 비율이 달라서 따로 제작해야 하지만 주로 파일명을 바꿔 사용합니다. 아이패드 전용 앱이라면 정확한 크기에 맞게 새롭게 디자인합니다.

안드로이드 이미지의 제작 순서

안드로이드 운영체제는 다양한 해상도를 지원합니다. 개발할 때 drawable 폴더에 drawable-XHDPI, drawable-HDPI, drawable-MDPI, drawable-LDPI의 해상도별 이미지 파일을 넣어 두면 자체적으로 해상도에 맞게 이미지가 적용됩니다.

앱을 개발해서 서비스할 때 사용자의 휴대폰이 어떤 해상도를 갖춘 단말기인지 모르기 때문에 각 해상도에 맞는 이미지를 제작해야 합니다.

하지만 수많은 단말기를 상대로 크기에 맞게 제작하는 것 또한 쉬운 일이 아닙니다. 그래서 가장 기본적이고 많이 사용되는 단말기를 기준으로 제작한 다음 각각 다시 크기 조절을 통해 나머지 해상도의 이미지를 제작하게 됩니다.

안드로이드 운영체제는 LDPI, MDPI, HDPI, XHDPI에 따라 강제로 확대/축소해서 출력하므로 선명한 이미지를 얻기 위해서는 각 DPI에 맞는 이미지를 모두 제작해야 합니다. 최근 가장 대표적인 단말기 크기인 480 x 800(HDPI) 크기로 먼저 제작했다면 MDPI는 66.7% 축소, LDPI는 50% 축소, XHDPI는 133%를 확대한 후 이미지를 바로잡은 다음 각 해상도에 맞는 폴더에 넣어 두면 됩니다.

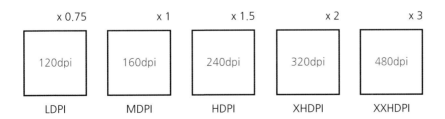

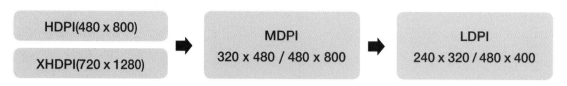

단위: 픽셀

위 그림은 해상도별 대표 크기입니다. 보통을 HDPI를 기준으로 제작하지만 최근에 새로 추가된 XHDPI의 해상도를 먼저 제작하는 경우도 있습니다.

최근 새롭게 추가된 XXHDPI(1080 x 1920) 해상도의 단말기는 XHDPI 와 HDPI의 단말기 보다 보급이 많이 되지 않았지만XXHDPI 단말기의보 급률이 지금보다 더 높아지면 더 큰 해상도를 가진 XXHDPI 크기의 해상 도부터 제작하게 될 것입니다. 이처럼 안드로이드 제작 프로세스는 시간 의 경과와 단말기 보급률에 따라 달라집니다.

002.
이미지 파일 형식 및 색상

웹 디자인이나 스마트폰 콘텐츠를 제작할 때 사용되는 이미지 파일 형식에는 여러 가지가 있습니다. 가장 대표적인 파일 형식은 JPG, GIF, PNG 등이 있 습니다.

JPG

JPG는 자연색상(True Color)과 흑백 형식(Gray Color) 등과 같은 색상 을 표현할 때 압축률을 고려해서 개발된 그래픽 압축의 표준 형식입니다. 보 통 사진과 같은 사실 그대로를 표현하는 데 적합하며, 개별적인 압축률을 적 용해 효율성 면에서도 뛰어나 gif와 함께 가장 많이 사용되는 이미지 파일 형 식이며, 1,600만 색상까지 표현할 수 있습니다.

장점	단점
• 손실 압축으로 고품질 이미지 표현 가능(인쇄)	• 투명 색상을 지원하지 않음
• 용량 및 이미지의 품질 조절 가능	• 압축 시 이미지 손상
• 사진과 같은 자연 색상 지원	• Gif와 같은 애니메이션은 지원하지 않음
• 넓은 활용 및 호환성	

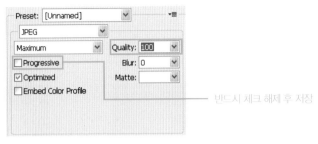

빈드시 체크 해제 후 저장

Save as일 때　　　　　　　　　　　Save for Web & Device일 때

포토샵의 Save for Web & Device 메뉴에서는 좀 더 섬세한 설정 값을 적용할 수 있는데, Quality를 최대 100%까지 올릴 수 있으며 Save as와 마찬가지로 Quality가 높아질수록 화질은 좋아지고 용량은 커집니다. 이처럼 jpg는 화질과 용량을 조절할 수 있다는 장점이 있으며, 화질과 용량은 비례해서 늘어납니다.

Quality 100% / 109kb　　　Quality 60% / 23kb　　　Quality 10% / 8kb

jpg 파일은 저장할 때 Quality 값을 조절해서 화질과 용량을 유동적으로 조절할 수 있습니다. 품질을 높일수록 화질은 좋아지고 용량은 올라가며, 품질을 낮출수록 화질은 떨어지고 용량은 적어집니다.

무선 인터넷으로 jpg 파일을 볼 때 간혹 안 보이는 경우가 있습니다. 그럴 때 포토샵의 Save for Web & Device에서 Quality를 60으로 낮추거나

Progressive를 체크 해제해야 합니다. 고품질 jpg는 용량 때문에 전송이 안되는 경우가 있으며, 예전 방식인 Progressive로 체크돼 있으면 스트리밍 지원이 안 되기 때문에 전송되지 않습니다. 참고로 최근의 jpg 저장 형식은 Baseline 방식입니다.

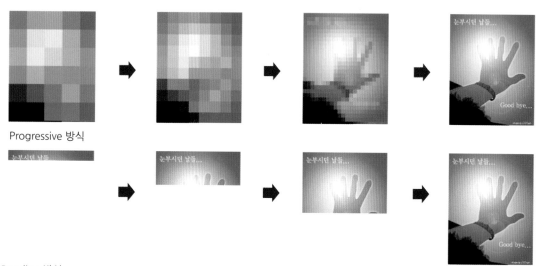

Progressive 방식

Baseline 방식

Progressive 방식은 이미지 전체를 한 번에 불러들여 픽셀이 세포 분열하듯이 조금씩 선명해지게 보여주고 Baseline 방식은 가장 위의 픽셀부터 한 줄씩 전송하는 방식입니다. 그래서 무선 인터넷 등을 이용해 이미지를 전송할 때는 Baseline 방식으로 제작합니다.

GIF

GIF는 웹상에서 이미지를 압축하여 빠르게 전송하기 위한 목적으로 개발되었습니다. 1987년 미국의 컴퓨서브사(CompuServe, Inc.)가 처음 개발하였으며 원본 이미지보다 40%까지 압축하여 용량을 줄일 수 있습니다.

JPG 파일보다 압축률은 떨어지지만 파일 용량 자체가 적기 때문에 웹상에서 전송 속도가 빠르고 이미지 손상도 비교적 적은 편입니다.

웹상에서 JPG와 함께 가장 많이 사용되는 이미지 파일 형식으로, 외각을 투명하게 처리할 수 있으며 여러 장의 이미지를 포함하여 애니메이션화할 수 있다는 장점이 있습니다. 하지만 압축률과 전송 속도를 빠르게 하려고 색상은 256가지 색상만 표현할 수 있어 색상이 많이 들어 있는 사진 같은 경우엔 약간의 색상 왜곡 현상 및 모자이크 현상이 일어날 수 있습니다.

장점	단점
• 빠른 처리 속도와 전송 속도 • 애니메이션 기능 가능 • 외각 투명 색상 지원 • 그림 및 픽셀 디자인에 적합	• 256색 지원으로 단조로운 색감 • 투명 색상 지원 시 한가지 색만 지원

* 단말기 자체 기능으로 GIF 애니메이션을 실행하는 것도 있지만, 스마트폰 운영체제 자체에서는 GIF 애니메이션은 지원하지 않습니다.

Save as일 때

PNG

PNG 파일은 기존 JPG와 GIF의 장점을 모아 만든 이미지 파일입니다. 미국의 컴퓨서브(CompuServe, Inc.)가 중심이 되어 GIF를 대체하기 위해 개발했으며, W3C에서 제정한 파일 형식입니다.

GIF처럼 애니메이션은 지원하지 않지만 투명 색상을 8비트까지 지원하며, 색상 또한 jpg와 같이 자연 색상을 24비트까지 지원하면서 용량을 최소화할 수 있습니다. 또한, 최근에는 스마트폰 개발에서 알파 채널(투명 단계)을 지원하는 데 가장 많이 사용되고 있습니다.

장점	단점
• 빠른 처리 속도 • 사진과 같은 자연 색상 지원 • 비트 조절을 이용한 형식 변화 • 8비트 투명 색상 지원(256단계의 투명 지원) • JPG와 GIF의 장점만 이용	• 애니메이션을 지원하지 않음 • GIF나 JPG보다 호환성은 떨어짐

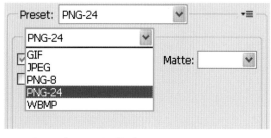

Save for Web & Device일 때

PNG 파일은 대부분 포토샵의 Save for Web & Device를 이용해 저장합니다. 이때 원하는 비트를 선택해서 저장할 수 있습니다.

웹상이나 스마트폰 콘텐츠 개발 시 자연스러운 표현을 위해 24비트 이미지로 저장합니다.

> 앱을 개발할 때는 JPG와 PNG의 두 가지 파일 형식을 가장 많이 사용합니다. 하지만 PNG 파일은 상대적으로 JPG 파일보다 용량이 크기 때문에 적절하게 구분해서 사용해야 합니다. 예를 들어, 투명한 배경 처리가 필요없는 이미지는 JPG 파일로, 투명한 배경 처리가 필요한 이미지는 PNG24bit 로 저장해서 사용하는 것이 효율적입니다.

PNG 24비트와 8비트 비교

PNG 8비트 색상은 256가지 색상을 표현할 수 있습니다. PNG 파일은 8비트와 24비트의 두 가지 형식을 지원하는데, GIF와 PNG 8비트는 투명 색상을 포함한 8비트라서 투명 색상을 하나만 지원합니다.

PNG 24bit는 기본 RGB 색상을 제외한 별도의 8비트를 투명 색상에 지원하므로 투명도의 단계를 총 256단계로 표현할 수 있습니다. 그래서 앱을 디자인할 때 그림자나 광채 효과를 자연스럽게 표현할 수 있습니다.

색상 및 비트의 이해

RGB와 CMYK

그래픽 작업을 할 때는 크게 RGB와 CMYK 색상 모드가 있습니다. RGB 색상은 빨강, 녹색, 파랑의 빛의 3원색으로 모니터, TV, 핸드폰과 같은 디스플레이에 적용되는 색상 모드로서, 발광하는 형광체를 임의의 밝기로 빛나게 해서 그 합성으로 여러 가지 빛을 만들어 내는 방식입니다. 출력, 인쇄를 제외한 대부분의 그래픽 제작에 사용되는 색상 모드입니다.

반면 CMYK는 cyan-magenta-yellow-black의 네 가지 염료를 사용해 인쇄 및 출력을 할 때 사용하는 색상 모드입니다. 실제 모니터상에서 제작하는 인쇄물은 출력할 때 최대한 원본과 변함이 없도록 인쇄 시 나올 색을 그래픽 작업을 할 때 표현하는 방식입니다.

스마트폰 앱 또는 홈페이지와 같이 빛을 이용한 디스플레이 형식의 표현에는 RGB 색상을 사용합니다.

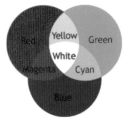

RGB 색상의 색상 조합

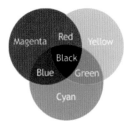

CMYK 색상의 색상 조합

알파 채널이란?

컴퓨터 그래픽에서 이미지 처리 작업을 좀 더 효율적으로 하기 위해 기본 RGB의 3채널 외에 추가로 1개의 채널을 더 가지고 있는 것을 말합니다.

채널이란 색상 또는 투명도를 나타내는 하나의 범위를 말합니다. 즉 RGB 색상 모드는 각각 1채널씩을 가지고 있으며 이런 1채널은 256단계를 의미하며 1채널은 8비트입니다. 그래서 PNG 24비트 파일은 RGB로 총 3개의 채널을 가지고 있습니다.

알파 채널은 그래픽상에서 하나의 픽셀이 가지고 있는 RGB 색상에 색상 값이 아닌 투명도와 같은 부분을 별도의 한 개의 채널로 잡아 256가지 단계로 표현한 것입니다. 스마트폰 콘텐츠를 디자인할 때는 RGB의 각 8비트와 별도의 알파 채널 8비트를 지원하는 PNG 24비트 이미지를 주로 사용합니다.

RGB 색상 외에 투명도와 같은 효과도 8비트
와 한 개의 채널로 표현할 수 있습니다

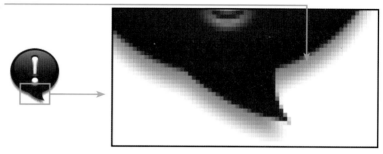

색상과 비트

비트(bit)란 컴퓨터의 내부 연산에 사용되는 2진수를 기준으로 값을 표현하
는 방식이며, 가령 16비트와 32비트가 있다면 16비트는 2의 16승이고 32비
트는 2의 32승을 의미합니다.

컴퓨터 그래픽 분야에서는 색상의 색상 수를 나타내는 데 비트를 사용합니
다. 16비트와 32비트의 경우 2배 차이가 나므로 표현 가능한 색상의 수에서
2배의 차이가 난다고 할 수 있습니다.

RGB 이미지의 경우 채널 팔레트를 열게 되면 Red, Green, Blue라는 3개
의 채널이 있고 Red 채널을 선택할 때 다른 채널색상은 모두 꺼지게 되어 이
미지가 전체적으로 붉게 나옵니다. 하지만 같은 Red라 해도 레벨값(명암)에
따라 다르게 나옵니다. 즉 8비트를 기준으로 0~255, 총 256가지의 Red 색
상이 있으며, RGB 각각 8비트씩 256 색상을 지원합니다.

8비트는 2의 8승으로 256가지의 색상을 표현할 수 있습니다. 물론 16비트
색상도 있으며 포토샵은 이를 지원합니다. 다만 16비트는 2D 그래픽에서는
잘 쓰지 않으며, 동영상 등에 많이 사용합니다. 따라서 채널이 3개인 RGB의
경우 채널이 8x3 = 24비트가 되고, 최대로 표현 가능한 색상은 256 × 256 ×
256으로 각 채널에서 표현 가능한 색상의 수를 곱한 것입니다.

A라는 색상이 Red의 색상 정보에서 0, Green의 색상 정보에서 0, Blue의
색상 정보에서 0이 합산되어 표시된 색상이라면 A라는 색상에서 최종 색상
(255, 255, 255)까지의 중간에 표현될 색상은 256 × 256 × 256이라는 가
짓수가 나옵니다.

RGB는 채널이 3개이고 한 채널당 8비트라고 하면 0~255 즉 256가지의 색상을 가지며 최종적으로 24비트로는 16만 색상을 표현할 수 있습니다.

다만 8비트가 아닌 16비트의 경우 48비트에 색상은 65536 x 65536 x 65536이므로 8비트보다 더 많은 색상 정보를 담을 수 있으나 대개 이 정도까지는 불필요하며, 용량만 늘어나기 때문에 그래픽에서는 16비트 단위는 잘 사용하진 않습니다.

003.
디자인 프로그램의 활용

스마트폰 앱을 디자인할 때는 일반적으로 우리가 많이 사용하는 일러스트레이터나 포토샵과 같은 디자인 프로그램을 이용합니다.

스마트폰과 운영체제에 맞는 가이드라인과 특징, 필요한 스타일 효과, 나인 패치의 활용, 트렌드에 어울리는 디자인을 주의해서 한다면 별도의 그래픽 툴 없이 기존의 그래픽 툴만 가지고도 스마트폰 앱 디자인을 할 수 있습니다.

일러스트레이터의 활용

일러스트레이터는 디자인 프로그램 가운데 드로잉할 수 있는 가장 대표적인 프로그램입니다. 하지만 대부분의 그래픽 디자이너는 일러스트레이터를 활용하는 데 조금 소극적이며 사용 빈도가 높지는 않습니다.

일러스트레이터는 주로 드로잉을 하는 데 사용되므로 드로잉에 약한 디자이너들은 일러스트레이터라는 프로그램을 어렵게 생각하는 경향이 있습니다. 하지만 아이콘 활용이 많은 앱 디자인에서 일러스트레이터는 아주 중요한 디자인 프로그램 중 하나입니다.

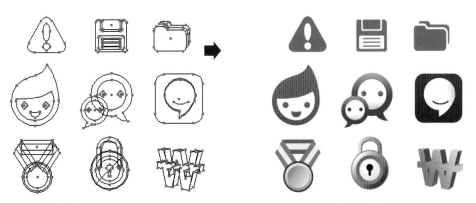

벡터 방식의 패스(Path)   패스를 한 이미지 바탕으로

일러스트레이터는 패스(Path)를 기반으로 하는 벡터 제작 방식 프로그램으로, 캐릭터나 아이콘과 같은 이미지를 직접 드로잉을 통해 형상화하는 데 많이 사용합니다.

마우스나 태블릿을 이용해 실제 캔버스에 그림을 그리듯 드로잉하며, 그래픽 디자인 시 초반에 진행되는 형상화 작업에 주로 사용합니다. 한번 제작된 벡터 이미지는 언제든 수정하거나 편집하기가 쉽고 다른 그래픽 프로그램과 잘 호환되므로 원 소스 멀티 유즈 개념의 디자인 작업이 가능해집니다.

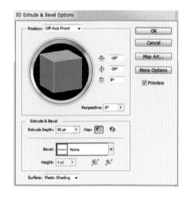

일러스트레이터의 3D 기능

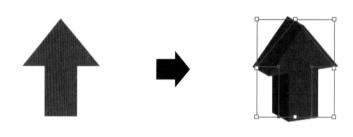

또한, 최근 스마트폰 앱을 디자인할 때 평면적인 느낌보다는 사실적이고 입체감 있는 표현의 아이콘 등을 많이 사용합니다. 이때 일러스트레이터의 3D 효과인 경사와 돌출(Extrude & Bevel) 효과를 사용하면 실제 3D 관련 프로그램을 사용하지 않고도 쉽게 3D 이미지를 만들어 낼 수 있습니다.

색상 변화 및 크기 조절이 쉬움

편집이 쉬움

일러스트레이터는 벡터 제작 방식이라서 이미지를 표현하는 패스인 점, 선, 면만 있다면 화질의 저하 없이 색상이나 크기를 자유롭게 바꿀 수 있습니다.

다양한 효과와 패스 수정을 통해 이미지를 편집하거나 수정하기도 쉽습니다. 어떤 이미지든 한 번만 제작해 두면 수정하거나 편집해서 어떤 장치에도 어울리는 형식의 이미지를 제공할 수 있습니다.

포토샵의 활용

포토샵은 가장 대표적인 그래픽 프로그램 중 하나입니다. 포토샵은 어떤 결과물을 내느냐에 따라 사용법이 아주 많이 달라집니다. 그중에서 스마트폰 앱을 디자인할 때는 앱에 사용되는 최종 완성 이미지 파일을 만들 때 주로 사용됩니다.

일러스트레이터에서 드로잉

포토샵에서 레이아웃 및 효과

포토샵에서도 드로잉은 가능하지만 일러스트레이터에서 좀 더 섬세하게 드로잉할 수 있기 때문에 복잡한 이미지는 일러스트레이터에서 제작해서 가져옵니다.

포토샵에서는 해당 디스플레이에 맞는 해상도와 크기 등을 설정하고 레이어 스타일, 패턴 등 다양한 기능을 활용해 전체 UI 디자인을 완성합니다.

마지막으로 앱에 사용되는 개별 이미지, 나인 패치 이미지 등을 만드는 데 사용됩니다.

포토샵의 다양한 효과

| 일러스트레이터 → | 드로잉 | : 섬세한 아이콘 및 이미지 드로잉 |

| | 레이아웃/드로잉 | : 해상도 및 크기 설정, 아이콘 및 이미지 드로잉, 레이아웃 설정 |

| 포토샵 | 효과 및 편집 | : 레이어 스타일 및 편집, 패턴 제작 등 |

| 스마트폰 앱 디자인 과정 | 장치(Device) 설정 | : 각 단말기에 맞는 형식별 개별 이미지 제작 |

완성 디자인   개별 이미지

포토샵은 전체 UI 디자인을 하면서 동시에 운영체제별 프로그래밍에 사용할
수 있는 개별 이미지를 형식에 맞춰 저장하는 기능도 제공합니다.

02

일러스트레이터의
활용

001.
일러스트레이터의 환경

벡터 그래픽 제작 방식

일러스트레이터는 가장 대표적인 벡터 제작 방식의 그래픽 프로그램입니다. 벡터 그래픽은 이미지를 표현할 때 수학적인 방정식을 기반으로 점, 선, 면을 이용한 패스를 기반으로 하는 객체지향 그래픽스라고도 합니다.

즉, 점과 선과 면의 좌표값만 있다면 크기에 상관없이 이미지를 표현할 수 있으며 점, 선, 면을 구성하는 패스만 있다면 선의 두께나 모양, 색상 등을 자유롭게 표현할 수 있습니다.

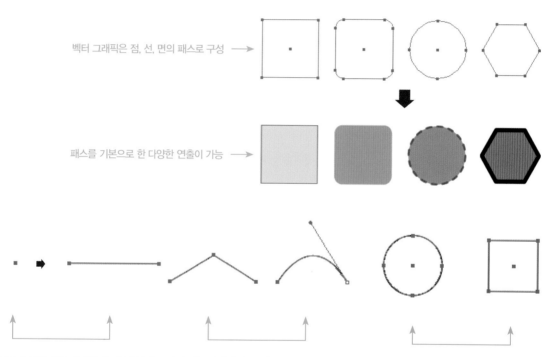

벡터 그래픽은 점, 선, 면의 패스로 구성

패스를 기본으로 한 다양한 연출이 가능

패스의 가장 작은 단위인 점과 점 사이가 연결된 선

여러 점을 추가해서 모양을 만들어 나가며, 곡선은 베지어 곡선(Bezier Curve) 또는 방향 핸들 바로 조절

시작 점과 마지막 점이 만나면 면(Shape)이 완성

벡터 그래픽 제작 방식의 장단점

일러스트레이터의 벡터 이미지는 이미지 자체로 완성하기보다는 다른 그래픽 프로그램(포토샵, 플래시 등)으로 보내서 좀 더 섬세하게 작업할 수 있습니다. 일러스트레이터는 기능적인 부분보다는 드로잉 측면과 원본의 의미가 강합니다.

장점	단점
• 이미지의 확대/축소 시 외곽이 깨지지 않음 • 선명하고 깔끔한 이미지 제작 • 데이터의 용량이 상대적으로 적음 • 수정/편집이 쉬움 • 이미지 정보에 대한 데이터 값을 얻을 수 있음 • 다양한 프로그램의 원본으로 사용 가능 • 작은 이미지부터 큰 출력물까지 사용 가능	• 데이터 용량은 적으나 메모리를 많이 차지함 • 표현이 단순함 • 다양한 효과를 주기 어려움(알파 채널, 스타일 등) • 디자이너의 드로잉 실력이 필요함 • 일러스트레이터 파일(AI) 자체로 사용 범위가 넓지 않음

일러스트레이터로 만든 벡터 이미지의 가장 큰 장점은 이미지의 확대/축소입니다. 점, 선, 면에 관한 정보만 있다면 작은 아이콘 이미지부터 대형 출력물까지 모두 제작할 수 있습니다.

파일의 용량은 상대적이지만 크기를 두 배로 늘렸다고 해서 용량 자체가 두 배로 늘어나진 않습니다. 하지만 이런 벡터 이미지 자체의 용량은 적을지 모르지만 벡터 이미지를 처리하는 데 소요되는 메모리는 다른 이미지 제작 방식보다 많습니다.

그 이유는 물리적으로 색상과 크기를 단순하게 표현하는 것이 아니라 점 하나의 좌표와 색상의 정보를 모두 담기 때문에 색상이 많이 들어가거나 점이 많이 추가됐을 때는 그만큼 많은 메모리를 차지하기 때문입니다.

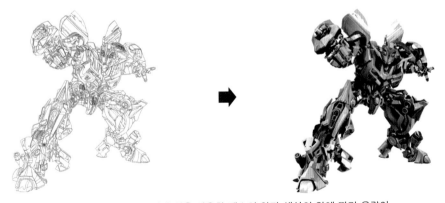

벡터 이미지 파일은 크기보다는 점과 선을 이용한 패스의 양과 색상의 양에 따라 용량이 좌우됩니다.

일러스트레이터의 화면 구성

① **메인 메뉴**: 일러스트레이터의 전체 기능을 제어하는 메뉴

- File: 새창 열기, 창의 속성, 장치 저장 등과 같은 파일에 관련된 메뉴
- Edit: 이미지의 복사, 수정, 되돌리기, 메뉴별 섬세한 설정 등이 있는 메뉴
- Object: 일러스트레이터에서 그려지는 오브젝트(Object) 및 이미지의 속성에 관련된 메뉴
- Type: 텍스트의 수정과 속성에 관련된 메뉴
- Select: 오브젝트의 선택에 관련된 메뉴
- Effect: 필터와 변형, 효과 등을 줄 수 있는 메뉴
- View: 작업에 필요한 정보를 표시하는 메뉴
- Window: 작업에 필요한 다양한 팔레트 및 라이브러리를 여닫는 메뉴
- Help: 일러스트레이터 자체의 정보 및 도움말 메뉴

② **도구**: 작업상 가장 많이 사용하는 기능을 아이콘화한 메뉴

③ **완성 기준선**: 정해진 단위를 기준으로 완성 크기를 보여줌

④ **오브젝트**: 일러스트레이터에서 작업한 이미지를 객체 또는 오브젝트라고 함

⑤ **팔레트**: 오브젝트 제작 시 필요한 기능을 모아둔 각각의 팔레트

⑥ **빠른 실행 메뉴**: 팔레트들을 작은 아이콘으로 표시한 메뉴

오브젝트 표현 및 구성

점, 선, 면, 패스

오브젝트(점, 선, 면으로 구성된 이미지)

패스: 일러스트레이터와 같은 벡터 이미지를 구성하는 기본 속성 선이며, 패스의 모양대로 선과 면, 점, 효과 등을 표현할 수 있습니다.

고정 점: 패스를 구성하는 가장 작은 단위이며, 두 개 이상의 점이 있어야 선을 만들 수 있습니다. 일러스트레이터에서는 이러한 고정 점을 그냥 점(Point) 또는 앵커 포인트라고도 합니다.

선: 점과 점이 연결된 선입니다. 선은 일반 직선과 베이지어 곡선으로 나뉘며, 오브젝트의 외각 라인을 표현하고 색상, 두께, 실선, 점선, 브러시 등 다양한 표현이 가능합니다.

면: 면은 시작점과 끝점이 선으로 연결되면 생깁니다. 다양한 색상이나 패턴을 적용할 수 있으며, 뚫린 도형과 막힌 도형으로 구분됩니다.

바운딩 박스: 오브젝트를 선택할 때 나타나는 박스이며, 이 바운딩 박스를 이용해 크기 조절, 회전, 변화 등을 줄 수 있습니다.

뚫린 도형   막힌 도형

오브젝트 표현

일러스트레이터에서 그려지는 이미지를 객체 또는 오브젝트라고 합니다. 이러한 오브젝트를 구성하는 점, 선, 면으로 생긴 선을 패스라고 합니다. 즉, 오브젝트는 패스를 형상화한 이미지로 볼 수 있습니다.

고정 점(Anchor Point)　　　　　　　　　　　　　점 + 점 = 선(Path)

일러스트레이터에서 오브젝트 표현의 가장 작은 단위인 점으로만 표현하는 경우에는 특정한 이미지의 형태가 아닌 말 그대로 점 자체이며, 직선을 만들기 위해서는 최소한 두 개의 점을 연결해야 합니다.

점 + 선　　　　　　점 + 선 + 면 색(뚫린 도형)　　　　　점 + 선 + 면 색(막힌 도형)

점과 점이 만나면 그 사이에 선(Path)의 형태로 나타납니다. 이때 직선과 곡선의 표현이 가능하며, 패스를 바탕으로 면 색과 선의 색상, 두께 또한 조절할 수 있습니다.

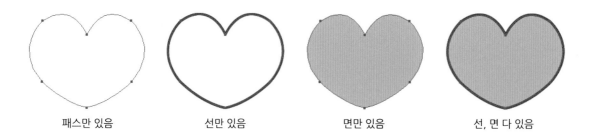

패스만 있음　　　　선만 있음　　　　면만 있음　　　　선, 면 다 있음

일러스트레이터에서의 오브젝트는 항상 패스를 기준으로 표현합니다. 패스만 있을 땐 눈으로 보이진 않지만, 데이터(Data) 측면에서 오브젝트로 인식하게 됩니다. 패스를 기준으로 내부가 비어있는 선으로만 표현하거나, 선이 없는 면으로만 표현하거나, 또는 선과 면이 다 존재하는 오브젝트로 표현할 수 있습니다.

오브젝트 정돈(Arrange)

일러스트레이터에서는 각 오브젝트가 층층이 모여서 하나의 완성된 이미지
로 표현됩니다. 각 오브젝트의 층이 존재하며, 마지막에 제작한 오브젝트가
맨 위로 올라오게 돼 있으며 오브젝트 간의 층 또한 바꿀 수 있습니다.

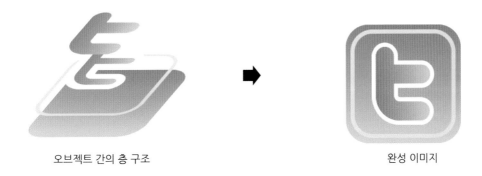

오브젝트 간의 층 구조   완성 이미지

메인 메뉴의 Object나 마우스 오른쪽 버튼을 누르면 Arrange 메뉴가 나옵
니다. Arrange 메뉴를 통해 오브젝트의 층의 높이를 변화시킬 수 있습니다.

- Bring to Front: 선택한 오브젝트 무조건 가장 위로 배치
- Bring Forward: 선택한 오브젝트 한 층씩 위로 올리기
- Send Backward: 선택한 오브젝트 한 층씩 밑으로 내리기
- Send to Back: 선택한 오브젝트 무조건 맨 뒤로 보내기

단축키의 활용

002.
일러스트레이터의 주요 기능

단축키 활용

기본 단축키

일러스트레이터나 포토샵 같은 그래픽 프로그램을 사용할 때는 작업의 효율성을 위해 주로 단축키를 많이 사용합니다. 단축키를 사용하면 빠른 작업 속도와 여러 기능을 동시에 사용할 수 있다는 장점이 있습니다.

새 창 열기	Ctrl + N	선택 도구	V	자유변형 도구	E
파일 열기	Ctrl + O	직접 선택 도구	A	심볼 분사 도구	Shift + S
저장	Ctrl + S	마술봉 도구	Y	칼럼 그래프 도구	J
다른 이름 저장	Ctrl + Shift + S	직접 올가미 선택 도구	Q	메쉬 도구	U
복사	Ctrl + C	펜 도구	P	그라디언트 도구	G
잘라내기	Ctrl + X	점 추가 도구	+	스포이드 도구	I
붙이기	Ctrl + V	점 삭제 도구	−	페인트 통 도구	K
전체선택	Ctrl + A	방향점 변환 도구	Shift + C	블랜드 도구	W
그룹화	Ctrl + G	문자 도구	T	슬라이스 도구	Shift + k
그룹화 해제	Ctrl + Shift + G	선 도구	₩	가위 도구	C
잠그기	Ctrl + 2	사각형 도구	M	손바닥 도구	H
잠금 해제	Ctrl + Alt + 2	원형 도구	L	돋보기 도구	Z
숨기기	Ctrl + 3	페인트브러시 도구	B	확대	Ctrl + +
숨김 해제	Ctrl + Alt + 3	연필 도구	N	축소	Ctrl + −
맨 앞으로	Ctrl + Shift +]	회전 도구	R	보기 도구	F
맨 뒤로	Ctrl + Shift +[	반사 도구	O	패스만 보기	Ctrl + Y
실행 취소(Undo)	Ctrl + Z	크기 조절 도구	S	줄자	Ctrl + R
재실행(Redo)	Ctrl + Shift + Z	왜곡 도구	Shift + R	격자	Ctrl + "

Space, Alt, Ctrl, Shift 키의 활용

SPACE 키의 기능

스페이스 바를 누르고 있으면, 도구(Tools) 메뉴의 화면 이동 도구(Hand Tool)로 바뀌어 화면 이동을 할 수 있습니다.

Ctrl 키의 기능

펜 도구 및 다른 도구로 작업을 하고 있을 때 Ctrl 키를 누르고 있으면 선택 도구(Selection Tool)로 전환됩니다.

Shift 키의 기능

❶ Shift 키를 누른 상태에서 이동하면 수직, 수평으로 이동할 수 있습니다.

❷ Shift 키를 누른 상태에서 여러 개의 오브젝트를 동시에 선택할 수 있습니다.

❸ Shift 키를 누른 상태에서 회전하면 45도 각도로 회전할 수 있습니다.

❹ Shift 키를 누른 상태에서 크기 조절을 하면 정비율로 크기 조절이 가능합니다.

Alt 키의 기능

❶ 선택 도구(Selection Tool)일 때 Alt 키를 누르고 오브젝트를 드래그하면 오브젝트가 복사됩니다.

❷ 오브젝트를 그릴 때 Alt 키를 누르고 그리면 커서의 중심부터 오브젝트가 그려집니다.

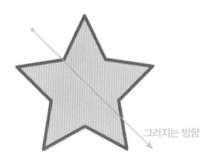

Shift 키만 누를 경우

Shift 키를 누르고 오브젝트를 그리면 정원, 정사각형과 같은 정 크기의 오브젝트를 그릴 수 있습니다.

Shift 키와 Alt키를 누를 경우

Shift 키와 Alt 키를 누르고 오브젝트를 그리면 정원, 정사각형과 같은 정 크기의 오브젝트를 중심부터 그릴 수 있습니다.

작업(Document) 창 설정

어떤 그래픽 프로그램이든 맨 처음 작업하기 전에 환경에 맞게 옵션을 조정한 후 작업 창을 열게 됩니다. 일러스트레이터는 환경 설정을 크게 따르진 않지만 기본적인 설정을 통해 다양한 형태의 파일을 제작할 수 있습니다.

파일의 이름과 장치에 맞는 환경 설정을 하는 곳이
지만 파일을 저장할 때 지정하거나 앞으로 크기를
다시 잡아 줄 수 있습니다.

원하는 가로(Width)와 세로(Height) 크기를 설
정하고 단위는 Pixels(px)로 설정합니다. 이 크기
는 절대적인 크기가 아니고 작업상의 기준이 되며
나중에 다시 조절할 수 있습니다.

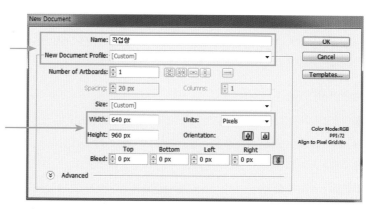

File → New: 새로운 작업 창 열기

완성 기준선 밖에서도 작업 가능

비트맵으로 저장한 경우

새 문서(File → New Document)에서 설정한 크기대로 열린 창을 기준으
로 작업 창이 열리게 됩니다. 이때 가로(Width), 세로(Height)에 입력한
크기대로 완성 기준선이 잡히는데 실제로 꼭 완성 기준선 안에서만 작업이
이뤄지지는 않습니다.

완성 기준선 밖에서도 작업할 수는 있지만 앞으로 일러스트레이터 파일을 비
트맵(jpg, png, gif) 형식으로 저장(File→Save for Web & Devices)할
때만 완성 크기로 인식하게 됩니다.

실제 일러스트레이터에서 비트맵으로 저장할 일은 많지 않으므로 완성 기준
선은 대략적인 크기를 추산하는 수단으로 생각하면 됩니다.

선택 도구(Selection Tool)의 활용과 오브젝트 속성

일러스트레이터는 드로잉과 편집을 주로 하는 디자인 프로그램입니다. 그래서 일러스트레이터를 잘 다루려면 가장 먼저 전체 선택 도구(Selection Tool), 직접 선택 도구(Direct Selection Tool)를 자유롭게 사용할 수 있어야 합니다.

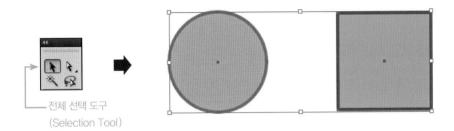

전체 선택 도구
(Selection Tool)

선택 도구는 크게 전체 선택 도구와 직접 선택 도구로 구분됩니다. 전체 선택 도구는 오브젝트 전체를 선택해 속성, 색상, 크기, 회전, 이동 등을 할 수 있고 직접 선택 도구는 선과 점만 선택해서 편집할 때 주로 사용됩니다.

속성 및 색상 변화

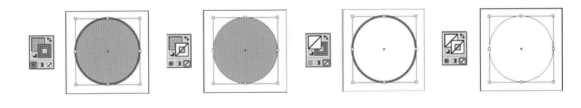

오브젝트를 표현할 때 도구 바의 면 색, 선 색 설정에서 오브젝트의 면 색과 선 색을 넣거나 해제할 수 있습니다.

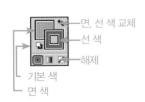

면, 선 색 교체
선 색
해제
기본 색
면 색

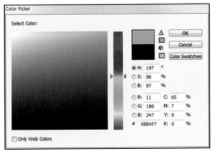

색상 피커(Color Picker)

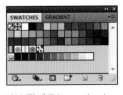

견본 팔레트(Swatches)

색상을 바꿀 때는 면 색(Fill), 선 색(Stroke) 설정을 더블클릭해서 색상 피커(Color Picker)에서 바꾸거나 견본 팔레트(Swatches)에서 바꿀 수 있습니다.

크기 조절, 회전, 복사 기능

선택 도구는 단순히 오브젝트를 선택한다는 의미도 있지만, 선택 도구를 이용해 오브젝트의 수정, 편집 또한 가능합니다.

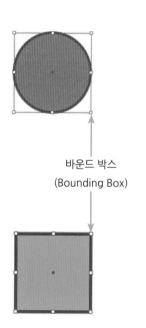

바운드 박스
(Bounding Box)

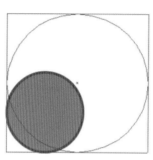

Shift 키를 누르면 정 크기로 조절

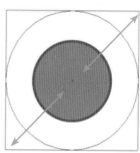

Alt 키를 누르면 중심부터 조절

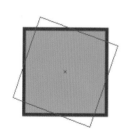

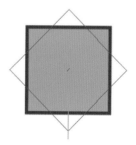

Shift 키를 누르면 45도씩 회전

전체 선택 도구로 오브젝트를 선택했을 때 오브젝트 주위에 사각형 바운딩 박스(Bounding Box)가 나타납니다. 이 바운딩 박스의 모서리를 클릭하고 움직여서 크기를 조절하거나 회전시킬 수 있습니다. **이때 Shift 키를 누르고 크기 조절 및 회전을 시키면 같은 비율로 크기가 조절되거나 45도씩 회전합니다.**

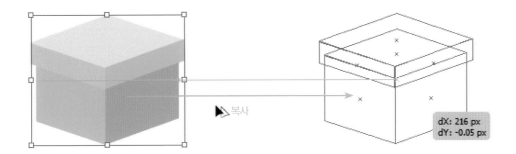

전체 선택 도구로 오브젝트를 선택한 후 Alt 키를 누르고 드래그하면 오브젝트를 복사할 수 있습니다. 이때 Shift 키를 누르고 복사하면 수평/수직선상으로 복사할 수 있습니다.

직접 선택 도구의 활용

직접 선택 도구(Direct Selection Tool)는 오브젝트를 구성하는 점, 선, 면을 따로 선택해서 수정할 수 있는 선택 도구입니다.

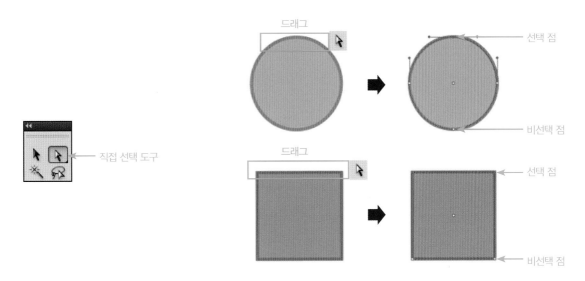

직접 선택 도구로 선택한 점과 선은 점 내부에 색이 들어가고 선택되지 않은 점은 빈 모습으로 표현됩니다. 이때 선택된 점을 기준으로 수정/편집할 수 있습니다. 베이지어 곡선의 핸들 바를 직접 선택 도구를 이용해 다시 조절할 수도 있습니다.

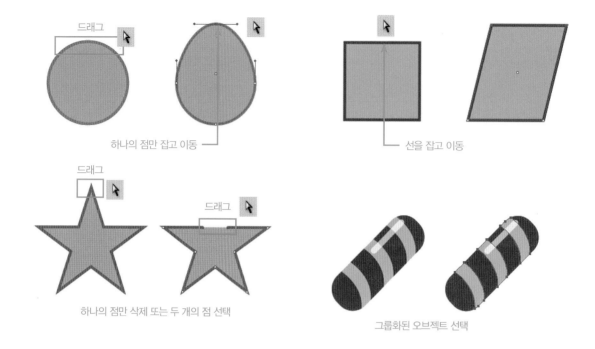

하나의 점만 잡고 이동

선을 잡고 이동

하나의 점만 삭제 또는 두 개의 점 선택

그룹화된 오브젝트 선택

오브젝트 그리기

클릭 & 드래그로 그리기

오브젝트를 그리는 방법은 크게 두 가지가 있습니다. 기존 도구에 있는 메뉴
를 사용해서 그리는 방법과 팬 도구 등을 이용해 새롭게 그리는 방법이 있습
니다.

도형 도구를 사용하는 방법은 원하는 도형 도구를 선택한 후 원하는 크기 만
큼 드래그하면 도형이 만들어집니다.

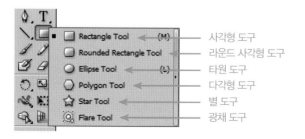

정 크기로 그리기
(Shift)

중심점부터 그리기
(Shift + Alt)

기본적으로 클릭 & 드래그를 통해 오브젝트를 그릴 수 있으며, 이때 Shift 키를 누르면 정 크기로 그릴 수 있으며, Shift, Alt를 누르면 정 크기로 중심점부터 그릴 수 있습니다.

클릭 & 설정으로 그리기

클릭 & 설정(Click & Option)을 이용할 경우 원하는 도형 도구를 선택한 후 화면을 클릭하면 해당 도형 도구의 설정이 나타납니다. 이때 필요한 크기, 꼭짓점 개수, 코너 둥글기 값 등을 입력해서 도형을 그리는 방식입니다.

사각형 도구 가로, 세로

라운드 사각형 도구 가로, 세로,
코너 둥글기

타원 도구 가로, 세로

다각형 도구 크기, 꼭짓점

별 도구 꼭짓점 길이1,2 /
꼭짓점 개수 설정

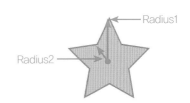

펜 도구의 활용

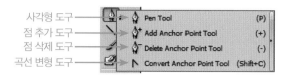

일러스트레이터에서 가장 중요한 도구 중 하나가 바로 펜 도구입니다. 펜 도구는 실제 원하는 오브젝트를 직접 그릴 때 사용하는 드로잉 도구입니다.

직선 그리기

펜 도구는 오브젝트를 직접 드로잉 하는 도구이기 때문에 그 속성을 잘 알고 있어야 합니다. 기본적으로 직선과 곡선을 그릴 수 있으며, 시작점과 끝점이 만나게 되면 막힌 도형을 만들 수 있습니다.

직선은 클릭한 위치에 점이 추가되며 다음 위치에 클릭하면 점과 점 사이가 선으로 연결됩니다. 이때 Shift 키를 누르게 되면 수직선, 수평선이 그려집니다.

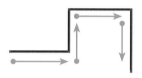

클릭한 위치에 점이 추가되며 직선이 그려집니다.

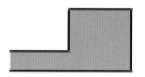

시작점과 끝점의 연장선까지 면색이 적용됩니다.

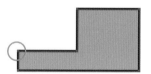

시작점과 끝점이 만나면 막힌 도형이 됩니다.

곡선 그리기

곡선을 그리려면 다음 위치에서 클릭한 후 드래그해서 원하는 곡선을 만들어 나갑니다. 이때 나타나는 베이지어 곡선 또는 핸들 바를 이용해 곡선의 방향을 나타낼 수 있습니다.

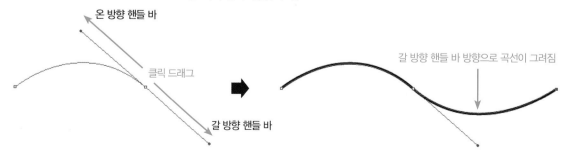

갈 방향 핸들 바는 다음으로 그려질 곡선의 방향을 나타내며, 다음에 그려질
곡선과 자연스럽게 연결할 수 있게 표시하는 핸들바입니다.

<table>
<tr><td>클릭</td><td>갈 방향 핸들 바가 사라짐</td><td>다른 방향으로 꺾인 곡선을 만들 수 있다</td></tr>
</table>

하지만 같은 방향으로 그려지는 곡선이 아닌 다른 방향으로 꺾인 곡선을
만들기 위해서는 마지막 점에 마우스를 올리고 ↳ 표시가 나올 때 클릭해
갈 방향 핸들 바를 삭제해서 다른 곡선을 만들 수 있습니다.

갈 방향 핸들 바를 놔두거나 삭제해 곡선을 그리는 것은 디자이너가 다음 곡
선이 어떻게 표현될지를 미리 판단하고 수행하는 단계입니다.

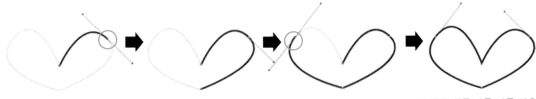

갈 방향 핸들 바를 놔둘 경우

다음 곡선이 현재 곡선과 자연스럽게 연결될 땐 갈 방향 핸들 바를 이용해 자
연스럽게 연결해 나갑니다. 이때 다음 곡선이 어떻게 그려질지는 직접 판단
해야 합니다.

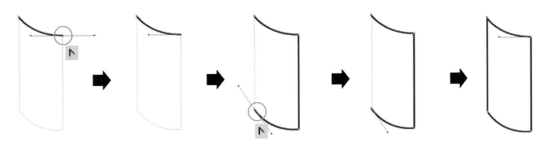

갈 방향 핸들 바를 삭제할 경우

갈 방향 핸들 바는 다음으로 그려질 곡선의 방향을 나타내며, 다음에 그려질 곡선과 자연스럽게 연결할 수 있게 표시하는 핸들바입니다.

고정 점 추가 도구 / 고정 점 삭제 도구

오브젝트를 그릴 때 선과 선의 연결은 항상 점으로 시작합니다. 이때 점 추가/삭제 도구를 이용해 작업 후에도 수정할 수 있습니다.

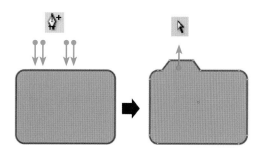

고정 점 추가 도구로 추가하고자 하는 선에 점을 추가한 후 직접 선택 도구를 이용해 수정할 수 있습니다.

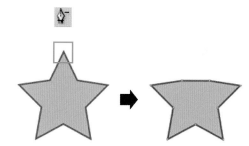

고정 점 삭제 도구로 삭제하고자 하는 점을 클릭하면 그 점이 사라지고 인접한 두 점 사이가 자동으로 연결됩니다.

이때 주의할 점은 포인터 추가 도구는 반드시 선을 클릭해서 점을 추가해야 하고 포인터 삭제 도구는 반드시 점을 클릭해야 한다는 것입니다. 그렇지 않으면 에러 창이 나타납니다.

곡선 변형 도구

곡선 변형 도구는 직선 형태로 완성된 선 또는 코너를 다시 곡선으로 만들 때 사용합니다.

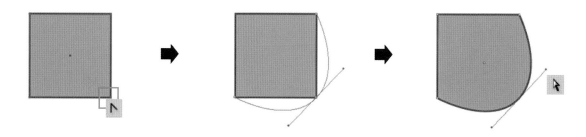

베이지어 곡선이 생기고 핸들 바가 나타나면 다시 직접 선택 도구로 핸들 바를 조절해 곡선을 수정할 수 있습니다.

선(Stroke)의 속성

선의 표현 방식

디자인에서 선이 갖는 의미는 아주 중요합니다. 모든 오브젝트의 기본은 점과 선을 시작으로 제작하며 선 자체의 속성을 이용한 디자인도 많이 이뤄집니다. 선을 이용한 디자인과 선의 속성 변화에 대해 알아보겠습니다.

선이 없는 디자인

검은 선이 있는 디자인

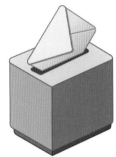
자연색 선이 있는 디자인

- 선이 없는 디자인: 최근에 많이 사용하는 디자인 기법으로 자연스러운 느낌의 디자인을 얻을 수 있습니다. 하지만 선이 없이 면으로만 표현해야 하므로 면의 명암으로서 입체감을 표현해야 하는 어려움이 있습니다. 스마트폰 앱에 사용되는 이미지는 대부분이 선이 없는 형태로 제작됩니다.

- 검은 선이 있는 디자인: 일반적인 디자인을 할 때 외곽선을 표현하는 방식입니다. 이미지의 형태를 뚜렷하고 정확하게 표현할 수는 있지만 작은 디자인일 경우에는 뭉개져 보일 수 있고 이미지 표현 자체가 거칠어 보일 수 있습니다.

- 자연색 선이 있는 디자인: 위 두 가지 표현 방법의 중간 단계로 볼 수 있는 디자인으로서 면이 가지고 있는 색상의 가장 진한 색상을 선으로 사용하는 방법입니다. 검은 선보단 자연스러워 보이고 선 없는 것보단 뚜렷하게 표현할 수 있습니다.

면이 가지고 있는 고유 색상

선 색

선을 활용해 디자인을 표현하는 방법은 위의 세 가지가 있으나 어떤 방법이 최선이라고 할 수는 없습니다. 각 상황과 디자인 방법에 따라 적절한 방법을 활용해야 합니다.

선의 두께 조절 및 특징

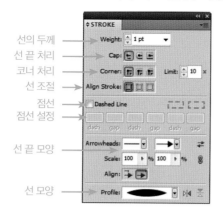

선의 두께
선 끝 처리
코너 처리
선 조절
점선
점선 설정
선 끝 모양
선 모양

Window → Stroke

일러스트레이터에서 선의 속성을 제어하는 메뉴는 선(Stroke) 팔레트입니다.

이러한 팔레트는 메인 메뉴의 Window에서 열수 있으며, 선(Stroke) 팔레트에서는 선의 두께, 코너값, 끝 처리, 끝 모양, 점선 등과 같은 여러 가지 속성을 제어할 수 있습니다. 선은 패스를 기준으로 나타내는 효과로 볼 수 있습니다.

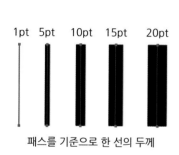

패스를 기준으로 한 선의 두께

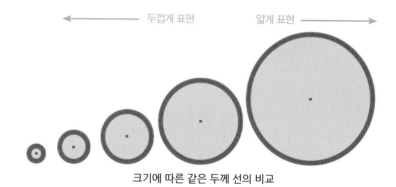

두껍게 표현 ← → 얇게 표현

크기에 따른 같은 두께 선의 비교

선의 두께(Weight)는 포인트(pt) 단위를 사용하며 벡터 그래픽의 패스를 기준으로 표현합니다.

또한, 한번 적용된 선의 두께 값은 크기에 상관없이 고정되므로 같은 두께라도 작은 이미지에서는 상대적으로 두껍게 표현되고, 큰 이미지에서는 상대적으로 얇게 표현됩니다. 항상 완성 오브젝트에 맞는 두께 값을 적용해야 합니다.

> 선이 있는 오브젝트를 완성한 다음에는 Object → Path → Outline Stroke를 이용해 선(Stroke)을 면(Fill)으로 변환합니다. 그래야 크기 조절을 해도 처음에 의도했던 두께값을 그대로 유지할 수 있습니다. 단 Outline Stroke를 한 다음 다시 선의 속성으로 돌릴 순 없습니다.

선의 코너 및 끝 처리

각진 코너와 끝 처리   부드러운 코너와 끝 처리

선이 많이 들어가거나 두껍게 표현되는 디자인에서 선의 코너와 끝 처리는
아주 중요합니다. 코너와 끝 처리를 각지게 처리하는 것과 부드럽게 처리하
는 것에 따라 아주 다른 느낌으로 표현됩니다. 그래서 각 디자인에 맞는 적절
한 코너값과 끝 처리를 해야 합니다.

점선의 활용

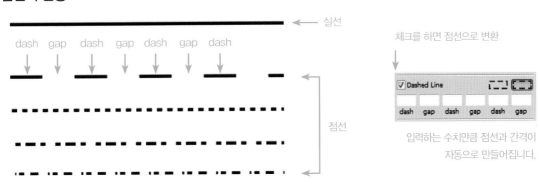

선 끝, 선 모양 바꾸기

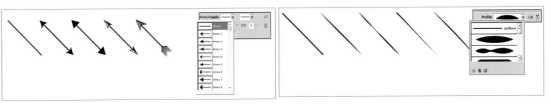

선의 시작 모양과 끝 모양을 다르게 줄 수 있습니다.   선의 모양을 다르게 줄 수 있으며 브러시와 비슷한 기능을 합니다.

선을 면으로 변환하기

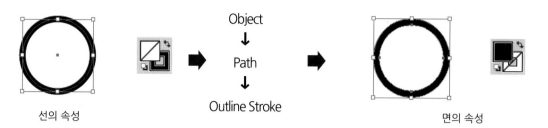

선의 속성   면의 속성

Object → Path → Outline Stroke 기능을 이용해 선의 속성을 면의 속성
으로 변환합니다. 이렇게 선을 면으로 변환하는 방법은 아주 많이 사용되며,
중요한 과정 중 하나입니다.

오브젝트의 잠금(Lock) 및 그룹(Group)

일러스트레이터에서 하나의 이미지를 완성하기 위해 여러 개의 오브젝트를
조합할 수 있습니다. 이 경우 작업할 때 개별 오브젝트가 불필요하게 선택되
지 않도록 오브젝트 잠금을 걸어두면 작업하기가 수월해집니다. 또한, 여러
개의 오브젝트로 완성된 하나의 이미지를 그룹화해서 관리하거나 편집하는
작업을 간소화할 수도 있습니다.

오브젝트의 잠금

선택 후 Object → Lock 또는
단축키 Ctrl + 2

잠긴 오브젝트를 제외하고 다른 오브
젝트만 선택해서 작업할 수 있음

Object → Unlock 또는 단축키 Ctrl
+ Alt + 2로 잠금을 해지

오브젝트 그룹

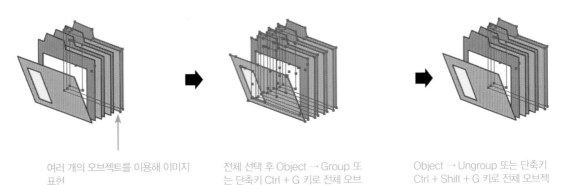

여러 개의 오브젝트를 이용해 이미지 표현

전체 선택 후 Object → Group 또는 단축키 Ctrl + G 키로 전체 오브젝트를 그룹화

Object → Ungroup 또는 단축키 Ctrl + Shift + G 키로 전체 오브젝트 그룹화를 해제

> 작업의 편리성을 위해 전체 오브젝트들을 그룹화할 수 있지만 **직접 선택 도구는 그룹화된 오브젝트들 중에서 따로 선택할 수도 있습니다.**

반복 실행 및 작업 되돌리기

일러스트레이터에서 작업의 효율성을 위해 반복 실행과 작업 되돌리기 기능이 있습니다. 반복 실행은 바로 전에 작업한 내용을 그대로 다시 실행하는 기능입니다.

반복 실행

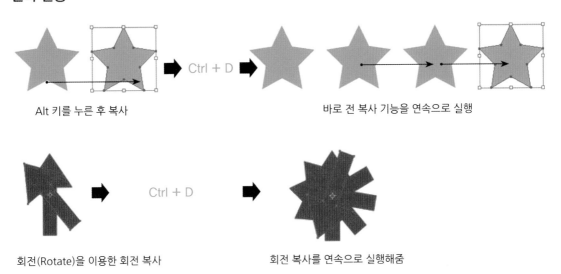

Alt 키를 누른 후 복사

Ctrl + D

바로 전 복사 기능을 연속으로 실행

회전(Rotate)을 이용한 회전 복사

Ctrl + D

회전 복사를 연속으로 실행해줌

작업 되돌리기

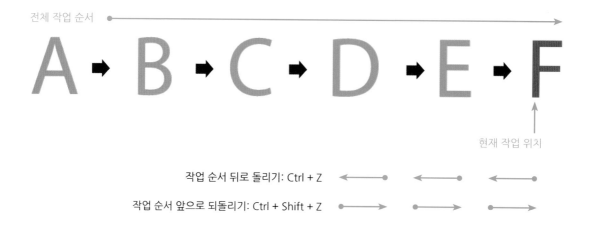

전체 작업 순서

A ▶ B ▶ C ▶ D ▶ E ▶ F

현재 작업 위치

작업 순서 뒤로 돌리기: Ctrl + Z

작업 순서 앞으로 되돌리기: Ctrl + Shift + Z

오브젝트 명암 처리 기법

어떤 아이콘이나 캐릭터를 그릴 때 가장 어려워하는 부분 중 하나가 바로 명암 처리입니다. 일러스트레이터에서는 벡터 그래픽의 특징을 살려 투 톤 (Two-Tone) 명암이나 그라디언트를 활용한 명암을 처리할 수 있습니다.

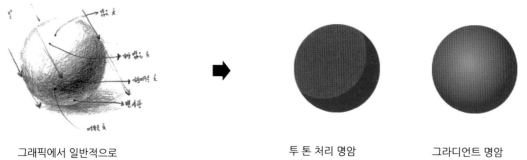

그래픽에서 일반적으로
빛의 방향은 좌측 상단

투 톤 처리 명암

그라디언트 명암

스마트폰 UX UI 디자인에서는 보통 상단 광채를 주로 사용하며, 일러스트레이터에서는 아이콘의 형태만 잡고 실제 명암 처리는 포토샵에서 따로 지정해 줍니다.

투 톤 명암

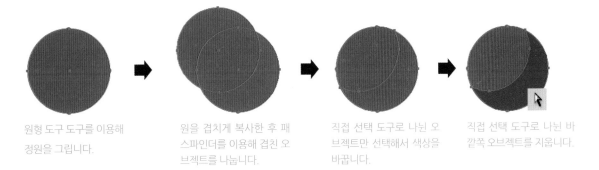

원형 도구 도구를 이용해
정원을 그립니다.

원을 겹치게 복사한 후 패
스파인더를 이용해 겹친 오
브젝트를 나눕니다.

직접 선택 도구로 나뉜 오
브젝트만 선택해서 색상을
바꿉니다.

직접 선택 도구로 나뉜 바
깥쪽 오브젝트를 지웁니다.

패스파인더는 오브젝트가 겹쳐 있을 때 겹친
부분을 나누거나 합칠 때 사용하는 메뉴입니
다. 오브젝트가 나뉘면 최초 그룹의 상태가
되는데, 직접 선택 도구를 이용해 그룹의 오
브젝트도 하나씩 따로 선택할 수 있습니다.

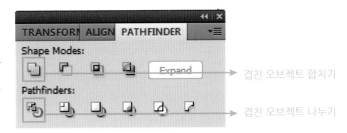

겹친 오브젝트 합치기

겹친 오브젝트 나누기

그라디언트 명암

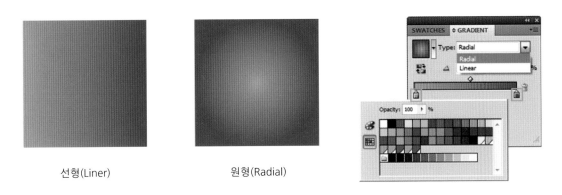

선형(Liner)   원형(Radial)

그라디언트는 기본적으로 면 색에 들어가며, 그라디언트 팔레트에서 먼저 선
형, 원형을 선택한 후에 각각의 색상을 조절해줍니다.

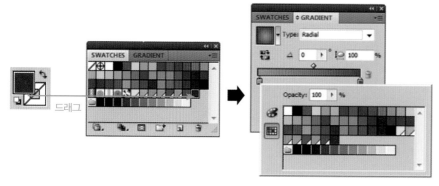

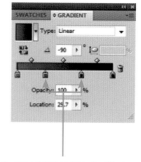

색상 피커에서 색을 만든 후 견본 팔레트에 드래그해서 색을 추가하면
그라디언트 색상에서도 사용할 수 있습니다.

빈 곳을 클릭해 색상을 추가할 수도
있습니다.

만약 견본(Swatches) 팔레트에 원하는 색상이 없을 때는 도구 바의 면 색
에서 원하는 색상을 만든 후 그 색상을 드래그해서 견본 팔레트에 가져다 놓
으면 그라디언트 색상에서도 찾아 사용할 수 있습니다.

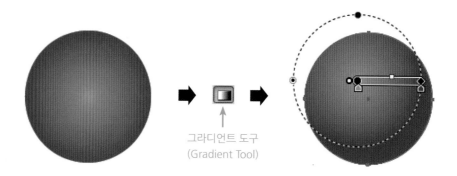

그라디언트 도구
(Gradient Tool)

기본 그라디언트 적용한 후 도구의 그라디언트 도구(Gradient Tool)를 이
용해 방향 및 범위를 정해 줍니다.

그라디언트 활용

그라디언트는 여러 색의 조합으로 효과가 화려하므로 초보자들이 많이 사
용하는 효과 중 하나입니다. 하지만 그라디언트를 적용할 때 색상 조합을
조금만 잘못 해도 유치한 결과물이 나올 수 있기 때문에 조심해서 사용해
야 합니다.

좀 더 세련되고 고급스러운 그라디언트를 사용하기 위해서는 같은 색에
서 같은 색의 조합으로 하되 채도와 명도만 조절해서 사용하는 것이 좋
습니다.

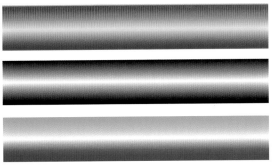

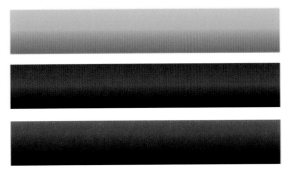

색상 조합을 고려하지 않은 표현   같은 색상에서 채도와 명도의 톤만 조절한 표현

안드로이드 운영체제에서는 단색 표현보다는 이와 같
은 형태의 그라디언트 사용을 권장합니다.

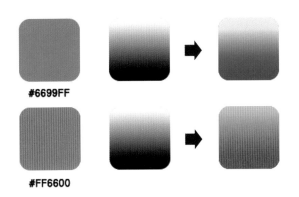

#6699FF

#FF6600

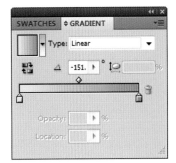

채도와 명도의 톤만 조절해서 표현
한 아이콘

오브젝트 크기 조절, 회전, 반전 기법

선택 도구를 활용해 오브섹트의 크기 조절, 회선, 반선 등을 석용할 수노 있지만, 도구 바의 크기 조절(Scale Tool), 회전(Rotate Tool), 반전 (Reflect Tool) 메뉴를 활용하면 좀 더 정확하게 작업할 수 있습니다.

크기 조절 도구

정확히 50% 축소 복사

크기 조절 도구는 현재 선택된 오브젝트를 정확한 비율로 확대/축소할 때 사용하며, 오브젝트를 선택한 후 크기 조절 도구를 더블클릭해서 적용합니다.

회전 도구(Rotate Tool)

정확히 90도 회전 복사

회전 도구는 현재 선택된 오브젝트를 정확한 각도로 회전할 때 사용하며, 오브젝트를 선택한 후 회전 도구를 더블클릭해서 적용합니다. 이때 Alt 키 를 누르고 클릭하면 클릭한 위치를 중심점으로 변경해서 회전시킬 수 있 습니다.

반전 도구

좌우 반전 복사

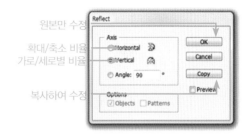

원본만 수정

확대/축소 비율
가로/세로별 비율

복사하여 수정

반전 도구는 현재 선택된 오브젝트를 상하 또는 좌우 반전할 때 사용하며, 오브젝트를 선택한 후 반전 도구를 더블클릭해서 적용합니다.

연결 및 라운드 코너(둥근 모서리화)

오브젝트를 완성하기 위해서는 먼저 기본 도형을 이용해 제작하고 나중에 수정해서 완성할 때가 많습니다. 연결(Join)은 떨어진 두 점 사이를 연결하는 기능이고, 라운드 코너(Round Corner)는 각진 코너값을 둥근 형태의 라운드 코너로 바꾸는 기능입니다.

연결

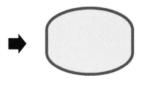

Object → Path → Join 또는
단축키 Ctrl + J

연결 기능은 떨어진 두 개의 점만 직접 선택 도구로 선택한 후 연결하는 기능입니다. 이때 다른 선과 연결된 점이나 두 개 이상의 점은 연결할 수 없습니다.

라운드 코너

오브젝트를 처음부터 둥글게 그리기가 쉽지 않기 때문에 먼저 기본 오브젝트를 만들고 Effect → Stylize → Round Corners를 이용해 코너값을 둥글게 처리할 수 있습니다.

Effect는 패스 자체가 변하지 않고 보여주기 효과만 적용됩니다. 그래서 Effect 효과를 사용하고 난 후엔 반드시 Object → Expand Appearance 또는 Expand를 적용해 효과 자체를 일반 패스 형태로 확장 시켜 줍니다.

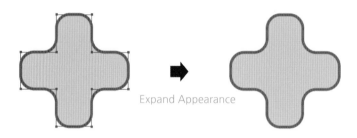

Expand Appearance

Effect 효과만 적용되면 오브젝트
모양과 패스의 모양이 다르게 표현

레이어의 활용

그래픽 도구를 사용하다 보면 레이어라는 개념이 아주 많이 사용됩니다. 레이어(Layer)란 디자인 작업을 할 수 있는 여러 개의 투명한 캔버스 층이라고 볼 수 있습니다. 이러한 레이어는 스케치한 이미지 작업이나 비트맵 이미지를 불러와서 작업할 때 많이 사용하게 됩니다.

레이어의 개념

해당 레이어 잠금

새로운 레이어 추가

레이어 이름 및 패스 색상 설정

레이어별로 패스 색상이 다르게 표현

새로운 레이어를 추가하지 않고 작업을 하면 모든 작업은 하나의 레이어에서
만 이뤄지며, 만약 새로운 레이어를 추가할 때는 레이어 이름과 패스 색상을
지정할 수 있습니다. 각 오브젝트의 높이(Arrange) 조절은 해당 레이어에
서만 적용됩니다.

레이어의 활용

패턴 레이어

아이콘 레이어

Send to Back(Shift + Ctrl + [)

해당 레이어의 맨 밑으로만 이동

레이어 잠금을 하면 해당 레이어 전체 오브젝트가 잠긴다.

일러스트레이터에서 레이어를 활용하는 예로는 보통 배경이나 비트맵 이미
지를 불러와서 하나의 레이어로 설정하고 그 위에 새로운 레이어를 추가해서
아래의 레이어에 영향을 주지 않고 작업하는 것이 있습니다.

3D와 오브젝트 확장

3D 활용

최근 스마트폰 앱 디자인에서 아이콘을 제작할 때 투시 도법을 이용한 3D 아이콘을 자주 볼 수 있습니다. 3D 아이콘은 실제 3D 관련 프로그램을 이용하는 경우보다는 일러스트레이터와 포토샵을 이용해 제작하는 경우가 많습니다. 일러스트레이터에서 기본 오브젝트를 구성한 뒤 Effect → 3D를 활용해 3D 오브젝트를 만들 수 있습니다.

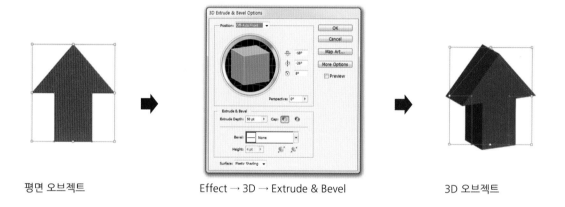

평면 오브젝트　　　　　　Effect → 3D → Extrude & Bevel　　　　　　3D 오브젝트

오브젝트 확장

일러스트레이터에서 3D나 Stylize와 같은 Effect를 적용하면 평면 오브젝트에 효과를 적용한 상태로 화면에 보여주게 됩니다. 이때 좀 더 세부적으로 효과를 지정하거나 편집/수정하려면 이러한 Effect를 Object → Expand 또는 Expand Appearance를 통해 실제 평면 형태의 오브젝트로 변환 또는 확장해야 합니다.

Expand 또는 Expand Appearance

Effect 효과를 적용한 상태　　　　　　　　　**오브젝트 확장**

패스와 오브젝트의 형태가 다릅니다.　　　　　　패스와 오브젝트의 형태가 같아집니다.

패턴 제작 및 활용

디자인 작업에서 패턴은 아주 중요한 디자인 요소 중 하나이며, 스마트폰
앱 디자인에도 아주 많이 사용되는 디자인 아이템 중 하나입니다. 일러스
트레이터와 포토샵 모두 패턴을 만드는 방법은 조금씩 다르지만, 원리는
비슷합니다.

패턴 제작 시 주의할 점

❶ 패턴의 이미지 한 조각 만들기
❷ 여백도 패턴의 한 부분
❸ 여백은 투명하게 처리

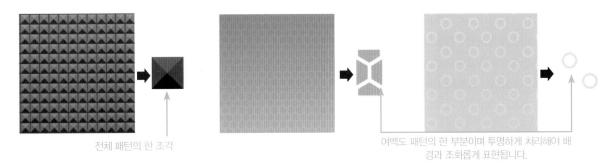

전체 패턴의 한 조각

여백도 패턴의 한 부분이며 투명하게 처리해야 배
경과 조화롭게 표현됩니다.

패턴 제작하기

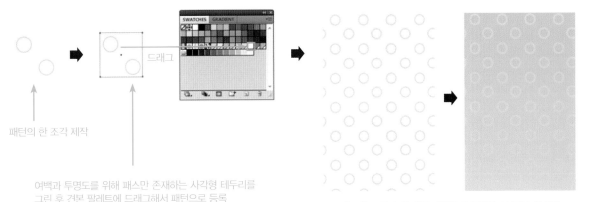

드래그

패턴의 한 조각 제작

여백과 투명도를 위해 패스만 존재하는 사각형 테두리를
그린 후 견본 팔레트에 드래그해서 패턴으로 등록

새로운 도형에 면 색을 패턴으로 적용한 후 다른 색상의
도형을 밑으로 보냅니다.

> 패턴은 독립적으로 사용되기보다는 여백을 투명하게 처리해 배경의 색상과 조합해서 사용
> 되는 경우가 많습니다.

03

포토샵의 활용

비트맵 제작 방식

일러스트레이터가 점, 선, 면을 이용해 이미지를 표현하는 방식이라면 비트맵 제작 방식은 화면상에 이미지를 표현하는 가장 작은 픽셀(Pixels), 즉 하나의 색상 정보를 가진 점(Pixels)들이 모여서 하나의 완성된 이미지를 표현하는 방식입니다.

예를 들어 사진이나 이미지가 있을 때 이를 100%로 보면 자연스럽게 보이지만, 이미지를 확대해서 보게 되면 모자이크와 같이 하나하나의 픽셀로 이뤄져 있는 모습을 볼 수 있습니다.

하나의 완성된 이미지는 해당 이미지를 표현하기 위한 정확한 개수만큼의 픽셀로 구성되고, 이를 강제로 늘리거나 줄이게 되면 정해진 개수만큼의 픽셀이 늘어나거나 줄어들어 결국에는 깨져 보이는 현상이 나타나는 것입니다.

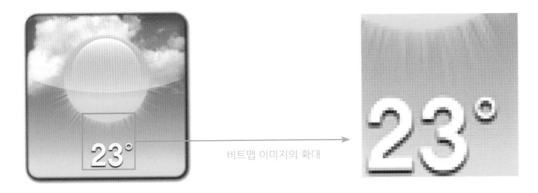

비트맵 이미지의 확대

비트맵 이미지를 확대해 보면 각 색상 정보를 가지고 있는 픽셀이 모여서 전체 완성 이미지를 구성하는 모습을 볼 수 있습니다.

비트맵 제작 방식의 장단점

포토샵은 주로 이미지의 편집과 효과를 주고 최종 결과물에 맞는 형태의 파일을 저장까지 하는 최종 완성형 프로그램입니다. 물론 포토샵을 통해 드로잉도 할 수 있지만 포토샵에서 하기 어려운 작업은 일러스트레이터와 함께 작업할 수 있습니다.

001.
포토샵의 환경

특히 스마트폰 앱을 디자인할 때 각 운영체제에서 제시하는 가이드라인에 맞는 레이어 스타일과 크기 등을 직용할 수 있습니다.

장점	단점
• 최종 결과물을 얻을 수 있음	• 해상도와 크기에 따라 용량이 늘어남
• 다양한 그래픽 프로그램과 호환됨	• 이미지의 확대/축소 시 화질이 저하됨
• 섬세하고 다양한 스타일을 적용할 수 있음	• 이미지의 수정 편집이 어려움
• 앱 디자인 외에 다양한 디자인 작업에 활용	• 상대적으로 많은 기능을 익혀야 사용할 수 있음
• 각 운영체제에서 포토샵에 맞는 가이드라인 제시	
• 알파 채널을 이용한 다양한 연출이 가능	

포토샵의 가장 큰 장점은 스마트폰 앱 디자인, 웹 디자인, 편집 디자인, 광고 디자인, 페인팅 등 활용 범위가 아주 크다는 점입니다. 단순한 사진의 보정 및 리터칭부터 복잡한 픽셀 디자인까지 모든 그래픽 분야에 사용할 수 있습니다.

가장 작은 단위인 픽셀을 사용하므로 디스플레이가 지원하는 한 1픽셀까지 표현할 수 있습니다. 또한, 알파 채널(투명도, RGB 등 색상별 효과)을 활용해 자연스러운 그림자나 광채 같은 부분도 표현할 수 있습니다. 아울러 최종 완성 파일인 JPG, PNG, BMP, GIF 등과 같은 다양한 형태의 파일 형식으로 저장할 수 있습니다.

하지만 이미지를 구성하는 픽셀이 복잡하게 얽혀 있으므로 완성 후의 수정/편집은 일러스트레이터보다 더 복잡하고 어렵습니다. 하나의 이미지를 표현하는 데 가로/세로의 픽셀 개수가 정해져 있기 때문에 이미지의 크기를 조절할 경우 화질 저하가 생깁니다.

이미지의 표현이 자연스러우며 그림자와 광채와 같은 투명도 효과 또한 여러 단계로 표현할 수 있습니다.

포토샵의 비트맵 표현

이미지의 표현(외각)을 깔끔하게 처리할 수 있고 단순하며 정확한 이미지 표현이 가능합니다.

일러스트레이터의 벡터 표현

안티 알리어스

알리어스

포토샵의 이미지 표현은 직사각형 형태의 픽셀 조합으로 이미지를 표현합니다. 이때 이미지나 폰트의 외각을 픽셀 모양의 계단 현상으로 표현하는 것이 알리어스(Alias)입니다.

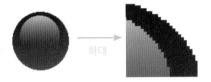

계단 현상의 알리어스 표현 방식

알리어스는 사각형의 픽셀로 이미지를 처리하므로 곡선이나 작은 이미지의 표현에서 외곽이 거칠게 표현되는 단점이 있습니다. 하지만 작은 이미지나 폰트 같은 경우에는 선명하고 정확하게 이미지를 표현할 수 있습니다.

안티 알리어스

정상적인 포토샵의 이미지 표현은 알리어스 방식입니다. 하지만 알리어스 방식은 이미지를 선명하고 뚜렷하게 표현하지만 거칠게 표현된다는 단점도 있습니다. 그래서 포토샵에서는 이러한 알리어스 방식 말고 안티 알리어스 (Anti – Alias) 방식으로 각이 진 이미지의 외각을 여러 단계의 투명도를 적용해 부드럽게 보여줄 수 있습니다.

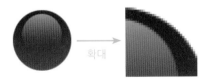

안티 알리어스와 알리어스의 적절한 사용

일반적인 디자인 형태에서는 안티 알리어스를 적용해 이미지를 부드럽게 처리합니다.

픽셀 디자인이나 웹 폰트, 작은 디스플레이 화면에 정확하게 표현할 때는 알리어스 방식으로 표현합니다.

포토샵의 화면

곡선을 부드럽게 처리한 안티
알리어스 표현 방식

❶ 메인 메뉴: 포토샵의 전체 기능을 제어하는 메뉴

• File: 새창 열기, 창의 속성, 장치 저장 등과 같은 파일에 관련된 메뉴

• Edit: 이미지의 복사, 수정, 되돌리기, 메뉴별 섬세한 설정 등이 있는 메뉴

• Image: 색상 모드, 이미지의 색상 편집, 창 편집을 하는 메뉴

- Layer: 레이어 수정, 편집 등에 관련된 메뉴
- Select: 선택 영역의 수정 편집에 관련된 메뉴
- Filter: 이미지의 다양한 효과를 줄 수 있는 메뉴
- Analysis: 창 내에 각종 정보와 수치를 입력할 수 있는 메뉴
- 3D: 3D 파일을 불러와 편집하거나 3D 이미지를 만들 수 있는 메뉴
- View: 작업에 필요한 정보를 표시하는 메뉴
- Window: 작업에 필요한 다양한 팔레트 및 라이브러리를 여닫는 메뉴
- Help: 포토샵 자체의 정보 및 도움 메뉴

❷ 도구(Tools Bar): 작업 시 가장 많이 사용하는 기능을 아이콘으로 만들어 둔 메뉴

❸ 작업 창(Document): 하나의 파일을 만들 수 있는 제작 창

❹ 팔레트(Palette): 이미지 제작 시 필요한 기능을 모아둔 팔레트 모음

❺ 빠른 실행(Quick Menu): 팔레트를 작은 아이콘으로 표시한 메뉴

002.
포토샵의 주요기능

주요 단축키 활용

기본 단축키

일러스트레이터나 포토샵 같은 그래픽 프로그램을 사용할 때는 작업의 효율성을 위해 주로 단축키를 많이 사용합니다. 실제 포토샵의 주요 기능을 알아보기 전에 자주 사용되는 단축키를 먼저 알아 두는 것이 좋습니다.

새 창 열기	Ctrl + N	선택 도구	V	자유변형 도구	E
파일 열기	Ctrl + O	직접 선택 도구	A	심볼 분사 도구	Shift + S
저장	Ctrl + S	마술봉 도구	Y	칼럼 그래프 도구	J
다른 이름 저장	Ctrl + Shift + S	직접 올가미 선택 도구	Q	메쉬 도구	U
복사	Ctrl + C	펜 도구	P	그라디언트 도구	G
잘라내기	Ctrl + X	점 추가 도구	+	스포이드 도구	I
붙이기	Ctrl + V	점 삭제 도구	−	페인트 통 도구	K
전체선택	Ctrl + A	방향점 변환 도구	Shift + C	블랜드 도구	W
그룹화	Ctrl + G	문자 도구	T	슬라이스 도구	Shift + k
그룹화 해제	Ctrl + Shift + G	선 도구	₩	가위 도구	C

잠그기	Ctrl + 2	사각형 도구	M	손바닥 도구	H
잠금 해제	Ctrl + Alt + 2	원형 도구	L	돋보기 도구	Z
숨기기	Ctrl + 3	페인트브러시 도구	B	확대	Ctrl + +
숨김 해제	Ctrl + Alt + 3	연필 도구	N	축소	Ctrl + −
맨 앞으로	Ctrl + Shift +]	회전 도구	R	보기 도구	F
맨 뒤로	Ctrl + Shift +[	반사 도구	O	패스만 보기	Ctrl + Y
실행 취소(Undo)	Ctrl + Z	크기 조절 도구	S	줄자	Ctrl + R
재실행(Redo)	Ctrl + Shift + Z	왜곡 도구	Shift + R	격자	Ctrl + "

Space, Alt, Ctrl, Shift 키의 활용

SPACE 키의 기능

스페이스 바를 누르고 있으면 자동으로 화면 이동 도구(Hand Tool)로 바뀌어 화면 이동을 할 수 있습니다.

Ctrl 키의 기능

선택 도구 및 다른 도구로 작업을 하고 있을 때 Ctrl 키를 누르고 있으면 이동 도구(Move Tool)로 넘어가서 레이어에 있는 이미지를 이동시킬 수 있습니다.

Shift 키의 기능

❶ Shift 키를 누른 상태에서 이동하면 수직, 수평으로 이동할 수 있습니다.

❷ Shift 키를 누른 상태에서 여러 개의 선택 영역을 잡을 수 있습니다.

❸ Shift 키를 누른 상태에서 회전하면 45도 각도로 회전할 수 있습니다.

❹ Shift 키를 누른 상태에서 크기조절을 하면 정비율로 크기를 조절할 수 있습니다.

Alt 키의 기능

❶ 이동 도구(Move Tool)일 때 Alt 키를 누르고 이미지를 드래그하면 이미지가 복사됩니다.

❷ 선택 영역을 만들 때 Alt 키를 누르고 그리면 커서의 중심부터 선택 영역이 그려집니다.

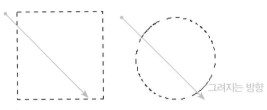 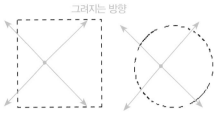

Shift 키만 누를 경우

Shift 키를 누르고 선택 영역을 잡으면 정원,
정사각형과 같은 정 크기의 선택 영역을 만들
수 있습니다.

Shift 키와 Alt키를 누를 경우

Shift 키와 Alt 키를 누르고 선택 영역을 만들
면 정원, 정사각형과 같은 정 크기의 선택 영
역을 중심부터 그릴 수 있습니다.

작업 창(Document) 설정

포토샵을 사용해서 작업할 때 맨 먼저 환경에 맞게 옵션을 조정한 후 작업 창
을 열게 됩니다. 포토샵은 최종 완성 파일을 만들어내는 데 사용되므로 초기
의 창 설정이 아주 중요합니다.

File → New: 새로운 작업 창 열기

❶ 파일의 이름과 장치에 맞는 환경 설정을 하는 곳이지만 파일 저장 시 지정하거나 밑에서
크기를 다시 잡아 줄 수 있습니다.

❷ 보통 가로/세로 크기를 직접 입력하므로 Custom으로 설정하면 되고 기타 인쇄나 규격
크기를 설정해서 작업 창을 열 수도 있습니다.

❸ 원하는 가로(width)와 세로(height) 크기를 설정하고 단위는 픽셀(Pixel)로 설정합니다.
중간에 창 크기를 수정할 수 있지만 최초 창을 설정할 때는 가장 절대적인 완성 수치를
입력하는 것이 좋습니다.

❹ Resolution(해상도)은 가로/세로 1인치(pixels/inch) 안에 몇 개의 픽셀로 이미지를 표현할 것인지를 정하는 기능입니다. 앞 과정에서도 자세히 알아봤듯이 **그래픽 작업을 할 때는 항상 72로 설정하며, 72dpi가 디스플레이에서 100%로 보입니다.**

❺ Color Mode는 그래픽 작업 시 색상 모드를 설정하며 8bit로 설정합니다.

- Bitmap: 흑과 백 두 가지 색상만으로 표현합니다.
- Gray Scale: 흑백 이미지를 표현합니다.
- RGB: 빛의 3원색인 빨강, 초록, 파랑을 조합한 색상으로 표현하며, 그래픽 작업을 할 때의 기본 색상 모드입니다.
- CMYK: 안료의 3원색 청록색(Cyan), 자주색(Magenta), 노란색(Yellow)의 CMY에 K(black)를 혼합해서 표현하는 색상 모드이며, 주로 인쇄 및 출력 작업에 사용합니다.
- Lab Color: 국제 CIE 기구에서 RGB와 CMYK의 장단점을 보완할 목적으로 연구된 색상 모드이며, 색상 모드를 변환할 때 사용하게 됩니다.

❻ Background Contents: 작업 창의 배경 색상을 설정합니다. 주로 White로 설정합니다.

❼ Advanced: 작업 창의 정보를 설정하는 기능이며, 특히 최종 완성 파일을 다양한 영상물에 사용할 때 해당 영상물의 조밀도나 특성에 맞게 픽셀을 조절하는 기능입니다.

❽ 설정한 창을 열 때(OK) 사용되며, 현재 설정한 창 속성을 저장(Save Preset)할 수 있습니다. 또는 다양한 모바일 기기(Device Central)에 맞는 창을 열 때도 사용합니다.

각 모바일 기기의 미리 정해진 값을 불러와서 설정 없이 창을 열 수 있습니다.
주로 모바일 플래시용 이미지를 제작할 때 사용됩니다.

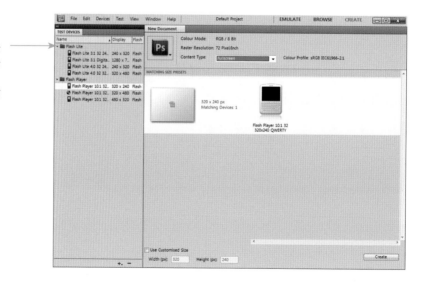

창 편집 및 화면 정보

포토샵에서 작업 중간에 창을 편집해야 하는 경우가 있습니다. 이때 크게 이
미지는 그대로 두고 창 크기만 조절하는 캔버스 크기(Canvas size)와 이미
지와 창을 모두 조절하는 이미지 크기(Image Size) 편집이 있습니다.

캔버스 크기(Image → Canvas Size)

캔버스 크기(Canvas Size)는 내부에 있는 이미지의 크기는 조절하지 않고
전체 창 크기만 조절하는 기능입니다.

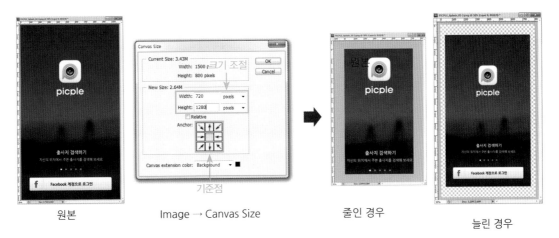

원본   Image → Canvas Size   줄인 경우

늘린 경우

Image → Canvas Size를 이용해 현재 열려 있는 창의 크기를 늘리거나 줄
일 수 있습니다. 이때 내부에 포함된 이미지 자체의 크기는 변하지 않으며 창
크기만 변합니다. 9개의 기준점(Anchor)을 설정하면 설정한 기준점을 기
준으로 늘리거나 줄일 수 있습니다.

또는 이와 비슷한 기능으로 도구 상자의 자
르기 도구(Crop Tool)를 이용해 실제 눈으
로 보면서 원하는 영역만큼 창을 자를 수 있
습니다.

이 자르기 도구는 주로 화면 캡처(Capture)
를 한 후 특정 부분만 필요할 때 주로 사용합
니다.

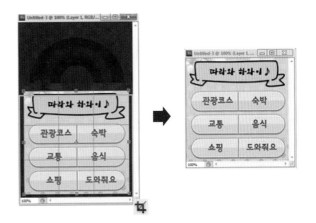

이미지 크기(Image → Image Size)

이미지 크기(Image Size)는 내부에 있는 이미지와 전체 창 크기 모두를 늘리거나 줄일 때 사용하는 기능입니다.

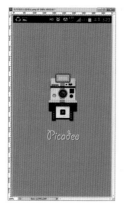

크기 조절

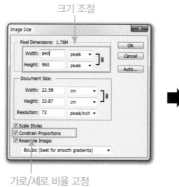

가로/세로 비율 고정

줄인 경우

늘린 경우

Image → Image Size를 이용해 현재 열려 있는 창의 전체 크기를 늘리거나 줄일 수 있습니다. 이때 내부에 포함된 이미지와 창 전체 크기가 변하게 됩니다. Constrain Proportions가 체크돼 있으면 가로/세로가 같은 비율로 조절됩니다. 비트맵 이미지 특성상 이미지를 늘리게 되면 화질 저하 현상이 생기기 때문에 특별한 경우가 아닌 이상은 이미지 크기를 늘리지는 않습니다.

화면 정보

실제 이미지를 제작하거나 편집하는 기능은 아니지만 작업에 필요한 도움을 주는 정보를 나타내는 기능이 있습니다. 이러한 메뉴는 View 메뉴에 있으며, 전체 화면 정보를 표시하는 단축키는 Ctrl + H입니다.

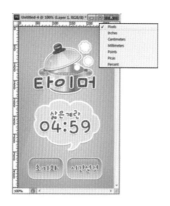

View → Rulers(Ctrl + R)를 이용해 격자를 열 수 있습니다. 이때 격자에 마우스 오른쪽 버튼을 눌러 단위도 바꿀 수 있습니다.

격자에서 클릭한 후 드래그하면 가이드(Guides)를 꺼낼 수 있으며, View 메뉴에서 가이드를 지우거나 잠글 수도 있습니다.

New Window의 활용

스마트폰 앱 디자인과 같은 모바일 작업을 할 때는 상대적으로 작은 디스플레이 특성상 대부분 작은 작업 창을 열고 작업합니다. 이때 작업상 창 확대/축소를 수시로 하게 되는데, New Window 기능을 활용하면 이러한 확대/축소 기능을 최소한으로 하면서 효율적으로 작업할 수 있습니다.

이 기능을 이용하면 수시로 확대/축소하지 않고 실수로 창이 닫히더라도 하나의 창이 더 남아있기 때문에 다시 저장 및 작업을 할 수 있습니다.

Window → Arrange → New Window for 〈창의 이름〉

색상 적용 및 색상 견본 팔레트

일러스트레이터가 패스를 기반으로 한 선, 면 색의 조합으로 오브젝트를 표현한다면 포토샵은 면 색상(Fill) 위주로 이미지를 표현합니다.

색상을 적용할 때는 전경색(Foreground Color)과 배경색(Background Color)에 원하는 색상을 만든 후 적용합니다. 전경색은 Alt + Delete나 페인트통 도구(Paint Bucket Tool)로 적용하며, 배경색은 Ctrl + Delete로 적용합니다.

색상 피커를 활용한 색상 변화

도구 상자 밑의 전경색과 배경색의 미리 보기를 클릭하면 색상 피커(Color Picker)가 나타나며, 원하는 색상을 선택해서 적용할 수 있습니다.

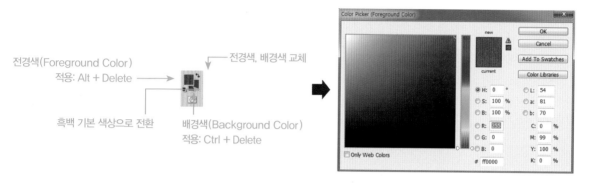

도구 상자 밑의 전경색과 배경색의 미리 보기를 클릭하면 색상 피커가 나타나며, 원하는 색상을 선택해서 적용할 수 있습니다.

견본 팔레트를 활용한 색상 변화

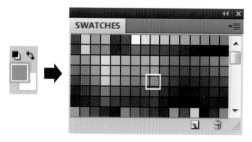

견본 팔레트에서 원하는 색상을 클릭하면 기본적으로 전경색에 색상이 적용됩니다.

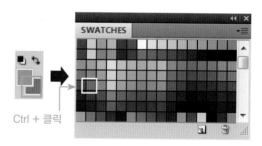

견본 팔레트에서 원하는 색상을 Ctrl 키를 누른 상태에서 클릭하면 배경색에 색상이 적용됩니다.

견본 팔레트 색상 추가/삭제

견본 팔레트의 서브 메뉴를 클릭해서 원하는 팔레트를 선택합니다.

Append를 선택해서 팔레트를 추가합니다.

팔레트 추가 창에서 Append는 현재 팔레트에 추가하는 것이고, OK는 현재 팔레트를 없애고 선택한 팔레트로 교체하는 것입니다. 보통 기본 견본 팔레트 색상을 많이 사용하므로 기본 색상은 그대로 두고 Append로 추가해서 사용합니다.

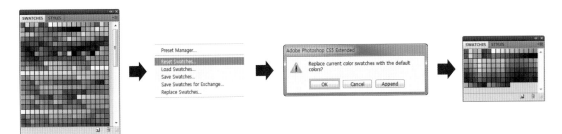

견본 팔레트의 서브 메뉴를 클릭해 Reset Swatches 를 선택합니다.

OK를 선택해 팔레트를 기본 팔레트로 교체합니다.

만약 다시 기본 견본 팔레트로 돌아가고 싶다면 다시 견본 팔레트의 서브 메뉴를 클릭해 Reset Swatches를 선택하면 됩니다. 이때 팔레트 추가 창이 뜨면 OK를 선택해 기존 팔레트를 기본 팔레트로 돌릴 수 있습니다.

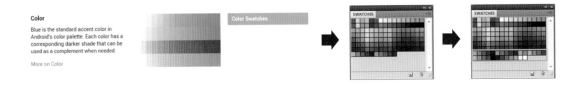

이 기능을 이용하면 http://developer.android.com → Design → Get Started → Style → Color에서 안드로이드 메인 색상 팔레트를 내려받아 설치할 수 있습니다.

선택 도구의 활용 및 편집

포토샵에서 가장 중요한 기능 중 하나는 바로 선택 관련 도구입니다. 포토샵에서는 항상 선택 영역을 우선적으로 작업하므로 필요에 따라 다양한 선택 도구의 활용과 편집 능력이 필요합니다.

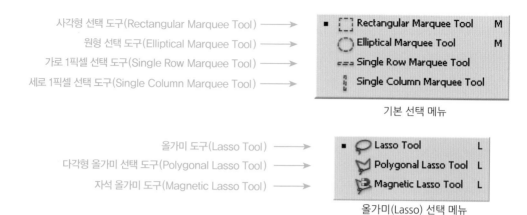

사각형 선택 도구(Rectangular Marquee Tool) →
원형 선택 도구(Elliptical Marquee Tool) →
가로 1픽셀 선택 도구(Single Row Marquee Tool) →
세로 1픽셀 선택 도구(Single Column Marquee Tool) →

■ Rectangular Marquee Tool   M
○ Elliptical Marquee Tool   M
Single Row Marquee Tool
Single Column Marquee Tool

기본 선택 메뉴

올가미 도구(Lasso Tool) →
다각형 올가미 선택 도구(Polygonal Lasso Tool) →
자석 올가미 도구(Magnetic Lasso Tool) →

■ Lasso Tool   L
Polygonal Lasso Tool   L
Magnetic Lasso Tool   L

올가미(Lasso) 선택 메뉴

사각형 선택 도구와 원형 선택 도구

사각형 선택 도구와 원형 선택 도구는 화면에 해당 모양대로 선택하는 메뉴입니다. 색상 적용, 영역 지우기, 영역 복사 등을 할 수 있으며, 앞에서 알아봤듯이 Shift 키를 누르면 정사각형, 정원을 그리며 Alt 키를 누르면 중심부터 선택 영역을 만들 수 있습니다.

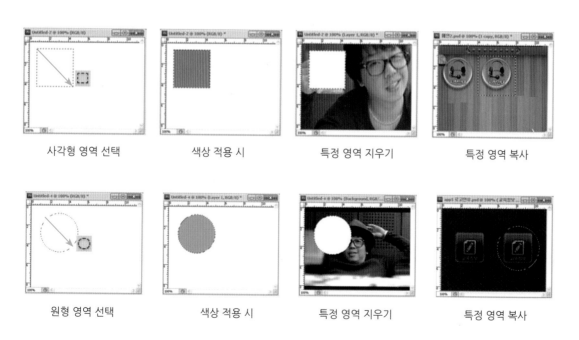

| 사각형 영역 선택 | 색상 적용 시 | 특정 영역 지우기 | 특정 영역 복사 |

| 원형 영역 선택 | 색상 적용 시 | 특정 영역 지우기 | 특정 영역 복사 |

가로 1픽셀 선택 도구, 세로 1픽셀 선택 도구

가로/세로 1픽셀 도구는 1픽셀의 라인을 만들 때 사용하며, 주로 레이아웃이
나 기본 라인을 만들 때 사용합니다.

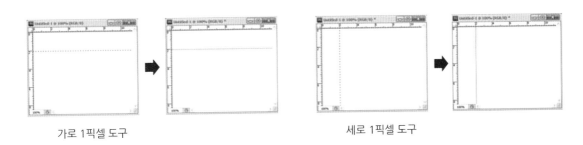

가로 1픽셀 도구   세로 1픽셀 도구

올가미 도구

올가미 도구는 크게 기본 올가미 도구, 다각형 올가미 도구, 자석 올가미 도
구가 있으며, 사용자가 원하는 형태를 직접 드로잉해서 영역을 선택하는 메
뉴입니다. 드로잉 시작점과 끝점이 만나게 되면 선택 영역으로 변환됩니다.

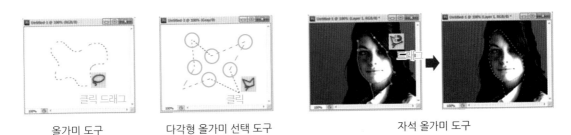

올가미 도구   다각형 올가미 선택 도구   자석 올가미 도구

- **올가미 도구**: 기본 올가미 도구는 마우스로 원하는 모양을 드로잉해서 시작점과 만나게
  되면 선택 영역으로 변환됩니다. 주로 곡선 영역을 선택할 때 사용합니다.

- **다각형 올가미 선택 도구**: 다각형 올가미 도구는 마우스로 원하는 곳을 클릭해서 시작점
  과 만나게 되면 선택 영역으로 변환됩니다. 주로 직선 영역을 선택할 때 사용합니다.

- **자석 올가미 도구**: 자석 올가미 도구는 이미지의 색상 차를 계산해서 경계 면을 선택하
  는 메뉴입니다. 이때 색상 차가 나지 않는 부분은 클릭해서 고정하고 잘못 만들어진 선은
  Backspace 키로 돌릴 수 있습니다.

마술 봉 도구, 빠른 선택 도구

마술 봉 도구와 빠른 선택 도구는 이미지의 색상 값을 계산해서 같은 색상을 선택 영역으로 변환하는 도구입니다.

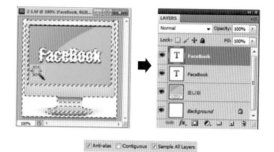

설정에서 Contiguous가 체크돼 있으면 선택한 부분의 인접 색상만 선택하며, 체크 해제돼 있으면 같은 색상은 모두 선택합니다.

설정에서 Sample All Layers가 체크돼 있으면 다른 레이어의 같은 색상까지 모두 선택합니다.

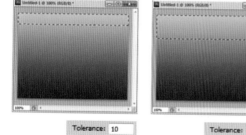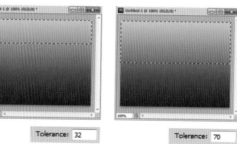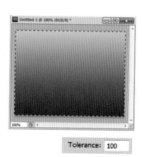

마술 봉 도구 설정에서 Tolerance 값은 인접 색상의 범위를 정하는 값입니다. 값이 작을수록 적은 범위의 색상을, 값이 클수록 넓은 범위의 색상을 인접 색상으로 인식하게 됩니다. 보통 Tolerance 값은 32로 설정합니다.

빠른 선택 도구는 브러시 영역 안 색상의 인접 색상을 잡아 주는 도구이며, 브러시 영역의 크기는 [,]로 확대/축소할 수 있습니다.

선택 영역의 편집 기능

선택 영역 편집 기능을 활용해 다중 선택, 선택 영역 자르기 등 다양한 영역
을 선택할 수 있습니다.

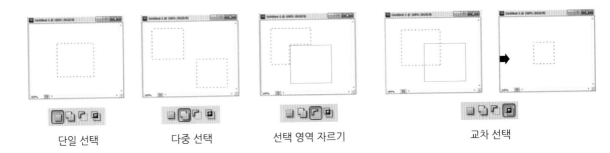

단일 선택   다중 선택   선택 영역 자르기   교차 선택

- **단일 선택**: 일반적으로 하나의 선택 영역만 잡고 빈 부분을 클릭하거나 단축키 Ctrl + D
  를 누르면 선택 영역이 해제됩니다.

- **다중 선택**: 하나 이상의 선택 영역을 선택할 때 사용되며 Shift 키를 누르면 같은 기능을
  수행합니다.

- **선택 영역 자르기**: 기존에 있던 선택 영역에 다른 선택 영역을 만들면 그만큼 지워지는
  기능이며, Alt 키를 누르면 같은 기능을 수행합니다.

- **교차 선택**: 기존에 있던 선택 영역에 다른 선택 영역을 만들면 겹쳐지는 만큼만 선택 영
  역으로 선택하는 기능입니다.

Modify를 이용한 선택 영역 편집

Select → Modify를 이용해 좀 더 섬세한 선택 영역 편집을 할 수 있습니다.

- **Border**: 선택 영역을 기준으로 두께감이 있는 보더(border) 영역으로 변환합니다.

Select → Modify → Border에서 보더의 두께 값을 입력합니다.   선택 영역을 기준으로 입력한 두께만큼 보더(Border)가 적용됩니다.

- **Smooth**: 각이 진 선택 영역의 코너값을 곡선(Smooth)으로 변환합니다.

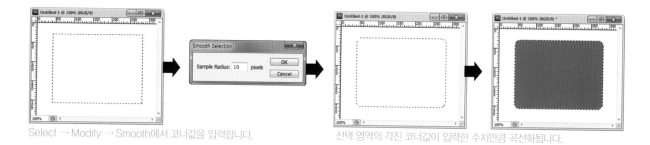

Select → Modify → Smooth에서 코너값을 입력합니다.

선택 영역의 각진 코너값이 입력한 수치만큼 곡선화됩니다.

- **Expand**: 현재 선택된 영역을 입력한 수치만큼 키웁니다.

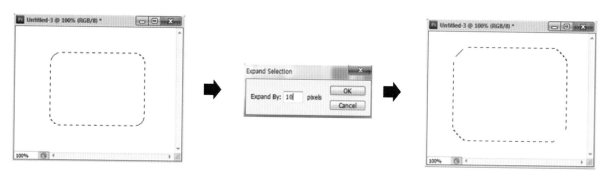

Select → Modify → Expand에서 확장 값을 입력합니다.

입력한 수치만큼 선택 영역이 확장됩니다.

- **Contract**: 현재 선택된 영역을 입력한 수치만큼 줄입니다.

Select → Modify → Contract에서 확장 값을 입력합니다.

입력한 수치만큼 선택 영역이 축소됩니다.

• Feather: 선택 영역의 외곽선을 입력한 수치만큼 부드럽게 처리합니다.

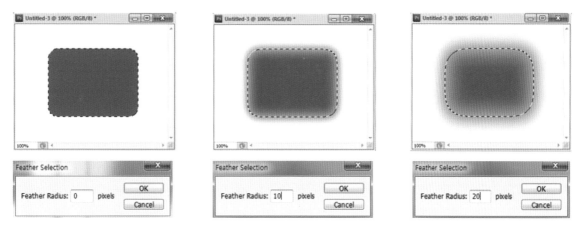

Select → Modify → Feather에서 확장 값을 입력합니다. 입력한 수치만큼 선택 영역의 외각이 부드러워집니다.

Inverse를 이용한 선택 영역 반전

Select→ Inverse는 현재 선택 영역을 반전하는 기능입니다.

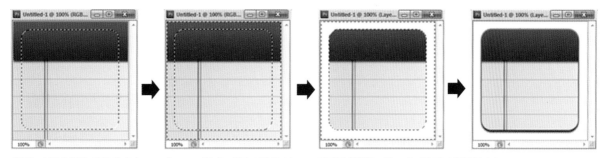

원하는 선택 영역을 잡은 후 Select → Inverse(Ctrl + I)를 이용해 선   반전된 영역을 지우고 효과를 주어 완성합니다.
택 영역을 반전합니다.

레이어의 활용 및 편집

레이어는 포토샵에서 가장 핵심적인 기능 중의 하나입니다. 레이어란 하나의
완성된 이미지를 만들기 위한 여러 개의 투명한 이미지 층을 말합니다.

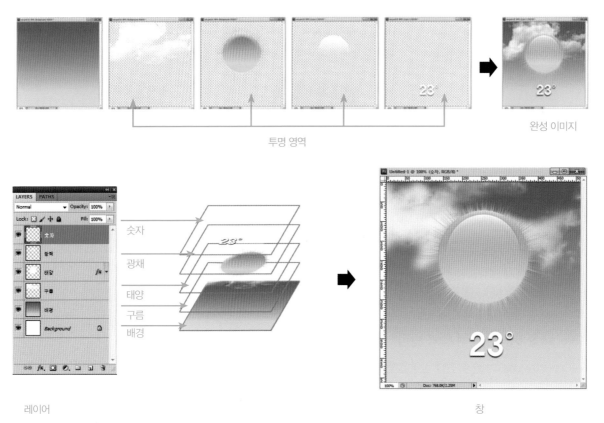

투명 영역

완성 이미지

레이어

창

레이어(Layer)는 이미지를 옆에서 층으로 보는 것이며, 창은 이미지를 위에서 완성 형태로 보는 것입니다.

텍스트 레이어: 폰트를 포함한 레이어이며, 이미지로 변환이 가능

쉐입(Shape) 레이어: 패스를 기본으로 한 레이어 이며 색상 및 모양 조절이 가능

마스크(Mask) 레이어: 흑백을 이용한 마스크를 적용한 레이어

스타일(Style) 레이어: 이펙트 또는 스타일 레이어라고 하며 다양한 효과 적용

이미지 레이어: 일반적인 이미지를 담고 있는 레이어

레이어의 추가 및 삭제

- **레이어 추가**: 새로운 이미지 작업을 할 때는 항상 새로운 레이어를 추가해서 작업합니다.

레이어 추가 버튼을 클릭해 새로운   추가된 레이어에 이미지 작업을 합니다.   레이어 이름을 더블클릭해서
레이어를 추가합니다.   이름을 바꿀 수 있습니다.

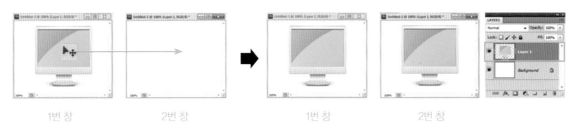

　　1번 창　　　　　　2번 창　　　　　　　　　1번 창　　　　　　2번 창

다른 창에 있는 이미지를 이동 도구(Move Tool)로 드래그해서 옮기면 이미지가 추가되면서 새로운 레이어가 생깁니다.

- **레이어 삭제**: 레이어를 삭제하는 기능입니다.

삭제할 레이어를 선택한 후 휴지통 버튼을 클릭해 삭제하며, 또는 삭제할 레이어를 휴지통으로 드래그해서 삭제할 수 있습니다.

레이어의 높이 조절

복잡한 디자인 작업을 할수록 많은 레이어가 생겨납니다. 이때 Layers →
Arrange를 통해 레이어의 높이를 조절할 수 있으며, 해당 레이어를 클릭한
후 드래그해서 위치를 지정할 수도 있습니다.

메뉴 및 단축키를 이용한 방법   직접 클릭한 후 드래그하는 방법

레이어 그룹

레이어 그룹이란 여러 개의 레이어를 하나의 폴더에 담아 정리하는 기능을
말합니다. 복잡하고 레이어가 많을 때 레이어를 효율적으로 관리하는 기능입
니다.

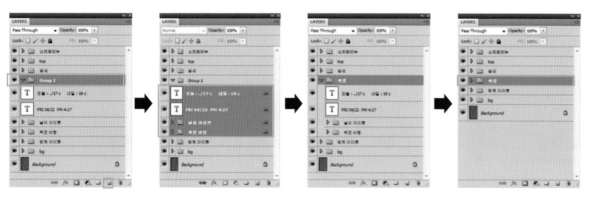

레이어 그룹 버튼(Create a New Group)을 클릭해 새로운 그룹
폴더를 추가합니다. 그다음 그룹화할 레이어를 선택한 후 드래그해
서 그룹 폴더에 담습니다.

그룹 폴더를 더블클릭해서 이름을 바꾼 후 레이어를 정리합니다.

여러 개의 레이어를 동시에 선택할 때 Shift 키 또는 Ctrl 키를 눌러 동시에
선택할 수 있습니다.

레이어의 합치기

Layers → Merge 기능을 통해 두 개 이상의 레이어를 하나의 레이어로
합칠 수 있습니다. 이때 단축키인 Ctrl + E를 사용하는데, 기본적으로 바로
밑의 레이어와 합쳐지지만, Shift 키 또는 Ctrl 키를 이용해 여러 개의 레이어
를 선택했거나 그룹 폴더가 선택된 상태에서 Ctrl + E를 누르면 선택된 레이
어나 그룹 폴더의 레이어끼리 합쳐집니다.

바로 밑의 레이어와 합치기
레이어 보기 아이콘(Visibility)이 켜져 있는 것끼리 합치기
전체 레이어를 한 장으로 합치기

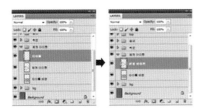 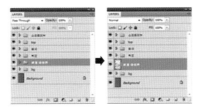 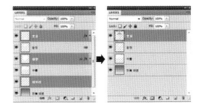

바로 밑의 레이어와 합치기　　　그룹 폴더 전체 합치기　　　선택된 레이어끼리 합치기

Ctrl + E를 활용한 레이어 합치기

레이어의 복사

Layer → New → Layer Via Copy를 이용해 해당 레이어를 복사할 수 있
습니다. 이 밖에도 레이어를 복사하는 방법에는 몇 가지가 있습니다.

- Layer → New → Layer via Copy(Ctrl + J): 해당 레이어를 선택한 후 단축키를 이용해 복사

- 이동 도구(Move Tool)와 Alt 키를 이용한 복사: 해당 레이어를 Alt 키를 클릭한 후 이동해 복사

- 드래그를 이용한 복사: 해당 레이어를 레이어 추가 버튼(Create a New Layers)에 드래그해
  서 복사

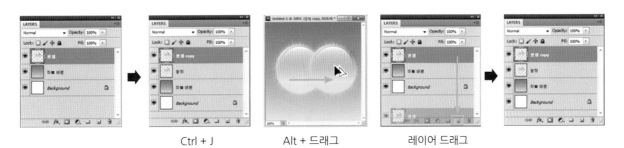

Ctrl + J　　　　　Alt + 드래그　　　　　레이어 드래그

그라디언트의 활용

일러스트레이터의 그라디언트는 선 형(Liner), 원 형(Radial) 두 가지로 구분되지만 포토샵에서는 선 형(Liner), 원 형(Radial), 회전 형(Angle), 다이아몬드 형(Diamond)으로 4가지로 구분되고 여기에 투명 그라디언트까지 적용할 수 있습니다.

Radial

Liner

Angle

Diamond

그라디언트의 적용

그라디언트를 적용하는 방법은 도구 바에 있는 그라디언트 도구를 이용하는 방법과 레이어 스타일을 이용하는 방법이 있습니다. 그라디언트 도구는 원하는 형태의 그라디언트를 선택한 다음 드래그해서 적용합니다. 드래그하는 거리만큼 그라디언트가 100% 기준으로 적용됩니다.

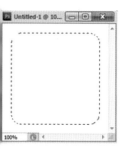

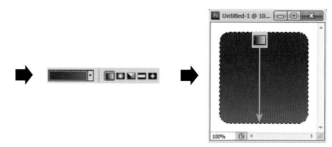

새로운 레이어를 추가한 후 선택 영역을 설정합니다.

원하는 색상과 종류를 선택한 후 그라디언트 도구를 이용해 드래그해 적용합니다.

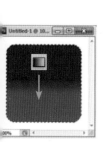
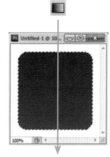

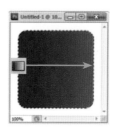

그라디언트 도구 드래그 거리 및 방향에 따른 변화

그라디언트 색상 편집

그라디언트를 적용할 때 현재의 전경색과 배경색의 조합으로 가장 먼저 색상
이 나옵니다. 원하는 그라디언트를 적용하기 위해 전경색과 배경색에 먼저
색상 조합을 해놓는 것도 좋은 방법입니다.

그라디언트는두 가지 이상의 색상 조합을 만들 수 있기 때문에 그라디언트
설정에서 원하는 색상 편집을 할 수 있습니다.

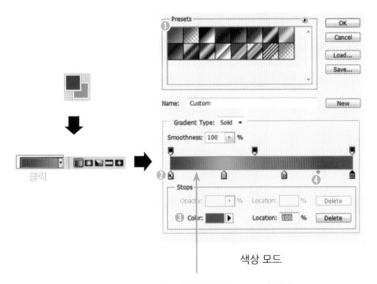

색상 모드

빈 곳을 클릭하면 Marker가 생김

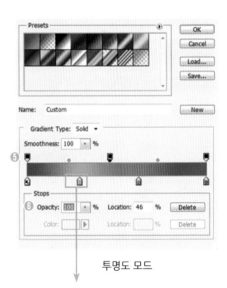

투명도 모드

설정 창 밖으로 빼면 사라짐

❶ 처음 색상 조합은 도구 바의 전경 색과 배경색의 조합으로 나옵니다.

❷ Color Marker: 색상 추가 및 위치 이동을 할 수 있습니다. 빈 곳을 클릭하면 Color Marker
가 생겨 나고 Color Marker를 설정 창 밖으로 빼면 삭제됩니다.

❸ Color: 해당 Color Maker의 색상을 정할 수 있습니다.

❹ Position Marker: 색상과 색상, 또는 투명도 사이의 경계를 나타냅니다.

❺ Opacity Marker: 해당 위치의 투명도를 설정할 수 있습니다.

❻ Opacity: 해당 Opacity Marker의 투명도를 지정할 수 있습니다.

투명 그라디언트의 활용

스마트폰 앱 디자인을 하나 보면 색상이 변하는 그라디언트도 많이 제작하지만, 광채 또는 그림자와 같은 효과를 주기 위해 투명 그라디언트를 자주 사용하곤 합니다.

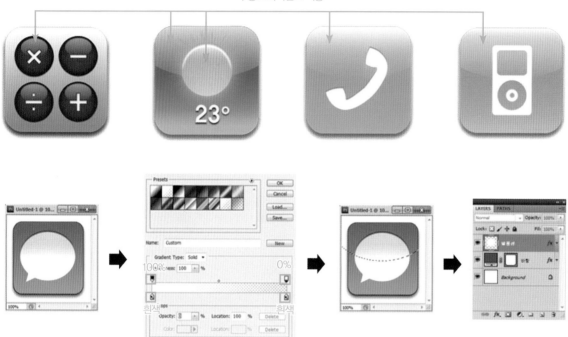

❶ 흰색, 흰색 조합에 투명도가 100%에서 0%로 설정합니다. ❷ 광채가 들어갈 선택 영역을 잡은 후 레이어를 추가합니다.

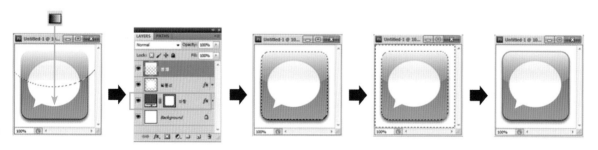

❸ 선형 그라디언트 적용합니다. ❹ 바탕 레이어에서 Ctrl + 클릭으로 외각을 선택합니다. ❺ 선택 영역 반전(Ctrl + Shift + I) 후 외각에 필요 없는 부분을 지웁니다.

레이어의 썸네일 부분에 마우스를 올려놓고 Ctrl + 클릭을 하면 해당 레이어에 있는 이미지 영역만큼 다시 선택됩니다.

회전형 그라디언트의 적용 방법

회전형(Angle) 그라디언트는 시작 색과 끝 색이 360도 회전으로 적용되는 그라디언트입니다. 그러다 보니 시작 색과 끝 색상이 다를 경우 경계선이 생깁니다. 회전형 그라디언트는 시작색과 끝색의 색상을 통일해 자연스럽게 연출해야 합니다.

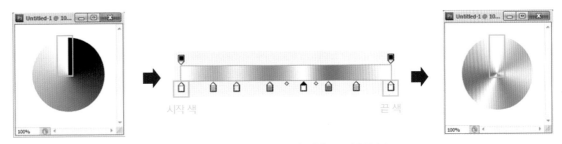

시작 색과 끝 색의 색상을 같은 색상으로 적용합니다.

그라디언트 색상 조합

일러스트레이터의 그라디언트 때에도 알아봤듯이 고급스러운 그라디언트를 연출하기 위해서는 같은 색상의 조합을 사용하되, 색상의 명도와 채도의 톤만 조절해서 사용하는 것이 좋습니다. 스마트폰 앱 디자인에 사용되는 이미지들을 살펴보면 대부분이 이러한 규칙을 따르고 있습니다.

그라디언트는 주로 같은 색에서 톤과 채도, 명도만 조절해서 적용합니다.

레이어 스타일

스마트폰 앱 디자인에서 레이어 스타일은 가장 핵심적인 부분입니다. 실제
안드로이드나 아이폰과 같은 운영체제에서는 포토샵의 레이어 스타일을 활
용해 디자인할 수 있게 정의하고 있습니다.

레이어 스타일의 설정값을 정의하고 있습니다.

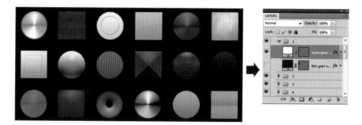

레이어 스타일가 있는 템플릿 샘플을 포토샵 PSD 파일로 내려받을 수 있습니다.

레이어 스타일은 레이어 이펙트라고도 하며 포토샵에서 자주 사용하는 효
과를 쉽게 적용할 수 있는 기능입니다.

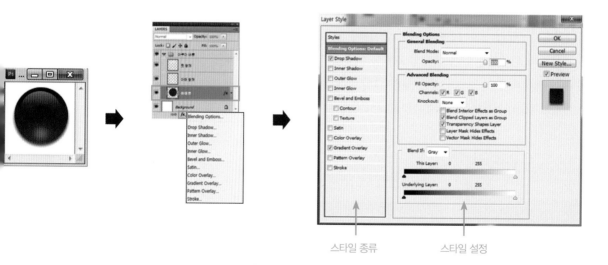

스타일 종류   스타일 설정

해당 레이어를 더블클릭하거나 레이어 팔레트 밑에 Add a Layer Style 버
튼을 클릭해서 적용합니다. 레이어 스타일 설정 창에서 그림자, 광채, 그라디
언트 등과 같은 다양한 효과를 줄 수 있습니다.

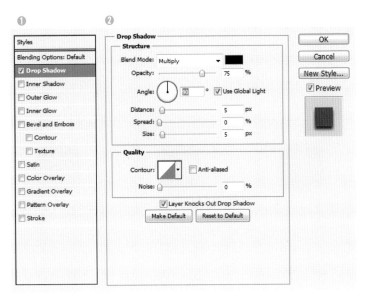

❶ 해당 레이어 스타일을 적용/해제할 수 있습니다.

❷ 해당 레이어 스타일의 크기, 방향, 거리, 파장 등을 조절할 수 있으며, Use Global Light가 체크돼 있으면 다른 레이어에 있는 스타일의 빛의 방향도 통일합니다.

❸ 현재 적용된 레이어 스타일의 미리 보기를 보여줌.

외부 그림자

외부 그림자(Drop Shadow)는 레이어 스타일에서 가장 많이 사용되는 효과 중 하나입니다. 이미지의 외각에 그림자를 만들어 바닥에서 떨어져 있는 효과를 연출할 수 있습니다.

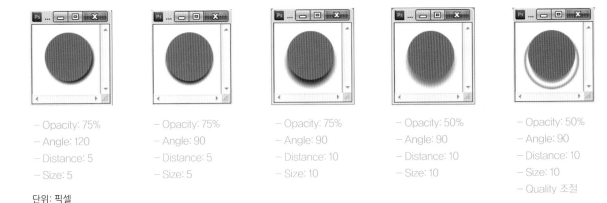

– Opacity: 75%
– Angle: 120
– Distance: 5
– Size: 5

단위: 픽셀

– Opacity: 75%
– Angle: 90
– Distance: 5
– Size: 5

– Opacity: 75%
– Angle: 90
– Distance: 10
– Size: 10

– Opacity: 50%
– Angle: 90
– Distance: 10
– Size: 10

– Opacity: 50%
– Angle: 90
– Distance: 10
– Size: 10
– Quality 조절

같은 그림자 효과지만 투명도(Opacity), 빛의 방향(Angle), 그림자 거리(Distance), 그림자 크기(Size), 빛의 파장(Quality) 등을 조절해 다른 느낌의 그림자 효과를 만들 수 있습니다.

내부 그림자

내부 그림자(Inner Shadow)는 이미지 안쪽에 그림자가 생겨 바닥에서 떠 있는 느낌이 아니라 이미지 영역만큼 파여 있는 듯한 느낌을 연출합니다.

– Opacity: 75%
– Angle: 90
– Distance: 5
– Size: 5

단위: 픽셀

– Opacity: 75%
– Angle: –90
– Distance: 5
– Size: 5

– Opacity: 75%
– Angle: 90
– Distance: 10
– Size: 10

– Opacity: 50%
– Angle: 90
– Distance: 0
– Size: 10

– Opacity: 50%
– Angle: 90
– Distance: 10
– Size: 10
– Quality 조절

내부 그림자도 마찬가지로 같은 그림자 효과지만 투명도, 빛의 방향, 그림자 거리, 그림자 크기, 빛의 파장 등을 조절해 다른 느낌의 그림자 효과를 만들 수 있습니다.

외부/내부 광채

Glow는 광채를 뜻합니다. 외부 광채(Outer Glow)는 이미지 외각에 광채를 만들고 내부 광채(Inner Glow)는 이미지 안쪽에 광채를 만드는 효과입니다.

외부 광채(Outer Glow)

내부 광채(Inner Glow)

광채 효과는 부드럽고 미세하게 들어가기 때문에 효과가 잘 나타나지 않을 수도 있습니다. 이때는 Glow 설정의 Blend Mode를 Normal로 선택하면 강한 효과를 낼 수 있습니다.

경사와 돌출

경사와 돌출(Bevel & Emboss)은 이미지에 밝은 영역(Highlight)과 그림
자 영역(Shadow)을 동시에 적용해 엠보싱을 주는 효과입니다.

Bevel & Emboss 설정에서 Style을 통해 여러 형태의 엠보싱 효과를 줄 수
있으며, 밝은 영역과 어두의 영역의 방향 및 색상, 투명도 또한 조절할 수 있
습니다.

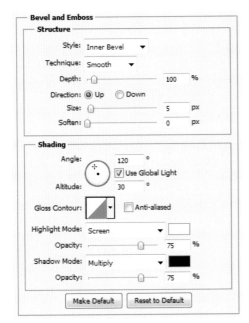

❶ Style: 엠보싱의 종류를 선택

❷ Technique: 엠보싱 효과의 기법

Smooth   Chisel Hard   Chisel Soft

❸ Size: 엠보싱의 크기

❹ Angle: 빛의 방향

❺ Highlight Mode: 밝은 영역의 색상과 투명도

❻ Shadow Mode: 그림자 영역의 색상과 투명도

세틴, 색상 변화

세틴(Satin)은 광택이 나는 섬유 소재의 느낌을 표현하는 효과이며, 색상 변화(Color Overlay)는 이미지 전체의 색상을 효과를 통해 바꾸는 것입니다.

다양한 세틴 효과   원본 이미지   색상 변화로 색상을 바꿈

그라디언트 변화

그라디언트 변화(Gradient Overlay)는 레이어 스타일로 그라디언트를 적용하는 효과입니다. 그라디언트의 종류, 색상, 투명도, 방향, 크기 등을 설정을 통해 조절할 수 있습니다.

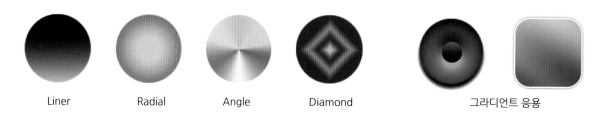

Liner   Radial   Angle   Diamond   그라디언트 응용

❶ Blend Mode: 그라디언트의 여러 가지 색상 연출을 하는 메뉴이며 기본 효과를 내기 위해선 Normal로 선택

❷ Opacity: 그라디언트의 전체 투명도

❸ Gradient: 그라디언트의 색상 미리 보기

투명도 적용 마커(Marker) 영역

색상 적용 마커(Marker) 영역

❹ Style: 그라디언트의 종류 선택

❺ Angle: 그라디언트의 방향 및 각도를 정함

❻ Scale: 그라디언트의 크기를 정함

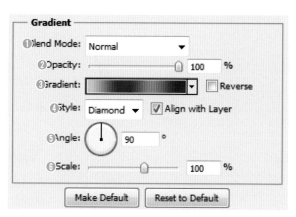

Gradient Overlay의 주요 설정

패턴 적용

패턴 적용(Pattern Overlay)은 포토샵에서 패턴 이미지로 등록한 패턴을
레이어 스타일로 적용하는 기능입니다. 패턴의 크기, 투명도 등을 설정을 통
해 조절할 수 있습니다.

❶ Blend Mode: 패턴의 여러 가지 색상 연출을 하는 메뉴이
며, 기본 효과를 내기 위해서는 Normal로 선택

❷ Opacity: 패턴의 전체 투명도

❸ Pattern: 포토샵에 등록된 패턴을 선택

❹ Scale: 패턴의 크기를 정함

선 적용

선 적용(Stroke)은 이미지 전체의 외각을 만드는 효과입니다. 선의 두께, 색
상, 위치, 투명도 등을 조절할 수 있습니다.

❶ Size: 선의 두께를 정함

❷ Position: 선의 위치를 정함

❸ Blend Mode: 선의 여러 가지 색상 연출을 하는 메뉴이며, 기
본 효과를 내기 위해서는 Normal로 선택

❹ Opacity: 선의 전체 투명도

❺ Color: 선의 색상을 정함

레이어 스타일 수정 및 편집

레이어 스타일은 여러 개의 효과를 동시에 적용할 수 있으며, 다른 레이어와의 조합으로 효과를 내기도 합니다. 또한, 스타일을 복사해서 다른 레이어에 같이 적용할 수도 있으며, 스타일 효과를 분해 해서 다르게 연출할 수도 있습니다.

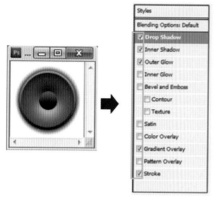

여러 개의 효과를 동시에 적용

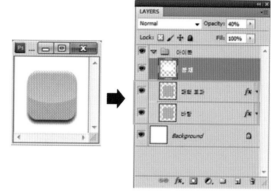

다른 레이어와의 조합

Copy Layer Style ← 레이어 스타일 복사
Paste Layer Style ← 레이어 스타일 붙여 넣기
Clear Layer Style ← 레이어 스타일 지우기

기본적인 레이어 스타일 편집은 해당 레이어에 가서 오른쪽 마우스 버튼을 누르면 나타납니다.

레이어 스타일 복사

다른 레이어에 있는 이미지나 다른 창에 있는 이미지에 같은 레이어 스타일 효과를 적용할 때 사용합니다.

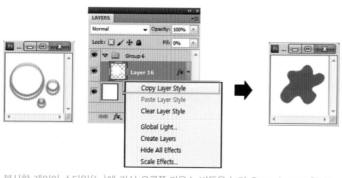

복사할 레이어 스타일(fx)에 가서 오른쪽 마우스 버튼을 눌러 Copy Layer Style 을 선택합니다.

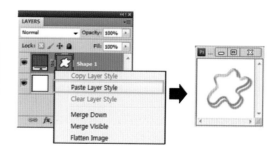

적용할 레이어에 가서 다시 오른쪽 마우스 키를 눌러 Paste Layer Style을 선택합니다.

레이어의 Opacity와 Fill 값을 이용한 편집

Opacity는 레이어 전체의 투명도를 조절하는 기능이고 Fill은 효과를 제외한 순수 이미지의 투명도 값만 조절하는 기능입니다.

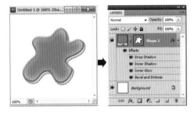

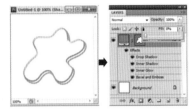

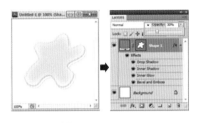

- Opacity: 100%
- Fill: 100%

- Opacity: 100%
- Fill: 0%

- Opacity: 30%
- Fill: 100%
- 이미지, 효과 모두 투명해짐

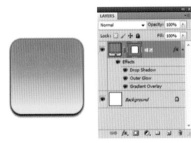

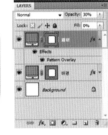

- Opacity: 30%
- Fill: 0%
- 패턴만 남고 이미지는 투명해져서 밑의 이미지가 비쳐 보임

- Opacity: 50%
- Fill: 0%
- 투명 그라디언트만 남고 이미지는 투명해져서 밑의 이미지가 비쳐 보임

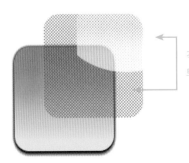

각 Fill을 0%로 지정했기 때문에 패턴, 그라디언트 효과만 보이게 됩니다.

Create Layers를 이용한 편집

Create Layers는 레이어 스타일이 들어가 있는 레이어와 스타일 효과를 분리하는 기능입니다.

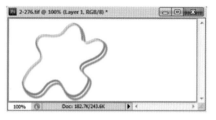  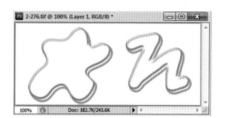

레이어 스타일이 적용된 레이어 안에서는 다른 이미지를 추가하더라도 계속 같은 효과가 적용됨

레이어 스타일이 적용된 레이어 안에서 이미지가 수정되더라도 효과는 항상 이미지에 맞게 적용

레이어 스타일은 위와 같은 특성이 있기 때문에 필요에 따라 효과와 이미지를 분리해서 작업해야 하는 경우가 있습니다.

 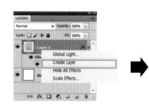  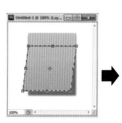 

레이어 스타일(fx)에서 마우스 오른쪽 버튼을 눌러 Create Layers를 선택합니다.

이미지와 효과가 분리되어 분리된 이미지만 편집할 수 있음

레이어 마스크

레이어 마스크(Layers Mask)란 레이어에 있는 이미지에 흰색과 검은색의
마스크 영역을 적용해 흰색 부분은 보이게 하고 검은색 부분은 안 보이게 해
서 밑에 있는 레이어와 자연스럽게 합성할 때 사용합니다.

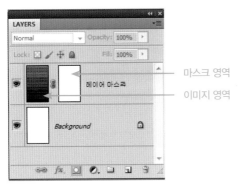

Add Layer Mask

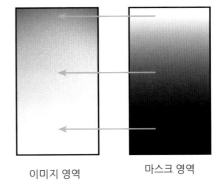

이미지 영역   마스크 영역

레이어 마스크가 추가된 다음부터는 하나의 레이어에 이미지 영역과 마스크
영역으로 구분되며, 마스크 영역에는 흰색과 검은색만 적용됩니다.

마스크 영역의 흰색과 검은색만큼 이미지도 그에 따라 보이게 됩니다. 즉, 흰
색은 보이고, 검은색은 안 보이는 개념이 됩니다.

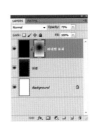

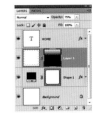

마스크의 흰색 영역만큼만 이미지가 보이고 마스크 영역에 흰색, 검은색의
그라디언트가 들어갈 땐 점차 색상이 바뀌는 것처럼 이미지 또한 점차 사라
지도록 연출할 수 있습니다.

레이어 마스크가 적용된 다음에는 하나의 레이어에 이미지 영역과 마스크 영
역으로 나닙니다.

이때 이미지 영역인지 마스크 영역인지 확실히 파악하고 작업해야 합니다.

마스크 영역이 선택된 경우   이미지 영역이 선택된 경우

레이어 마스크 그라디언트의 활용

레이어 마스크(Layers Mask)는 다른 레이어와 자연스러운 합성을 하든지
아니면 이미지가 점차 사라지는 Pade – Out 효과를 줄 때 자주 사용합니다.
Pade – Out 효과는 마스크 영역에 흰색과 검은색의 그라디언트를 사용하
면 됩니다.

마스크 영역의 그라디언트는 흰색, 검은색 조합으로만 적용

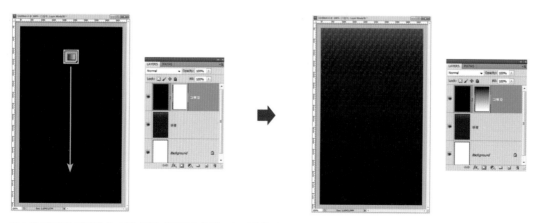

마스크 영역을 선택한 후 선형 그라디언트를 수직으로 적용합니다.

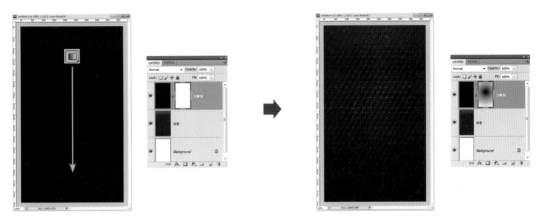

마스크 영역을 선택한 후 원형 그라디언트를 수직으로 적용합니다.

레이어 마스크 편집

레이어 마스크(Layers Mask)는 마스크가 적용된 영역만큼 이미지에 적용
되므로 이미지가 움직이거나 다른 효과를 주기 위해 마스크 영역을 해지하거
나 편집할 때도 있습니다. 마스크 영역에서 마우스 오른쪽 버튼을 누르면 마
스크 수정 메뉴가 나옵니다.

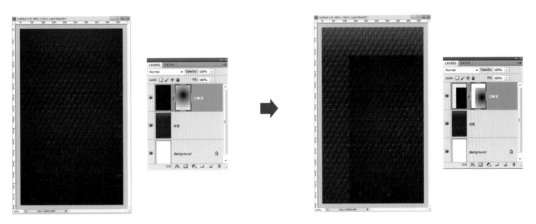

마스크 적용 이미지가 움직이게 되면 마스크 영역도 이동합니다.

Disable Layer Mask ◀──── 레이어 마스크 안보이기(Enable Layer Mask로 다시 보이게 함)

Delete Layer Mask ◀──── 레이어 마스크 삭제

Apply Layer Mask ◀──── 레이어 마스크를 완성 이미지로 변환하기

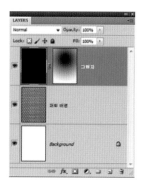

마스크 적용 상태

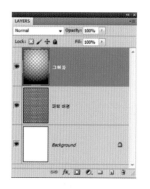

레이어 마스크 적용 상태를 완성
이미지로 변환
(Apply Layer Mask)

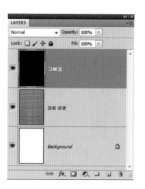

레이어 마스크 자체를 삭제함
(Delete Layer Mask)

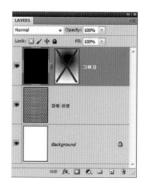

레이어 마스크 적용 상태를 안보
이게 함
(Disable Layer Mask)

펜 도구와 패스의 활용

펜 도구(Pen Tool)와 패스(Path)는 벡터 그래픽 제작 방식에서 사용되는
이미지 제작 방식 중 하나지만 포토샵에서도 펜 도구와 패스를 이용해 기본
적인 드로잉과 이미지 편집이 가능합니다.

펜 도구의 개념은 패스를 드로잉하는 것과 일러스트레이터와 같지만 사용법
은 약간 다릅니다.

모양 레이어와 패스의 비교

모양 레이어(Shape Layers)

패스(Path)

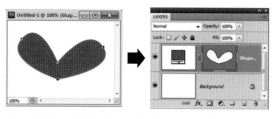

모양 레이어는 전경색에 있는 색상을 패스 모양대로 도형화하고
Shape 레이어가 생겨남

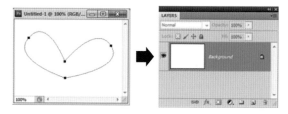

패스는 레이어 추가 없이 패스로만 생겨남(앞으로 이 패스는 선택
영역으로 변환)

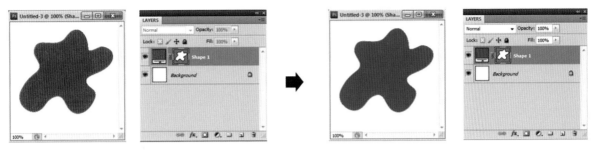

모양 레이어는 색상 썸네일 부분을 더블클릭해서 바로 색상을 바꿀 수 있습니다.

패스는 Path 팔레트의 썸네일 부분에 마우스 커서를 올려놓은 후 Ctrl + 클릭하면 패스를 선택 영역으로 변환합니다.

펜 도구의 활용

펜 도구는 패스를 만들기 위한 도구입니다. 앞에서 알아봤듯이 모양 레이어
를 만들지 아니면 그냥 패스만 만들지 구분해야 합니다.

일러스트레이터에서 꺾인 곡선을 만들려면 바로 마지막 포인터를 클릭하면 됩니다.

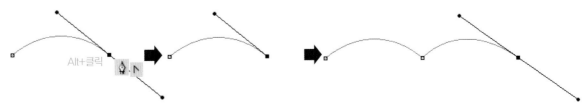

포토샵에선 꺾인 곡선을 만들려면 마지막 포인터에 가서 Alt 키를 누른 상태에서 클릭합니다.

일러스트레이터의 펜 도구와 사용법과 원리는 같지만 꺾인 곡선을 만드는 방법은 조금 다릅니다. 꺾인 곡선을 만들기 위해서는 나갈 방향 핸들 바를 없애야 하는데, **포토샵에서는 Alt 키를 누른 상태에서 꺾인 곡선을 없앨 수 있습니다.**

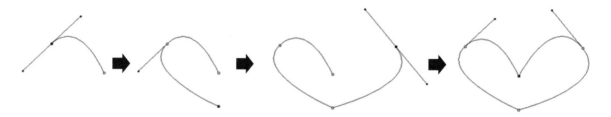

포토샵의 펜 도구도 직선과 곡선을 이용해 시작점과 끝점이 만나게 되면 막힌 도형 형태로 모양을 만듭니다. 포토샵에서 이런 패스를 만드는 이유는 도형의 재사용성과 섬세한 선택 영역을 만들기 위해서입니다.

선택 도구를 이용한 패스의 수정 및 편집

일러스트레이터의 패스와 마찬가지로 포토샵의 패스 또한 수정/편집이 가능합니다. 포토샵의 패스를 수정하기 위해서는 전체 선택 도구와 직접 선택 도구를 이용할 수 있습니다.

전체 선택 도구는 패스 전체를 선택하고 이동, 복사(Alt), 편집(Ctrl + T)할 때 사용하며, 직접 선택 도구는 점, 선 등 부분 수정을 할 때 사용합니다.

전체 선택 도구: 패스 전체를 선택할 때 사용 ⟶ ▶ Path Selection Tool   A

직접 선택 도구: 선, 또는 포인터 단위로 선택해서 수정할 때 사용 ⟶ ▷ Direct Selection Tool   A

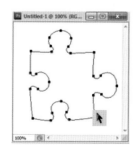

전체 선택 도구
(Path Selection Tool)

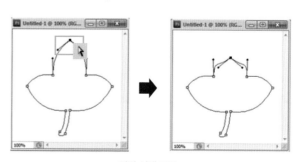

직접 선택 도구
(Direct Selection Tool)

패스 팔레트의 활용

패스는 이미지가 아니고 형태를 기억하고 있는 가상의 선일 뿐입니다. 그래
서 패스의 관리는 Path 팔레트에서 별도로 관리합니다. Save Path를 할 때
언제든지 패스 영역을 불러와서 다시 사용할 수 있습니다.

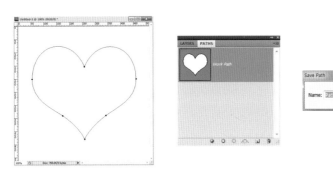 

패스를 만들게 되면 Path 팔레트에 패스 레이어로 생성됩니다. 만든 패스를 저장하고
싶을 때는 패스 레이어를 더블클릭해서 Save Path로 만들 수 있습니다.

도형 도구의 활용

일러스트레이터처럼 포토샵에서도 패스를 이용한 도형을 제작할 수 있습니
다. 도형은 패스로 구성돼 있기 때문에 직접 선택 도구를 이용해 수정/편집할
수 있으며, 주로 모양 레이어 형식으로 제작합니다.

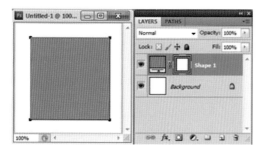

사각형 도형 도구

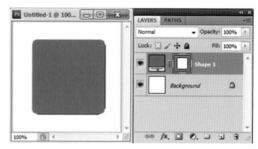

라운드 사각형 도형 도구

Radius: 10 px : 둥글기 값 입력

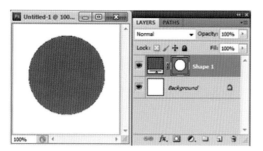

원형 도형 도구

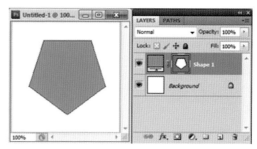

다각형 도형 도구

Sides: 5 : 다각형 값 입력

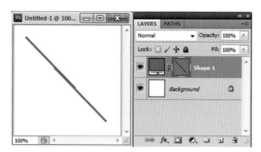

라인 도형 도구

Weight: 3 px : 라인의 두께 값

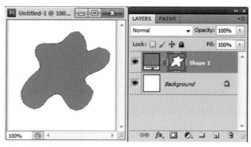

커스텀 도형 도구

Shape: ✿ ▾ : 다양한 모양 선택

도형의 편집

도형 도구는 완성된 도형 자체를 그리기 때문에 모양 레이어 형식으로 많이
제작합니다. 모양 레이어는 전경색 기준으로 도형이 그려지며, 제작 후 색상
및 패스를 수정할 수 있습니다.

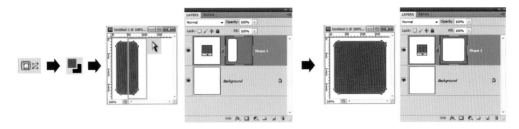

모양 레이어 형식으로 도형을 만들면 전경 색의 도형이 그려지며 직접 선택 도구로 도형을 수정할 수 있습니다.

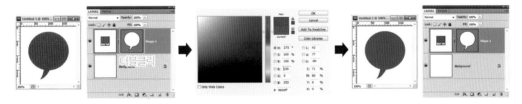

모양 레이어 형식으로 도형을 만든 다음 레이어의 색상 썸네일 부분을 더블클릭해서 색상을 바꿀 수 있습니다.

사용자 정의 도형 도구의 활용

포토샵에서는 다양한 형태의 사용자 정의 도형을 제공합니다. 필요할 때마다
언제든 꺼내어 사용할 수 있으며, 직접 제작한 도형을 다시 사용자 정의 도형
으로 등록해서 사용할 수도 있습니다.

사용자 정의 도형 도구의 서브 메뉴에서 All을 선택합니다.   Append를 선택해 사용자 정의 도형을 추가합니다.

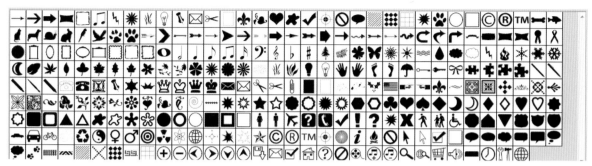

다양한 사용자 정의 도형들이 추가됨.

사용자 정의 도형 등록

직접 제작한 도형을 사용자 정의 도형으로 등록해서 사용할 수 있으며, 한번 등록된 도형은 포토샵을 종료해도 계속 남아 있기 때문에 언제든 다시 사용할 수 있습니다.

사용자 정의 도형에 등록됨

펜 도구를 이용해 원하는 도형을 만든 후 Edit → Define Custom Shape으로 등록합니다.

패턴의 활용

스마트폰 앱 디자인에서 패턴은 아주 중요한 디자인 요소 중 하나입니다. 앱 배경이나 버튼 등에 많이 사용하며, 단조로울 수 있는 디자인을 고급스럽게 표현할 수 있습니다.

앱 디자인에 많이 사용되는 패턴

패턴 제작 시 주의 사항

- 패턴의 한 조각 만들기
- 여백도 패턴 일부다
- 여백은 반드시 투명으로 처리하기
- 패턴 적용은 새로운 레이어에 적용

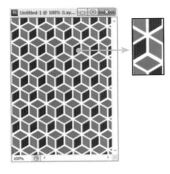

패턴의 한 조각

여백도 패턴 일부이며, 투명하게 처리

패턴의 여백 부분에 아래 레이어의 이미지가 투과되어 보이는 연출

패턴 제작 순서 및 적용

❶ 패턴의 한 조각 만들기

❷ 패턴으로 등록(Edit → Define Pattern)

❸ 페인트 통(Paint Bucket Tool)으로 적용하기

패턴을 만들 때는 패턴의 한 조각을 먼저 만들어 패턴으로 등록해야 합니다. 이때 패턴의 한 조각의 크기를 설정하려면 적용할 창에서 패턴의 한 조각의 크기만큼 선택한 후 복사 (Ctrl + C)합니다. 그다음 새로운 창을 열면 패턴의 한 조각의 크기 만큼의 크기가 열립니다.

❶ 패턴의 한 조각을 만들 땐 반드시 Background 레이어를 투명하게 합니다.

❷ Edit → Define Pattern으로 새로운 패턴으로 등록합니다.

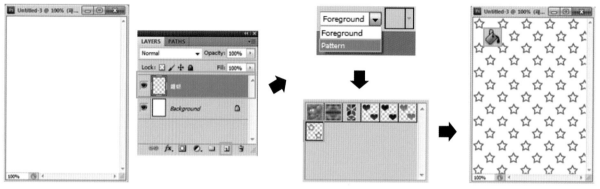

❸ 패턴을 적용할 새로운 창을 열고 패턴 레이어를 추가합니다.

❹ 페인트 통 설정에서 Pattern으로 바꾼 후 썸네일에서 등록한 패턴을 패턴 레이어에 적용합니다.

브러시 도구 및 연필 도구의 활용

브러시(Brush Tool)와 연필 도구(Pencil Tool)의 기본적인 활용법은 드로잉을 하는 것입니다. 하지만 브러시와 연필 도구는 드로잉 외에 편집 및 리터칭(Retouching)을 할 때도 많이 사용하는 도구입니다.

브러시 도구의 Soft Round   브러스 도구의 Hard Round   태블릿을 사용한 압력 감지   연필 도구

브러시와 연필 도구의 차이는 외각을 부드럽게 또는, 거칠게 처리하느냐에 있고 활용법은 같습니다. 주로 브러시를 많이 사용하며, 연필 도구는 도트디자인이나 알리어스 형식으로 드로잉할 때 사용합니다.

브러시 도구의 종류

- 라인 브러시(Line Brush): 선을 그릴 때 사용하며, 외각을 부드럽게 처리하는 소프트 라운드(Soft Round)와 깔끔하게 처리하는 하드 라운드(Hard Round)로 나뉩니다.
- 아트 브러시(Art Brush): 여러 가지 붓 모양과 각도를 설정해서 선을 그릴 때 사용합니다.
- 분산 브러시(Scatter Brush): 여러 가지 모양으로 분산시켜 뿌리는 효과를 만듭니다.
- 모양 브러시(Shape Brush): 특정 모양으로 도장처럼 찍어서 그리는 효과입니다.

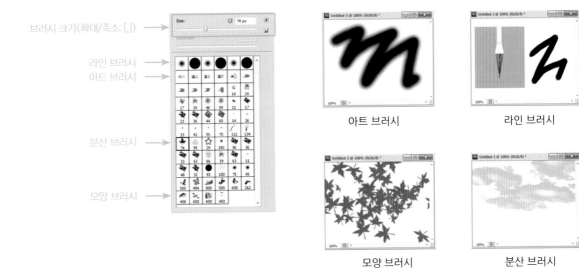

아트 브러시　　　　라인 브러시

모양 브러시　　　　분산 브러시

브러시 만들기

포토샵에서 기본적으로 내장된 브러시를 사용할 수도 있고 사용자가 직접 브러시를 만들어 사용할 수 있습니다.

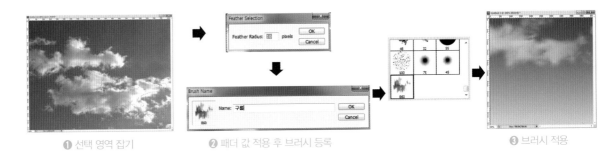

❶ 선택 영역 잡기　　　❷ 패더 값 적용 후 브러시 등록　　　❸ 브러시 적용

❶ 원하는 부분을 적당한 선택 도구를 이용해 선택 영역으로 설정합니다.

❷ 외각을 부드럽게 처리하기 위해 Select → Modify → Peather 값을 준 후 Edit → Define Brush로 등록합니다.

❸ 브러시 도구를 선택한 후 브러시 라이브러리를 확인해보면 새로운 브러시가 등록돼 있습니다.

❹ 적용할 창에 적용합니다. (브러시의 크기 조절은 [,] 로 조절합니다.)

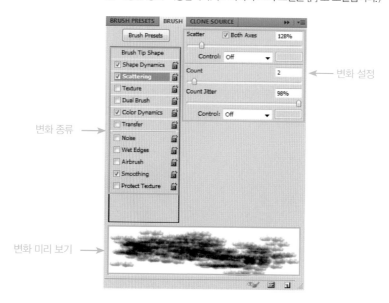

Window → Brush Presets을 통해 브러시의 다양한 변화 값을 줄 수 있습니다.

외부 브러시 등록하기

포토샵에서 기본으로 내장된 브러시 말고 외부 브러시를 추가해서 사용할 수 있습니다. 외부 브러시는 인터넷 자료실이나 포토샵 카페 등에서 쉽게 구할 수 있습니다.

외부 브러시 파일을 복사한 후 C:₩Program File₩Adobe₩Adobe Photoshap₩Presets Brushes에 붙여넣으면 됩니다. 그다음 외부 브러시를 사용하기 위해서는 포토샵을 다시 재부팅해야 합니다.

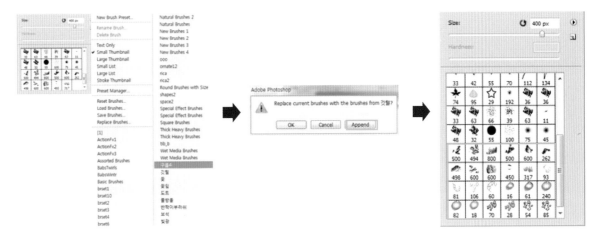

브러시 서브 메뉴에서 추가된 외부 브러시를 선택하고 Append로 추가합니다.

브러시 라이브러리에 외부 브러시가
추가됩니다.

브러시를 이용한 리터칭

브러시는 단지 드로잉하는 것뿐만 아니라 리터칭 도구와 함께 사용하기도 합
니다. 이때 브러시의 크기와 모양을 선택해 리터칭 도구에 사용합니다.

블러 도구: 이미지를 뿌옇게 만듭니다.

샤픈 도구: 이미지를 거칠게 만듭니다.

스머지 도구: 이미지를 문지르듯 변
화시킵니다.

닷지 도구: 이미지를 밝게 처리합니다.

번 도구: 이미지를 어둡게 처리합니다.

스펀지 도구: 이미지를 흑백으로
바꿉니다.

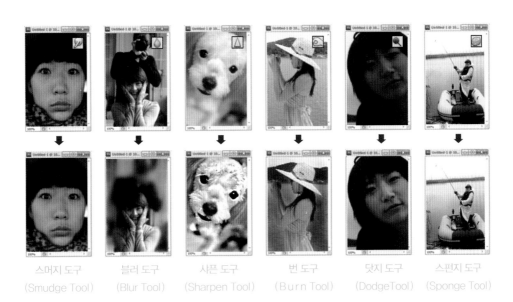

스머지 도구	블러 도구	샤픈 도구	번 도구	닷지 도구	스펀지 도구
(Smudge Tool)	(Blur Tool)	(Sharpen Tool)	(Burn Tool)	(DodgeTool)	(Sponge Tool)

리터칭 도구를 사용할 때는 주로 원형의 기본 브러시를 사용하며, 브러시의
크기를 조절(확대:], 축소: [)해서 넓은 영역과 작은 영역을 리터칭합니다.

일러스트레이터와의 활용

스마트폰 앱 디자인 및 기타 그래픽 제작에서 포토샵과 일러스트레이터는 가
장 핵심적인 프로그램입니다. 보통 일러스트레이터에서 드로잉을 한 후 포토
샵으로 불러와 섬세한 작업을 하고 최종 완성 파일을 만들어 냅니다.

일러스트레이터에 있는 오브젝트를 복사(Ctrl + C)해서 포토샵에 불러
(Ctrl + V)오며, 이때 기능에 따라 다양한 형태로 불러올 수 있습니다.

일러스트레이터에서 오브젝트를 선택한 후
복사(Ctrl + C)합니다.

포토샵에 필요한 기능에 따라 불러올 수 있습
니다.

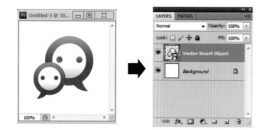

스마트 오브젝트로 가져오기

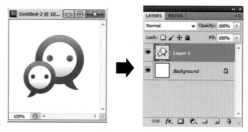

픽셀로 가져오기

스마트 오브젝트는 일러스트레이터와 연동되어 수정/편집 시 바로 적용되며,
확대/축소 시 이미지가 깨지지 않습니다(일반 이미지 레이어로 변환 가능).
픽셀은 일반적인 이미지 형태로 가져옵니다.

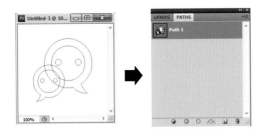

패스로 가져오기

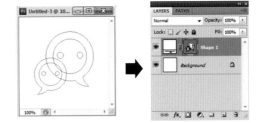

쉐이프 레이어로 가져오기

패스는 일러스트레이터의 패스 형태만 가져옵니다. 모양 레이어 형태로 가져옵니다.

자유 변형 도구(이미지 크기 조절)

포토샵과 같은 비트맵 형식 이미지는 크기 조절을 하면 이미지 깨짐 현상이 일어나기 때문에 잘 사용하진 않습니다. 하지만 작업상 크기를 조절하거나 회전 또는 왜곡시킬 때가 있습니다. 이때 Edit→Free Transform(Ctrl + T)을 사용합니다.

크기 조절 및 회전

자유 변형(Ctrl + T) 기능 중 가장 대표적인 것은 크기 조절과 회전입니다. Edit → Free Transform을 적용하면 크기와 회전을 할 수 있는 바운딩 박스(Bounding Box)가 생겨납니다. 이때 모서리의 포인터를 조절해서 크기와 회전을 시킬 수 있습니다. 크기 조절이 끝났으면 더블클릭 또는 Enter 키를 눌러 완성합니다.

크기 조절   회전

Shift 키를 누르면 같은 비율 크기 조절 및 45도 각도로 회전되며, Alt 키를 누르면 중심으로 크기 조절이 됩니다.

Distort를 이용한 이미지 왜곡

자유 변형(Ctrl + T)은 기본적으로 크기 조절과 회전을 할 수 있지만 마름
모꼴, 사다리꼴 등과 같은 전체 형태를 왜곡시킬 수도 있습니다. 바운딩 박스
(Bounding Box)가 생긴 상태에서 마우스 오른쪽 버튼을 눌러 Distort를
선택하면 포인트별로 이미지 왜곡이 가능합니다.

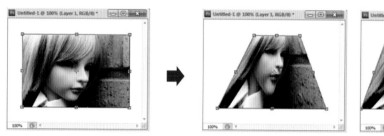

Warp를 이용한 이미지 왜곡

Warp를 사용해 이미지 내부 영역 또는 부분 영역을 수정할 수 있습니다.

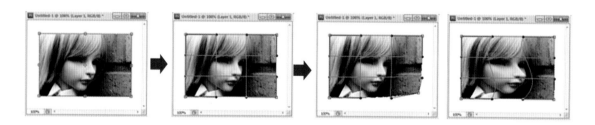

자유 변형(Ctrl + T)으로 바운딩 박스(Bounding Box)가 생긴 상태에서
마우스 오른쪽 버튼을 눌러 Warp를 선택하면 포인트별로 이미지 왜곡과 내
부 왜곡도 가능합니다.

기타 이미지 왜곡

이미지 전체를 180도로 회전 →	Rotate 180°
시계 방향으로 90도 회전 →	Rotate 90° CW
시계 반대 방향으로 90도 회전 →	Rotate 90° CCW
이미지 좌우 반전 →	Flip Horizontal
이미지 상하 반전 →	Flip Vertical

자유 변형(Ctrl + T)으로 바운딩 박스
(Bounding Box)가 생긴 상태에서 마우스 오
른쪽 버튼을 눌러 기타 이미지 왜곡 기능을 사용
할 수 있습니다.

작업 되돌리기

대부분의 그래픽 프로그램은 작업 되돌리기 기능이 있습니다. 보통 Ctrl + Z 를 사용하지만 포토샵에서 작업 되돌리기 기능이 조금 다르게 적용됩니다.

전체 작업 순서

A ▶ B ▶ C ▶ D ▶ E ▶ F

마지막 작업 위치

작업 순서 뒤로 돌리기: Ctrl + Alt + Z

작업 순서 뒤로 돌리기: Ctrl + Alt + Z

작업 순서 앞으로 되돌리기: Ctrl + Shift + Z

포토샵의 Ctrl + Z는 계속 이전 작업으로 넘어가는 것이 아니라 현재 기준으로 바로 전 작업까지만 이동합니다. 예를 들어 가장 마지막 작업이 F에서 Ctrl + Z를 하면 E로 넘어가게 되고 또 E 입장에서는 바로 전 작업이 F였기 때문에 다시 F로 이동하게 됩니다.

작업 순서를 계속 뒤로 되돌리려면 Ctrl + Alt + Z를 사용하며, 다시 작업 순서 앞으로 되돌리려면 Ctrl + Shift + Z를 사용합니다.

또는 Window → History 팔레트를 이용해 작업 순서를 되돌릴 수도 있습니다.

파일 저장 설정 및 이미지 자르기

일러스트레이터는 주로 드로잉 작업을 하고 포토샵에서는 섬세 작업과 레이어 스타일 작업을 포함한 전체 완성 파일을 만듭니다. 최종 결과물을 만들어 낼 수 있으며, 각 장치(Device)에 맞는 형식으로 저장할 수 있습니다.

파일 형식에 대한 자세한 내용은 앞 과정에서 알아봤듯이 스마트폰 앱 디자
인에 가장 많이 사용하는 이미지 파일은 PNG 24비트입니다. 투명 색상과
같은 알파 채널을 별도의 8비트(256단계)를 지원하기 때문입니다.

Save For Web & Devices

저장은 File → Save For Web & Devices(Ctrl + Shift + S)에서 섬세한
설정 값을 적용한 후 저장합니다.

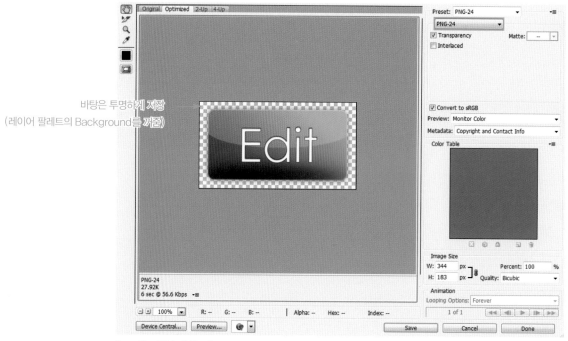

Save For Web & Devices

개별 이미지 저장하기

스마트폰 앱 디자인을 할 때는 포토샵의 레이어를 활용해서 제작합니다. 이
때 하나의 이미지를 만들기 위해 수많은 레이어가 생겨납니다. 하지만 각 이
미지를 개별적으로 저장하려면 레이어를 병합해서 하나의 이미지 파일로 만
들어야 합니다.

레이어 폴더일 때
(Ctrl + E)

레이어 폴더일 때
(Ctrl + E)

❶ 개별 이미지로 사용될 레이어가 폴더면 폴더를 선택하고, 개별 레이어일 때 Shift 또는 Alt 키를 이용해 동시에 선택한 후 레이어를 하나로 합칩니다(Ctrl + E).

Ctrl + E 또는 Ctrl + Shift + E를 사용해 레이어를 합치면 기존에 사용되던 레이어 스타일 및 Shape Layers는 사라집니다.

레이어를 합친 후 다시 저장해 버리면 기존 스타일 및 Shape Layers 값이 사라지므로 항상 복사본을 만들어 합치거나 작업 후 다시 합치기 전으로 되돌린 후 저장해야 합니다.

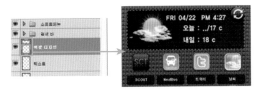

❷ 합쳐진 레이어의 썸네일에 마우스를 올린 후 Ctrl + 클릭을 하면 해당 레이어 이미지 외각을 선택 영역으로 만듭니다. 그다음 복사(Ctrl + C)합니다.

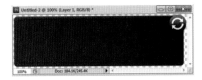

❸ 새로운 창에 붙여넣은(Ctrl + V) 후 Save For Web & Devices를 이용해 저장합니다. 이때 Background 레이어는 해제해 투명하게 처리합니다.

전체 이미지 분할 저장하기

디자인이 끝난 포토샵의 PSD 파일을 개별 이미지로 저장해서 사용할 때도 있지만 화면 전체를 레이아웃별로 나누어 한 번에 저장할 때도 있습니다. 이 방법은 웹 디자인에서도 많이 사용되는 기능이며, 분할 도구와 분할 선택 도구를 사용합니다.

분할 도구: 이미지를 분할해서 각각 저장할 수 있습니다.

분할 선택 도구: 분할된 개별 이미지에 여러 설정을 줄 수 있습니다.

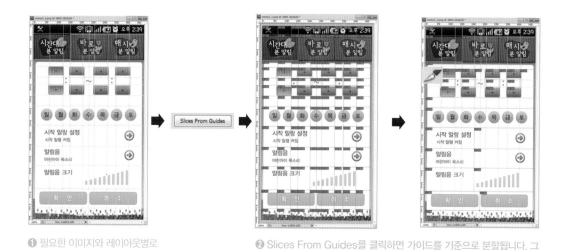

❶ 필요한 이미지와 레이아웃별로
가이드를 꺼내서 구분합니다.

❷ Slices From Guides를 클릭하면 가이드를 기준으로 분할됩니다. 그
다음 분할 도구로 필요한 영역만큼 다시 영역을 잡아 줍니다.

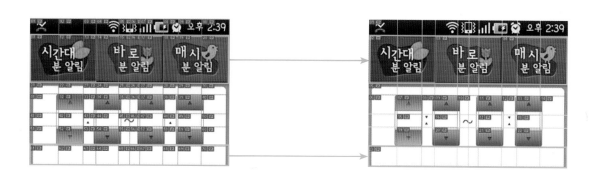

Slices From Guides만 적용하면 가이드 전체가 분할되면서 필요 없는 부분
과 필요한 부분까지 전부 나눠집니다. 그래서 분할 도구로 필요한 이미지와
불필요한 이미지를 다시 한번 나누어 잡아 줍니다.

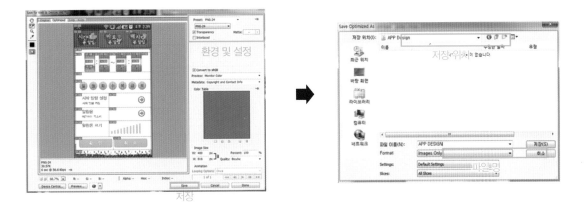

❸ 이미지 파일을 저장할 폴더를 미리 만들고 Save For Web & Devices를 이용해 파일을 저장합니다.

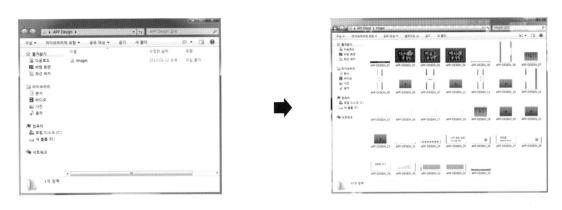

❹ 저장한 폴더에 들어가 보면 자동으로 images라는 폴더가 생성돼 있으며, 그 안에 분할 도구
도구로 나눴던 이미지가 자동으로 저장된 것을 볼 수 있습니다.

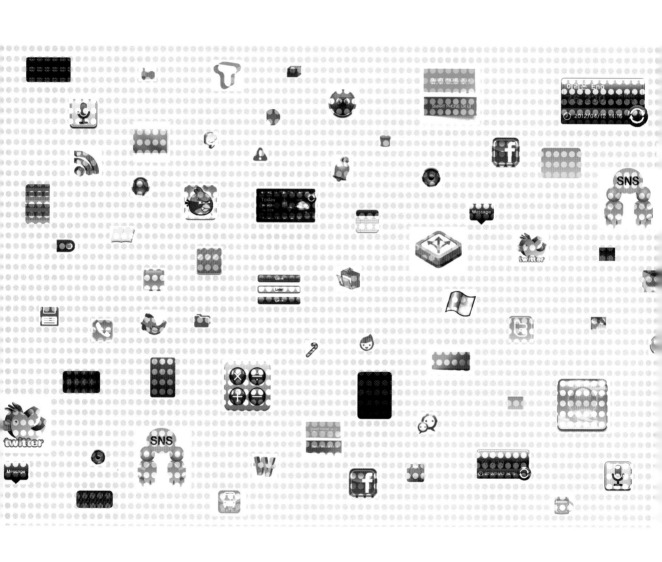

03

스마트폰 앱
UX, UI 디자인

3장에서는 그래픽 프로그램을 이용해 스마트폰 앱 디자인에 사용되는 다양한 아이콘, 배경, 패턴, 버튼과 같은 이미지 등을 각 운영체제의 가이드라인에 맞게 제작하겠습니다.

01

아이콘 디자인

아이콘이란?

아이콘이라는 말은 그림을 의미하는 그리스어인 'eikoon'에서 왔으며, 기호 (Symbol) 또는 문양(Pattern)의 일종입니다. 나타내고자 하는 대상의 닮은꼴이나 의미를 직접 또는 간접적으로 나타내어 대상과의 대응 관계가 맺어질 수 있게 하는 하나의 디자인 매체입니다.

아이콘은 정보를 간단명료하고 빠르게 전달하는 데 유용하며 대중적이고 공공적인 아이콘은 국제 표준기구(ISO)나 국제전기기술위원회(IBC)에서 국제적인 픽토그램(Pictogram) 표준을 만들기도 합니다.

001.
아이콘 디자인의 특징

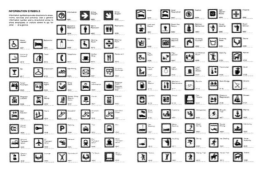

국제 표준 픽토그램

한국 표준 픽토그램

픽토그램은 아이콘과 비슷한 개념으로 공공시설 등을 상징적으로 나타내는 일종의 그림 문자입니다. 그림(Picto)과 메시지라는 의미가 있는 전보 (telegram)의 합성어로 국제적인 행사 등에서 사용할 목적으로 제작된 그림 문자로서, 언어를 초월해서 직관적으로 이해할 수 있게 표현된 그래픽 심볼을 말합니다.

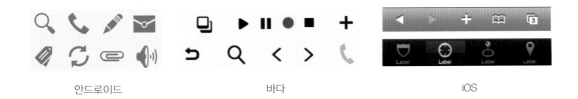

안드로이드　　　　　　　바다　　　　　　　iOS

픽토그램은 의미하는 대상을 상징적이고 시각화시켜 사전에 교육을 받지 않고도 모든 사람이 즉각 이해할 수 있게 설계된 시각 언어로 볼 수 있습니다.

픽토그램은 아이콘의 한 부분이기도 하지만 아이콘은 사용 환경에 따라 좀 더 많은 의미를 지니며, 기능적인 아이콘을 만들기 위해서는 합리적인 설계 과정과 과학적인 평가가 뒤따라야 합니다. 아이콘은 사용 환경을 고려한 인간공학적인 접근이 필요한 그래픽 사용자 인터페이스(GUI)의 중요한 구성 요소 중 하나입니다.

스마트폰 및 모바일 기기의 기능은 더욱 발전하지만, UX/UI에 사용되는 아이콘은 점점 더 단순해지고 있습니다. 이는 모바일 기기와 UI가 전 세계 시장을 대상으로 삼으면서 특별한 매뉴얼 없이도 언어와 인종에 상관없이 모두 사용할 수 있게 만들기 위해서입니다.

원도우 아이콘

피처폰의 아이콘

스마트폰 아이콘

최근에는 컴퓨터와 휴대전화(스마트폰)의 보급으로 아이콘에 대한 중요성이 더욱 커지고 있습니다. 제한된 디스플레이 안에 사용자의 동작 편의성과 기능의 효율성을 극대화하기 위해 아이콘은 계속 발전하고 있습니다.

확실한 메타포의 사용

아이콘은 해당 아이콘이 전달하고자 하는 의미를 명확히 표현해야 합니다. 그렇지만 절대 복잡해서도 안 됩니다. 그러기 위해서는 우리가 평소 알고 있던 관습적이고 직관적인 메타포를 사용하는 것이 중요합니다.

관습적이고 직관적인 메타포를 사용한 iOS 아이콘

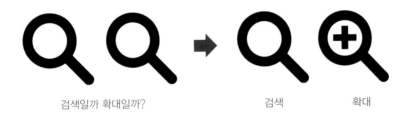

검색일까 확대일까?   검색   확대

메타포의 사용은 적게 사용하는 것이 가장 이상적이지만 단순한 메타포의 사
용은 자칫 그 의미가 모호해질 수 있습니다. 이때 명확한 의미전달을 위해 추
가적인 메타포를 사용하는 것이 좋습니다. 하지만 특별한 경우가 아닌 이상
적어도 두 개 이상의 메타포를 사용하는 것은 좋지 않습니다.

3개의 메타포 사용   2개의 메타포 사용   1개의 메타포 사용

최근에는 고해상도의 스마트폰 디스플레이 덕분에 컴퓨터와 휴대폰의 경계
가 점차 사라지고 그에 사용되는 아이콘 또한 경계가 사라지고 있습니다. 하
지만 물리적으로 작은 휴대폰 디스플레이에는 아이콘이 작게 표현될 수 있기
때문에 많은 메타포를 사용할수록 의미 전달이 모호해질 수 있습니다.

픽셀 디자인(도트디자인)

사진이나 그림을 모니터 상에서 최대한 확대해보면 무수히 많은 점으로 이뤄
져 있는 것을 볼 수 있습니다. 픽셀 디자인이란 임의로 나타나는 점들이 아니

라 실제 작은 점, 즉 픽셀을 하나씩 찍어서 디자이너가 직접 그림을 그리는 것입니다.

큰 이미지보다는 작은 아이콘이나 캐릭터 등에 많이 사용되는 방식이며, 요즘 웹이나 모바일상에서 유행하는 아바타(Avatar) 또는 이모티콘(Emoticon) 등에 많이 사용됩니다.

픽셀 디자인의 특징

- **작은 이미지를 표현하는 데 적합**
  픽셀 디자인은 디자이너가 직접 일일이 픽셀을 찍어서 드로잉하므로 작은 이미지나 아이콘을 제작할 때 명암이나 입체감 등의 섬세한 표현에 적합합니다.

- **적은 용량의 이미지 제작**
  실제 필요한 픽셀만 사용하기 때문에 다른 제작 방식보다 용량면에서 아주 뛰어납니다. 그래서 웹에서 사용할 때 로딩 속도가 빠르고 상대적으로 적은 메모리를 탑재된 모바일 환경에서도 많이 사용됩니다.

- **전문적인 드로잉 기술을 요구**
  픽셀 디자인은 기존 이미지 제작 방식과 달리 작은 이미지에 픽셀을 직접 드로잉해서 제작하기 때문에 이미지의 단순화된 라인 구성, 명암의 단계 등 좀 더 전문적인 제작 방식으로 많은 시간과 기술이 필요합니다.

| 픽셀 아이콘 | 확대 이미지 |

픽셀을 이용한 아이콘 디자인은 가장 대표적인 아이콘 표현 방식이며, 초창기부터 지금까지 널리 사용되는 표현 기법입니다. 알리어스 형식으로 제작되기 때문에 작은 이미지지만 또렷하고 정확하게 표현할 수 있습니다.

픽셀 디자인의 제작 환경

픽셀 디자인은 포토샵의 연필 도구를 이용해 제작합니다. 드로잉이라기보다는 1픽셀의 점을 하나씩 찍어서 그리는 방식이라고 보면 됩니다. 원하는 위치에 원하는 색상의 픽셀로 그림을 그리기 때문에 이미지를 확대해도 깨짐 현상이 일어나지 않고 작은 이미지에 정확하게 표현할 수 있습니다.

최근에도 SNS, 메신저, 멀티 메시지 등을 통해 픽셀 아이콘이 많이 사용됩니다.

평면 아이콘 및 효과

평면 아이콘

모니터 및 스마트폰의 디스플레이가 계속 발전하고 더욱 세밀한 표현까지 가능해졌지만, 단색 평면(flat) 아이콘은 그 사용 빈도와 의미적인 측면에서 더욱더 주목받고 있습니다. 최근에는 과도하게 표현된 아이콘은 조금은 식상하게 받아들여지고 오히려 단순하고 평면적인 아이콘이 본질에 충실하고 제반 역할에 충실하다는 평가를 받고 있습니다. 그래서 실제 스마트폰 앱 디자인에 사용되는 아이콘의 대부분이 이러한 픽토그램 형식의 평면 아이콘입니다.

스마트폰 UI에 사용되는 평면 아이콘

불필요한 효과 및 색상 표현은 절제합니다.

평면 아이콘은 불필요한 테두리, 스타일, 색상과 같은 것이 오히려 혼란을 줄 수 있습니다. 또한, 시스템 아이콘 같은 경우에는 섬세한 아이콘보다는 평면 아이콘이 더 안정적이고 명확한 표현에 적합합니다.

평면 아이콘의 효과

아이콘 표현에서 가장 대표적인 평면 아이콘 또한 단순한 표현에서 그치지 않고 나름의 다양한 효과를 연출할 수 있습니다. 아이콘 자체는 최대한 단순하게 하되 약간의 광채나 그림자, 또는 왜곡으로 사실감을 살릴 수도 있습니다.

평면 아이콘에도 다양한 효과를
적용할 수 있다.

이때 평면 아이콘에 효과를 주기 위해서는 내부의 아이콘 자체는 평면 아이콘 드로잉을 하지만 아이콘 배경이나 전체에 테두리, 그림자 등과 같은 효과를 줌으로써 좀 더 세련되고 섬세한 표현을 할 수 있습니다.

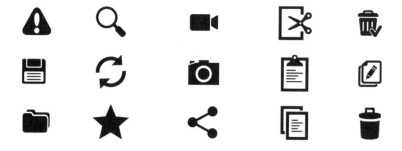

안드로이드 아이스크림 샌드위치
버전에 사용되는 평면 아이콘

평면 아이콘이라고 해서 무조건 단순하게만 표현되지는 않습니다. 최근 안드로이드의 새 버전인 아이스크림 샌드위치에서는 기존 평면 아이콘과 비교하면 좀 더 예리하고 섬세한 아이콘을 사용하고 있습니다.

투시 기법에 따른 아이콘 표현(3D)

투시 기법은 이미지의 입체감을 표현하는 디자인 방법의 하나입니다. 아이콘 디자인에서 가장 많이 사용하는 투시는 1점 투시와 2점 투시 방법이 있습니다. 만약 크기가 큰 아이콘을 제작할 때 자칫 너무 단순하고 깊이감이 없다면 이런 투시를 이용하는 것도 좋은 방법의 하나이며, 최근 3D 느낌의 아이콘을 제작할 때 많이 사용되는 기법입니다.

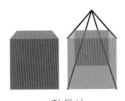

1점 투시

2점 투시

1점 투시의 장점

- 주제 표현이 쉽고 디자인이 단순하다.
- 같은 규격의 아이콘 세트 제작이 쉽다.
- 사용자에게 친숙하고 의미 전달이 쉽다.
- 섬세한 표현이 가능하다.

1점 투시의 단점

- 큰 사이즈 제작 시 단순해 보인다.
- 입체감 표현이 부족하다.
- 단순해서 시선을 끌기가 어렵다.

2점 투시의 장점

- 간단하면서 입체감 표현이 살아난다.
- 큰 사이즈 제작이 가능하다.
- 가장 많이 사용되는 투시 기법이다.

2점 투시의 단점

- 섬세한 표현은 하지 않는다.
- 제작 시 시간과 감각이 필요하다.
- 같은 규격의 아이콘 세트를 만들기 어렵다.
- 작은 아이콘 표현이 쉽지 않다.

1점 투시 아이콘

2점 투시 아이콘

평면 아이콘

1점 투시 아이콘

2점 투시 아이콘

시스템 아이콘

런처 아이콘

같은 아이콘이지만 평면 아이콘, 1점 투시 아이콘, 2점 투시 아이콘을 어떻게 사용하느냐에 따라 용도와 제작 방식이 많이 달라집니다.

주로 평면 아이콘은 내부 UI를 구성하는 시스템 아이콘 등으로 많이 만들고 1점, 2점 투시 아이콘은 런처 아이콘 및 위젯 아이콘 등에 많이 사용됩니다.

최근 앱에 사용되는 아이콘을 제작할 때는 빛의 방향이나 광채의 효과, 3D 효과를 많이 사용합니다. 1점 투시 아이콘이나 2점 투시 아이콘은 실제 3D 프로그램을 이용해 제작할 수 있지만, 그래픽 디자이너들에게 더 익숙한 일러스트레이터나 포토샵으로 투시 기법을 이용해 제작하는 경우가 더 많습니다.

실제 일러스트레이터나 포토샵에는 기본적인 3D 효과를 주는 기능도 있기 때문에 공간 감각과 도구 사용법을 잘 알고 있는 디자이너라면 그리 어렵지 않게 3D 느낌의 아이콘을 쉽게 제작할 수 있습니다.

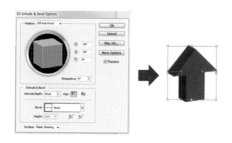

일러스트레이터의 3D 효과

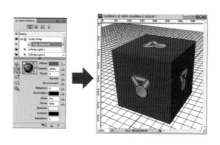

포토샵의 3D 효과

빛과 아이콘 디자인

빛의 방향

그림을 그리거나 어떤 입체감을 표현할 때 빛의 활용과 방향도 아주 중요한 요소 중 하나입니다. 현실에서 실제 빛은 무수히 많은 광선의 조합으로 불규칙하게 전달됩니다. 하지만 그래픽상에서는 빛의 방향을 일정한 한 방향으로 계산해서 적용하면 됩니다.

특히 그림과 그래픽 같은 경우엔 빛의 방향을 알 수 없어서 임의로 빛의 방향을 정하는데, 특별히 빛에 대한 요구사항이 없을 때는 왼쪽 위로 잡아 줍니다.

그림 명암   그라디언트 명암   투 톤 명암

스마트폰 앱 디자인에선 빛의 방향을 상단 광채, 즉 위에서 아래로 내려오는 빛의 방향을 사용합니다. 그 이유는 각기 다른 아이콘이 빛의 방향을 제각기 가지고 있다면 전체 바탕화면 아이콘의 통일성이 떨어지기 때문입니다.

빛의 방향에 따른 광채, 그림자 표현

하지만 최근 아이콘 디자인의 추세는 섬세하게 표현하는 것이 많으므로 빛의 방향을 한쪽으로만 주기엔 단순해질 수 있습니다. 그래서 빛의 방향으로 1차는 위에서, 2차는 좌에서 내려오게 합니다.

빛의 굴절 및 표현

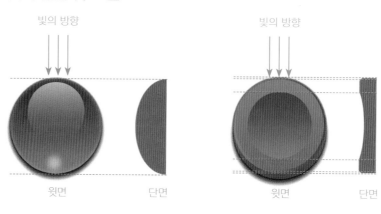

현실에서는 빛의 방향은 불규칙적이지만 그래픽에서는 빛의 방향에 맞게 밝은 부분과 어두운 부분, 그림자의 방향을 쉽게 잡을 수 있습니다. 빛을 받는 위쪽은 밝게 표현, 반대편은 어둡게, 중간 단계는 좌에서 우로 표현하면 됩니다.

하지만 광택이 있는 소재 같은 경우에는 상대적으로 위쪽을 조금 더 어둡게 하는 대신 광채를 줌으로써 더 밝은 느낌을 표현할 수 있습니다.

매끄러운 표면 표현

또한, 아이콘의 소재를 표현할 때 유리나 물처럼 매끄러운 표면일수록 빛의 반사와 굴절을 더 풍부하게 하므로 빛의 표현이 좀 더 과감하고 불규칙합니다. 하지만 스마트폰 런처 아이콘 같은 경우에는 다른 아이콘과 통일성이 없을 수 있으므로 최대한 광채의 방향을 상단 광채로 제한해서 사용해야 합니다.

002.
스마트폰 앱 아이콘의 특징

스마트폰 앱 디자인 중에서 아이콘은 가장 중요한 디자인 요소 중 하나입니다. 앱을 구성하는 가장 핵심적이며 각 기능에 따라 모양과 크기, 표현 기법이 아주 다양하며 아이콘은 버튼으로도 많이 사용됩니다.

텍스트로 일일이 기능을 설명하는 것이 아니라 아이콘 하나만 보더라도 그 기능을 충분히 알 수 있어야 합니다. 또한, 다른 아이콘과의 통일성을 유지해야 하며 런처 아이콘 같은 경우에는 아이콘 하나가 앱의 대표 얼굴이라고 볼 수도 있습니다.

스마트폰 UI 아이콘의 구분

스마트폰에 사용되는 아이콘은 크게 시스템 아이콘, 런처 아이콘, 앱 아이콘 등 크게 3가지로 나뉘며 UI를 구성하고 조작하는 버튼으로 볼 수 있습니다.

시스템 아이콘

스마트폰 UI를 제어하는 아이콘이며, 주로 평면 아이콘 형태로 많이 사용되며 빠른 의미 전달과 작동을 위해 복잡하거나 화려하지 않은 픽토그램(Pictogram) 형식으로 만듭니다.

런처 아이콘(Launcher Icon)

앱 디자인의 가장 대표적인 아이콘으로 앱을 실행하는 아이콘입니다. 2D, 3D 느낌의 다양한 형태로 표현되며, 해당 앱의 얼굴이라고도 할 수 있기 때문에 최대한 품질을 높여서 제작합니다.

앱 아이콘

위젯이나 앱 자체를 제어하는 아이콘으로, 위젯이나 앱 디자인의 일부로 활용되어 앱의 전체 디자인과 통일성을 유지하고 편리하게 조작할 수 있도록 제작합니다.

시스템 아이콘

런처 아이콘

앱 아이콘

스마트폰 앱 아이콘의 특징

스마트폰에 사용되는 아이콘은 아이콘으로서의 의미도 있지만, 대부분이 버튼으로서의 의미가 더 큽니다. 스마트폰은 대부분이 손가락을 이용한 터치스크린 형식이라서 상대적으로 아이콘의 크기를 크게 만들며, 사각형 형태와 터치 영역을 고려해서 제작해야 합니다.

안드로이드 런처 아이콘   아이폰 런처 아이콘

스마트폰 운영체제 가운데 대표격인 안드로이드와 iOS의 런처 아이콘을 비교해보면 가장 큰 차이점은 아이콘 크기와 외각 모양에 있습니다.

안드로이드는 가로/세로 96픽셀 크기 안에(XHDPI 기준) 자유로운 형태로 디자인을 하고 외각은 투명하게 처리하며, 아이폰은 가로/세로 120픽셀(아이폰5 기준) 안에 라운드 사각형 형태로 통일되게 들어갑니다. 또한, 안드로이드는 아이콘 외각이 자유스럽기 때문에 전체 크기에서 아이콘을 제외한 나머지 부분은 투명하게 처리하며, 아이폰의 런처 아이콘은 투명하게 처리하지 않습니다.

HDPI 기준
안드로이드 런처 아이콘은 배경을 투명하게 처리합니다.

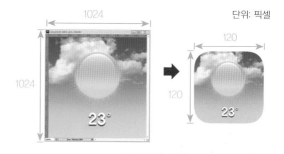

단위: 픽셀

아이폰4.5 기준
아이폰 런처 아이콘은 최초 가로, 세로 1024픽셀의 정사각형 아이콘을 만들고 IOS에 적용하면 자동으로 크기조절과 코너가 라운드화 됩니다.

안드로이드 아이콘 디자인의 특징

디자인 형태

안드로이드 런처 아이콘은 정해진 크기 안에서 자유롭게 제작하는 것이 특징
이지만 터치 영역을 고려해 대체로 사각형 형태를 띠는 경우가 많습니다.

제작 가이드

대신 각기 다른 모양의 아이콘끼리 통일성을 주기 위해 사각형 형태와 원형
형태의 크기 제한을 두고 있습니다.

가로/세로 72픽셀은 전체 터치 영역이 되고 실제 아이콘은 밑의 표와 같은
크기로 제작합니다. 같은 크기라도 사각형 형태의 아이콘이 상대적으로 좀
더 커 보이기 때문에 원형 형태보다 조금 작게 제작합니다.

전체 크기
아이콘 크기
사각형 아이콘 크기

단위: 픽셀

안전 영역(패딩 영역)

	대표이미지	XXXHDPI	XXHDPI	XHDPI	HDPI	MDPI	LDPI
대표 화면 크기		1440 x 2560	1080 x 1920	720 x 1280	480 x 800	320 x 480	240 x 320
전체 크기	512 x 512	192 x 192	144 x 144	96 x 96	72 x 72	48 x 48	36 x 36
아이콘 크기	470 x 470	186 x 186	138 x 138	88 x 88	60 x 60	40 x 40	30 x 30
사각형 아이콘		182 x 182	134 x 134	84 x 84	56 x 56	38 x 38	28 x 28

최근 안드로이드 전용 스토어인 'Play 스토어'에 앱을 등록할 때는 가로/세로가 512픽셀인
대표 이미지를 등록합니다. 그래서 안드로이드 런처 아이콘도 아이폰의 iOS와 마찬가지로
처음부터 512 x 512픽셀로 먼저 제작하기도 합니다. 큰 아이콘부터 작은 아이콘으로 제작하
는 방식이 있으며, 각 크기에 맞는 아이콘을 따로 제작하는 방식도 있습니다.

아이콘은 지나치게 복잡하거나 작은 형태의 디자인을 사용해서는 안 됩니다.
작은 크기에서도 확실히 구별될 수 있게 디자인해야 합니다.

아이콘 디자인 시 아이콘이 잘리도록 디자인해서는 안 됩니다. 완성 크기 안에 적절히 들어갈 수 있게 배치하고 지나친 광택은 피하며, 무광택 소재라도 적절한 빛 효과를 표현해야 합니다.

아이콘 자체의 두께나 너비를 너무 얇게 해서는 안 됩니다. 다른 아이콘과 유사한 두께감을 유지해야 하며, 너무 얇게 디자인하면 배경에 묻혀 보이기 때문입니다.

아이콘은 너무 평면적이지 않고 다양한 효과 및 알파 채널을 이용해 세련된 형태로 제작해야 합니다. 또한, 완성 크기의 전체 프레임에 딱 맞는 크기로 제작하지 않습니다.

> http://developer.android.com/design을 통해 새롭게 바뀐 안드로이드의 디자인적 요소와 레이아웃, 추가 기능 등 새로운 운영체제의 다양한 디자인 정보를 얻을 수 있습니다. 또한, 아이스크림 샌드위치 버전부터 기존 버전과 디자인 및 크기, 색상 톤이 조금씩 달라지기 때문에 스마트 폰의 UX, UI를 디자인할 때는 반드시 해당 버전을 확인하고 개발자와 충분한 논의를 거친 후에 디자인 제작에 임해야 합니다.

구 도

메뉴, 상태, 탭 아이콘 등과 같은 시스템 아이콘은 보통 평면 아이콘 형태로 제작되지만 런처 아이콘 같은 경우에는 평면, 2D, 3D 형태처럼 다양하게 만들 수 있습니다.

평면 런처 아이콘   2D 런처 아이콘   3D 런처 아이콘

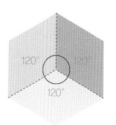

3D 형태로 제작할 때는 여러 각을 가지고 있기 때문에 자칫하면 다른 아이콘과의 통일성이 떨어질 수 있습니다.

그래서 3D 형태의 아이콘을 제작하기 위해서는 **필요각을 120도로 정한 다음 제작해야 가장 이상적인 3D 아이콘을 만들 수 있습니다.**

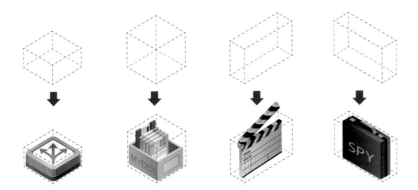

어떤 각이든 하나의 각을 120°로
통일해서 제작함

질감과 색상

런처 아이콘의 조명은 상단 광채를 사용하고 질감과 촉감이 느껴지는 듯한
소재를 이용해 만들어야 합니다. 아이콘 자체는 단순하더라도 소재 자체는
실제로 존재하는 것처럼 보여야 합니다. 특히 채도가 너무 높은 색상은 피해
야 하며, 단색보다는 그라디언트를 이용한 색상으로 표현해야 합니다.

높은 채도의 색상은
피함 (X)

채도가 낮고 안정적인
색을 사용

동일 색상 조합의
그라디언트 사용

색상 못지않게 중요한 부분이 바로 질감입니다. 질감은 단색보다는 실제 촉
감이 느껴질 것 같은 질감을 사용하는 것이 좋습니다. 광택을 너무 많이 사용
하지 않고 광택 및 상단 광채를 주는 디자인을 많이 사용합니다. 이런 부분도
디자인 템플릿을 제공해 사용자가 쉽게 이해하고 참고할 수 있게 자료를 제
공합니다.

최근에는 유리, 금속, 나무, 종이 등과 같은 자연스러운 이미지의 질감을 표
현하는 경우가 많습니다.

http://developer.android.com 사
이트에서 포토샵 PSD 형식으로
icon_templates를 내려받아 사용
할 수 있음

안드로이드 아이콘 템플릿 팩

http://developer.android.com/
shareables/icon_templates-v2.0.zip

http://developer.android.com/
shareables/icon_templates-v2.3.zip

http://developer.android.com/
shareables/icon_templates-
v4.0.zip

레이어 스타일

안드로이드 운영체제는 이처럼 여러 방면으로 가이드라인을 제시하고 있습니다. 그중에서도 실무자가 바로 이용할 수 있는 포토샵 PSD 파일을 제공합니다.

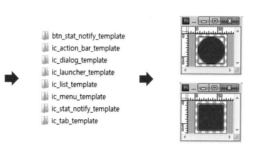

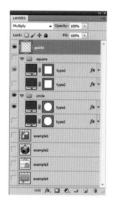

런처 아이콘 샘플과 레이어 스타일이 적용돼 있음

아이콘 자체를 디자인하는 데 사용되는 레이어 스타일은 디자이너 자신이 꾸밀 수 있으나 전체 외각을 표현하고 완성할 때는 제공되는 템플릿의 레이어 스타일에 맞춰 제작하는 것을 권장합니다.

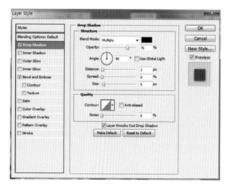

Drop Shadow
- Opacity: 75%
- Blend Mode: Multiply
- Angle: 90 º
- Distance: 5px
- Spread: 0%
- Size: 5px

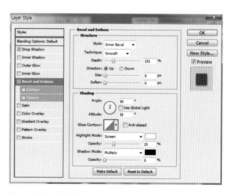

Bevel & and Emboss
- Style: Inner Bevel
- Technique: Smooth
- Angle: 90 º
- Highlight Opacity: 25%
- Shadow Opacity: 0%

http://developer.android.com에서 제공하는 디자인 템플릿의 레이어 스타일 효과

안드로이드 마켓용 아이콘 제작 틀 설정

안드로이드 관련 아이콘을 제작할 때 포토샵에서 형태별 제작 틀을 제작
해서 규격에 맞는 아이콘을 제작하게 됩니다. 이때 모든 단위는 픽셀을
기준으로 합니다.

안드로이드 아이콘은 스토어용 512픽셀 규격부터 XXHDPI의 144픽셀,
XHDPI의 96픽셀, HDPI의 72픽셀 순으로 제작하며 그 이하 해상도는 별
도로 제작하지 않습니다.

1) 스토어용 완성 크기인 512 x 512 창을 엽니다.

2) 실제 아이콘 크기인 470 x 470 창을 열고 색을 채워
넣습니다.

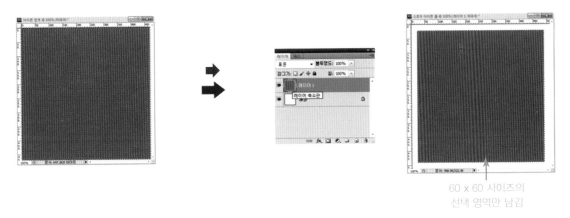

60 x 60 사이즈의
선택 영역만 남김

3) 470창을 전체 선택(Ctrl + A)해서 복사한 후 미리 열어둔 512 창에
붙여 넣습니다.

4) 레이어 썸네일에 Ctrl + 클릭하여 470픽셀 영역만큼 선택한
뒤 Delete키를 이용해 지워 470픽셀의 선택 영역만 남깁니다.

사각형 선택 도구의 Style을 Fixed Size로 이용하는 방법과 가이드(Guides)를 사용하는 방
법도 있지만, Fixed Size는 화면 정 중앙에 맞추기가 어렵고, 가이드는 정확한 치수만큼 설
정하기가 어려우므로 위와 같은 방법을 이용하면 화면 정 중앙에 정확한 치수의 가이드를
만들 수 있습니다.

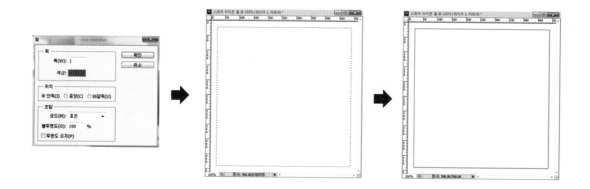

이와 같은 방법으로 나머지 해상도의 XXHDPI의 완성 크기인 144 x 144에 실제 아이콘 크기 140 x 140 가이드를 만들고 그다음 XHDPI 완성 크기인 96 x 96에 아이콘 크기 88 x 88 가이드, HDPI 완성 크기인 76 x 76에 아이콘 크기 60 x 60 가이드 순으로 각 완성 크기에 아이콘 크기를 표시한 아이콘 디자인 틀을 완성합니다. 그리고 최근에는 MDPI, LDPI 해상도는 만들지 않습니다.

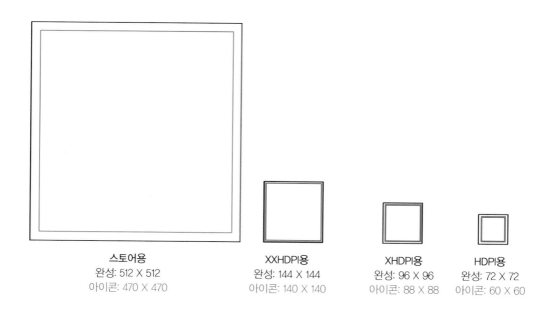

스토어용
완성: 512 X 512
아이콘: 470 X 470

XXHDPI용
완성: 144 X 144
아이콘: 140 X 140

XHDPI용
완성: 96 X 96
아이콘: 88 X 88

HDPI용
완성: 72 X 72
아이콘: 60 X 60

아이폰 아이콘 디자인의 특징

아이폰 디자인 원칙

애플 자체의 디자인 철학은 바로 최소한의 디자인으로 최대한의 효과를 얻는
것입니다. 그리고 절대 기계적이지 않고 사용자의 편의를 고려한 UX 구성입
니다. 다음은 아이폰의 디자인 원칙을 간략하게 나열한 것입니다.

> 1) 아이콘 및 UI 구성을 명확하게 합니다.
> 2) 중요하고 자주 사용하는 정보는 상단에 배치합니다.
> 3) 사용자의 입력을 최소화합니다.
> 4) 아이콘 및 내용의 표현은 간결하게 합니다.
> 5) 조작할 수 있는 요소는 손가락으로 터치할 수 있는 충분한 영역을 제공합니다.

아이폰 인터페이스 구성

기본 내부 UI뿐 아니라 기타 앱을 기획하고 제작할 때도 위와 같은 원칙에 맞
춰 기획과 디자인하는 것을 권장합니다.

상태 바는 신호 감도, 배터리, 네트워크 상태 등을 나타내는 부분
으로 앱을 제작할 때 보이거나 감출 수 있습니다.

내비게이션 바는 현재 보이고 있는 화면을 제어 및 이동하는 버
튼 바입니다.

콘텐츠 영역은 해당 앱이나 중요 내용을 배치하는 곳으로 중요
성에 따라 위에서 아래로 배치하며, 스크롤 및 슬라이드 구성으
로 보일 수 있게 디자인합니다.

도구 바는 현재 보이는 콘텐츠 내용이나 앱의 다양한 기능을 수
행하는 버튼 바이며, 평면 형태의 아이콘 디자인으로 같은 간격
으로 배치합니다.

디자인 형태 :

운영체제별로 아이콘의 정확한 디자인 주제를 정해 놓고 있지는 않지만 대부
분 안드로이드 아이콘 디자인의 특징이 메타포의 형상화라면 아이폰 아이콘
디자인의 특징은 사실성과 메타포의 직관적인 표현입니다. 하지만 최근에는

개인별로 아이콘을 제작해서 사용하는 예도 많아서 꼭 위와 같은 형식을 맞추진 않습니다.

안드로이드의 런처 아이콘   아이폰의 런처 아이콘

또한, 아이콘 런처 아이콘 디자인할 때 주의할 점은 사용할 땐 라운드 사각형 형태지만 실제 디자인을 할 땐 정사각형 형태로 제작해야 한다는 것입니다.

iOS 자체에서 아이콘의 코너를 자동으로 둥글게 처리하고 상단 광채 또한 자동으로 적용되기 때문입니다. 사각형 전체가 아이콘 일부이기 때문에 디자인할 때 사각형 전체를 고려해서 디자인해야 합니다.

전체가 아이콘 영역   자동으로 코너가 라운드화 됨

제작 순서 및 사이즈

하나의 앱을 개발하기 위해서는 다양한 디스플레이 환경에 적용할 수 있게
효율적으로 제작해야 합니다. 보통 큰 사이즈를 기준으로 작은 사이즈 순으
로 제작하게 됩니다. 특히 아이폰 디자인은 이런 규칙을 잘 따라야 효율적으
로 제작할 수 있습니다.

단위: 픽셀

아이폰 필수 이미지 제작 순서							
종류	아이콘	런처 아이콘				앱 로딩	
크기	1024 x 1024	180 x 180	120 x 120	120 x 120	60 x 60	640 x 960	320 x 480	2048 x 1536
용도	앱스토어	아이폰 6 Plus	뉴아이패드	아이폰 4/5/6	아이폰3	아이폰4	아이폰3	아이패드

앱 스토어용 아이콘은 가로/세로 1024픽셀의 icon.jpg를 만들고 그다음 뉴
아이패드, 아이폰4/5, 아이패드, 아이폰3GS 순으로 제작하며, 해당 폴더에
각각의 파일명으로 저장하면 됩니다. 하지만 전체 크기에서는 아이폰4/5와
아이폰3의 비율이 같아서 크기 조절만 하면 되지만 아이패드는 비율이 달라
서 별도로 전체 크기로 제작해야 합니다.

실제 완성은 정사각형으로
제작하여 iOS에 바로 적용
한다.

라운드 코너 형태로 디자
인 할 경우엔 애플에서 제
공하는 디자인 틀에 맞춰
디자인 한다.

실제 보여지는 프로토타
입으로 제작할 경우 위와
같이 표현 된다.

※ iOS7 런처아이콘 디자인틀 PSD 파일은 http://cafe.naver.com/032cafe 에서 내려 받을 수 있습니다.

02
스마트폰 앱 UX, UI 디자인

일러스트레이터 오브젝트의 포토샵 활용

스마트폰 UX, UI 디자인 및 아이콘 제작을 할 때는 주로 포토샵을 이용하지만 새롭게 제작되는 아이콘 같은 경우에는 일러스트레이터에서 제작해서 포토샵으로 가져갈 때가 많습니다. 일러스트레이터에서 드로잉한 후 포토샵에서 효과를 주고 저장하는 것이 일반적인 제작 과정입니다.

001.
일러스트레이터를 활용한 아이콘 디자인

시스템 아이콘(평면 아이콘)의 포토샵 활용

일러스트레이터에서 제작된 아이콘

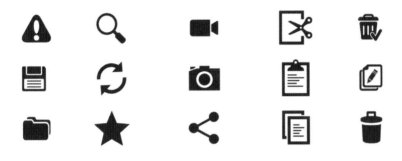

1) 일러스트레이터에서 제작된 오브젝트를 복사한 다음 포토샵에서 새 창을 엽니다. 이때 원하는 가로/세로 크기를 입력합니다.

2) 붙여 넣은 후 Smart Object로 선택하고 창 크기에 맞게 조절합니다.

Smart Object는 일러스트레이터의 벡터 파일과 연결돼 있으며, 포토샵상에서 크기 조절을 해도 이미지가 깨지지 않습니다.

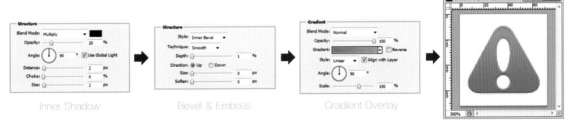

Inner Shadow   Bevel & Emboss   Gradient Overlay

3) 가이드 라인에서 제시하는 레이어 스타일을 적용합니다.

이처럼 일러스트레이터에서 제작한 오브젝트를 포토샵으로 불러와 가이드 라인에서 제시하는 색상과 레이어 스타일을 적용해 필요한 형태의 아이콘으로 만들 수 있습니다.

런처 아이콘 포토샵 활용

런처 아이콘을 제작할 때도 마찬가지로 일단 일러스트레이터에서 제작한 오브젝트를 포토샵으로 불러와서 필요한 레이어 스타일을 적용하면 됩니다. 런처 아이콘 같은 경우에는 주로 Drop Shadow와 Outer Glow 효과를 적용합니다. 이때 레이어 스타일의 옵션은 완성 크기에 맞는 범위 내에서 적용합니다.

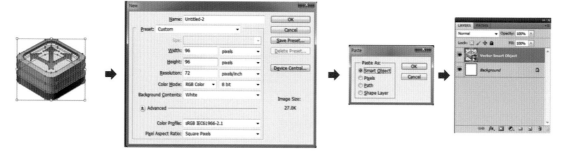

1) 일러스트레이터에서 제작된 오브젝트를 복사한 다음 포토샵에서 새 창을 엽니다. 이때 원하는 가로/세로 크기를 입력합니다.

2) 붙여 넣기 한 후 Smart Object로 선택하고 창 크기에 맞게 조절합니다.

안드로이드 운영체제 아이콘은 해당 크기에 아이콘을 불러올 때 완성 크기로 불러오는 것이 아니라 앞 과정에서 제작했던 안전 영역(패딩 영역), 원형 아이콘 영역, 사각형 아이콘 영역의 가이드에 맞춰서 가져옵니다.

Drop Shadow

Outer Glow

3) 가이드 라인에서 제시하는 레이어 스타일을 적용합니다.

이 같은 방법은 안드로이드 런처 아이콘이나 시스템 아이콘 제작할 때 활용합니다. 아이폰의 iOS 같은 경우에는 아이콘 자체가 정사각형 형태를 띠고 있기 때문에 외각에 Drop Shadow나 Outer Glow 효과를 줄 필요가 없습니다.

기본 아이콘 디자인

스마트폰 앱에 사용되는 아이콘의 종류와 모양은 수없이 많습니다. 그래서 필요에 따라 일러스트레이터와 포토샵을 번갈아 가면서 제작해야 합니다.

복잡한 아이콘을 만들어 보기 전에 기본 아이템을 만들어 보면서 직접 선택 도구, 회전, 반전, 복사, 패스파인더 등 도구의 활용과 오브젝트의 구성, 편집 등 아이콘을 만드는 데 필요한 일러스트레이터의 기본 기능에 대해 알아보겠습니다.

입체 사각형1   입체 사각형2   십자가   원기둥   하트

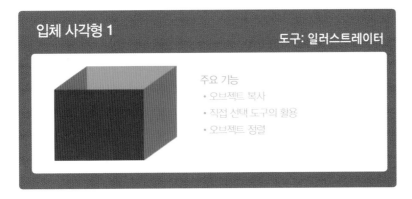

입체 사각형 1   도구: 일러스트레이터

주요 기능
* 오브젝트 복사
* 직접 선택 도구의 활용
* 오브젝트 정렬

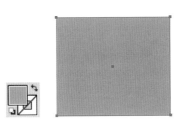

1) 면 색만 있는 기본 사각형 도형을 그립니다.

복사

2) 1번을 Alt + Shift 키를 이용해 동일 선상으로 복사해서 2번을 만듭니다.

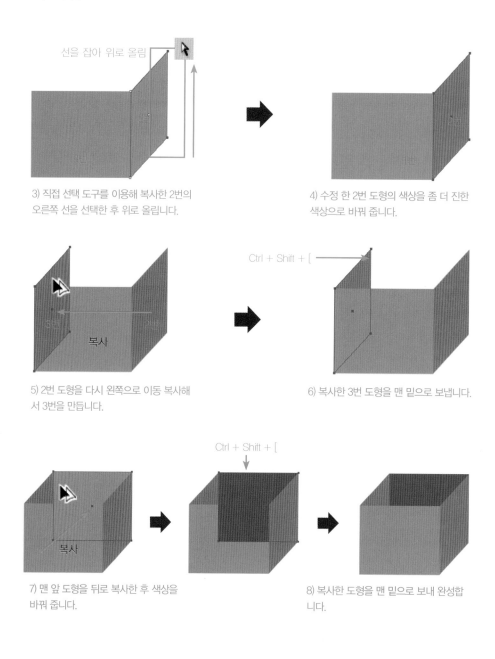

3) 직접 선택 도구를 이용해 복사한 2번의 오른쪽 선을 선택한 후 위로 올립니다.

4) 수정 한 2번 도형의 색상을 좀 더 진한 색상으로 바꿔 줍니다.

5) 2번 도형을 다시 왼쪽으로 이동 복사해서 3번을 만듭니다.

6) 복사한 3번 도형을 맨 밑으로 보냅니다.

7) 맨 앞 도형을 뒤로 복사한 후 색상을 바꿔 줍니다.

8) 복사한 도형을 맨 밑으로 보내 완성합니다.

입체 사각형 2   도구: 일러스트레이터

주요 기능
- 오브젝트 복사
- 직접 선택 도구의 활용
- 오브젝트 정렬

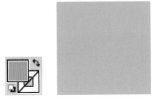

1) 면 색만 있는 기본 사각형 도형을 그립니다.

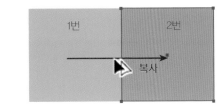

2) 1번을 Alt + Shift 키를 이용해 동일 선상으로
복사해서 2번을 만든 후 색상을 바꿔 줍니다.

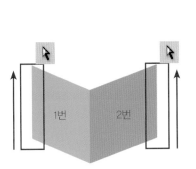

3) 직접 선택 도구를 이용해 양쪽 선을 위로 올려 준
후 1번을 위로 복사해서 3번을 만듭니다.

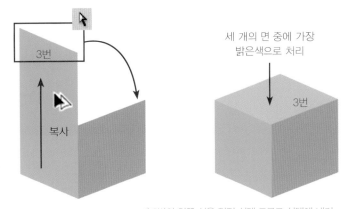

세 개의 면 중에 가장
밝은색으로 처리

4) 3번의 위쪽 선을 직접 선택 도구로 선택해 내려
준 후 색상을 밝게 합니다.

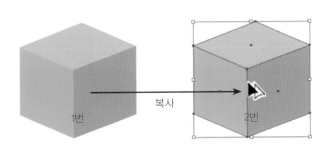

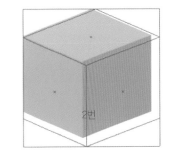

5) 완성된 오브젝트 전체를 그대로 복사합니다. 그다음 복사한 2번 오브젝트 전체를 Shift 키를 누른 상태에서 크기를 키워 줍니다.

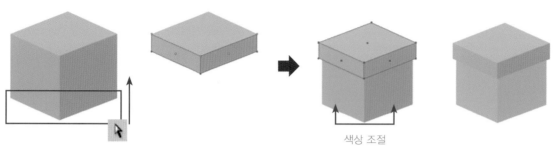

6) 직접 선택 도구로 밑 포인터만 선택한 후 위로 올려서 높이를 줄여 줍니다.

7) 높이를 줄인 이미지로 위 뚜껑을 만들어 줍니다. 밑의 도형의 색상을 조금 변화를 주어 뚜껑과 색상 차를 두어 완성합니다.

색상 조절

전체 선택 도구로 높이를 줄인 경우

직접 선택 도구로 높이를 줄인 경우

전체 선택 도구로 높이 변화를 주면 오브젝트 전체가 줄어들기 때문에 원래 있던 비율이 깨집니다. 이때 직접 선택 도구를 이용해 선의 길이만 줄이면 전체 비율은 유지하되 높이만 줄일 수 있습니다.

십자가

도구: 일러스트레이터

주요 기능

• 오브젝트 회전
• 오브젝트 합치기
• 둥근 모서리화(Round Corners)
• 오브젝트 확장(Expand Appearance)

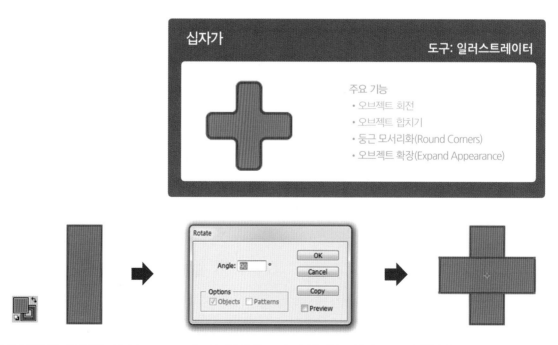

1) 선과 면이 있는 사각형을 그립니다.

2) 도구 바에 회전(Rotate) 도구를 더블클릭해서 90도로 복사합니다.

3) 두 오브젝트를 선택한 후 패스파인더(Pathfinder)에서 두 오브젝트를 합칩니다(Unite).

4) Effect → Stylize → Round Corners를 이용해 코너값을
둥글게 처리합니다.

5) Object → Expand Appearance를 이용해 Effect 효과를
확장 시켜 줍니다.

원기둥

도구: 일러스트레이터

주요 기능
• 오브젝트 합치기
• 포인터 삭제
• 직접 선택 도구의 활용

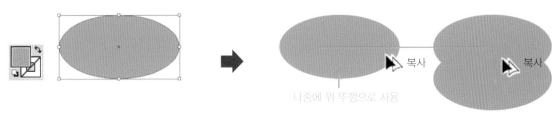

1) 면 색만 있는 타원을 그립니다.

2) 1번을 복사해서 2번을 만들고 다시 2번을 겹치게 복사해서 3번을 만듭니다.

3) 2, 3번 오브젝트를 선택한 후 패스파인더(Pathfinder)에서 두 오브젝트를 합칩니다(Unite).

4) 포인터 삭제 도구(Delete Anchor Point Tool)를 이용해 안쪽 포인터를 없애면 포인터가 사라지면서 나머지 두 선이 연결됩니다.

5) 남은 1번을 위에 배치하고 높이를 위로 올립니다. 색상은 밝게 처리합니다.

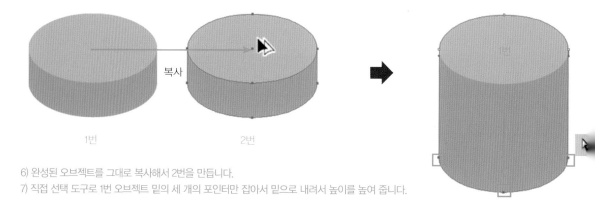

6) 완성된 오브젝트를 그대로 복사해서 2번을 만듭니다.

7) 직접 선택 도구로 1번 오브젝트 밑의 세 개의 포인터만 잡아서 밑으로 내려서 높이를 높여 줍니다.

> 직접 선택 도구로 밑의 세 개의 포인터를 한 번에 잡기 어렵다면 Shift 키를 눌러 하나씩 선택할 수도 있습니다.

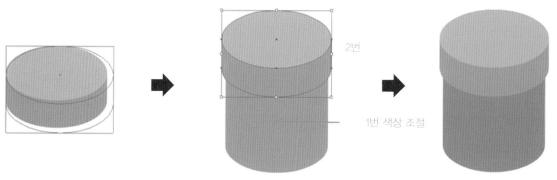

8) 2번 오브젝트를 Shift 키를 누른 상태에서 크기를 조금 키워 줍니다.

9) 2번 오브젝트를 1번 위에 배치하고 1번의 몸통 부분의 색상을 조절해서 완성합니다.

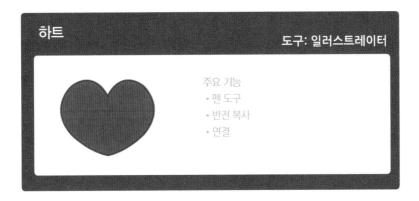

하트

도구: 일러스트레이터

주요 기능
- 펜 도구
- 반전 복사
- 연결

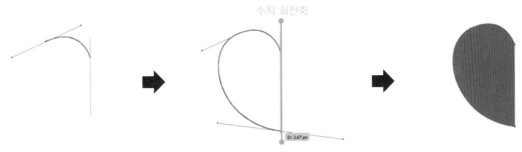

1) 하트는 좌우가 대칭이기 때문에 펜 도구를 이용해 하트의 절반을 그립니다. 이때 시작점과 끝점의 위치는 수직이 되게 합니다.

2) 한쪽 모양이 완성되면 면 색과 선 색을 넣습니다.

좌우 반전은 수직을, 상하 반전은 수평을 회전축으로 사용합니다.

3) 반전 도구(Reflect Tool)를 더블클릭해서 좌우 반전(Vertical)을 체크하고 복사합니다.

4) 떨어져 있는 위쪽과 아래쪽의 두 점을 직접 선택 도구로 잡아서 연결(Ctrl + J)합니다.

응용 아이콘 디자인

기본 아이템 제작에 사용되던 다양한 기능을 이용해 좀 더 섬세하고 완성도 있는 아이템을 제작해보고 다양한 표현 기법에 대해 알아봅니다.

책 표지	두루마리	폴더	지팡이
CD	물컵	종	윈도우

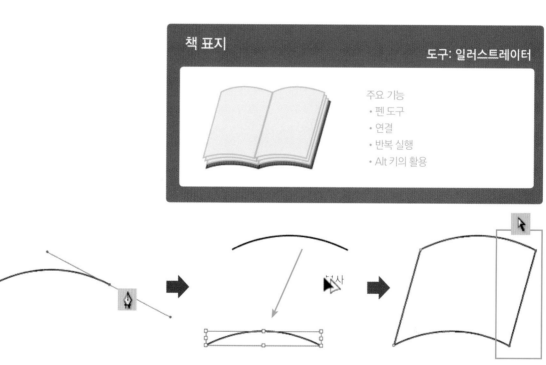

1) 펜 도구를 이용해 수평인 곡선을 만든 후 왼쪽 위로 복사합니다.   2) 떨어진 두 점을 직접 선택 도구를 이용해 연결(Ctrl + J)합니다.

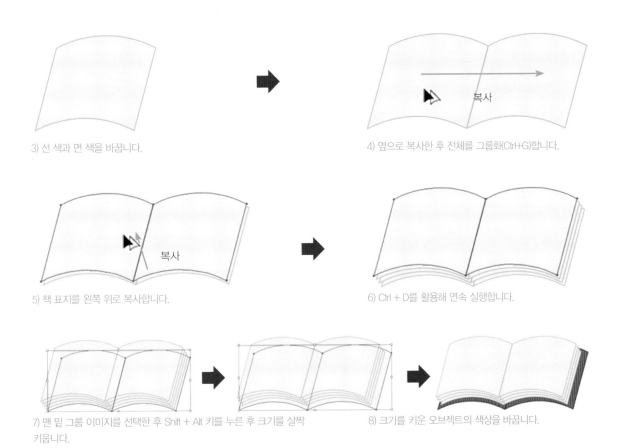

3) 선 색과 면 색을 바꿉니다.

4) 옆으로 복사한 후 전체를 그룹화(Ctrl+G)합니다.

5) 책 표지를 왼쪽 위로 복사합니다.

6) Ctrl + D를 활용해 연속 실행합니다.

7) 맨 밑 그룹 이미지를 선택한 후 Shift + Alt 키를 누른 후 크기를 살짝 키웁니다.

8) 크기를 키운 오브젝트의 색상을 바꿉니다.

두루마리

도구: 일러스트레이터

주요 기능
• 펜 도구
• 연결
• 회전
• 오브젝트 정돈

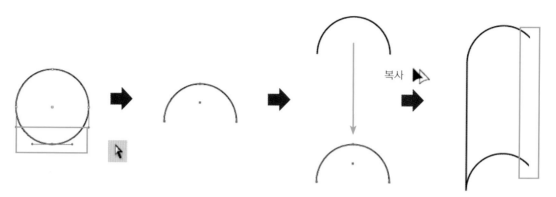

1) 정원을 그린 후 직접 선택 도구로 밑 부분을 지웁니다.

2) 반원을 수직으로 복사한 후 떨어진 두 점을 연결(Ctrl + J)합니다.

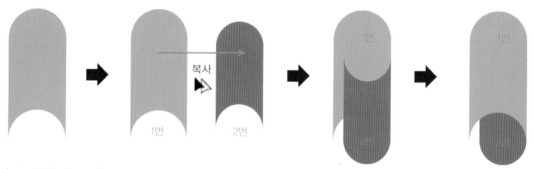

3) 오브젝트의 색상을 바꾼 후 1번을 복사해서 2번을 만듭니다. 복사한 2번의 크기를 줄입니다.

4) 회전(Rotate) 도구를 이용해 2번을 180도 회전시킨 후 1번 밑으로 배치(Ctrl + [)합니다.

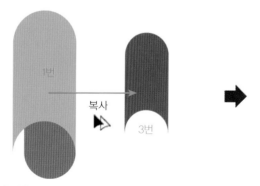

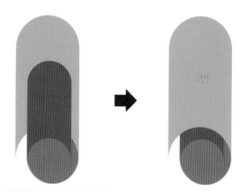

5) 1번을 복사해 3번을 만듭니다. 3번의 크기를 줄인 후 색상을 진하게 바꿉니다.

6) 3번을 2번 위치에 맞춘 후 1번을 맨위로 보냅니다(Ctrl + Shift +]).

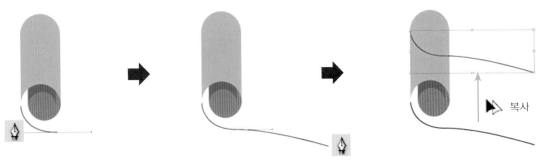

7) 펜 도구를 이용해 1번과 이어지는 듯한 곡선을 만듭니다.

8) 펜 도구로 그린 선을 복사합니다.

9) 직접 선택 도구로 떨어진 두 점을 연결(Ctrl + J)합니다.

10) 색상을 바꾼 후 맨 뒤(Ctrl + Shift + [)로 보내 완성합니다.

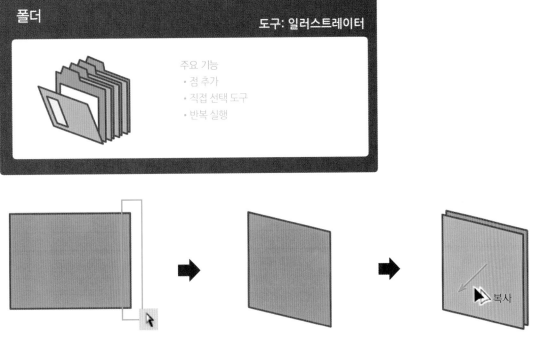

폴더

도구: 일러스트레이터

주요 기능
- 점 추가
- 직접 선택 도구
- 반복 실행

1) 사각형을 그린 후 직접 선택 도구를 이용해 한쪽을 기울입니다.

2) 왼쪽 아래로 복사합니다.

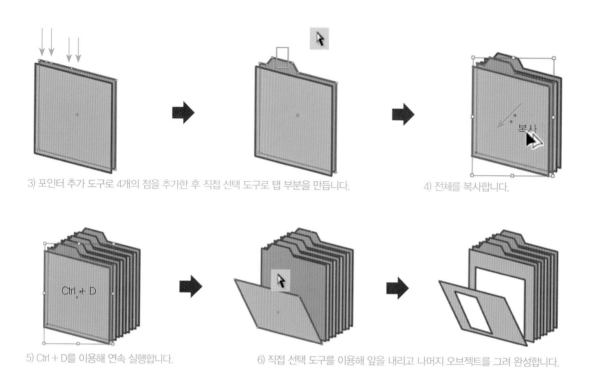

3) 포인터 추가 도구로 4개의 점을 추가한 후 직접 선택 도구로 탭 부분을 만듭니다.

4) 전체를 복사합니다.

5) Ctrl + D를 이용해 연속 실행합니다.

6) 직접 선택 도구를 이용해 앞을 내리고 나머지 오브젝트를 그려 완성합니다.

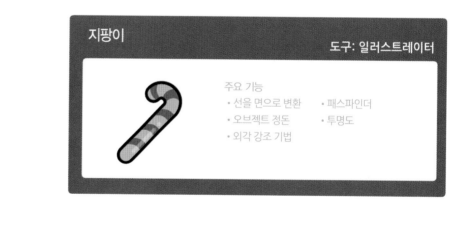

지팡이

도구: 일러스트레이터

주요 기능
- 선을 면으로 변환
- 오브젝트 정돈
- 외각 강조 기법
- 패스파인더
- 투명도

1) 적당한 라운드 사각형을 그린 후 직접 선택 도구를 이용해 위와 같은 모양만 남겨두고 지웁니다.

2) 선의 두께와 끝 처리를 둥글게 만든 다음 Object → Path → Outline Stroke을 적용해 선을 면으로 변환합니다.

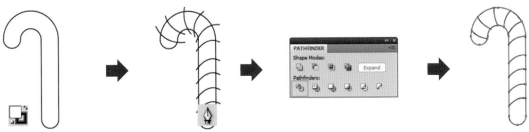

3) 면으로 변환한 오브젝트를 다시 기본선 + 면으로 바꾼 후 펜 도구를 이용해 나눠줄 선을 만듭니다.

4) 면과 나눠줄 선을 동시에 선택한 후 패스파인더를 이용해 전체를 나눕니다.

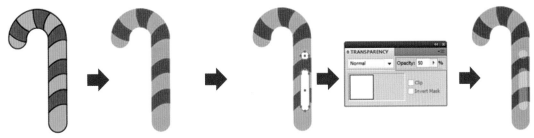

5) 직접 선택 도구를 이용해 나뉜 각 부분에 색상을 넣습니다.

6) 광택 부분을 그린 후 Transparency 팔레트에서 투명도를 50%로 낮춥니다.

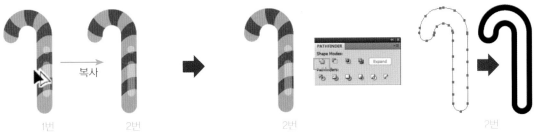

복사

1번　　　　2번

2번　　　　　　　2번

7) 1번 전체를 복사해서 2번을 만듭니다.

8) 복사한 2번을 패스파인더를 이용해 하나의 오브젝트로 합칩니다. 그다음 검은색 선을 준 후 두께감을 줍니다.

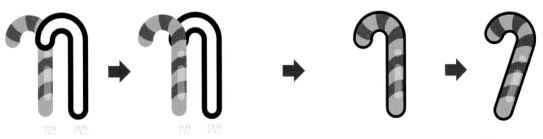

1번 2번　　　　1번 2번

9) 1번과 2번을 겹친 후 2번을 1번 뒤로(Ctrl X [) 보냅니다.

10) 1번과 2번을 정확히 정렬한 후 살짝 기울여 줍니다.

이와 같은 표현 방법은 외각 강조 기법이라 하며, 전체 외각에 선을 주어 아이콘이나 캐릭터를 강조하는 표현 기법의 하나입니다. 포토샵에선 레이어 스타일의 Stroke과 같은 표현 방식입니다.

CD

도구: 일러스트레이터

주요 기능
• 크기 조절 도구
• 패스파인더
• 그라디언트

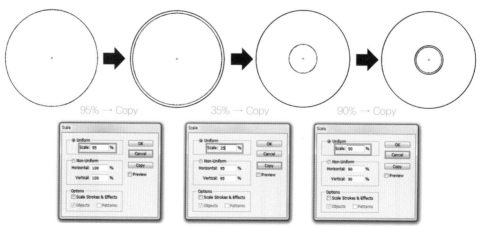

95% → Copy   35% → Copy   90% → Copy

1) 정원을 그린 후 크기 도구를 더블클릭해서 95% → 35% → 90% 순으로 복사합니다.

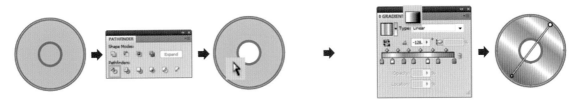

2) 전체를 선택한 후 패스파인더로 나눈 후 직접 선택 도구를 이용해
가운데 원만 지웁니다.

3) 중간 원을 선택한 후 선형(Liner) 그라디언트를 적용한 후 색상과
방향을 조절합니다.

물컵   도구: 일러스트레이터

주요 기능
- 선을 면으로 변환   • 패스파인더
- 오브젝트 정돈   • 투명도
- 점 삭제

1) 적당한 타원을 그린 후 2, 3번을 복사해서 겹쳐놓습니다.

2) 겹쳐진 2, 3번을 패스파인더를 이용해 합칩니다.

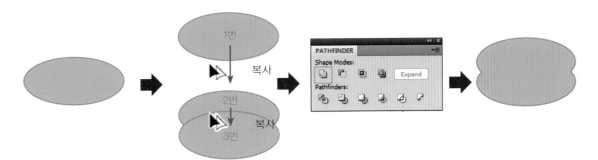

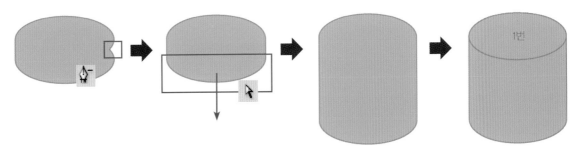

3) 포인터 삭제 도구를 이용해 양쪽 골진 점을 삭제한 후 직접 선택
도구로 높이를 늘립니다.

4) 처음에 만든 1번을 맨 위로 보낸 후 윗면을 만듭니다.

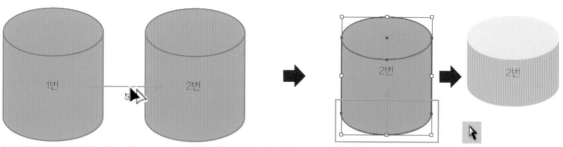

5) 전체를 복사해서 2번을 만듭니다.

6) 2번 전체를 Shift 키를 눌러 크기를 살짝 줄인 후 직접 선택 도구로 높이도 줄입니다.

7) 선을 없앤 후 색상을 바꿔줍니다.

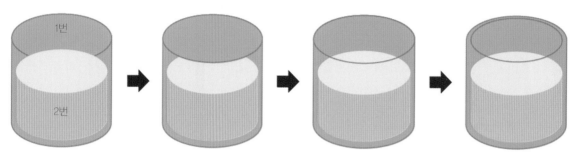

8) 1번과 2번을 겹쳐 놓고 1번의 윗면을 맨 위로(Ctrl + Shift +]) 올립니다.

9) 윗면의 면 색을 없앤 후 크기를 조금 줄여 줍니다.

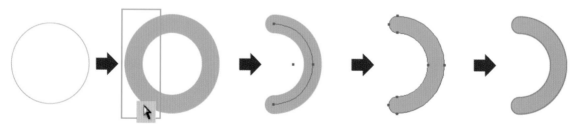

10) 선만 있는 정원을 만든 후 두께감을 줍니다. 직접 선택 도구를 이용해 절반을 지운 후 끝 처리를 둥글게 합니다.

11) Object →Path → Outline Stroke를 이용해 면으로 변경한 후 선과 면색을 적용합니다.

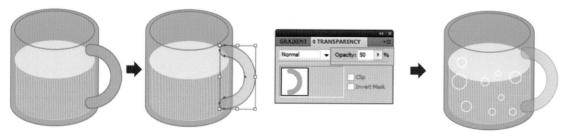

12) 컵 몸통과 겹친 후 Transparency 팔레트에서 투명도를 낮춥니다.

13) 내부에 선만 있는 물방울을 그려 완성합니다.

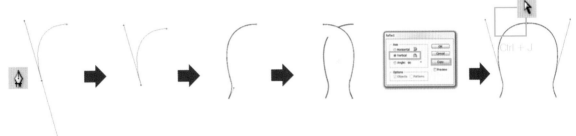

1) 펜 도구를 이용해 종의 한쪽 모양을 만듭니다.

2) 반전 도구를 이용해 반전 복사한 후 두 선을 직접 선택 도구로 선택해 연결(Ctrl + J)합니다.

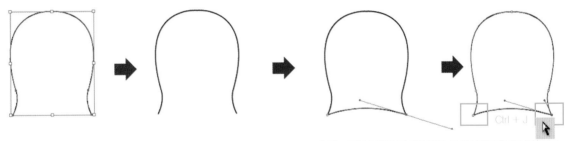

3) Object → Lock (Ctrl + 2)을 걸어 잠급니다.

4) 펜 도구를 이용해 밑 선을 만든 후 다시 잠금을 풉니다(Ctrl + Alt + 2). 그런 다음 떨어진 두 부분을 연결합니다.

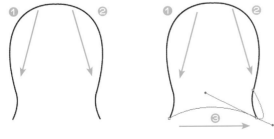

제작 순서 및 패스의 방향

패스가 그려지는 방향을 정방향이라고 합니다. 이때 같은 정방향끼리 패스가 만나게 되면 패스가 왜곡되는 현상이 있습니다.

옆 그림처럼 ②과 ③번이 정방향으로 오다가 서로 만나게 되면 한쪽 선이 왜곡됩니다. 작업상 이럴 때는 미리 오브젝트를 잠근 후 선을 만들고 그다음 연결하면 됩니다.

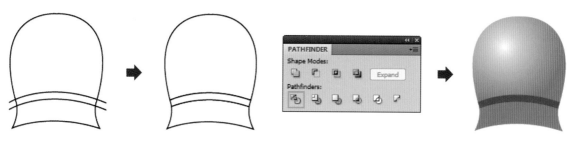

5) 펜 도구를 이용해 두 선을 만든 후 패스파인더로 나눠 줍니다.

6) 원형 그라디언트를 이용해 색상을 넣어 줍니다.

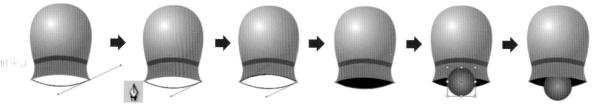

7) 펜 도구를 이용해 밑 부분을 그리고 색상을 변경한 후 맨 밑
(Ctrl + Shift + [)으로 보냅니다.

8) 원형 그라디언트를 이용해 방울을 만든 후 종을 맨 위
(Ctrl + Shift +])로 보냅니다.

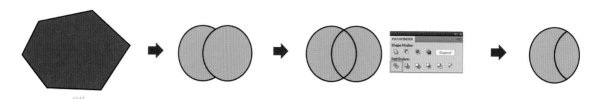

9) 펜 도구로 6각형을 만듭니다.

10) 원을 두 개를 만들어 겹친 후 패스파인더를 이용해 나눕니다. 그다음
직접 선택 도구로 나뉜 오른쪽을 지웁니다.

11) 1번과 2번을 겹친 후 패스파인더를 이용해 나눠줍니다.

12) 직접 선택 도구로 가운데를 지운 후 다시 펜 도구를 이용해 두 개의 사
각형을 만들어 완성합니다.

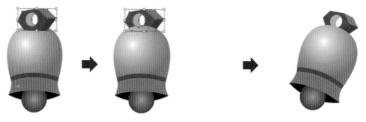

13) 종과 고리를 겹친 후 고리를 맨 뒤로 보냅니다.

14) 전체를 살짝 기울여 완성합니다.

윈도우 로고　　　　　　　　　　도구: 일러스트레이터

주요 기능
• 펜 도구
• 그라디언트
• 패스파인더
• 외각 강조 기법

1) 펜 도구를 이용해 곡선을 만든 후 왼쪽 아래로 복사합니다.　　　2) 떨어진 두 점을 직접 선택 도구를 이용해 연결(Ctrl + J)합니다.

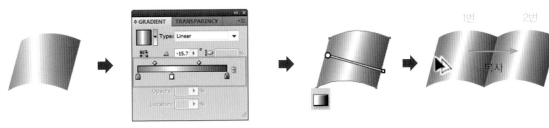

3) 3단계의 선 형 그라디언트를 적용합니다.　　　4) 그라디언트 도구를 이용해 방향을 잡은 후 1번을 복사해서 2번을 만듭니다.

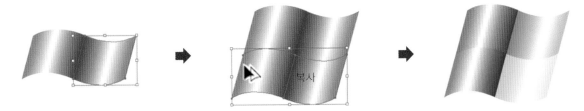

5) 2번을 회전시켜 1번과 위치를 맞춥니다.　　　6) 전체를 복사한 후 각 그라디언트 색상을 바꿉니다.

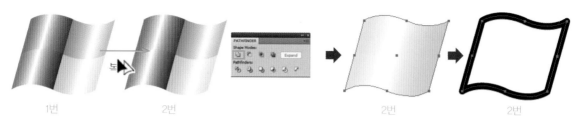

7) 전체를 복사해서 2번을 만든 후 2번을 패스파인더에서 합칩니다.   8) 합쳐진 2번에 선을 적용하고 두께와 코너값을 부드럽게 처리합니다.

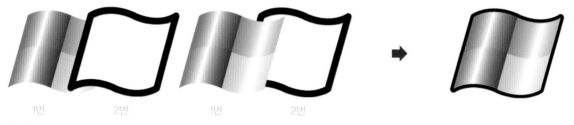

9) 1번과 2번을 겹친 후 2번을 1번 뒤로(Ctrl X [) 보냅니다.   10) 1번과 2번을 서로 정렬합니다.

스마트폰 UI 아이콘 디자인

스마트폰 아이콘은 크게 앱을 실행하는 런처 아이콘과 UI를 실행하는 시스템 아이콘으로 구분됩니다. 이런 아이콘 제작은 운영체제별 가이드 라인에 맞춰 제작하며, 주로 일러스트레이터나 포토샵 등을 이용해 제작합니다. 이번 과 정에서는 일러스트레이터를 이용한 기본 런처 아이콘과 시스템 아이콘을 제 작해 보겠습니다.

시스템 아이콘 일러스트레이터 드로잉

시스템 아이콘 포토샵의 레이어 스타일 및 효과 적용

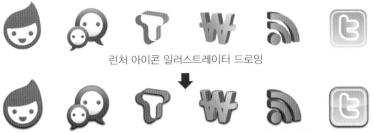

런처 아이콘 일러스트레이터 드로잉

런처 아이콘 포토샵의 레이어 스타일 및 효과 적용

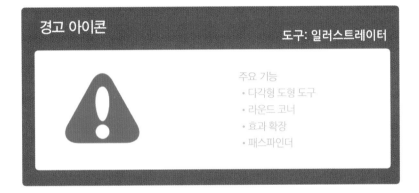

경고 아이콘　　　　　　　　　　　　　　　　　도구: 일러스트레이터

주요 기능
- 다각형 도형 도구
- 라운드 코너
- 효과 확장
- 패스파인더

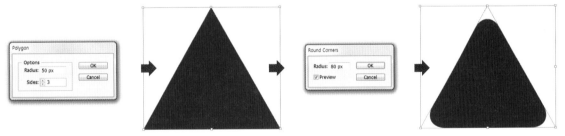

1) 다각형 도형 도구를 이용해 삼각형을 그립니다.　　　2) Effect → Stylize → Round Corners를 이용해 적당한 코너값(Radius)을 적용합니다.

시스템 아이콘을 제작할 때 코너값(Radius)으로는 가이드라인에서 제시하는 크기 기준으로 최소 2픽셀을 적용해야 합니다. 하지만 일러스트레이터에서 아이콘을 제작할 때는 크기 조절이 가능하므로 일단은 상대적인 수치를 입력해 코너값을 만들어 줍니다.

패스와 보이는 모양이 다름   패스의 확장(패스와 이미지 모양의 통일)

3) Object → Expand Appearance를 통해 효과를 확장합니다.   4) 원형 도구를 이용해 타원을 만든 후 직접 선택 도구로 수정합니다.

일러스트레이터에서 Effect, 3D와 같은 효과를 적용할 때 패스와 보이는 이미지가 다르게 표현됩니다. 이럴 때는 반드시 패스의 확장(Expand)을 통해 보이는 이미지와 패스의 모양을 동일하게 만들어야 합니다.

5) 삼각형과 느낌표를 겹친 후 패스파인더를 이용해 나눕니다.   6) 직접 선택 도구로 가운데 부분만 선택해 지웁니다.

일러스트레이터를 이용해 제작하는 시스템 아이콘은 음각 형태의 면으로만 제작하며, 이후 포토샵에서 색상 및 효과를 따로 적용하게 됩니다.

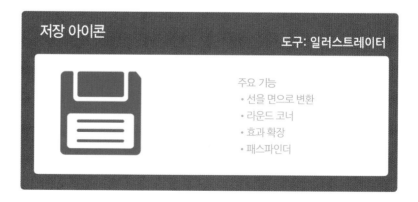

저장 아이콘

도구: 일러스트레이터

주요 기능
- 선을 면으로 변환
- 라운드 코너
- 효과 확장
- 패스파인더

1) 정사각형을 그린 후 펜 도구를 이용해 오른쪽 윗부분에 선을 만듭니다. 그다음 패스파인더를 이용해 나눕니다.

2) 직접 선택 도구로 나뉜 부분을 선택해 지웁니다.

3) 선만 있는 사각형을 위쪽에 그려준 후 두께감을 줍니다. 그다음 Object→Outline Stroke를 이용해 선을 면으로 변환합니다.

4) 패스파인더를 이용해 전체를 나눈 후 직접 선택 도구로 필요 없는 부분을 지웁니다.

5) Effect → Stylize → Round Corners를 이용해 적당한 코너값을 줍니다.

6) Object → Expand Appearance를 통해 효과를 확장합니다.

7) 라운드 사각형 도구를 이용해 내부에 적당한 크기의 선을 만든 후 패스 파인더를 이용해 나눕니다.

8) 직접 선택 도구를 이용해 나뉜 부분을 지웁니다.

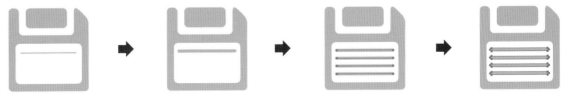

9) 펜 도구를 이용해 내부에 선을 만든 다음 두께와 끝 처리를 둥글게 합니다.

10) 선을 복사한 다음 Object→Outline Stroke를 이용해 선을 면으로 변환합니다.

시스템 아이콘은 면으로 구성되며, 선의 속성은 두께감만 표현하고 실제로는 하나의 패스만 존재하기 때문에 Object→Outline Stroke를 이용해 선을 면으로 변환해야 합니다.

저장 아이콘

도구: 일러스트레이터

주요 기능
- 패스파인더
- 직접 선택 도구

1) 면만 있는 라운드 사각형을 그린 후 다시 작은 라운드 사각형을 위쪽에 그립니다.

2) 패스파인더를 이용해 하나로 합쳐 줍니다.

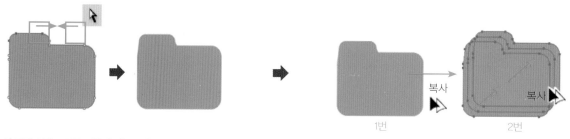

3) 직접 선택 도구를 이용해 탭 부분을 수정합니다.

4) 1번을 복사해서 2번을 만든 후 2번을 다시 오른쪽 위로 두 개를 복사해서 겹칩니다.

5) 겹쳐져 있는 2번을 패스파인더를 이용해 나눕니다.

6) 우측에 있는 오브젝트만 남긴 후 직접 선택 도구로 다 지우고 1번과 배치해서 완성합니다.

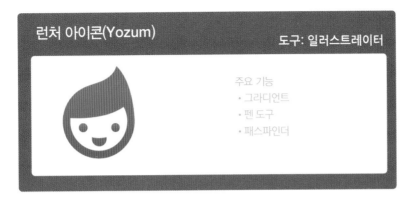

2) 선만 있는 상태에서 펜 도구를 이용해 위쪽 머리 모양을 만듭니다.

1) 정원을 그립니다.

3) 완성한 머리 모양을 면으로 채운 후 패스파인더를 이용해
합칩니다.

4) 비슷한 색 조합의 그라디언트를 적용한 후 방향을 위에서
아래로 잡아줍니다.

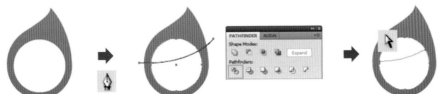

5) 가운데에 흰색 정원을 만든 후 펜 도구로 라인을 만들고 원
과 선만 선택해서 패스파인더로 나눕니다.

6) 나뉜 원의 위쪽 부분을 직접 선택 도구로 지웁니다.

7) 원형 도구를 이용해 양쪽 눈과 입을 만듭니다.

8) 펜 도구로 입 라인을 만든 후 패스파인더로 나누고 나뉜 위
쪽을 지웁니다.

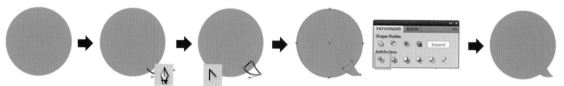

1) 정원을 만든 후 펜 도구로 오른쪽 아래에 말풍선 꼬리 모양을 만듭니다.

2) 패스파인더를 이용해 합칩니다.

3) 그라디언트와 방향을 잡아 줍니다.

4) 내부에 정원을 그린 후 그라디언트와 방향을 잡아 줍니다.

5) 양쪽 눈을 만듭니다.

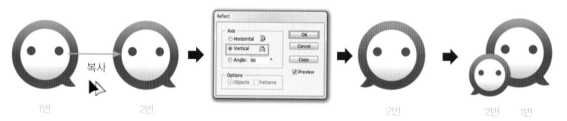

6) 1번을 복사해서 2번을 만듭니다.

7) 복사한 2번을 반전 도구를 이용해 좌우 반전하고 색상을 바꿔줍니다.

8) 2번의 크기를 줄이고 1번과 다시 배치해서 완성합니다.

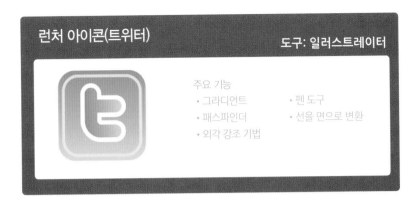

1) 라운드 사각형을 만든 후 그라디언트를 적용합니다.

2) 내부에 라운드 사각형 선을 만듭니다.

3) 선만 있는 라운드 사각형을 그린 후 직접 선택 도구로 상단과 우측을
지워 L자 형태로 만듭니다.

4) Stroke 팔레트에서 두께감과 끝 처리를 둥글게 만든 후
펜 도구를 사용해 라인을 t자로 만듭니다.

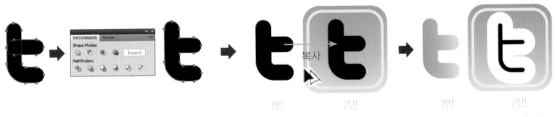

5) Object → Path → Outline Stroke를 선택해 전체 면으로
변환한 후 패스파인더를 이용해 합칩니다.

6) 1번을 복사해서 2번을 만든 후 2번을 미리 만들어 둔 바탕 위에 올립니
다. 1번은 그라디언트 색상을 적용하고 2번은 흰색 선과 두께감을 줍니다.

7) 1번을 맨 위(Ctrl + Shift +])로 올립니다.

8) 전체를 선택한 후 정렬해서 완성합니다.

런처 아이콘(T 로고)

도구: 일러스트레이터

주요 기능
• 3D
• 펜 도구
• 패스파인더
• 효과 확장

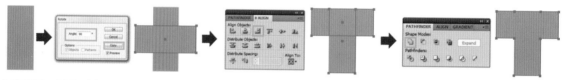

1) 사각형을 그린 후 회전 도구를 이용해 90도 회전 복사를 합니다.

2) 정렬 메뉴를 이용해 정렬합니다.

3) 패스파인더를 이용해 하나로 합칩니다.

4) Effect → Stylize → Round Corners를 이용해 적당한 코너값을 지정합니다.

5) Object → Expand Appearance를 통해 효과를 확장합니다.

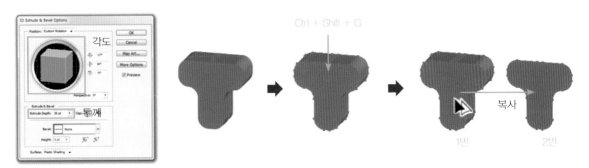

6) Effect → 3D → Extrude & Bevel 효과를 주고
적당한 각도와 두께를 설정합니다.

7) Object → Expand Appearance를 통해 효과를
깨 준 후 그룹을 여러 번 풀어줍니다.

8) 가운데 부분만 따로 복사해
둡니다.

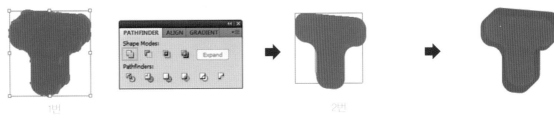

9) 1번을 패스파인더를 이용해 합쳐 줍니다.

10) 2번의 크기를 조금 줄인 다음 1번과 겹쳐 놓습니다.

11) 패스파인더를 이용해 전체를 나눈 후 나뉜 가운데 부분을
지웁니다.

12) 직접 선택 도구로 오브젝트만 선택해서 이동시킨 후 남은 패스를 직접
선택 도구로 지웁니다.

13) 펜 도구를 이용해 나눠 줄 선을 만든 후 패스파인더로 나눕니다.

14) 나뉜 부분을 직접 선택 도구로 지운 후 각각에 색상을 적용해
완성합니다.

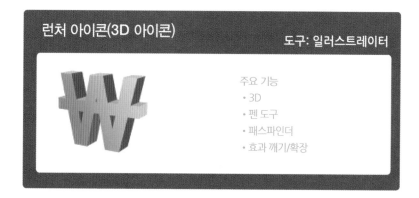

런처 아이콘(3D 아이콘)   도구: 일러스트레이터

주요 기능
- 3D
- 펜 도구
- 패스파인더
- 효과 깨기/확장

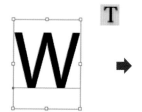

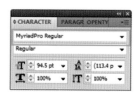

1) 타입 도구를 이용해 대문자 W를 입력한 후 Character 팔레트에서 두꺼운 폰트로 선택합니다.

2) Type → Create Outline으로 폰트를 이미지 형태로 확장합니다.

Type→Create Outline은 폰트 형태의 오브젝트를 일반 이미지 오브젝트로 변환하는 메뉴이며, 한번 Create Outline 한 오브젝트는 다시 폰트 상태로 돌릴 수 없습니다.

3) 원하는 색상을 적용한 후 사각형을 가운데 그립니다. 그다음 전체를 패스파인더를 이용해 합칩니다.

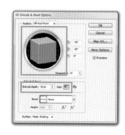

4) Effect → 3D → Extrude & Bevel 효과를 주고 적당한 각도와 두께를 설정합니다.

5) Object → Expand Appearance를 통해 효과를 확장합니다.

6) 직접 선택 도구로 가운데 부분만 선택해 원하는 그라디언트를 적용합니다.

3D 효과를 줄 때 미리 그라디언트를 적용해 버리면 입체감을 표현할 때 회색으로 처리됩니다. 그래서 일단 원하는 색상을 단색으로 먼저 적용하고 3D 효과를 준 다음 Expand Appearance로 깨준 후 그라디언트 색상을 적용해야 합니다.

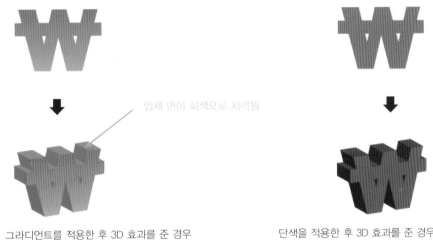

그라디언트를 적용한 후 3D 효과를 준 경우   단색을 적용한 후 3D 효과를 준 경우

런처 아이콘 6(RSS)

도구: 일러스트레이터

주요 기능
• 3D
• 선을 면으로 변환
• 그라디언트
• 효과 확장

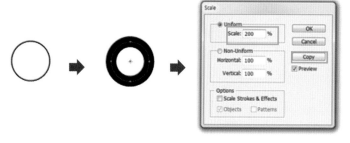

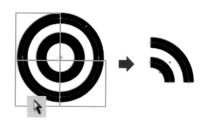

1) 선만 있는 정원을 만든 후 적당한 두께감을 줍니다. 그다음 크기 도구를 이용해 적당한 크기로 확대 복사합니다.

2) 직접 선택 도구로 필요 없는 부분을 지웁니다.

3) Object→Outline Stroke를 이용해 면으로 변환합니다.

4) 작은 정원을 그린 후 전체 색상을 바꿉니다.

5) Effect → 3D → Extrude & Bevel 효과를 주고 적당한 각도와 두께를 설정합니다.

6) Object → Expand Appearance를 통해 효과를 확장한 후 직접 선택 도구로 가운데 부분만 선택해서 그라디언트를 적용합니다.

런처 아이콘(내비게이션)

도구: 일러스트레이터

주요 기능
· 2점 투시 3D
· 패스파인더
· 그라디언트
· 펜 도구

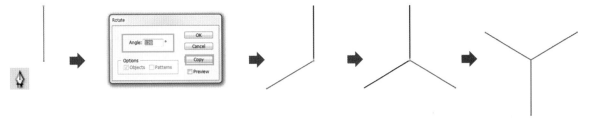

1) 펜 도구를 이용해 수직선을 그린 후 회전 도구를 이용해 120도로 회전 복사합니다.

2) 반복 실행(Ctrl + D)해서 선을 하나 더 복사한 후 전체를 180도 돌려줍니다.

2점 투시를 이용한 3D 아이콘을 만들기 위해서는 각 입체 면의 각도가 120도를 이뤄야 이상적이어서 제작하기 전에 기준선을 미리 만들어 둡니다. 앞으로 3D 아이콘을 제작할 때는 이와 같은 기준선을 만들어 각도를 참고해서 제작합니다.

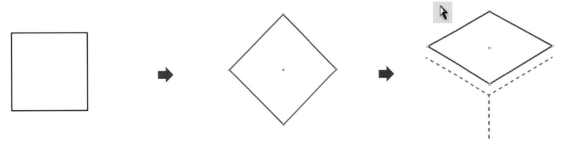

3) 정사각형을 그린 후 Shift 키를 눌러 45도로 회전시킵니다.

3) 2점 투시 기준선을 기준으로 직접 선택 도구로 위쪽과 아래쪽 위치를 다시 수정합니다.

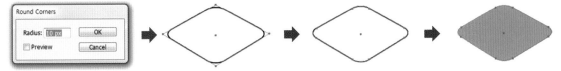

4) Effect → Stylize → Round Corners를 이용해 적당한 코너값을 줍니다.

5) Object → Expand Appearance를 통해 효과를 확장한 후 면 색만 적용합니다.

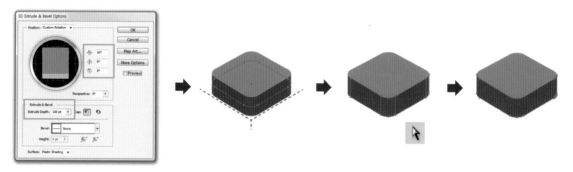

5) Effect → 3D → Extrude & Bevel 효과를 주고 적당한 각도와 두께를 설정합니다. 이때 각도는 120도를 유지합니다.

6) Object→Expand Appearance를 통해 효과를 확장한 후 직접 선택 도구로 밑 부분만 선택해서 패스파인더로 합칩니다.

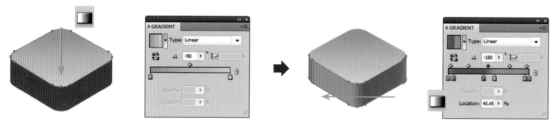

7) 전체를 선택한 후 그룹을 여러 번 풉니다(Ctrl + Shift + G).

8) 각 오브젝트에 선형 그라디언트를 적용합니다.

> Expand Appearance나 패스파인더를 적용하면 오브젝트가 분리되지만 최초 그룹의 상태로 되기 때문에 각각 오브젝트를 수정하기 위해서는 직접 선택 도구를 이용하거나 전체 그룹을 풀어야 합니다(Ctrl + Shift + G).

9) 전체를 수직으로 복사해서 겹친 후 밑의 오브젝트에 선형 그라디언트를 적용합니다.

10) 맨 위 1번을 복사해서 2번을 만듭니다.

11) 복사한 2번을 다시 수직으로 복사해서 겹친 후 패스파인더를 이용해 나눕니다.

12) 나뉜 맨 밑 오브젝트를 직접 선택 도구로 지우고 나머지의 색상을 바꿉니다.

13) 2번의 크기를 줄인 뒤 다시 1번 위에 올려놓습니다.

14) 펜 도구를 이용해 한쪽 선을 만든 후 반전 도구를 이용해 좌우 반전 복사를 합니다. 그다음 중심의 선을 만들고 선의 두께를 조절합니다.

15) Object → Path → Outline Stroke를 차례로 선택해서 전체 면으로 변환한 후 다각형 도구를 이용해 삼각형을 만듭니다.

16) 삼각형을 다 배치한 후 패스파인더를 이용해 전체를 합칩니다.

17) 화살표의 위치를 잡은 후 모양을 편집합니다.

18) 화살표 오브젝트에 선형 그라디언트를 적용해 완성합니다.

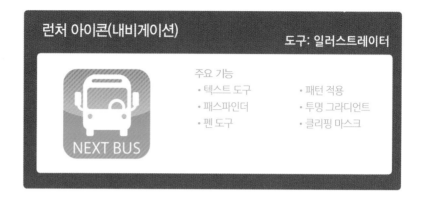

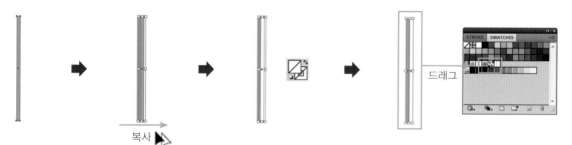

1) 면 색만 있는 긴 사각형을 그린 후 바로 옆에 복사합니다.

2) 복사한 오브젝트는 면, 선을 해제한 후 두 오브젝트를 스와치 팔레트에 드래그해서 패턴으로 등록합니다.

선, 면을 해제시킨 패스만 있는 상태도 오브젝트로 인식하게 되며, 패턴으로 등록하면 투명한 영역으로 만들어집니다.

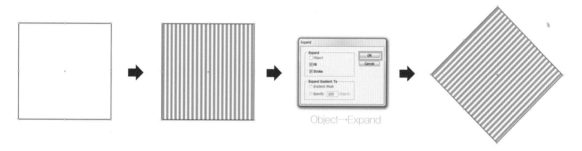

Object→Expand

3) 정사각형을 만든 후 등록해둔 패턴을 적용합니다.

4) Object→Expand를 적용해 효과를 확장한 후 45도로 회전시킵니다.

패턴도 하나의 효과이기 때문에 적용한 후 회전 및 편집을 하더라도 그 모양을 그대로 유지합니다. 그래서 일러스트레이터에서 사선 패턴을 만들기 위해서는 일단 Expand를 이용해 패턴 효과를 기본 패스 형태로 확장한 후 회전시켜야 사선 패턴을 만들 수 있습니다.

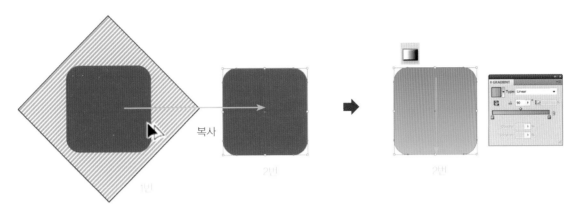

5) 패턴 위에 적당한 라운드 사각형 1번을 만든 후 복사해 2번을 만듭니다.

6) 복사한 2번에 선형 그라디언트를 적용합니다.

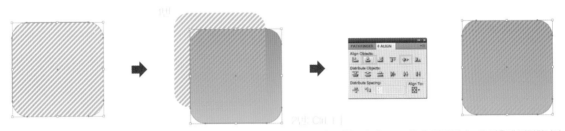

7) 1번과 패턴을 동시에 선택한 후 Object ·Clipping Mask ·Mask를 적용합니다.

8) 2번을 1번 밑으로 보낸 후 정렬 팔레트를 이용해 정렬합니다.

일러스트레이터의 클리핑 마스크는 여러 개의 오브젝트가 겹쳐 있을 때 가장 위에 있는 오브젝트가 마스크 영역으로 설정되는 기능입니다. 다시 마스크를 해제하려면 Object → Clipping Mask → Release를 선택하면 됩니다.

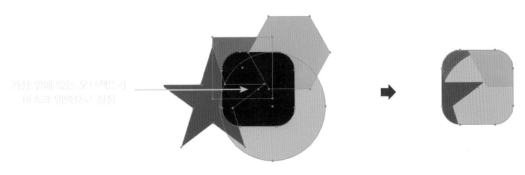

가장 위에 있는 오브젝트가 마스크 영역으로 설정

Object → Clipping Mask ·Mask

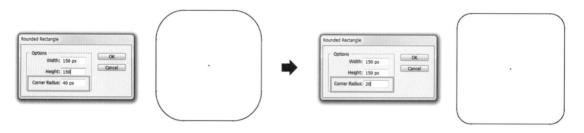

8) 라운드 사각형 도구를 화면에 클릭해 가로/세로가 같은 크기의 오브젝트 두 개를 만드는데, 이때 코너 둥글기 값만 다르게 적용합니다.

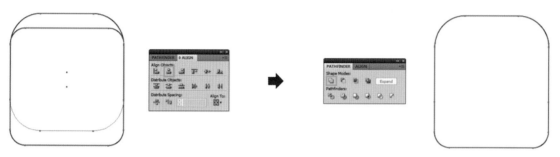

9) 코너값이 다른 두 개의 오브젝트를 Align을 이용해 세로로 정렬한 후 패스파인더를 이용해 합칩니다.

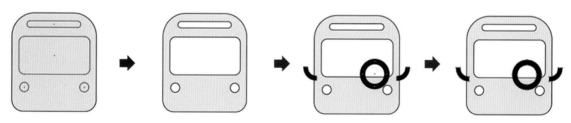

10) 내부에 모양을 만든 후 패스파인더로 나눈 후 직접 선택 도구로 지웁니다.

11) 펜 도구로 모양을 만든 후 두께감을 주고 Object → Path → Outline Stroke를 이용해 면으로 변환합니다.

12) 나머지 모양을 만든 후 패스파인더를 이용해 전체를 다시 합칩니다.

13) 미리 만들어 놓은 바탕 위에 배치하고 텍스트 도구를 이용해 글자를 입력합니다.

14) 바탕에 있는 라운드 사각형을 하나 복사합니다.

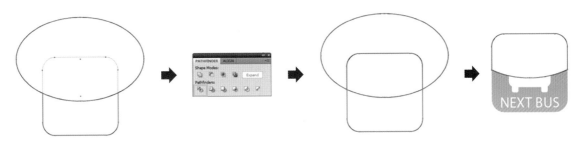

15) 복사한 오브젝트에 타원을 만든 후 위와 같이 배치한 후 패스파인더를 이용해 나눕니다.

16) 나뉜 위, 아래쪽 오브젝트를 직접 선택 도구로 지운 후 아이콘 위에 배치합니다.

17) 50% ~ 0%로 바뀌는 투명 그라디언트를 적용해 완성합니다.

 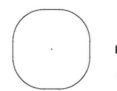 

1) 라운드 사각형 도구를 화면에 클릭해 가로/세로 같은 크기의 오브젝트 두 개를 만드는데, 이때 코너 둥글기 값만 다르게 적용합니다.

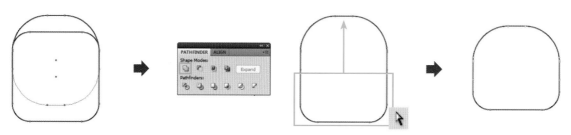

2) 두 개의 오브젝트를 세로로 겹친 후 패스파인더를 이용해 합칩니다.　　　　　　　　　　3) 직접 선택 도구로 높이를 조절합니다.

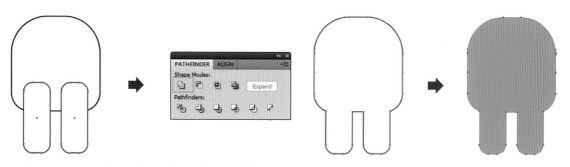

4) 라운드 사각형으로 다리 두 개를 만든 후 패스파인더로 합칩니다.　　　　　　　　　　5) 면 색만 있는 오브젝트로 만듭니다.

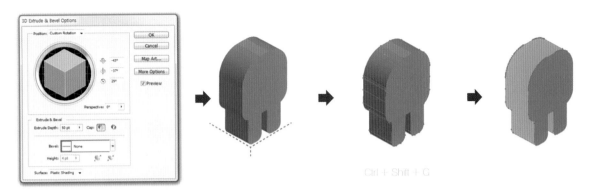

6) Effect ·· 3D ·· Extrude & Bevel 효과를 주고 이때 각도는 120도로 유지합니다.

7) Object ·· Expand Appearance를 통해 효과를 확장한 후 Ctrl + Shift + G를 여러 번 눌러 그룹을 해제한 다음 뒷면만 패스파인더를 이용해 합칩니다.

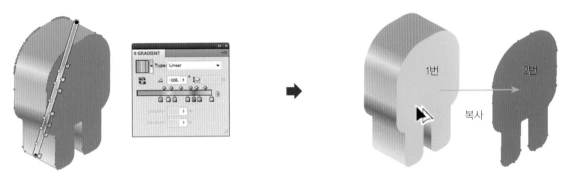

8) 그라디언트를 적용한 후 색상 마커(Maker)를 추가해서 입체감을 만듭니다.

9) 앞면(1번)의 색상을 밝게 바꾸고 복사해서 2번을 만듭니다.

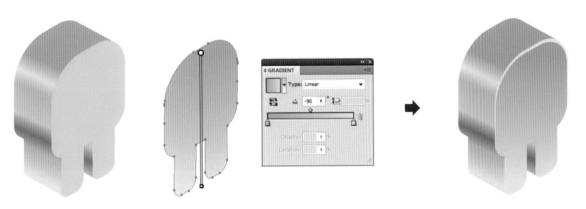

10) 복사한 2번에 그라디언트를 적용한 후 크기를 살짝 줄입니다.

11) 다시 1번과 겹쳐 놓습니다.

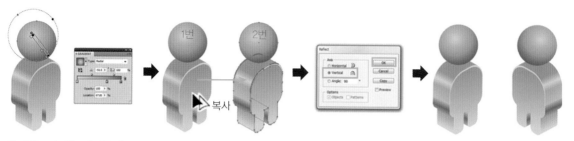

12) 원형 그라디언트를 이용해 머리를 만든 후 1번을 복사해서
2번을 만듭니다.

13) 2번을 반전 도구를 이용해 좌우 반전시킵니다.

14) 원과 삼각형을 이용해 말풍선을 만든 후 패스파인더를 이용해 하나로 합칩니다.

15) 원형 그라디언트를 적용합니다.

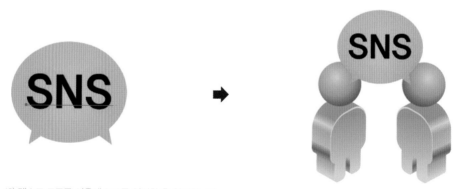

16) 텍스트 도구를 이용해 SNS를 입력한 후 완성합니다.

런처 아이콘(3D Twitter)   도구: 일러스트레이터

주요 기능
- 크기 도구
- 3D
- 패스파인더
- 그라디언트
- 외각 강조 기법

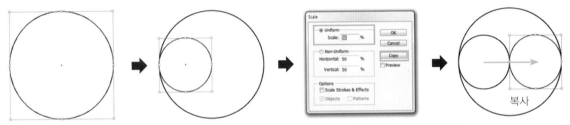

1) 정원을 만든 후 크기 조절 도구를 이용해 50%로 복사합니다.

2) 복사한 원을 다시 하나 복사합니다.

3) 직접 선택 도구를 이용해 필요 없는 선을 지웁니다.

4) 떨어진 부분을 직접 선택 도구를 이용해 연결합니다(Ctrl + J).

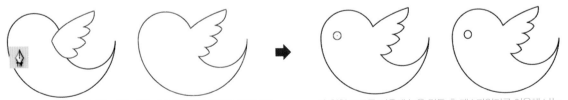

5) 펜 도구를 이용해 날개를 만든 다음 패스파인더를 이용해 합칩니다.

6) 원형 도구를 이용해 눈을 만든 후 패스파인더를 이용해 나눈 다음 지웁니다.

7) 펜 도구를 이용해 나머지 부분을 만든 후 면 색만 있게 조절합니다.

8) Effect → 3D → Extrude & Bevel 효과를 적용합니다.

9) 각 오브젝트의 높이와 위치를 다시 잡아주고 Object → Expand Appearance로 효과를 확장합니다.

10) 각 그룹을 풉니다.

11) 각 오브젝트의 입체 면을 패스파인더로 합칩니다.

12) 각각에 그라디언트를 이용해 입체 표현을 합니다.

3D 효과를 Expand를 하면 효과가 기본 패스 형태로 확장되면서 입체 면의 곡선 면이 조각조각으로 나뉩니다. 그래서 항상 곡선의 입체 면은 다시 패스파인더를 이용해 깔끔하게 합쳐야 합니다.

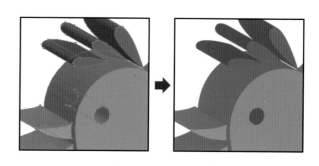

13) 텍스트 도구를 이용해 글자를 입력한 후 Type → Create Outlines로 이미지로 변환합니다.

14) 1번을 복사해 2번을 만들고 2번에 두껍게 선을 적용합니다.

15) 1번 텍스트는 선형 그라디언트를 적용하고 2번 텍스트는 Object → Path → Outline Stroke를 차례로 선택합니다.

16) 1번과 2번을 겹친 다음 그림과 배치해서 완성합니다.

아쿠아 버튼

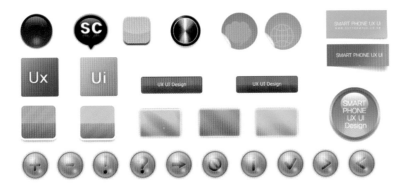

002.
스마트폰 앱 활용 버튼

스마트폰 앱 디자인을 구성하는 요소는 크게 배경, 버튼, 아이콘의 3가지로 나눌 수 있습니다. 버튼은 앱 디자인의 핵심이라고 볼 수 있으며, 제작하는 방법은 아주 다양합니다. 최근에 유행하는 버튼 디자인은 입체감과 광택이 살아 있는 아쿠아(Aqua) 버튼 디자인입니다. 스마트폰 앱에 사용되는 다양한 버튼을 일러스트레이터와 포토샵을 이용해 제작해보겠습니다.

아쿠아 버튼이란?

물의 표면과 같이 빛을 반사하고 매끄럽게 표현한 버튼을 말합니다. 아쿠아 버튼을 표현할 때는 빛의 방향에 따라 가장 밝은 하이라이트와 반사광, 그림자 등으로 표현하며, 이런 형태의 버튼들을 보통 아쿠아 버튼이라고 합니다.

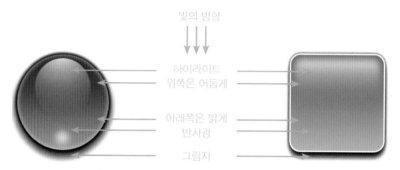

전체 그라디언트 방향은 항상 위에서 아래로 향하며, 진한 색에서 밝은색으로 변하게 합니다.

실제 UI에 관련된 완성품을 제작하기 위해서는 포토샵의 정확한 가로/세로 크기와 해상도를 설정해야 합니다. 하지만 현재 작업할 내용은 관련 제작 기법을 알아보기 위함이므로 가로/세로 크기는 임의로 설정하되 단위는 픽셀이며, 해상도는 72DPI로 설정해야 합니다.

또한, 레이어 스타일의 섬세한 옵션 값은 상대적이라서 대략적인 옵션 값만 제시하며, 실제 사용자가 최적화된 값을 찾아 적용해야 합니다.

원형 아쿠아 버튼

도구: 포토샵

주요 기능
- 모양 레이어
- 레이어 스타일
- 투명 그라디언트

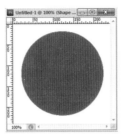

1) 가로/세로 240픽셀 창을 엽니다.

2) 모양 레이어 도구를 이용해 정원을 만듭니다.

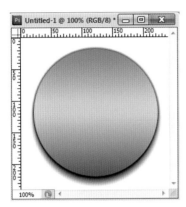

3) 레이어 스타일 적용

Drop Shadow

- Opacity: 75%
- Angle: 90
- Distance: 10px
- Size: 10px

Outer Glow

- Blend Mode: Normal
- Opacity: 75%
- Color: 검은색(#000000)

Gradient Overlay

- Style: 선형(Linear)

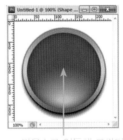

마우스로 이동해 그라디언트의 위치를 잡아줍니다.

4) 모양 레이어 도구를 이용해 조금 작은 정원을 만듭니다.

5) Gradient Overlay 레이어 스타일 효과를 적용합니다.

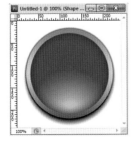

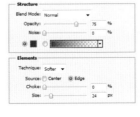

Inner Glow

- Blend Mode: Normal
- Opacity: 75%
- Color: 동일 색 중에 진한 색으로 설정

Gradient Overlay

- Style: 원형(Radial)

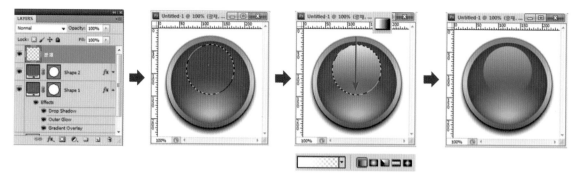

6) 새로운 레이어를 추가한 후 광채가 들어 있는 정원 영역을
선택합니다.

7) 흰색의 투명도가 100% ~ 0%로 바뀌는 그라디언트를 적용한 후 전체
투명도를 조절해서 완성합니다.

광택 아쿠아 버튼

도구: 포토샵

주요 기능
• 모양 레이어
• 레이어 스타일
• 투명 그라디언트
• 흐림 효과

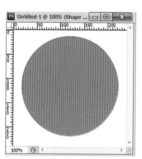

1) 가로/세로 240픽셀 창을 엽니다.

2) 모양 레이어 도구를 이용해 정원을 만듭니다.

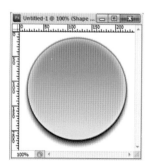

3) 레이어 스타일 적용

Drop Shadow
• Opacity: 75%
• Angle: 90
• Distance: 10px
• Size: 10px

Outer Glow
• Blend Mode: Normal
• Opacity: 75%
• Color: 검은색(#000000)

Inner Glow
• Blend Mode: Normal
• Opacity: 75%
• Color: 동일 색 중에 밝은색으로 설정
• Size: 20px

Gradient Overlay
• Style: 선형(Linear)

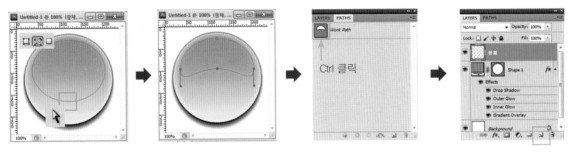

4) 패스 원형 도구를 이용해 원을 만든 후 직접 선택 도구로 변형합니다.

5) 패스 레이어에서 썸네일로 가서 Ctrl 클릭해 패스 영역을 선택 영역으로 변환합니다. 그런 다음 새로운 레이어를 추가합니다.

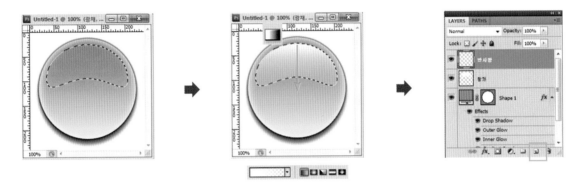

6) 흰색의 투명도가 100% ~ 0%로 바뀌는 그라디언트를 적용합니다.

7) 새로운 레이어를 추가합니다.

8) 원형 선택 도구를 이용해 정원을 만든 후 흰색을 채웁니다. 그러고 나서 선택 영역을 해제(Ctrl + D)한 다음 Filter → Blur → Gaussian Blur를 적용해 완성합니다.

흐림 효과(Gaussian Blur)는 이미지를 뿌옇게 퍼지게 하는 효과입니다. 선택 영역이 있는 상태에서 적용하면 흐림 효과가 선택 영역을 벗어나지 못하기 때문에 흐림 효과를 적용할 때는 반드시 선택 영역을 해제하고 적용해야 합니다.

1) 가로/세로 240픽셀 창을 엽니다.   2) 모양 레이어 도구를 이용해 라운드 사각형을 만듭니다.

3) 레이어 스타일 적용

Drop Shadow
- Opacity: 75%
- Angle: 90
- Distance: 10px
- Size: 10px

Gradient Overlay
- Style: 선형(Linear)

Outer Glow
- Blend Mode: Normal
- Opacity: 75%
- Color: 검은색(#000000)
- Size: 10px

Stroke
- Size: 3px
- Color: 흰색(#FFFFFF)

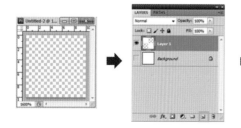

4) 가로/세로 10픽셀 창을 열고 새로운 레이어를 추가합니다.   5) 가로/세로 5픽셀 사각형을 체크무늬 형태로 만든 후 Edit → Define Pattern으로 패턴을 등록합니다.

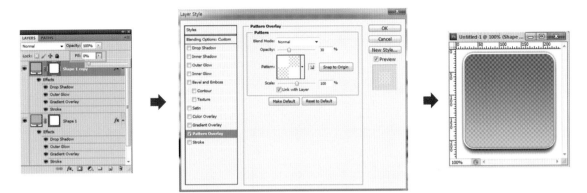

6) 레이어 스타일이 적용된 레이어를 복사한 후 Fill 값을 0%로
설정합니다.

7) 기존 레이어 스타일을 모두 체크 해제한 후 Pattern Overlay를
체크하고 앞서 등록해 둔 패턴을 적용합니다.

Fill 값을 0%로 조절하면 레이어 스타일만 보이고 순수 이미지는 안 보이게 되기 때문에 아
래 레이어와 자연스럽게 합성됩니다.

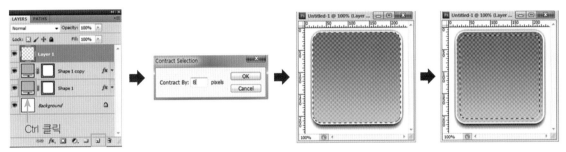

8) 썸네일에 가서 Ctrl 클릭해 선택 영역을 잡고 새로운 레이어를
추가합니다.

9) Select → Modify → Contract를 이용해 현재 선택 영역을 8 ~ 10픽셀
정도 줄입니다.

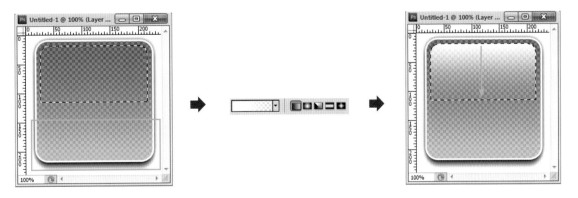

10) Alt 키를 누른 상태에서 선택 영역의 절반을 지웁니다. 그런 다음 흰색의 투명도가 100% ~ 0%로 바뀌는 그라디언트를 적용합니다.

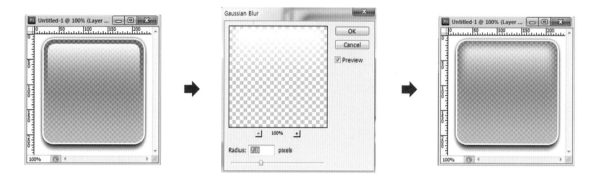

11) 선택 영역을 해제(Ctrl + D)한 다음 Filter → Blur → Gaussian Blur를 적용해 완성합니다.

투명 아쿠아 버튼

도구: 포토샵

주요 기능
• 모양 레이어
• 레이어 스타일

1) 가로/세로 240픽셀 창을 열고 배경 사진을 가져옵니다.

2) 모양 레이어 도구를 이용해 원을 만든 후 Fill 값을 0%로 지정합니다.

투명 아쿠아는 Fill 값을 0%로 해서 이미지 자체가 투명하게 되고 효과만 남게 되기 때문에 적당한 배경 사진을 밑에 깔아야 효과를 볼 수 있습니다.

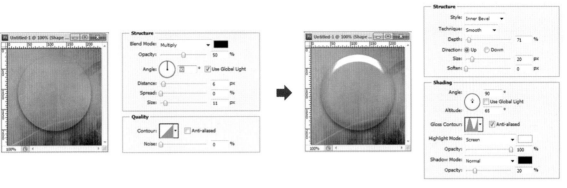

Drop Shadow 옵션　　　　　　　　　　　　　Bevel & Emboss 옵션

3) Drop Shadow와 Bevel and Emboss 효과를 이와 같은 옵션으로 적용합니다.

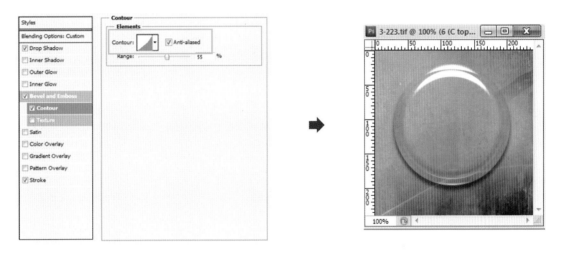

4) Bevel and Emboss 효과의 Contour를 적용해 완성합니다.

Bevel and Emboss 효과의 Contour는 경사면의 윤곽선 모양을 여러 각도로 바꾸는 역할을 합니다. Bevel and Emboss의 Contour를 조절해서 다양한 경사면 효과를 얻을 수 있습니다.

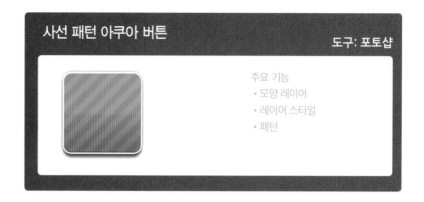

사선 패턴 아쿠아 버튼

도구: 포토샵

주요 기능
- 모양 레이어
- 레이어 스타일
- 패턴

1) 가로/세로 240픽셀 창을 엽니다.

2) 모양 레이어 도구를 이용해 라운드 사각형을 만듭니다.

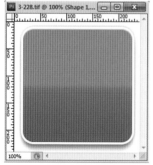

3) 레이어 스타일 적용

Bevel and Emboss
- Size: 2px
- Angle: 90
- Highlight Mode Opacity: 100%

Color Overlay
- Color: 해당 색상

Gradient Overlay
- Style: 선형(Linear)
- Opacity: 80%

※패턴 적용 시 비쳐 보이게 하기 위한 투명도 값

Stroke
- Size: 3px
- Color: 흰색(#FFFFFF)

Drop Shadow
- Opacity: 75%
- Angle: 90
- Distance: 10px
- Size: 10px

Outer Glow
- Blend Mode: Normal
- Opacity: 75%
- Color: 검은색(#000000)
- Size: 10px

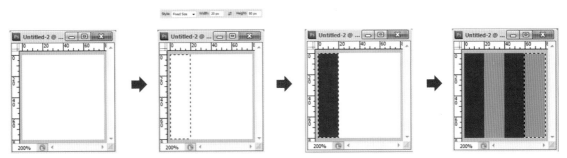

4) 가로/세로 80픽셀 창을 열고 사각형 선택 도구 옵션(Style)을 Pixed Size로 설정한 다음 가로/세로를 각각 20, 80픽셀로 설정합니다.

5) 선택 영역을 잡고 규칙적인 형태의 줄무늬(Stripe)를 만듭니다.

사선 패턴은 만들고자 하는 줄무늬 규칙의 두 배가 필요합니다. 사선 패턴의 자세한 내용은 앞으로 앱 배경 패턴을 디자인할 때 좀 더 자세히 알아보겠습니다.

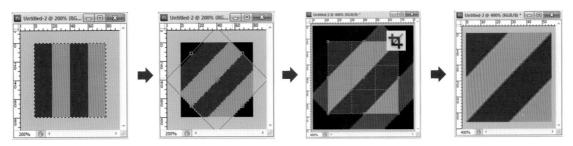

6) Ctrl + A로 전체 선택한 후 자유 변형 기능(Ctrl + T)을 이용해 Shift 키를 눌러 45도로 회전시킵니다.

7) 자르기 도구로 규칙적인 사선이 나올 수 있게 영역을 자릅니다.

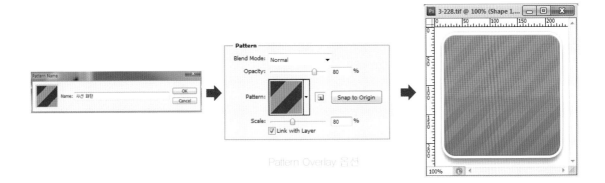

8) Edit→Define Pattern으로 패턴을 등록합니다.

9) Pattern Overlay를 적용한 후 투명도와 크기를 조절해서 완성합니다.

그라디언트 버튼

아쿠아 버튼도 그라디언트가 많이 적용되기 때문에 그라디언트 버튼으로 볼
수 있지만 꼭 아쿠아 느낌(물결과 같은 광택이 많은 느낌)뿐 아니라 그라디
언트를 이용해 다양한 효과를 연출할 수 있습니다.

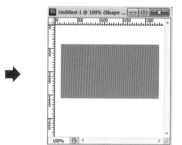

1) 가로/세로 240픽셀 창을 엽니다.

2) 모양 레이어 도구를 이용해 사각형을 만듭니다.

3) Drop Shadow 레이어 스타일을 적용합니다.

4) 레이어 스타일에 마우스를 올린 후 마우스 오른쪽 버튼을 눌러
Create Layer로 이미지와 효과를 분리합니다.

Create Layer는 레이어 스타일을 이미지와 분리하는 기능입니다.

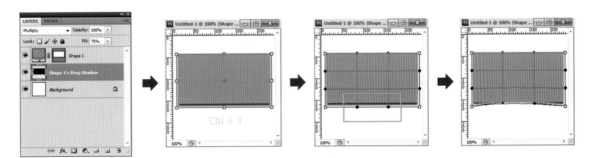

5) 분리된 그림자 레이어를 선택한 뒤 자유 변형 기능(Ctrl + T)을
적용합니다.

6) 마우스 오른쪽 키를 눌러 Warp를 선택하고 밑부분의 두 개의
포인터를 움직여 모양을 변형합니다.

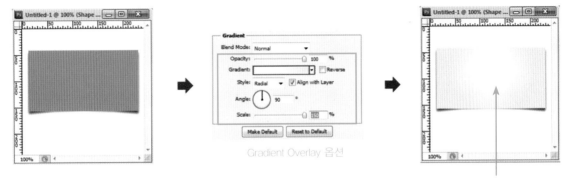

Gradient Overlay 옵션

마우스로 이동해 그라디언트의 위치를 잡아줍니다.

7) 모양 레이어에 다시 원형 Gradient Overlay 효과를 적용합니다.

8) 색상, 크기, 위치를 조절해서 완성합니다.

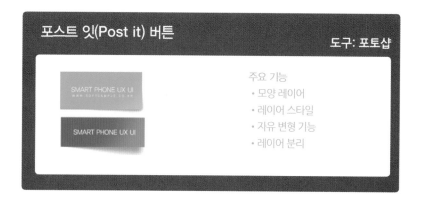

1) 가로/세로 240픽셀 창을 엽니다.

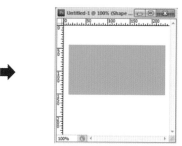

2) 모양 레이어 도구를 이용해 사각형을 만듭니다.

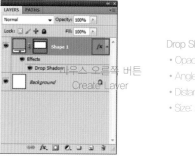

3) Drop Shadow 레이어 스타일을 적용합니다.

Drop Shadow
• Opacity: 75%
• Angle: 120
• Distance: 5px
• Size: 5px

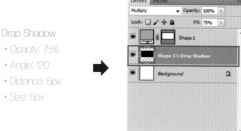

4) 레이어 스타일에 마우스를 올린 후 마우스 오른쪽 버튼을 눌러
Create Layer로 이미지와 효과를 분리합니다.

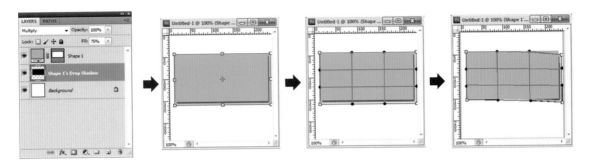

5) 분리된 그림자 레이어를 선택한 뒤 자유 변형 기능(Ctrl + T)을
적용합니다.

6) 마우스 오른쪽 버튼를 눌러 Warp를 선택하고 각 포인터를 움직여
모양을 변형합니다.

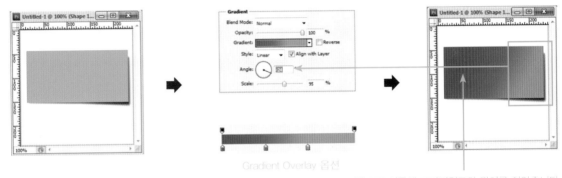

7) 모양 레이어에 다시 선형(Liner) Gradient Overlay 효과를 적용합니다.

8) 색상, 크기, 위치를 조절하고 종이가 말린 듯한 각도로 Angle을
조절합니다.

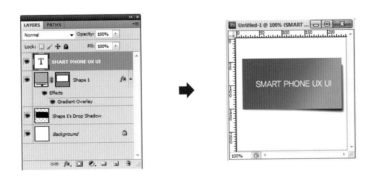

9) 텍스트 도구를 이용해 원하는 텍스트를 입력한 후 완성합니다.

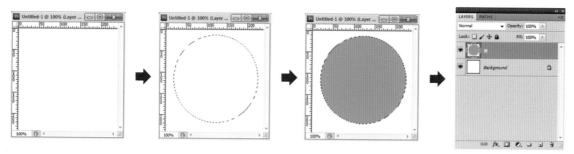

1) 가로/세로 240픽셀 창을 엽니다.

2) 원형 선택 도구를 이용해 정원을 만든 다음 새로운 레이어에 색을 넣습니다.

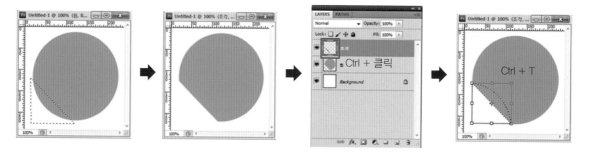

3) 다각형 올가미 도구로 왼쪽 아래의 일부를 선택합니다.
Ctrl + X로 잘라낸 후 다시 Ctrl + V로 붙여 넣습니다.

4) 잘린 이미지를 선택한 후 자유 변형 기능을 이용해 정확히 180도로
회전시킵니다.

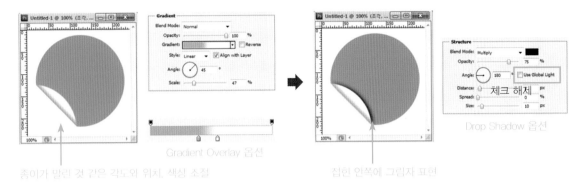

종이가 말린 것 같은 각도와 위치, 색상 조절

Gradient Overlay 옵션

5) Gradient Overlay 적용

접힌 안쪽에 그림자 표현

Drop Shadow 옵션

6) Drop Shadow 적용

Outer Glow
- Blend Mode: Normal
- Opacity: 50%
- Color: 검은색(#000000)
- Size: 5px

Gradient Overlay
- Style: 선형(Linear)

7) 바탕 레이어에 Outer Glow, Drop Shadow, Inner Shadow 스타일을
적용합니다.

Drop Shadow
- Opacity: 75%
- Angle: 90
- Distance: 10px
- Size: 10px

Inner Shadow
- Opacity: 20%
- Angle: 90
- Distance: 30px
- Size: 30px

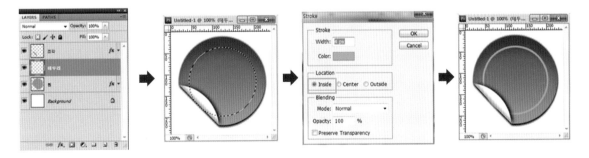

8) 바탕 원 레이어와 조각 레이어 사이에 새로운 레이어를 추가한 후
정원 선택을 합니다.

9) Edit → Stroke를 이용해 안쪽(Inside)에 적당한 두께와 색상의 선을
넣습니다.

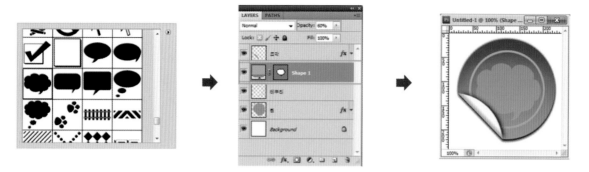

10) 사용자 정의 모양 도구(Custom Shape Tool)를 이용해 원하는 모양을 만든 후 바탕 레이어와 조각 레이어 중간에 위치시킨 후 적당한 색상과 투명도를 적용합니다.

음성 검색 버튼

도구: 포토샵

주요 기능
- 모양 레이어
- 레이어 스타일
- 레이어 스타일 복사/붙이기

1) 가로/세로 240픽셀 창을 엽니다.

2) 모양 레이어 도구를 이용해 정원을 만듭니다.

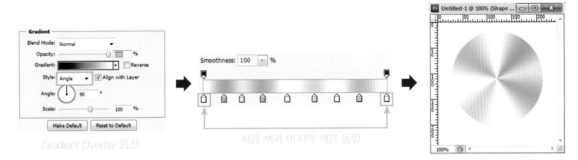

3) Gradient Overlay를 적용하고 Style은 Angle로 설정합니다.

처음 색과 마지막 색은 동일

4) 여러 개의 마커를 추가한 후 흰색, 회색의 색상 조합을 만듭니다. 이때 처음 색과 마지막 색은 동일하게 합니다.

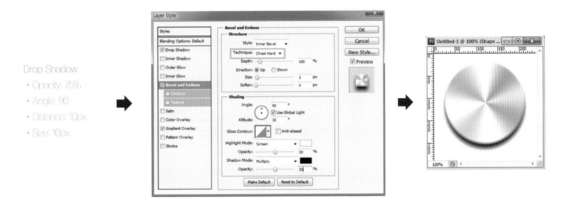

Drop Shadow
• Opacity: 75%
• Angle: 90
• Distance: 10px
• Size: 10px

5) Drop Shadow, Bevel & Emboss 레이어 스타일을 적용합니다. 이때 Bevel & Emboss의 Technique는 Chisel Hard를 선택하고 크기 및 하이라이트, 그림자의 적당한 옵션을 적용합니다.

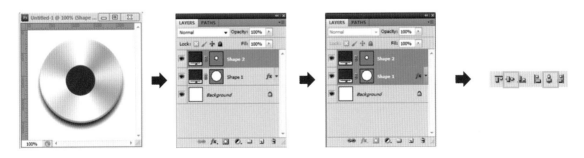

6) 모양 레이어(Shape Layer) 도구를 이용해 작은 정원을 다시 만듭니다.

7) 두 레이어를 Shift 키를 눌러 동시에 선택한 다음 정렬 도구를 이용해 가운데로 정렬합니다.

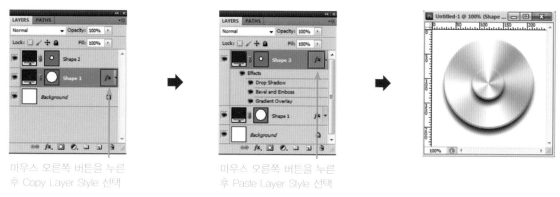

8) 기존 레이어 스타일을 Copy Layer Style로 복사한 후 새로운 레이어에 Paste Layer Style로 붙여 넣습니다.

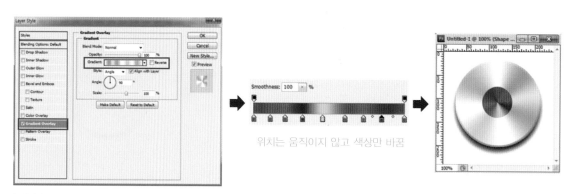

9) 레이어 스타일 수정 창으로 들어가 Gradient Overlay만 남겨두고   10) 그라디언트 색상 창에서 위치는 그대로 두고 색상만 바꿉니다.
모두 해제합니다.

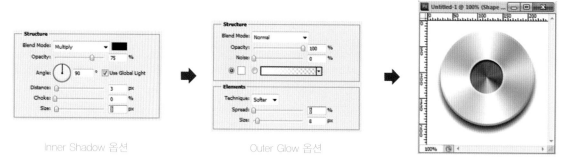

Inner Shadow 옵션   Outer Glow 옵션

11) Inner Shadow와 Outer Glow를 적용해 완성합니다.

스피커(음악) 버튼　　　　　　　　　　　도구: 포토샵

주요 기능
• 모양 레이어
• 레이어 스타일
• 선 적용

1) 가로/세로 240픽셀 창을 엽니다.　　　　2) 모양 레이어 도구를 이용해 정원을 만듭니다.

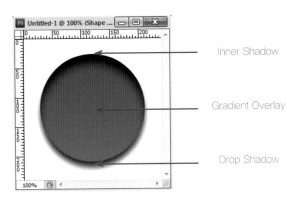

Inner Shadow

Gradient Overlay

Drop Shadow

3) Inner Shadow, Gradient Overlay, Drop Shadow 레이어 스타일을
적용합니다.

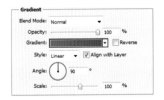

Drop Shadow 옵션　　　　Inner Shadow 옵션　　　　Gradient Overlay 옵션

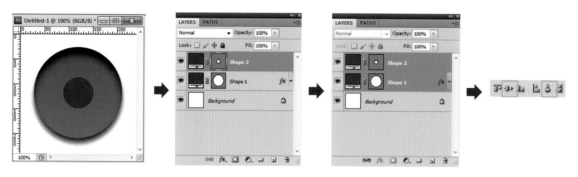

4) 모양 레이어 도구를 이용해 작은 정원을 다시 만듭니다.

5) 두 레이어를 Shift 키를 눌러 동시에 선택한 다음 정렬 도구를 이용해 가운데로 정렬합니다.

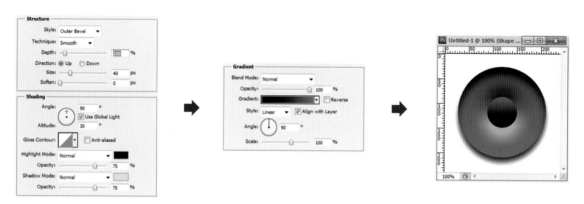

Bevel & Emboss 옵션

Gradient Overlay 옵션

6) Bevel & Emboss와 Gradient Overlay 레이어 스타일을 적용합니다.

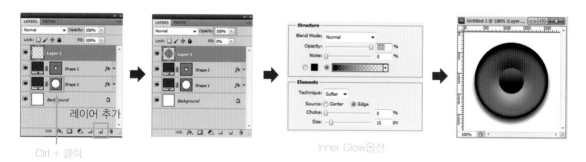

Ctrl + 클릭

Inner Glow옵션

7) 큰 원의 썸네일에 마우스를 올린 후 Ctrl + 클릭으로 외각을 선택한 후 새로운 레이어에 색을 채웁니다.

8) Fill 값을 0%로 줄인 다음 Inner Glow 효과를 강하게 적용합니다.

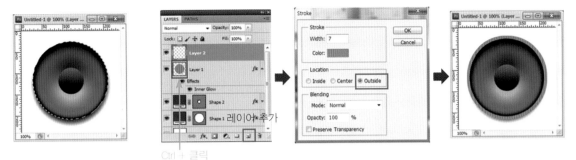

9) 큰 원의 썸네일에 마우스를 올린 후 Ctrl + 클릭으로 외각을 선택한 후 새로운
레이어를 추가합니다.

10) Edit → Stroke를 적용해 선을 만듭니다.

11) Outer Glow와 Gradient Overlay를 적용해 완성합니다.

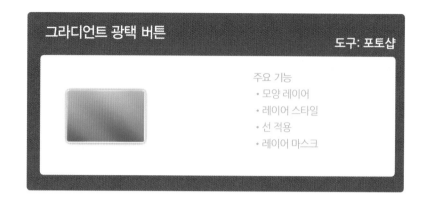

그라디언트 광택 버튼

도구: 포토샵

주요 기능
• 모양 레이어
• 레이어 스타일
• 선 적용
• 레이어 마스크

1) 가로/세로 240픽셀 창을 엽니다.

2) 모양 레이어 도구를 이용해 라운드 사각형을 만듭니다.

Drop Shadow 옵션

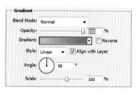

Gradient Overlay 옵션

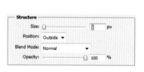

Stroke 옵션

3) Drop Shadow, Gradient Overlay, Stroke 레이어 스타일을 적용합니다.

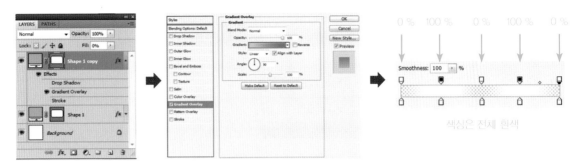

4) 레이어를 복사한 후 Fill 값을 0%로 설정합니다. 그런 다음 Gradient Overlay만 남기고 나머지 효과는 해제합니다.

5) 색상과 투명도를 위와 같이 추가합니다.

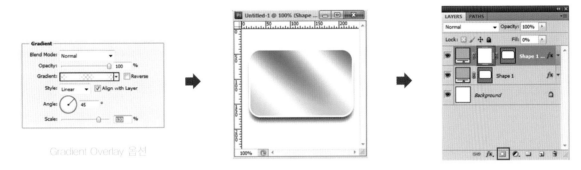

6) Gradient Overlay의 Angle을 45도로 하고 적당한 투명도를 적용합니다.

7) Layer Mask를 적용합니다.

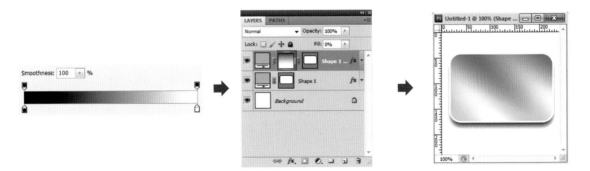

8) 그라디언트 색상 조합을 검은색에서 흰색으로 만든 후 마스크 영역에 드래그해서 적용합니다.

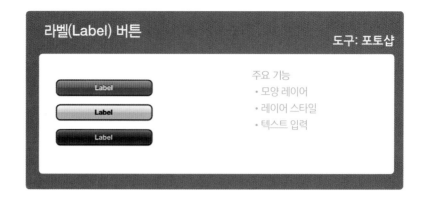

라벨(Label) 버튼은 주로 아이폰이나 아이패드에서 많이 사용하는 버튼 및 텍스트 상자입니다. 실제 프로그래밍 상에서 자동으로 적용할 수 있지만, 전체 앱 디자인에서 조화를 이루기 위해 직접 제작할 때도 있습니다.

1) 가로/세로가 300 x 200픽셀인 창을 엽니다.   2) 모양 레이어 도구를 이용해 라운드 사각형을 만듭니다.

Inner Shadow 옵션   Gradient Overlay 옵션

3) Inner Shadow와 Gradient Overlay 효과를 적용합니다.

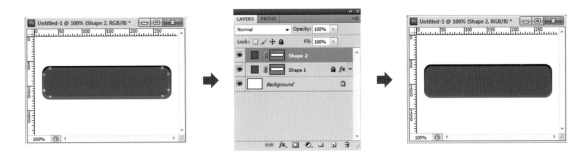

4) 모양 레이어 도구를 이용해 작은 라운드 사각형을 만든 후 직접 선택 도구로 패스의 크기를 미세하게 조절합니다.

Gradient Overlay 옵션

5) Gradient Overlay 효과를 적용합니다.

위 그라디언트 효과는 iOS 즉, 아이폰이나 아이패드에서 많이 사용하는 그라디언트 버튼으로 버튼의 광택을 표현합니다.
이때 버튼의 기본 색상을 4단계로 봤을 때 위에서부터 색상 조합을 1 → 2 → 4 → 3 순으로 배치하고 2번 색과 4번 색은 중앙에서 바싹 붙여서 배치합니다.

아래　　　　　　　　　　　　　　　　　　위

① ② ③ ④

색상 단계

③　　　　　④ ②　　　　①

그라디언트 조합

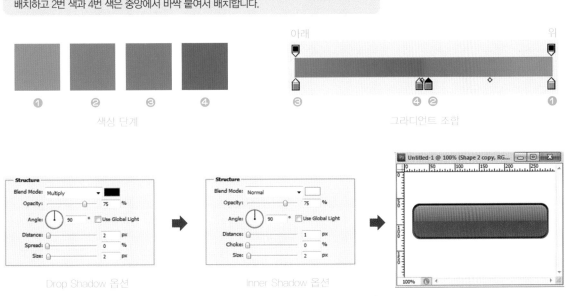

Drop Shadow 옵션　　　　　　　Inner Shadow 옵션

6) Drop Shadow와 Inner Shadow 효과를 적용합니다.

7) 텍스트 도구를 이용해 텍스트를 입력하고 Inner Shadow 효과를 적용해 완성합니다.

1) 가로/세로가 300 x 200픽셀인 창을 엽니다.

2) 모양 레이어 도구를 이용해 라운드 사각형을 만듭니다.

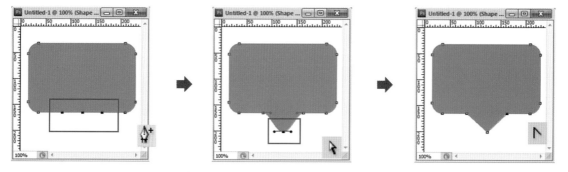

3) 점 추가 도구를 이용해 3개의 포인터를 추가한 후 가운데
포인터의 위치를 직접 선택 도구로 내려 줍니다.

4) 곡선 도구를 이용해 각 포인터의 베지어 곡선을 해제합니다.

포토샵에서 점 추가 도구를 사용해 새로운 점을 추가하면 일러스트레이터와 달리 자동으로 베이지어 곡선이 생겨납니다. 그래서 점을 추가한 후 곡선 도구로 베이지어 곡선을 해제해야 합니다.

Gradient Overlay 옵션

5) Gradient Overlay 효과를 적용합니다. 이때 색상 단계는 위에서부터 1 → 2 → 3 → 4단계로 하며, 2와 3의 위치는 말풍선 중심에 오도록 배치합니다.

Drop Shadow 옵션   Inner Shadow 옵션   Stroke 옵션

6) Drop Shadow, Inner Shadow, Stroke 효과를 적용합니다.

Drop Shadow 옵션

7) 텍스트 도구를 이용해 텍스트를 입력하고 Drop Shadow 효과를 적용해 완성합니다.

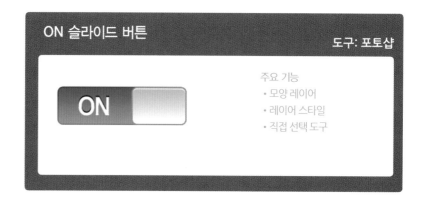

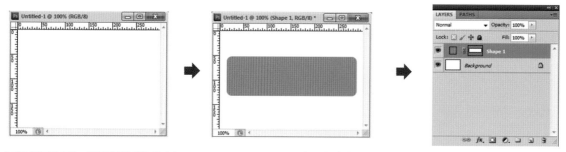

1) 가로/세로가 300 x 200픽셀인 창을 엽니다.　　　　2) 모양 레이어 도구를 이용해 라운드 사각형을 만듭니다.

Gradient Overlay 옵션　　　　Stroke 옵션

3) Gradient Overlay와 Stroke 레이어 스타일을 적용합니다.

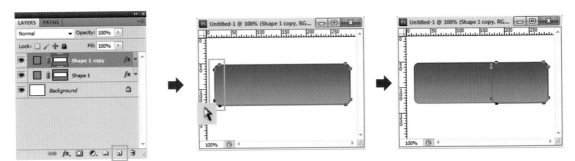

4) 레이어를 복사합니다.

5) 직접 선택 도구를 이용해 복사한 레이어의 한쪽 크기를 줄입니다.

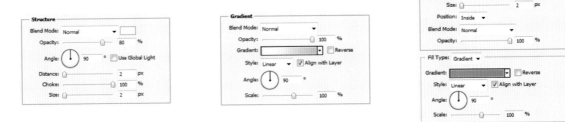

Inner Shadow 옵션　　　　　　Gradient Overlay 옵션　　　　　　Stroke 옵션

6) Inner Shadow, Gradient Overlay, Stroke 효과를 적용합니다.

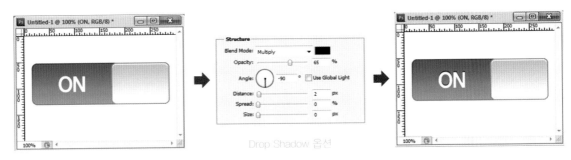

Drop Shadow 옵션

7) 텍스트 도구를 이용해 텍스트를 입력하고 Drop Shadow 효과를 적용해 완성합니다.

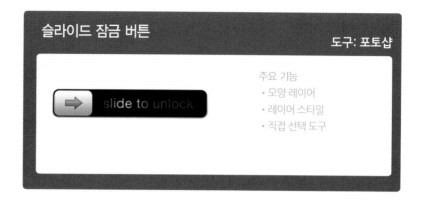

1) 가로/세로가 300 x 200픽셀인 창을 엽니다.

2) 모양 레이어 도구를 이용해 라운드 사각형을 만듭니다.

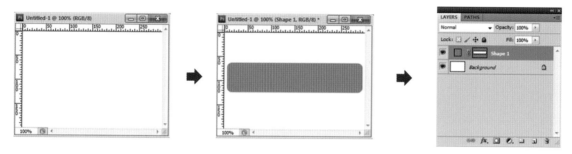

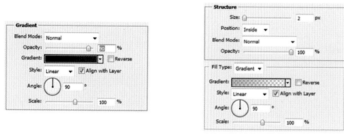

Gradient Overlay 옵션

Stroke 옵션

3) Gradient Overlay와 Stroke 레이어 스타일을 적용합니다.

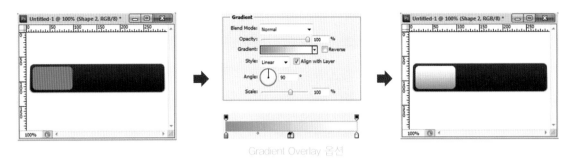

4) 모양 레이어 도구를 이용해 작은 라운드 사각형을 만듭니다.　　　　5) Gradient Overlay 효과를 적용합니다.

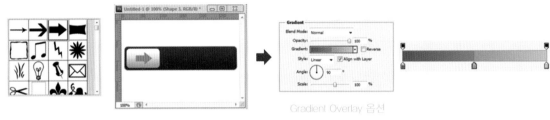

6) 사용자 정의 도형 도구를 이용해 화살표를 만듭니다.　　　　7) Gradient Overlay 효과를 적용합니다.

8) Drop Shadow와 Inner Shadow 효과를 적용합니다.

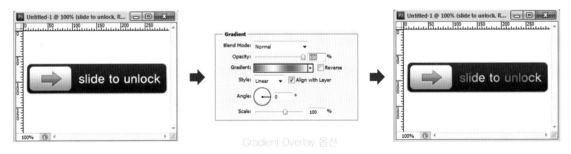

9) 텍스트 도구를 이용해 텍스트를 입력하고 Drop Shadow 효과를 적용해 완성합니다.

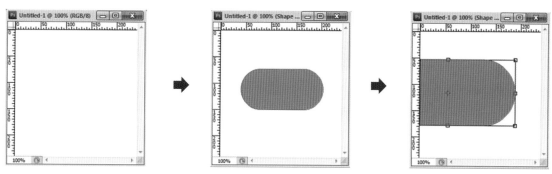

1) 가로/세로 240 x 240픽셀 창을 엽니다.

2) 모양 레이어 도구를 이용해 라운드 사각형을 만든 후 자유 변형 기능(Ctrl + T)을 이용해 크기와 위치를 잡습니다.

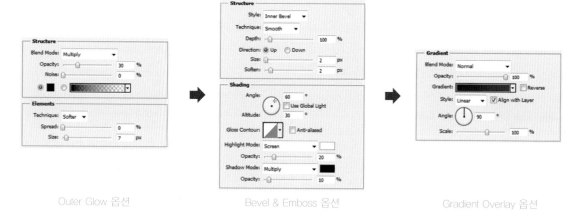

Outer Glow 옵션   Bevel & Emboss 옵션   Gradient Overlay 옵션

3) Outer Glow, Bevel & Emboss, Gradient Overlay 효과를 적용하고 레이어 투명도 값을 85%로 줄입니다.

4) 모양 레이어 도구를 이용해 검은색 정원을 만든 후 투명도를 50%로 줄입니다.

일러스트레이터

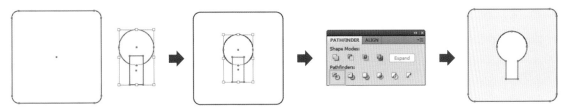

5) 라운드 사각형, 원, 사각형 도구를 이용해 위와 같은 모양을 만든 후 패스파인더를 이용해 전체를 나눕니다. 그런 다음 직접 선택 도구를
이용해 나뉜 내부를 지웁니다.

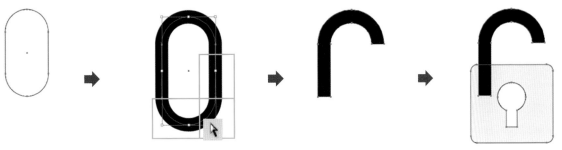

6) 위아래가 둥근 라운드 사각형을 만든 후 두께감을 줍니다.

7) 직접 선택 도구로 아래와 오른쪽 선을 지운 후 Object → Path → Outline
Stroke로 변환합니다. 그런 다음 앞에서 만든 오브젝트와 겹칩니다.

8) 패스파인더를 이용해 하나로 합칩니다.

9) 정원을 만든 후 두 오브젝트를 겹치고 패스파인더로 나눈 다음 나뉜
가운데를 직접 선택 도구를 이용해 지웁니다.

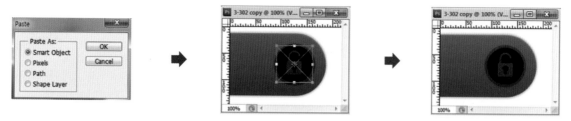

10) 완성한 오브젝트를 복사(Ctrl + C)해서 포토샵에 Smart Object로
가져옵니다(Ctrl + V).

11) 불러온 오브젝트의 크기와 위치를 조절합니다.

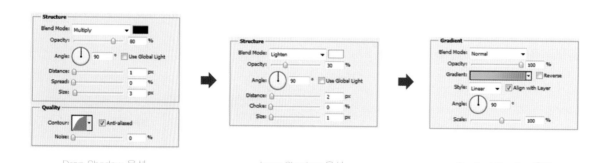

Drop Shadow 옵션   Inner Shadow 옵션   Gradient Overlay 옵션

12) Drop Shadow, Inner Shadow, Gradient Overlay를 적용합니다.

13) 다각형 도형 도구를 이용해 삼각형을 만든 후 색상. 크기(Ctrl + T). 투명도를 조절해서 완성합니다.

런처 아이콘 제작 활용

런처 아이콘은 스마트폰 앱 디자인에서 가장 대표적인 디자인 아이템입니다. 시스템이나 앱을 실행할 때 실행하는 아이콘으로서 해당 앱의 얼굴이라고도 볼 수 있습니다. 가장 대표적인 안드로이드의 런처 아이콘과 아이폰 런처 아이콘의 제작 및 활용에 대해 알아보겠습니다.

003.
런처 아이콘 디자인

직사각형 형태의 iOS 런처 아이콘

이미지 외각은 투명 처리

자유스러운 형태의 안드로이드 런처 아이콘

아이폰의 iOS와 안드로이드의 런처 아이콘의 가장 큰 차이점은 바로 제작 방식에 있습니다. iOS 런처 아이콘은 최초 직사각형 형태로 제작되며, 안드로이드 런처 아이콘은 자유스러운 형태를 보입니다. 대신 안드로이드 런처 아이콘을 제작할 때는 아이콘 외각을 제외한 나머지 부분은 투명하게 처리해서 저장합니다.

각 크기는 1단원에서 알아봤듯이 서비스되는 기기에 맞게 설정하는데, 각 기기 중 가장 큰 사이즈로 제작해서 줄여나가는 방식을 이용합니다.

단위: 픽셀

각 장치에 따른 iOS 런처 아이콘 제작 순서

각 장치에 따른 안드로이드 런처 아이콘 제작 순서

iOS 런처 아이콘 크기 조절

iOS나 안드로이드 모두 가장 큰 크기의 아이콘부터 제작하게 됩니다. 그런 다음 포토샵을 이용해 각 장치에 맞는 크기로 줄여나갑니다. Image 메뉴에서 Image Size를 이용해 크기 조절을 하며, 이때 Constrain Proportions를 체크하면 가로/세로 같은 비율로 크기 조절이 됩니다.

단위: 픽셀

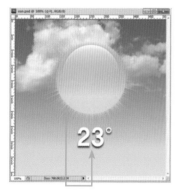

아이탬 및 텍스트는 상대적으로 1.5배 정도 크게 제작

1024 x 1024

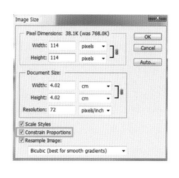

Image → Image Size

114 x 114

위와 같은 방법으로 각 장치에 맞는 크기로 만든 후 Fill → Save for Web & Devices를 이용해 앱 스토어용 이미지는 jpg로 저장하고, 각 장치별 이미지는 png24bit 파일로 저장합니다.

런처 아이콘 제작

앱 스토어 등록 페이지

iOS 에뮬레이터

iOS 런처 아이콘은 프로그래밍 상에서 자동으로 라운드 코너가 적용되며 이미지 크기가 급격하게 작아지므로 최초 1024 X 1024 크기로 제작할 때 **아이템 및 텍스트의 크기는 보통 기준보다 1.5배 정도 크게 제작해야 합니다.** 그래야 크기를 작게 했을 때도 아이템 및 텍스트가 커 보입니다.

안드로이드 런처 아이콘 크기 조절

안드로이드 런처 아이콘도 가장 큰 사이즈부터 제작해서 줄여나갑니다. 하자만 iOS와 다른 점은 이미지의 외각을 투명하게 처리하고 이미지 외각에 레이어 스타일이 적용되기 때문에 크기마다 레이어 스타일의 절대적인 값이 어색하게 들어갈 수 있습니다. 그래서 반드시 크기 조절을 할 때 iOS와 마찬가지로 Constrain Proportions를 체크해야 합니다.

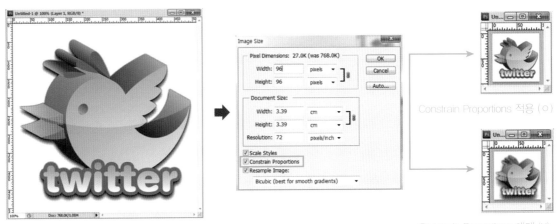

Constrain Proportions 적용 (ㅇ)

Constrain Proportions 해제 (X)

Constrain Proportions는 크기 조절 시 가로/세로 및 레이어 스타일 등의 비율 정보를 항상 같은 비율로 적용하는 기능입니다. 만약 Constrain Proportions이 해제되면 작게 크기 조절했을 때도 큰 사이즈의 레이어 스타일 값이 그대로 적용되기 때문에 상대적으로 효과가 크게 보일 수 있습니다.

안드로이드 런처 아이콘 또한 포토샵의 Save for Web & Devices를 이용해 png24bit로 저장하는데, 레이어의 배경(Background)은 해제해서 이미지의 외각 공간을 투명하게 저장합니다.

안드로이드 런처 아이콘 레이아웃

안드로이드 런처 아이콘은 외각 형태가 다양해서 스마트폰 배경화면에 올라왔을 때 통일성이 떨어져 보일 수 있습니다. 그래서 안드로이드 런처 아이콘을 제작할 때는 크게 원형 형태와 사각형 형태로 구분해서 제작해야 합니다.

같은 해상도의 런처 아이콘이더라도 사각형 아이콘이 원형 아이콘보다 좀 더 커 보일 수 있기 때문에 원형 아이콘보다 조금 작게 제작합니다.

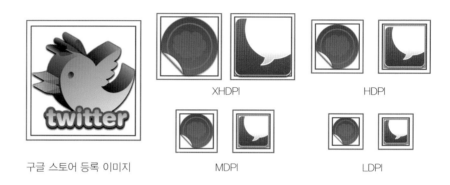

구글 스토어 등록 이미지 · XHDPI · HDPI · MDPI · LDPI

전체 완성 크기
아이콘 크기
사각형 아이콘 크기

안전 영역

단위: 픽셀

	대표이미지	XXHDPI	XHDPI	HDPI	MDPI	LDPI
전체 크기	512 x 512	144 x 144	96 x 96	72 x 72	48 x 48	36 x 36
아이콘 크기	470 x 470	140 x 140	88 x 88	60 x 60	40 x 40	30 x 30
사각형 아이콘 크기		134 x 134	84 x 84	56 x 56	38 x 38	28 x 28

> http://developer.android.com에서 아이콘 템플릿을 내려받아 보면 XHDPI를 제외하고는 원형 형태의 아이콘과 사각형 형태의 아이콘의 크기를 다르게 제작하는 것을 볼 수 있습니다.

런처 아이콘 디자인

런처 아이콘 제작 순서

가장 많이 사용하는 런처 아이콘의 크기는 안드로이드가 96 × 96, 아이폰의 iOS는 120 × 120입니다. 디자이너마다 제작 방식은 조금씩 다르겠지만 크게 두 가지 제작 과정을 통해 아이콘을 완성합니다.

앱 스토어용 이미지, 장치별 이미지를 각각 따로 만드는 방법과 앱 스토어용 이미지를 먼저 만들고 각 장치에 맞게 크기 조절을 하는 방법이 있습니다.

장치별 이미지를 각각 따로 만드는 방법

단위: 픽셀

장치에 맞는 크기의 아이콘을 각각 따로 제작하는 방법입니다. 하지만 이 방법은 크기가 가장 큰 앱 스토어용 이미지만 따로 제작하고 크기 차이가 많이 나지 않는 나머지 런처 아이콘은 크기 조절만으로 완성합니다. 그 이유는 앱 스토어용 이미지와 런처 아이콘의 크기 차이가 많이 나기 때문입니다.

1024 × 1024 또는 512 × 512

앱 스토어용 이미지만 따로 제작

152 × 152 또는 96 × 96

크기 조절

120 × 120 또는 72 × 72

장점
- 크기에 맞는 정확한 레이아웃을 잡아 제작할 수 있습니다.

단점
- 앱 스토어용 이미지와 각 장치별로 따로 제작하기 때문에 상대적으로 제작 시간이 오래 걸립니다.
- 앱 스토어용 이미지와 장치별 아이콘의 디자인이 달라질 수 있습니다.

가장 큰 사이즈 제작 후 크기 조절 방법

단위: 픽셀

안드로이드 마켓용 이미지는 512 × 512이고 iOS의 앱 스토어용 이미지는 1024 × 1024입니다. 그래서 가장 큰 사이즈로 만들고 안드로이드는 144 × 144(XXHDPI), 96 × 96(XHDPI), 72 × 72(HDPI), 48 × 48(MDPI), 36 × 36(LDPI) 순으로 크기 조절을 하고, iOS는 152 × 152(뉴아이패드), 120 × 120(아이폰4/5), 76 × 76(아이패드), 60 × 60(아이폰3) 순으로 크기를 조절합니다.

1024 × 1024 또는 512 × 512

크기 조절

152 × 152 또는 96 × 96

크기 조절

120 × 120 또는 72 × 72

장점

- 큰 사이즈부터 작은 사이즈까지 한 번만 제작하게 되므로 제작 시간이 짧아집니다.

단점

- 큰 사이즈의 아이콘을 줄이면 작아지면서 최초 디자인했던 느낌과 다를 수 있습니다.

크기 조절

앱 스토어	뉴아이패드	아이폰4/5	아이패드	아이폰3
1024 X 1024	152 X 152	120 X 120	76 X 76	60 X 60

최초 디자인했을 때의 느낌이 크기 조절을 통해 달라질 수 있습니다. 이 방법으로 제작할 때는 아이콘 디자인에 사용되는 아이템들의 크기를 생각보다 1.5배 정도 크게 제작해야 크기가 작아졌을 때도 원하는 아이템이나 텍스트를 표현할 수 있습니다.

> 두 제작 방법 가운데 어떤 방법을 이용해도 무방하나 모든 아이콘의 디자인은 무조건 통일시켜야 합니다.

안드로이드 런처 아이콘 가이드 설정

모든 런처 아이콘은 마켓, 또는 스토어용 규격이 가장 크기 때문에 스토어용 이미지를 먼저 제작합니다. 그다음 크기를 조절한 후 각 해상도별로 따로 제작합니다.

포토샵

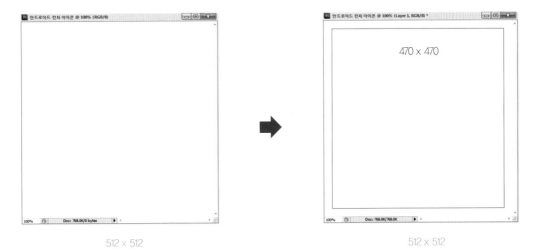

512 x 512

512 x 512

안드로이드 마켓용 아이콘 제작 틀 설정

안드로이드 런처 아이콘을 제작할 때는 대표이미지인 512 X 512를 먼저 제작합니다.

그다음 144 X 144(XXHDPI), 96 X 96(XHDPI), 72 X 72(HDPI) 순으로 다시 리사이즈하여 완성합니다.

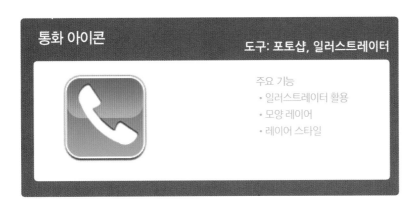

통화 아이콘

도구: 포토샵, 일러스트레이터

주요 기능
- 일러스트레이터 활용
- 모양 레이어
- 레이어 스타일

1) 512 X 512 창을 연 후 470 X 470 가이드를 만듭니다.

2) 모양 레이어 도구를 이용해 가이드에 맞는 라운드 사각형을 그립니다. 그런 다음 가이드 레이어의 보기 아이콘을 끕니다.

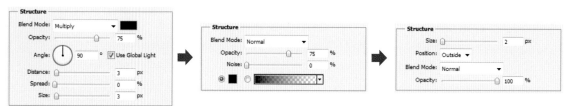

Drop Shadow 설정   Outer Glow 설정   Stroke 설정

3) Drop Shadow, Outer Glow, Stroke 레이어 스타일 효과를 적용합니다.

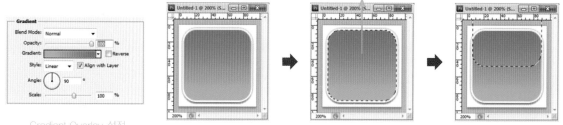

Gradient Overlay 설정

4) Gradient Overlay 효과를 적용합니다.

5) 썸네일에서 Ctrl + 클릭으로 선택한 후 선택 영역을 위로 올립니다.

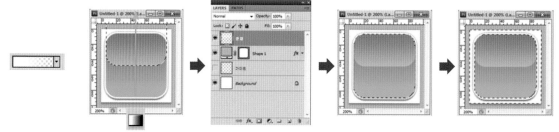

6) 새로운 레이어를 추가한 후 흰색 투명 그라디언트를 적용합니다.

7) 다시 모양 레이어를 Ctrl + 클릭으로 선택한 후 선택 반전 (Ctrl + Shift + I)해서 외각 부분을 지웁니다.

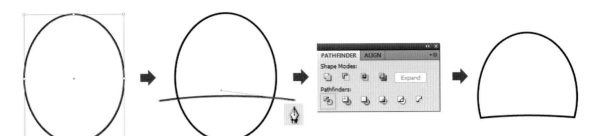

8) 원형 도구를 이용해 타원을 만든 후 펜 도구로 밑에 곡선을 만들어 겹칩니다.

9) 패스파인더를 이용해 전체를 나눈 후 나뉜 밑 부분을 직접 선택 도구로 지웁니다.

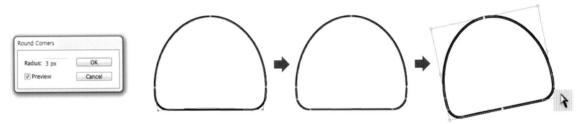

10) Effect ⋯ˌ Stylize ⋯ˌ Round Corners 값을 적용합니다.

11) Object ⋯ˌ Expand Appearance를 이용해 효과를 확장한 후 살짝 회전시킵니다.

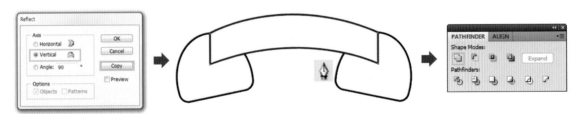

12) 반전 도구를 이용해 좌우 복사한 다음 펜 도구를 이용해 가운데 도형을 만듭니다.

13) 패스파인더를 이용해 전체를 합칩니다.

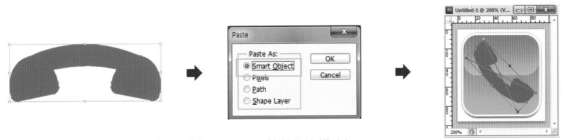

14) 합친 오브젝트를 복사(Ctrl + C)한 후 포토샵에 Smart Object 형식으로 불러옵니다.

15) Inner Shadow, Color Overlay 효과를 적용합니다.

16) 투명 그라디언트가 적용된 광채 레이어 밑으로 보내 완성합니다.

카메라 아이콘

도구: 포토샵

주요 기능
• 모양 레이어
• 레이어 스타일
• 클리핑 마스크

Drop Shadow 설정

1) 96 x 96 창을 연 후 모양 레이어 도구를 이용해 정원을 만듭니다.

2) Drop Shadow 효과를 적용합니다.

Inner Shadow 설정

3) 모양 레이어 도구를 이용해 다시 작은 정원을 만듭니다.

4) 레이어 이름을 '마스크 원이라 하고 Inner Shadow 효과를 적용합니다.

가끔 모양 레이어 도구를 연속해서 적용할 때 앞에서 사용한 레이어 스타일이 바로 적용될 때가 있습니다. 이때 설정에서 Style을 해제시키면 됩니다.

연속 스타일 해제

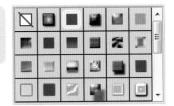

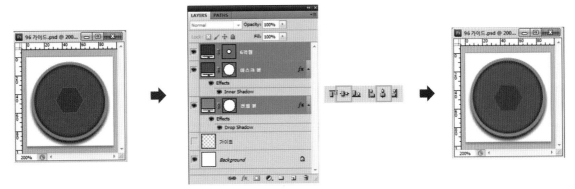

5) 모양 레이어 도구를 이용해 6각형을 만듭니다.

6) 모양 레이어를 Shift 키를 눌러 모두 선택한 후 가운데 정렬을 합니다.

Inner Shadow 설정

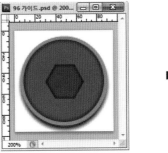

7) 6각형 모양 레이어에 Inner Shadow 효과를 적용합니다.

8) 모양 레이어 도구를 이용해 6각형의 밑변과 평행한 사각형을 만듭니다.

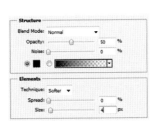

Outer Glow 설정

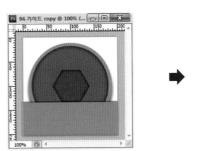

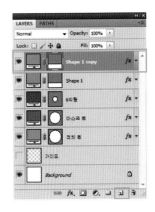

9) Outer Glow 효과를 적용한 후 레이어를 복사합니다.

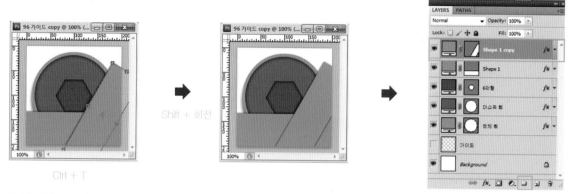

10) 자유변형(Ctrl + T)을 이용해 6각형의 변과 맞게 회전합니다.

11) 다시 레이어를 복사합니다.

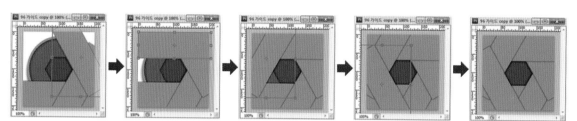

12) 이와 같은 방법으로 레이어를 복사한 후 회전시켜 각 6각형 변과 맞는 형태로 만듭니다.

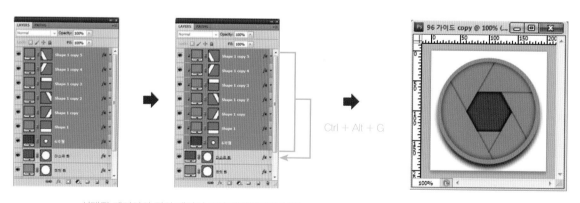

선택된 레이어의 밑의 레이어 모양 영역만큼만 보임

13) 사각형 레이어와 6각형 레이어를 모두 선택한 다음 클리핑 마스크(Layer→Create Clipping Mask)를 적용합니다.

클리핑 마스크(Create Clipping Mask / Ctrl+Alt+G)란 선택된 레이어 아래의 레이어 모양만큼만
보이게 하는 마스크 기능입니다.

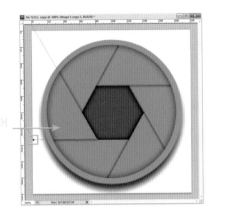
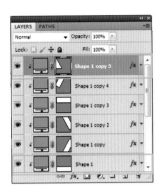

맨 위 레이어가 맨 밑의 레이어
밑에 있는 모양으로 수정

14) 직접 선택 도구를 이용해 맨 위에 레이어의 패스를 수정합니다.

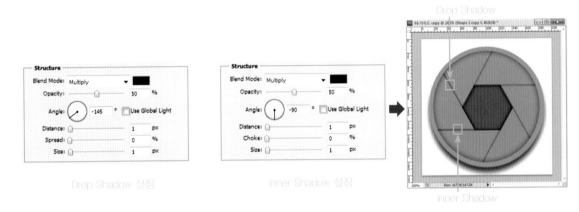

Drop Shadow 설정

Inner Shadow 설정

15) Drop Shadow와 Inner Shadow의 설정을 조절해서 중간에 끼워진 듯한 효과를 적용합니다. 이때 다른 레이어에 있는 스타일에 영향을
받지 않게 Use Global Light는 해제합니다.

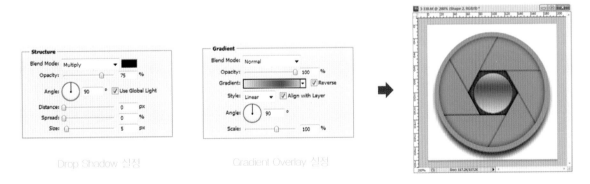

Drop Shadow 설정

Gradient Overlay 설정

16) 모양 레이어 도구를 이용해 가운데 정원을 만든 후 Drop Shadow, Gradient Overlay 효과를 적용합니다.

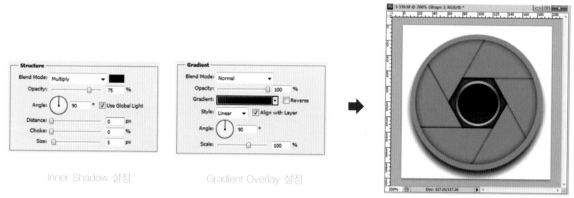

Inner Shadow 설정   Gradient Overlay 설정

17) 모양 레이어 도구를 이용해 다시 한번 가운데 작은 정원을 만든 후 Inner Shadow, Gradient Overlay 효과를 적용합니다.

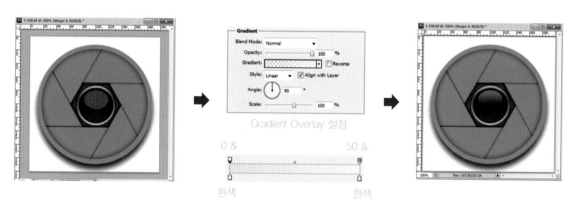

Gradient Overlay 설정

18) 모양 레이어 도구를 이용해 상단에 작은 타원을 그린 후 Fill 값을 0%로 지정합니다.   19) 투명 Gradient Overlay를 적용해 광채를 만듭니다.

Bevel & Emboss 설정

20) 마스크 원 레이어를 복사한 후 맨 위로 올린 후 Fill 값을 0%로 설정합니다.   21) Bevel & Emboss 효과를 적용해 완성합니다.

2) 펜 도구를 이용해 Shift 키를 누른 상태에서 45도 선을 만든 후 회전 도구를 활용해 90도로 회전 복사합니다.

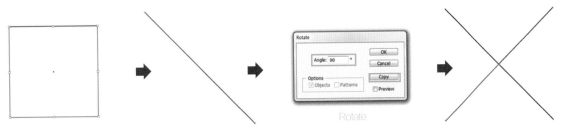

1) 정사각형 오브젝트를 만듭니다.

3) 정렬 메뉴로 가운데 정렬시킵니다.

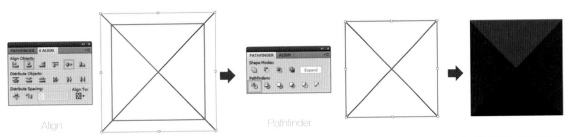

4) 패스파인더를 이용해 전체를 나눈 후 전체 선을 없애고 위와 같은 색상을 적용합니다.

5) 오브젝트를 복사해서 포토샵의 512 X 512창에 Smart Object 형식으로 불러와 크기와 위치를 배치합니다.

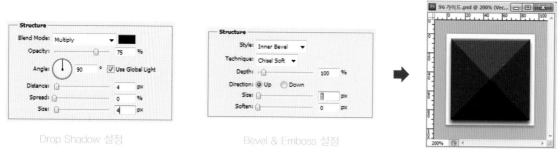

Drop Shadow 설정   Bevel & Emboss 설정

6) Drop Shadow, Bevel & Emboss 효과를 적용합니다.

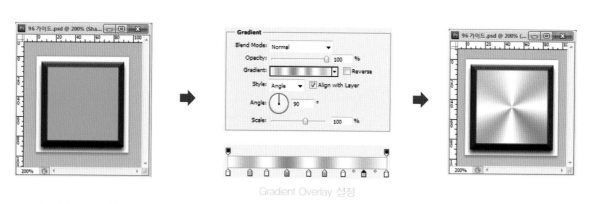

Gradient Overlay 설정

7) 모양 레이어 도구를 이용해 정사각형을 만듭니다.   8) Gradient Overlay 효과를 적용합니다.

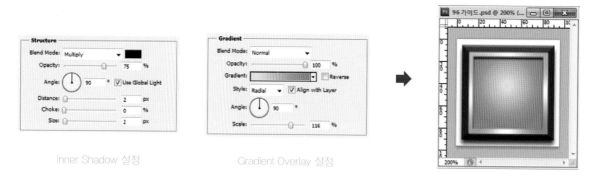

Inner Shadow 설정   Gradient Overlay 설정

9) 모양 레이어 도구를 이용해 정사각형을 만든 후 Inner Shadow, Gradient Overlay 효과를 적용합니다.

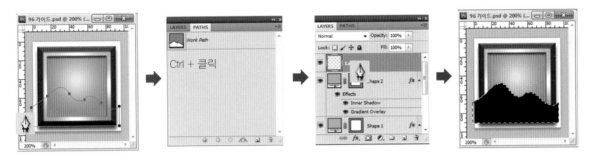

10) 펜 도구를 이용해 위와 같은 모양을 만든 후 Path 레이어에서 Ctrl + 클릭으로 선택 영역으로 만듭니다.

11) 새로운 레이어를 추가한 후 검은색을 넣습니다.

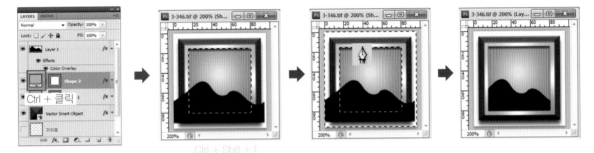

12) 밑의 레이어의 썸네일을 Ctrl + 클릭해 선택한 후 선택 영역 반전 (Ctrl + Shift + I)을 합니다.

13) 다시 산 레이어로 넘어와서 Delete 키로 외각 이미지를 지운 후 완성합니다.

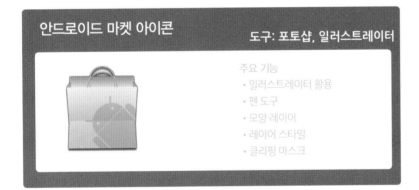

1) 펜 도구를 이용해 위와 같은 선을 만듭니다.

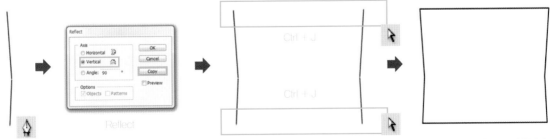

2) 반전 도구를 이용해 좌우 반전시킨 후 떨어진 두 점을 연결(Ctrl + J)합니다.

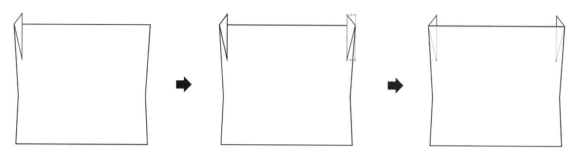

3) 펜 도구를 이용해 안쪽 모양을 만듭니다.

4) 반전 도구를 이용해 반전 복사한 후 반대쪽으로 이동한 후 맨 뒤로(Ctrl + Shift + [) 보냅니다.

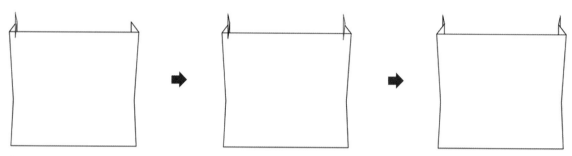

5) 펜 도구를 이용해 바깥쪽 모양을 만듭니다.

6) 반전 도구를 이용해 반전 복사한 후 반대쪽으로 이동한 후 맨 뒤로 보냅니다 (Ctrl + Shift + [).

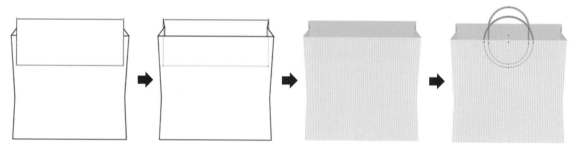

7) 사각형 도구를 이용해 반대쪽 면을 만든 후 맨 뒤로 보냅니다.(Ctrl + Shift + [) 전체 선을 없앤 다음 각 색상을 적용합니다.

8) 손잡이를 만든 후 오브젝트 높이를 조절합니다.

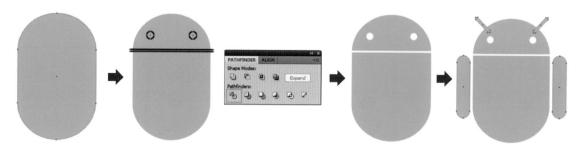

9) 적당한 라운드 사각형을 만든 후 펜 도구와 원형 도구로 모양을 만듭니다.

10) 패스파인더로 나눠 준 후 직접 선택 도구로 나뉜 부분을 지웁니다. 그런 다음 다시 라운드 사각형 도구로 나머지 모양을 만듭니다.

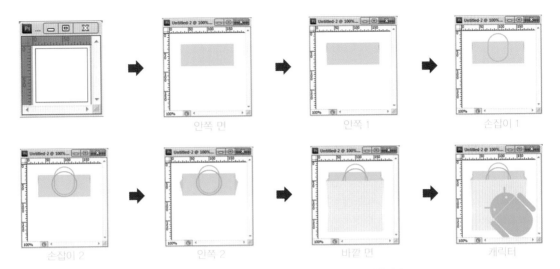

11) 각 오브젝트를 포토샵의 512 X 512창에 Smart Object 형식으로 불러와 레이어 이름을 지정합니다.

12) 캐릭터 레이어를 선택한 후 클리핑 마스크(Layer→Create Clipping Mask)를 적용합니다.

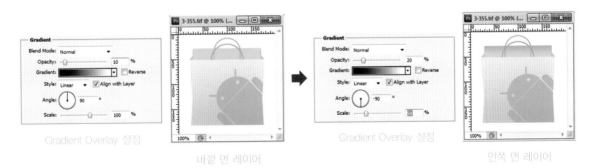

13) 바깥 면 레이어와 안쪽 면 레이어에 Gradient Overlay 효과를 적용합니다.

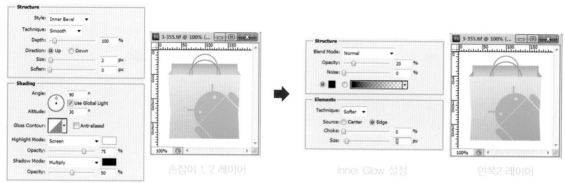

Bevel & Emboss 설정   손잡이 1, 2 레이어   Inner Glow 설정   안쪽2 레이어

14) 손잡이 1, 2 레이어에 Bevel & Emboss 효과, 안쪽 2 레이어에 Inner Glow 효과를 적용합니다.

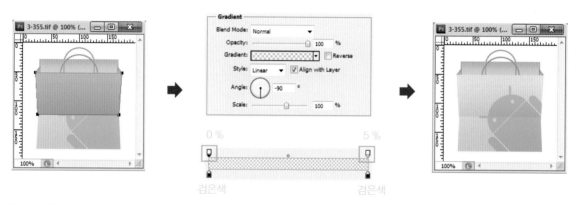

15) 레이어 맨 위에 모양 레이어 도구를 이용해 사각형을 만든 후 직접 선택 16) Fill 값을 0%로 조절하고 Gradient Overlay 효과를 적용합니다.
도구로 모양을 수정해 그림자 레이어를 만듭니다.

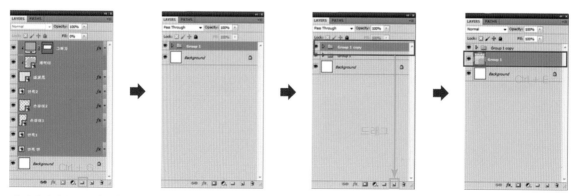

17) 전체 레이어를 선택(Shift) 한 다음 그룹화(Ctrl + G)합니다.   18) 그룹 폴더를 복사한 후 밑에 있는 그룹 폴더 전체를 합칩니다(Ctrl + E).

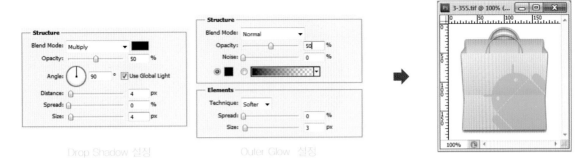

Drop Shadow 설정   Outer Glow 설정

19) 합쳐진 레이어에 Drop Shadow, Outer Glow 효과를 적용해서 완성합니다.

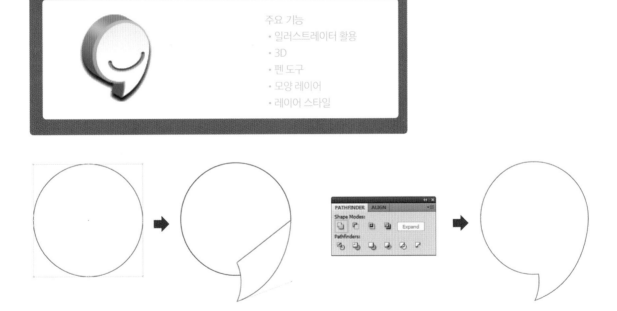

미투데이 아이콘   도구: 포토샵, 일러스트레이터

주요 기능
- 일러스트레이터 활용
- 3D
- 펜 도구
- 모양 레이어
- 레이어 스타일

1) 정원을 만듭니다.   2) 펜 도구를 이용해 말풍선 꼬리 모양을 만든 후 패스파인더로 합칩니다.

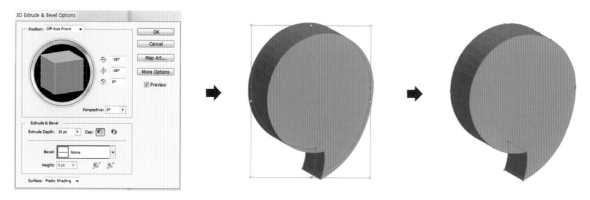

3) Effect → 3D → Extrude & Bevel 효과를 적용합니다.

4) Object → Expand Appearance를 적용해 효과를 확장해 줍니다.

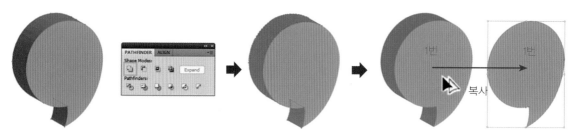

5) 그룹을 여러 번 해제(Ctrl + Shift + G)한 후 옆면만 선택한 다음 패스파인더로 합칩니다.

6) 앞면 1번을 복사해서 2번을 만듭니다.

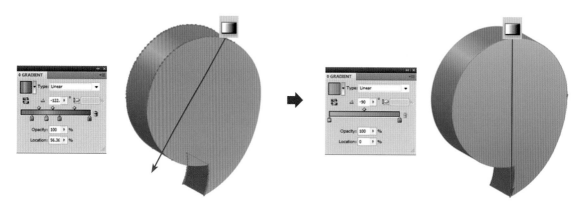

7) 옆면과 앞 면에 Liner 그라디언트를 적용합니다.

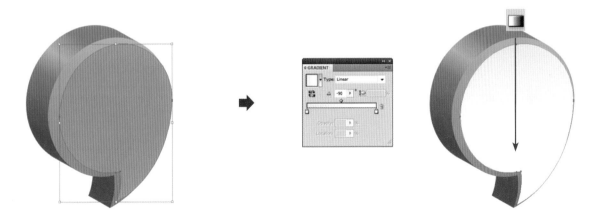

8) 미리 복사해 둔 2번의 크기를 조금 줄인 후 앞으로 겹칩니다.

9) Liner 그라디언트를 적용합니다.

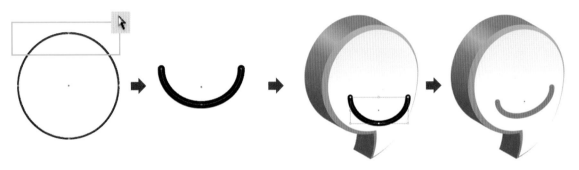

10) 선만 있는 정원을 만든 후 절반을 지우고 두께와 끝을 둥글게
처리합니다.

11) 아이콘과 겹친 후 기울기 도구를 이용해 모양에 맞게 비틀어 주고
색상을 적용합니다.

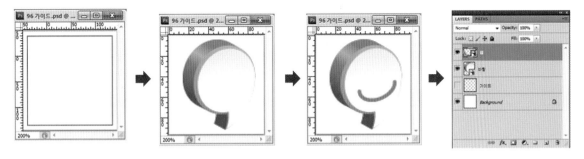

12) 아이콘 바탕과 입 오브젝트를 Smart Object 형식으로 따로 불러옵니다.

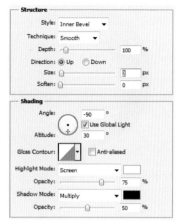

입 레이어 Bevel & Emboss 설정

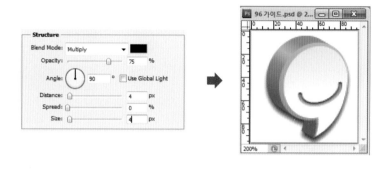

아이콘 바탕 레이어 Drop Shadow 설정

13) 입 레이어에는 Bevel & Emboss 효과를, 아이콘 바탕엔 Drop Shadow 효과를 적용해 완성합니다.

페이스북 아이콘

도구: 포토샵, 일러스트레이터

주요 기능
• 일러스트레이터 활용
• 모양 레이어
• 레이어 스타일

Gradient Overlay 설정

1) 512 X 512 창을 연 후 모양 레이어 도구를 이용해 라운드 사각형을 만듭니다.

2) Gradient Overlay 효과를 적용합니다.

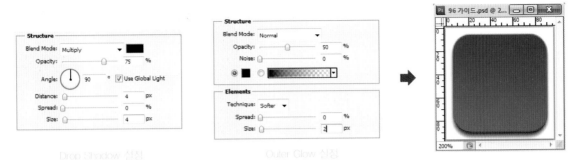

3) Drop Shadow, Outer Glow 효과를 적용합니다.

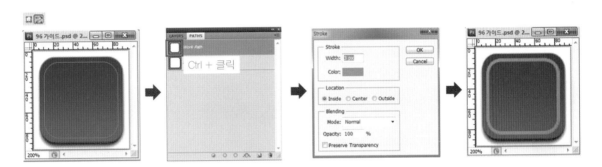

4) Path 도구를 이용해 라운드 사각형을 만든 후 Path 레이어에서 Ctrl + 클릭으로 선택 영역으로 만듭니다.

5) 새로운 레이어를 추가한 후 Edit → Stroke를 적용합니다.

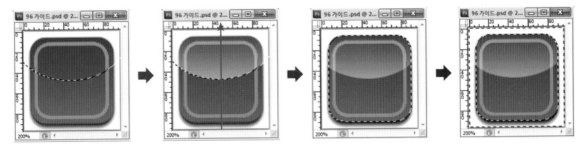

6) 상단 부분에 원형 선택 영역을 선택합니다. 그런 다음 새로운 레이어를 추가한 후 흰색의 투명 그라디언트를 적용합니다.

7) 라운드 사각형 레이어를 Ctrl + 클릭하고 다시 선택 영역 반전 (Ctrl + Shift + I)시켜 바깥쪽의 투명 그라디언트를 지웁니다.

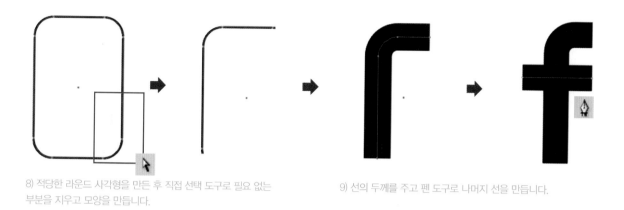

8) 적당한 라운드 사각형을 만든 후 직접 선택 도구로 필요 없는
부분을 지우고 모양을 만듭니다.

9) 선의 두께를 주고 펜 도구로 나머지 선을 만듭니다.

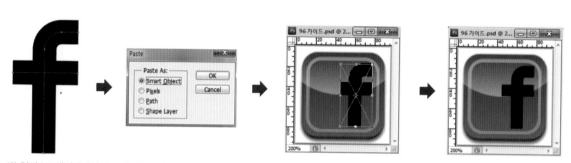

10) 일러스트레이터에서 오브젝트를 복사한 후 포토샵에 Smart Object 형식으로 불러옵니다. 그 다음 크기와 위치를 잡아줍니다.

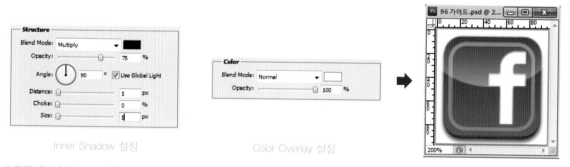

Inner Shadow 설정   Color Overlay 설정

11) 광채 레이어 밑으로 보낸 후 Inner Shadow, Color Overlay 효과를 적용해서 완성합니다.

음성 검색 아이콘

도구: 포토샵, 일러스트레이터

주요 기능
- 일러스트레이터 활용
- 모양 레이어
- 패턴
- 레이어 스타일

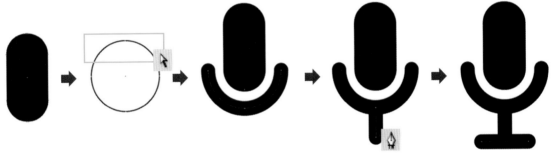

1) 라운드 사각형을 만듭니다.

2) 정원을 만든 후 직접 선택 도구로 위쪽을 지운 다음 끝 처리와 두께감을 줍니다. 그다음 펜 도구로 나머지 모양을 만듭니다.

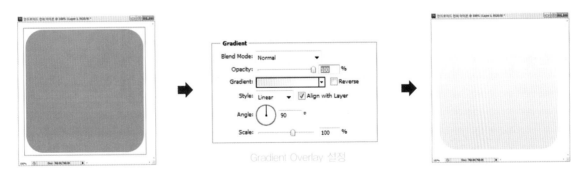

Gradient Overlay 설정

3) 512 X 512 창을 연 후 모양 레이어 도구를 이용해 라운드 사각형을 만듭니다.

4) Gradient Overlay 효과를 적용합니다.

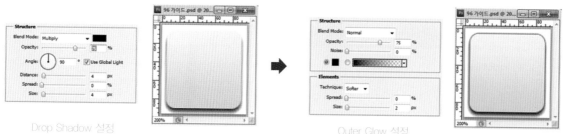

Drop Shadow 설정   Outer Glow 설정

5) Drop Shadow, Outer Glow 효과를 적용합니다.

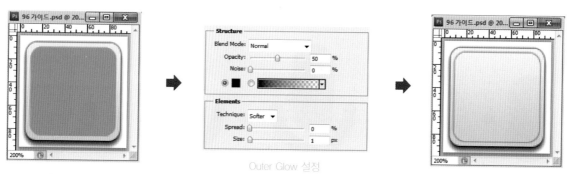

Outer Glow 설정

6) 모양 레이어 도구를 이용해 다시 라운드 사각형을 만든 후 Fill 값을 0%로 합니다.   7) Outer Glow 효과를 적용합니다.

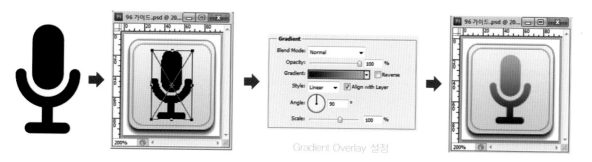

Gradient Overlay 설정

8) 일러스트레이터의 오브젝트를 복사해 Smart Object 형식으로 불러옵니다.   9) 위치와 크기를 맞춘 후 Gradient Overlay 효과를 적용합니다.

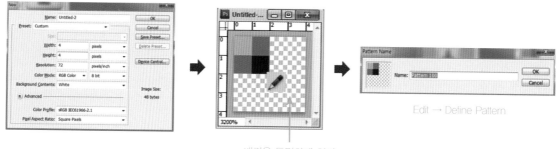

Edit → Define Pattern

배경은 투명하게 처리

10) 패턴을 만들 4 x 4 창을 엽니다.   11) 1픽셀 연필 도구를 이용해 입체감을 표현한 후 패턴으로 등록합니다.

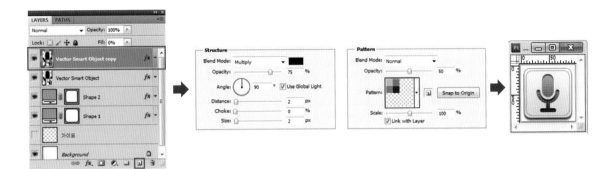

12) 마이크 레이어를 복사한 후 Fill 값을 0%로 조절합니다.　13) Inner Shadow와 Pattern Overlay 효과를 적용해 완성합니다.

알람 / 모닝콜 아이콘

도구: 포토샵, 일러스트레이터

주요 기능
- 일러스트레이터 활용
- 3D 기법
- 레이어 스타일

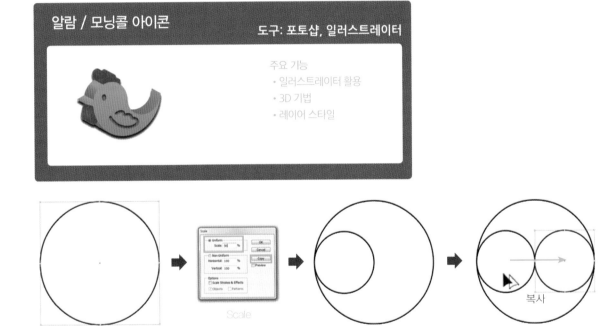

1) 선만 있는 정원을 만든 후 크기 조절 도구를 이용해 50%로 복사합니다.　2) 복사된 원을 왼쪽으로 정렬하고 다시 오른쪽으로 복사합니다.

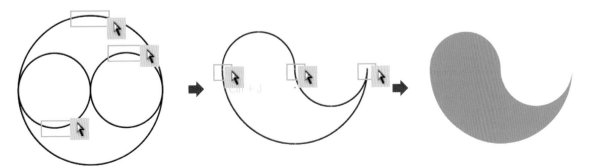

3) 직접 선택 도구로 필요 없는 부분을 지웁니다.　4) 떨어진 부분을 직접 선택 도구로 연결(Ctrl + J)한 후 색상을 바꿉니다.

5) 펜 도구로 모양을 만든 후 패스파인더를 이용해 합칩니다.

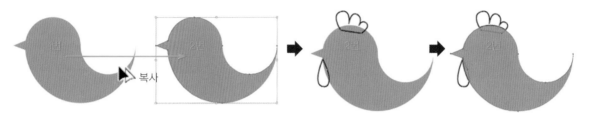

6) 전체를 복사해서 2번을 만듭니다.

7) 2번에 펜 도구로 나머지 모양을 만든 후 패스파인더로 나눈 후 다시 1번 오브젝트에 배치합니다.

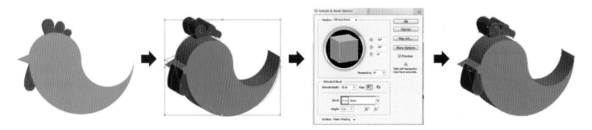

8) Effect → 3D → Extrude & Bevel을 이용해 3D 효과를 적용한 후 Object → Expand Appearance를 적용해 효과를 확장해 줍니다.

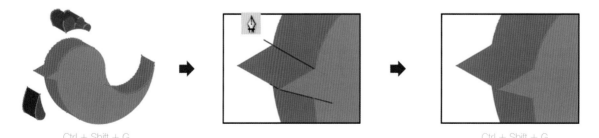

9) 각 그룹을 푼 준 후 입체 면을 패스파인더로 합칩니다.

10) 펜 도구를 이용해 몸통 오브젝트의 부리 모양을 패스파인더로 나눈 후 오브젝트 높이를 조절합니다.

11) 각 오브젝트 높이와 위치를 잡아줍니다.

12) 각 입체 면에 선형 그라디언트를 적용합니다.

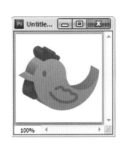

13) 눈과 날개를 만듭니다.

14) 몸통과 날개, 눈 오브젝트를 포토샵에 Smart Object 형식으로 따로 가져 옵니다.

Inner Shadow 설정

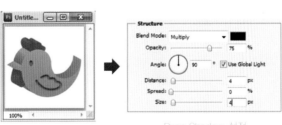

Drop Shadow 설정

15) 눈, 날개 레이어에는 Inner Shadow, 몸통 레이어는 Drop Shadow 효과를 적용해 완성합니다.

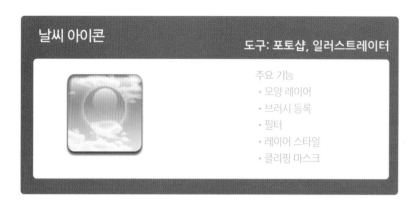

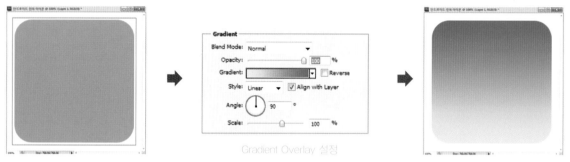

1) 512 X 512 창을 연 후 모양 레이어 도구를 이용해 라운드 사각형을 만듭니다.

2) Gradient Overlay 효과를 적용합니다.

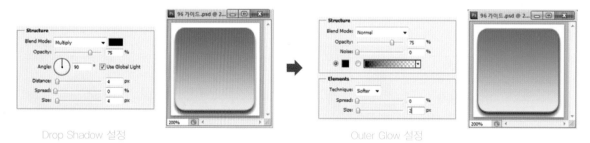

3) Drop Shadow, Outer Glow 효과를 적용합니다.

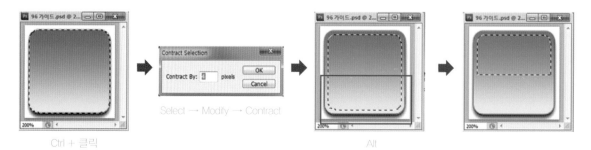

4) 레이어의 썸네일에서 Ctrl + 클릭으로 선택합니다.

5) Select → Modify → Contract를 이용해 선택 영역을 줄이고 사각형
선택 도구를 이용해 Alt 키로 절반을 지웁니다.

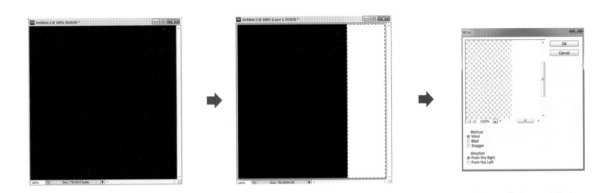

Filter → Blur → Gaussian Blur

6) 새로운 레이어를 추가한 후 흰색 투명 그라디언트를 적용합니다.　　7) 선택 영역을 해제한 후 Filter → Blur → Gaussian Blur를 적용합니다.

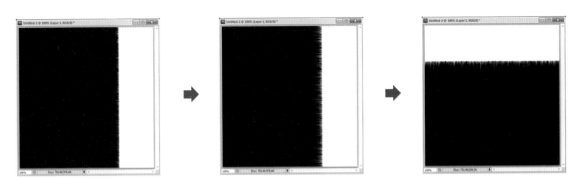

흰색을 채운 후 선택 해제(Ctrl + D)　　　　　Filter → Stylize → Wind

8) 다시 500 x 500 창을 연 후 검은색으로 채웁니다.　　9) 새로운 레이어를 추가하고 선택 도구를 이용해 흰색 면을 만듭니다. 그런 다음
　　　　　　　　　　　　　　　　　　　　　　　선택 영역을 해제하고 Filter → Stylize → Wind 효과를 적용합니다.

10) Ctrl + F를 이용해 효과를 한번 더 적용합니다.　　11) Image → Image Rotation → 90 CCW로 시계 반대 방향으로 이미지 전체
　　　　　　　　　　　　　　　　　　　　　　　를 회전시킵니다.

Ctrl + F는 가장 최근에 적용한 Filter 효과를 한 번 더 적용하는 기능입니다.

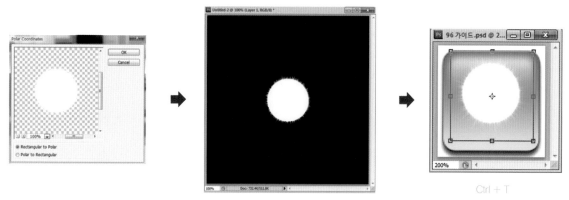

12) Filter → Distort → Polar Coordinates를 적용합니다.

13) 이동 도구로 미리 만들어 놓은 아이콘 배경에 가져간 후 크기와 위치를 조절합니다.

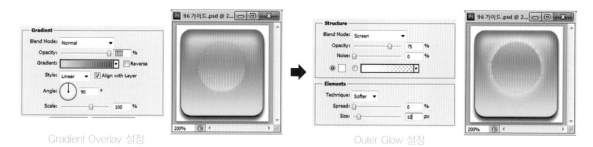

Gradient Overlay 설정

Outer Glow 설정

14) Gradient Overlay, Outer Glow 효과를 적용합니다.

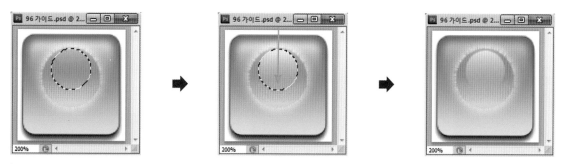

15) 새로운 레이어를 추가한 후 태양 상단에 원형 선택 영역을 만듭니다.

16) 흰색 투명 그라디언트를 적용합니다.

Select → Modify → Feather

Edit → Define Brush Preset

17) 적당한 구름 사진을 열고 올가미 도구를 이용해 구름의 외각을 선택합니다.

18) Select → Modify → Feather 값을 적용해 외각을 부드럽게 처리한 후 Edit → Define Brush Preset으로 등록합니다.

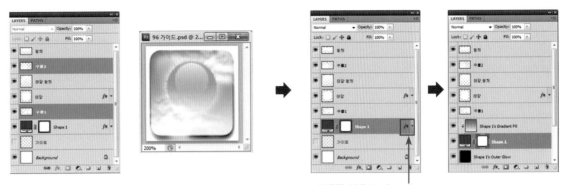

19) 태양 레이어 위와 아래에 구름 레이어를 추가한 후 브러시를 이용해 구름을 만들어 줍니다.

오른쪽 마우스 키 → Create Layers

20) 라운드 사각형인 모양 레이어의 효과를 Create Layers로 분리해 줍니다.

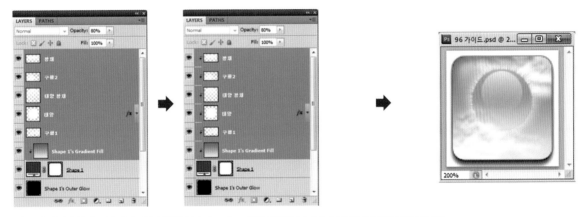

21) 모양 레이어 위에 모든 레이어를 선택한 후 Ctrl + Alt + G를 이용해 클리핑 마스크를 적용해서 완성합니다.

> 클리핑 마스크(Ctrl + Alt + G)를 적용하려면 마스크 영역으로 사용되는 레이어에 레이어 스타일이 적용돼 있으면 이미지가 사라져 버립니다. 그래서 **일단 레이어 스타일을 분리한 다음 클리핑 마스크를 적용해야 합니다.**

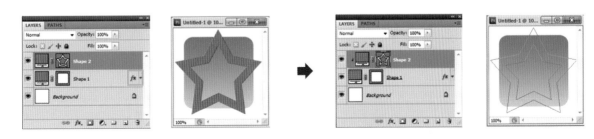

마스크로 사용될 레이어에 레이어 스타일이 적용되어 있으면 클리핑 마스크가 적용돼도 레이어 스타일이 우선적으로 보여지기 때문에 이미지가 사라져 버립니다.

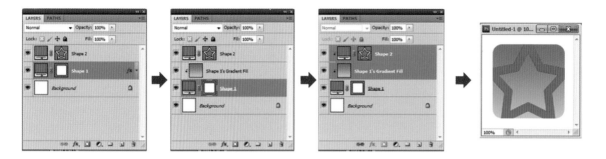

그래서 클리핑 마스크를 적용하려면 마스크 영역으로 사용되는 레이어의 효과를
Create Layers를 이용해 분리한 후 클리핑 마스크 효과를 적용해야 합니다.

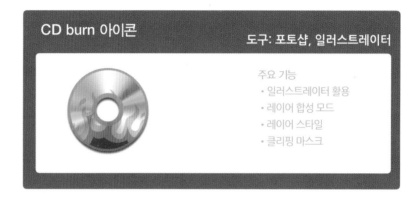

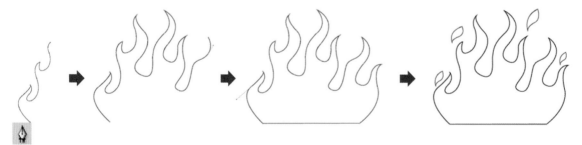

1) 펜 도구를 이용해 불꽃 무늬 오브젝트를 만듭니다.

2) 펜 도구를 이용해 나머지 안쪽 오브젝트를 만든 후 전체 선을 해제하고 각각 색상을 적용합니다.

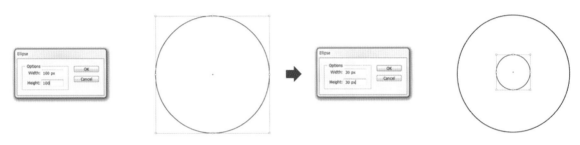

3) 원형 도구를 화면에 클릭해 가로/세로가 100픽셀, 30픽셀의 두 개의 원을 만듭니다.

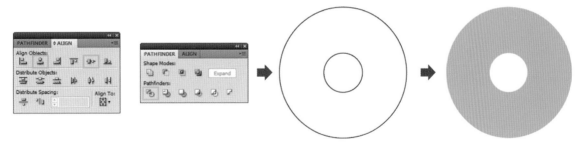

4) 두 개의 오브젝트를 정렬 메뉴를 이용해 가운데로 정렬하고   5) 나뉜 오브젝트의 가운데 부분을 직접 선택 도구를 이용해 지운
패스파인더로 나눕니다.   다음 색상을 바꿉니다.

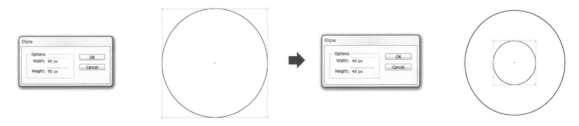

6) 다시 원형 도구를 화면에 클릭해 가로/세로가 각각 95픽셀, 40픽셀의 두 개의 원을 만듭니다.

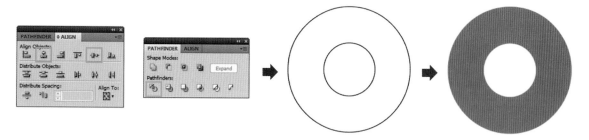

7) 두 개의 오브젝트를 정렬 메뉴를 이용해 가운데로 정렬하고
패스파인더로 나눕니다.

8) 나뉜 오브젝트의 가운데 부분을 직접 선택 도구를 이용해
지운 다음 색상을 바꿉니다.

9) 각 오브젝트를 Smart Object 형식으로 포토샵에 불러옵니다.

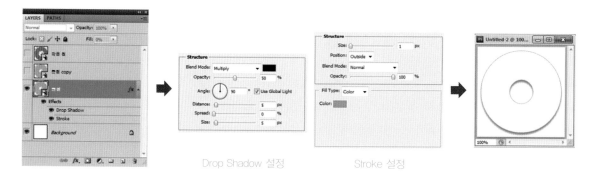

Drop Shadow 설정   Stroke 설정

10) 큰 원 레이어를 복사한 뒤 아래 있는 레이어의 Fill 값을 0%로 합니다. 그런 다음 Drop Shadow, Stroke 효과를 적용합니다.

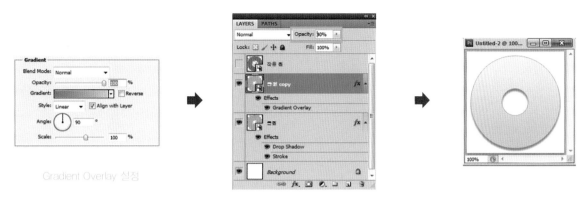

11) 복사한 위 레이어에 Gradient Overlay 효과를 적용하고 전체 투명도를 40%로 조절합니다.

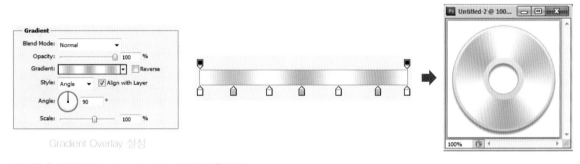

12) 작은 원 레이어에 Gradient Overlay 효과를 적용합니다.

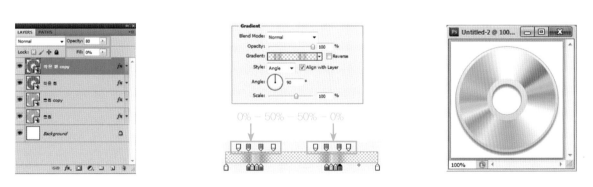

13) 작은 원 레이어를 복사한 다음 투명도는 80%, Fill 값은 0%로 조절하고 Gradient Overlay 효과를 적용합니다.

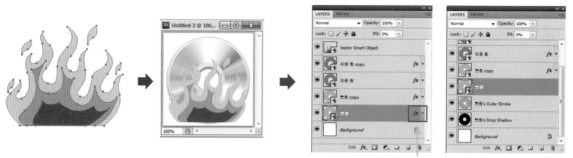

오른쪽 마우스 키 → Create Layers

14) 일러스트레이터의 불꽃 오브젝트를 복사해서 Smart Object 형식으로 불러옵니다.

15) Drop Shadow와 Stroke가 적용돼 있는 가장 밑의 레이어 효과를 Create Layers로 깨줍니다.

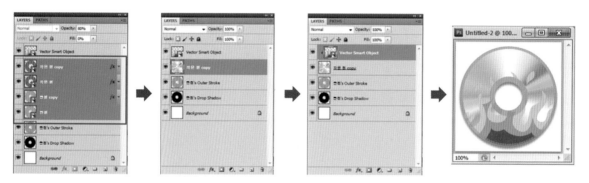

Ctrl + E

Ctrl + Shift + G

16) 분리된 Drop Shadow 효과 레이어와 불꽃 레이어를 제외한 모든 레이어를 동시에 선택해 (Shift) 하나의 레이어로 합칩니다(Ctrl + E).

17) 불꽃 레이어에 클리핑 마스크 효과를 적용합니다. (Ctrl + Shift + G)

정확한 CD 외각 모양에 맞게 클리핑 마스크(Ctrl + Alt + G)가 적용돼야 하므로 Drop Shadow와 Stroke 효과를 미리 분리하고 나머지는 레이어들은 하나로 합쳐서 마스크 영역으로 활용합니다.

Darken

Multiply

Color Burn

Linear Burn

18) 불꽃 레이어의 레이어 합성 모드를 활용해 다양한 합성 효과를 적용해 완성합니다.

레이어 합성 모드 (Blend Mode) :
하나의 효과를 선택한 뒤 키보드의 방향키(↑, ↓)를 움직여 선택

iOS 런처 아이콘 틀 디자인

아이폰 런처 아이콘은 사각형 전체 디자인을 사용합니다. 하지만 각 장치에 적용되면 자동으로 라운드 사각형화 되어 보여집니다. 실제로 아이폰 런처 아이콘을 제작할 땐 iOS7에서 새롭게 변경된 아이콘 탬플릿을 이용해 제작합니다.

최초 앱스토어용 1024 X 1024로 제작하고 그다음 152 X 152(뉴아이패드), 120 X 120(아이폰4/5), 76 X 76(아이패드), 60 X 60(아이폰3) 순으로 리사이즈합니다..

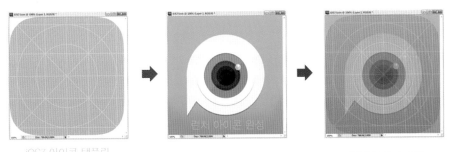

iOS7 아이콘 탬플릿
1024 X 1024

런처 아이콘 배치

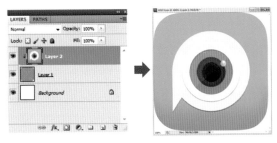

iOS7 탬플릿에 클리핑 마스크(Ctrl + Alt + G)를 적용해
실제 장치에 적용된 상태를 확인하여 제작합니다.

최종 개발자에게 보내지는 파일은 정사
각형 PNG24bit 파일입니다.

앞으로 제작되는 iOS 런처 아이콘은 이와 같이 iOS7 아이콘 탬플릿을 적용한 상태로 제작합니다.

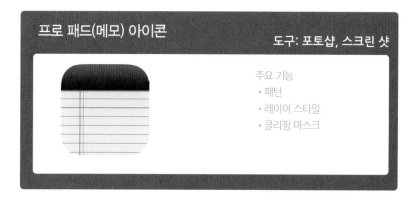

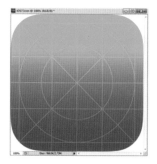 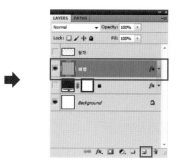 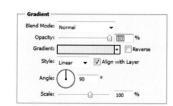

1) 1024 X 1024 iOS7 탬플릿 창을 연 후 새로운 레이어를 추가한 다음 임의의 색을 넣습니다.

2) Gradient Overlay 효과를 적용합니다.

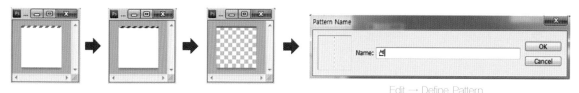

3) 50 x 50 창을 연 후 새로운 레이어를 추가한 다음 2픽셀 정도의 가로줄을 선택합니다.

4) 색을 채운 후 배경 레이어를 해제한 다음 패턴으로 등록합니다.

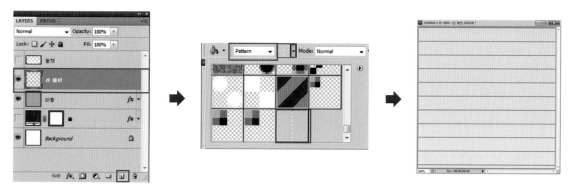

5) 선 패턴을 적용할 새로운 레이어를 추가한 후 페인트 통 도구의 설정을 Pattern으로 선택합니다.

6) 패턴 미리 보기에서 앞에서 등록한 선 패턴을 적용합니다.

7) 선을 적용할 새로운 레이어를 추가한 후 선택 도구로 새로 2픽셀 선과 1픽셀 선에 빨간색을 적용합니다.

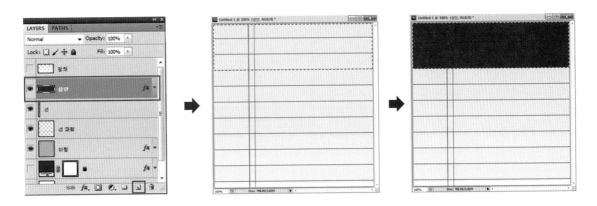

8) 상단 디자인을 적용할 새로운 레이어를 추가한 후 임의의 색상을 적용합니다.

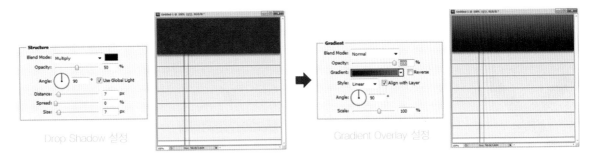

9) Drop Shadow, Gradient Overlay 효과를 적용해 완성합니다.

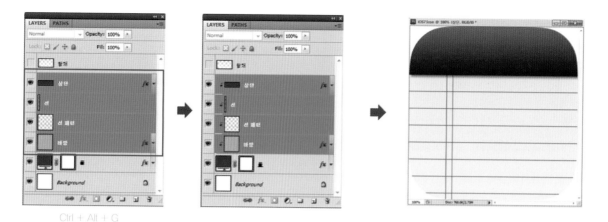

Ctrl + Alt + G

10) 새로 제작한 레이어를 동시에 선택한 후 클리핑 마스크를 적용합니다.

광채 레이어는 디자인에 따라 사용할 때와 안 할 때를 구분해서 적용합니다.

계산기 아이콘

도구: 포토샵, 일러스트레이터, 스크린 샷

주요 기능
• 일러스트레이터 활용
• 레이어 스타일
• 클리핑 마스크

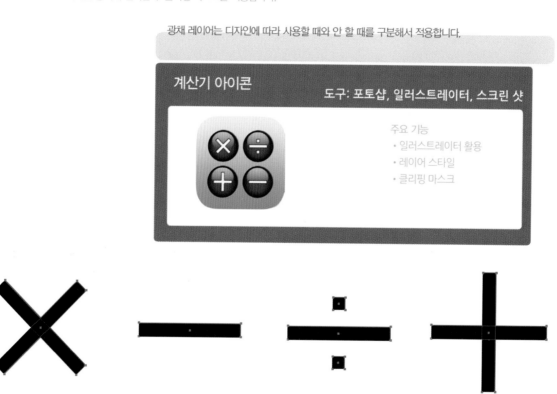

1) 사각형 도형 도구를 이용해 각 오브젝트를 만듭니다.

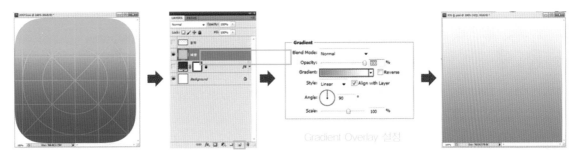

2) 1024 X 1024 iOS7 탬플릿 창을 연 후 새로운 레이어를 추가한 다음 임의의 색을 넣습니다.　3) Gradient Overlay 효과를 적용합니다.

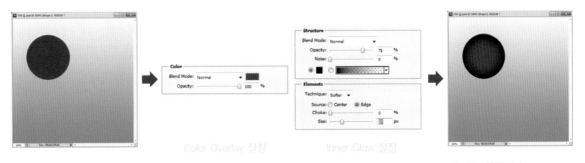

4) 모양 도구를 이용해 정원을 만듭니다.　5) Inner Glow, Color Overlay 효과를 적용합니다.

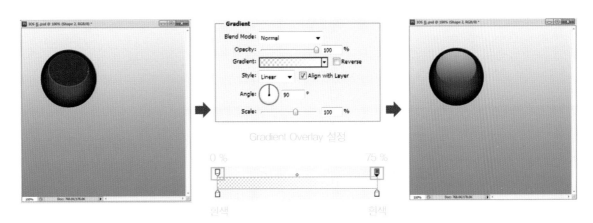

6) 모양 도구를 이용해 타원을 만든 후 Fill 값을 0%로 조절합니다.　7) 흰색의 투명 Gradient Overlay를 적용합니다.

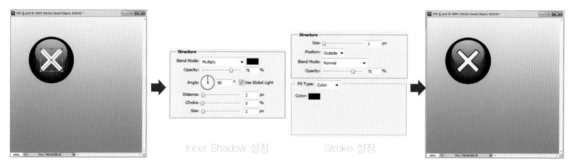

Inner Shadow 설정   Stroke 설정

8) 일러스트레이터의 오브젝트를 흰색으로 바꾼 후 Smart Object 형식으로 불러옵니다.

9) Inner Shadow, Stroke 효과를 적용합니다.

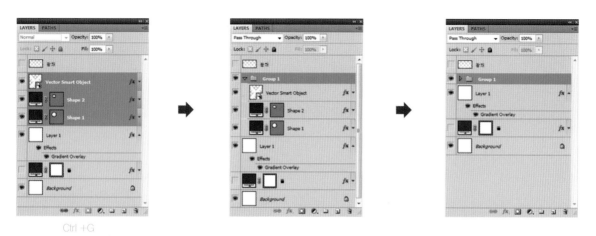

Ctrl +G

10) 원, 타원, Smart Object 레이어를 동시에 선택한 다음 레이어 폴더(Ctrl + G)로 만듭니다

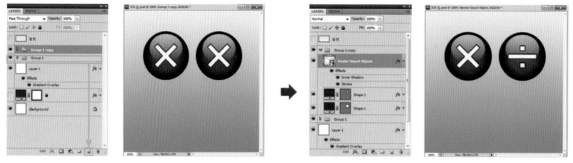

11) 레이어 폴더를 복사한 후 위치를 이동한 후 기존 Smart Object 레이어를 지웁니다.

12) 다시 일러스트레이터에서 새로운 오브젝트를 불러온 다음 Inner Shadow, Stroke 효과를 적용합니다.

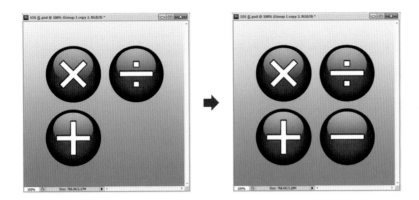

13) 같은 방법으로 레이어 폴더를 복사한 후 나머지 아이콘을 완성합니다.

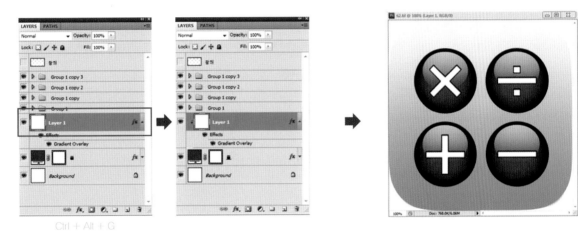

Ctrl + Alt + G

14) 바탕 레이어를 선택한 후 클리핑 마스크를 적용합니다.

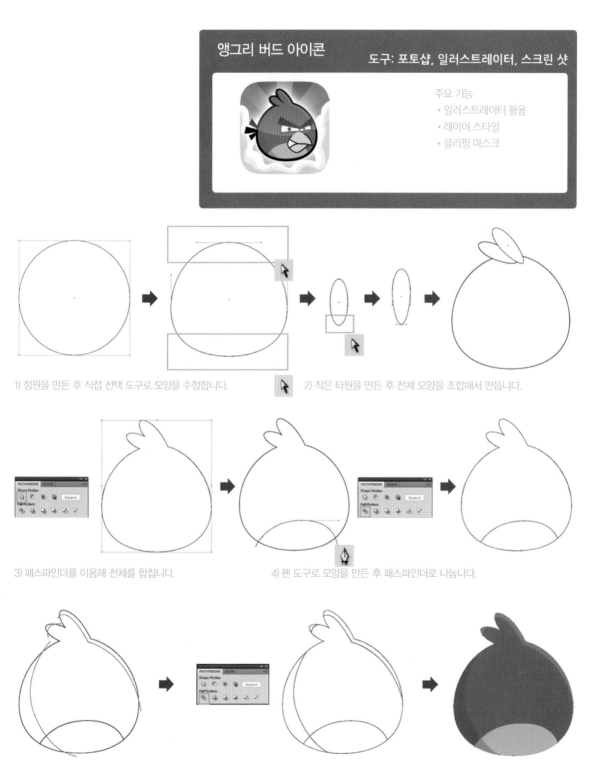

앵그리 버드 아이콘

도구: 포토샵, 일러스트레이터, 스크린 샷

주요 기능
• 일러스트레이터 활용
• 레이어 스타일
• 클리핑 마스크

1) 정원을 만든 후 직접 선택 도구로 모양을 수정합니다.

2) 작은 타원을 만든 후 전체 모양을 조합해서 만듭니다.

3) 패스파인더를 이용해 전체를 합칩니다.

4) 펜 도구로 모양을 만든 후 패스파인더로 나눕니다.

5) 펜 도구로 그림자 라인을 만든 후 패스파인더로 나눕니다.

6) 전체 선을 해제하고 각 색상을 적용합니다.

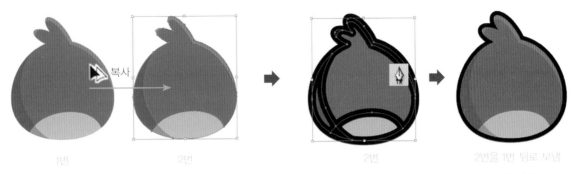

1번   2번   2번   2번을 1번 뒤로 보냄

7) 전체(1번)를 복사해서 2번을 만듭니다.

8) 2번에 검은 선을 적용한 후 두께감을 주고 1번 뒤로 보낸 뒤 정렬합니다.

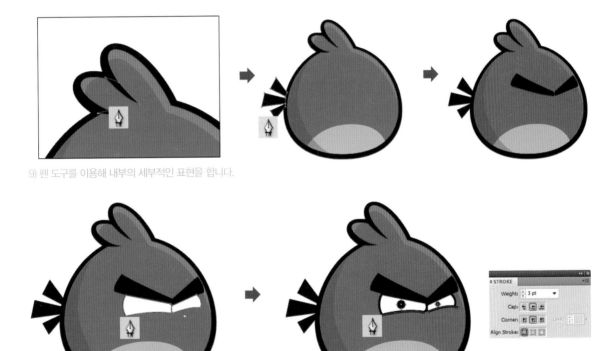

9) 펜 도구를 이용해 내부의 세부적인 표현을 합니다.

10) 펜 도구를 이용해 양쪽 눈을 만듭니다.

11) 눈과 눈썹의 높이를 조절한 후 눈동자와 눈, 눈 밑 라인의 두께감과 끝 처리를 적용합니다.

12) 펜 도구를 이용해 입 모양을 만든 후 각 높이와 색상을 지정합니다.

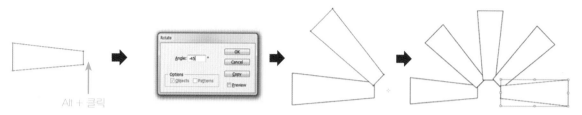

13) 펜 도구를 이용해 오브젝트를 만든 후 원하는 회전축에 Alt + 클릭으로
회전(Rotate) 메뉴를 엽니다.

14) −45˚로 복사한 후 Ctrl + D로 연속 실행합니다.

원하는 회전축으로 회전하기 위해서는 마우스를 위치시키고 Alt + 클릭을 하면 클릭한 위치에 회
전축이 생기면서 회전 창이 열립니다.

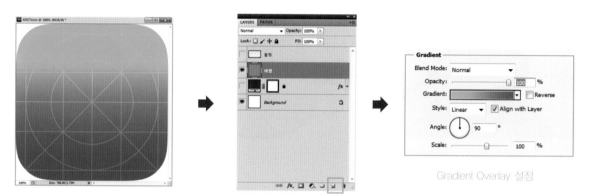

15) 1024 X 1024 iOS7 탬플릿 창을 연 후 새로운 레이어를 추가한 다음 임의의 색을
넣습니다.

16) Gradient Overlay 효과를 적용합니다.

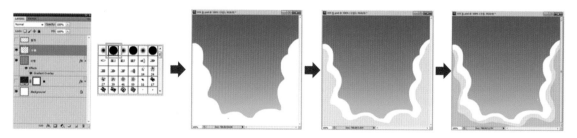

17) 새로운 구름 레이어를 추가한 후 브러시 도구를 이용해 단계별로 구름을 그립니다.

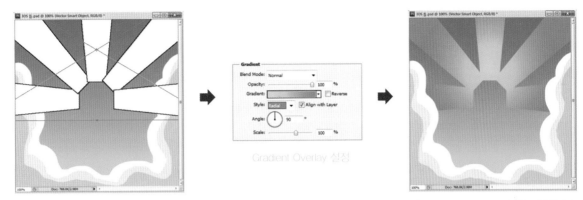

Gradient Overlay 설정

18) 일러스트레이터에서 빛 오브젝트를 Smart Object 형식으로 가져온 다음 구름 레이어 뒤로 보냅니다.

19) Gradient Overlay 효과를 적용합니다.

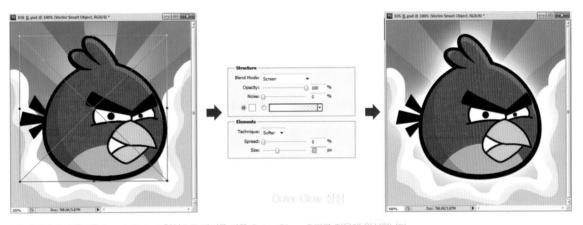

Outer Glow 설정

20) 캐릭터 오브젝트를 Smart Object 형식으로 가져온 다음 Outer Glow 효과를 적용해 완성합니다.

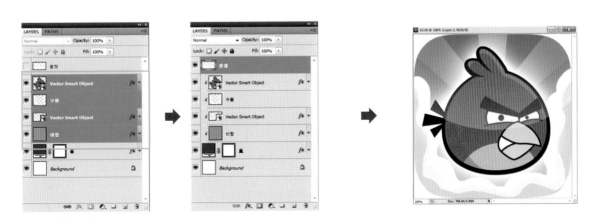

Ctrl + Alt + G

21) 새로 제작한 레이어를 동시에 선택한 후 클리핑 마스크를 적용합니다.

004.
위젯 및 패턴 디자인

위젯

위젯은 안드로이드 운영체제에서 사용됩니다. 다양한 형태의 디자인이 있으나 해당 앱과 배경화면 및 다른 아이콘과의 조화가 중요하며, 다양한 연출 기법으로 앱 디자인에 많이 사용됩니다.

단위: 픽셀

1 cell의 크기: 120 x 140(HDPI 기준)

위젯의 크기는 운영체제 및 화면의 크기에 따라 조금씩 달라지지만 런처 아이콘 하나가 들어갈 크기를 1개의 셀(Cell)로 봤을 때 4 x 1, 2 x 2, 4 x 2, 2 x 1 형태의 테이블 형식으로 제작됩니다.

HDPI(480 x 800)를 기준으로 런처 아이콘 한 개가 들어갈 수 있는 영역의 크기는 120 x 140입니다. 이 영역을 1 셀로 봤을 때 4 x 1은 480 x 140, 2 x 2는 240 x 280, 4 x 2는 480 x 420, 2 x 1은 240 x 140으로 크기를 설정하거나 나인패치 이미지를 사용하면 됩니다.

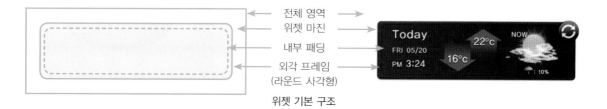

전체 영역
위젯 마진
내부 패딩
외각 프레임
(라운드 사각형)

위젯 기본 구조

- **전체 영역**: 위젯의 전체 완성 크기
- **위젯 마진**: 완성 크기 전체에 꽉 차는 디자인을 하지 않으며 투명으로 처리
- **내부 패딩**: 콘텐츠를 외각 프레임에서 조금 떨어뜨려 안정감을 줌
- **외각 프레임**: 코너는 둥근 형태의 사각형을 주로 사용해 다른 아이콘과 조화를 유지

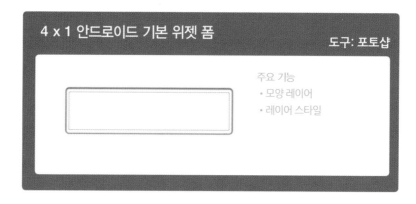

4 x 1 안드로이드 기본 위젯 폼　　　　도구: 포토샵

주요 기능
· 모양 레이어
· 레이어 스타일

http://developer.android.com에서 제공되는 위젯 폼으로서 가장 기본적인 위젯 폼 디자인입니다.
반드시 이와 같은 디자인 폼을 따를 필요는 없지만, 최대한 참고해서 디자인해야 합니다.

1) 가로/세로 480 x 140의 새로운 창을 엽니다.

2) 모양 레이어 형태의 라운드 사각형 도구를 이용해 사각형을 만든 후 레이어의 Fill 값을 0%로 조절합니다.

3) Drop Shadow와 Inner Shadow 레이어 스타일 효과를 적용합니다.

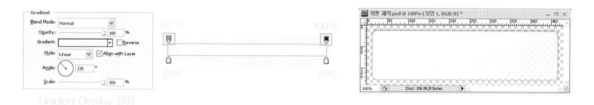

4) Gradient Overlay 레이어 스타일 효과를 적용합니다. 배경 레이어의 눈 아이콘을 해지하면 전체가 반투명하게 적용됩니다.

5) 모양 레이어 형태의 라운드 사각형 도구를 이용해 내부에 사각형을 만든 후 레이어의 Fill 값을 0%로 조절합니다.

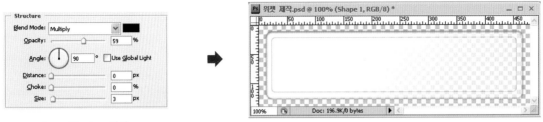

Inner Shadow 설정

6) Inner Shadow 레이어 스타일을 적용해 완성합니다.

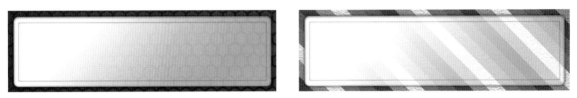

실제 배경에 적용된 상태

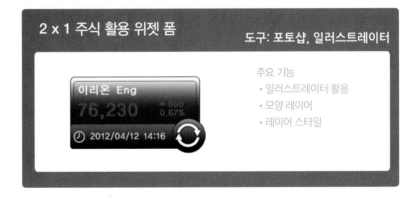

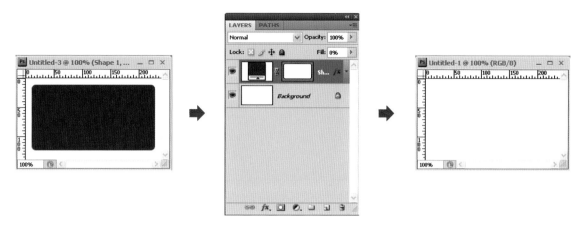

1) 가로/세로 240 x 140의 새로운 창을 엽니다.   2) 모양 레이어 도구를 이용해 라운드 사각형을 만든 후 레이어의 Fill 값을 0%로 조절합니다.

Gradient Overlay 설정

3) Gradient Overlay 레이어 스타일 효과를 적용합니다. 그라디언트 전체 투명도 또한 75%로 조절합니다.

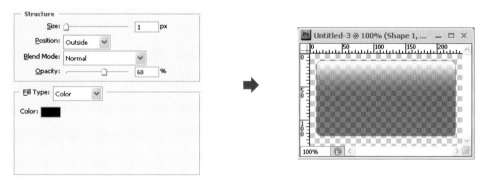

Stroke 설정

4) Stroke 레이어 스타일 효과를 적용합니다. 배경 레이어의 눈 아이콘을 해지하면 전체가 반투명하게 적용됩니다.

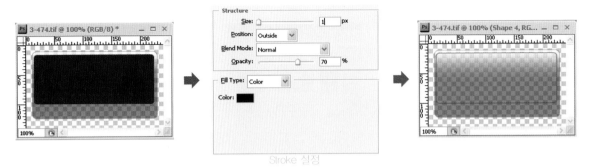

Stroke 설정

5) 모양 레이어 형태의 라운드 사각형 도구를 이용해 내부 사각형을 만든 후 레이어의 Fill 값을 0%로 설정합니다. 그런 다음 Stroke 레이어 스타일을 적용합니다.

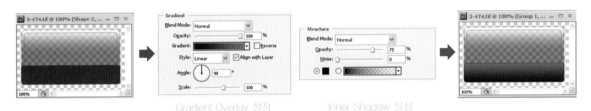

Gradient Overlay 설정   Inner Shadow 설정

6) 모양 레이어 형태의 라운드 사각형 도구를 이용해 밑부분에 사각형을 만든 후 Gradient Overlay, Inner Glow 레이어 스타일을 적용합니다.

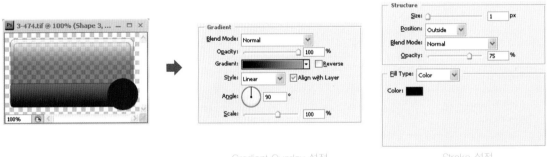

Gradient Overlay 설정   Stroke 설정

7) 모양 레이어 형태의 원을 만든 후 Gradient Overlay, Stroke 레이어 스타일을 적용합니다.

8) 선만 있는 정원을 만든 후 Object · Path · Outline Stroke를 이용해 면으로 변환합니다.

9) 펜 도구를 이용해 두 선을 만든 후 패스파인더를 이용해 나눕니다. 그런 다음 나뉜 부분을 지웁니다.

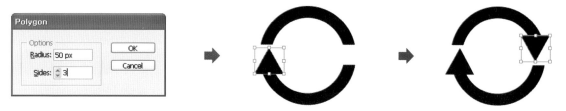

10) 다각형 도형 도구를 이용해 삼각형을 만든 후 양쪽 끝에 위치시킵니다.

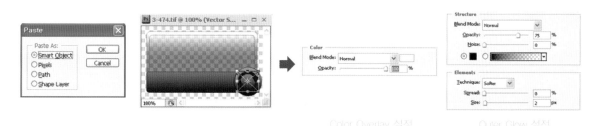

11) 일러스트레이터에서 오브젝트를 복사한 다음 Smart Object 형식으로 불러옵니다.

12) Color Overlay, Outer Glow 효과를 적용합니다.

실제 배경에 적용된 상태

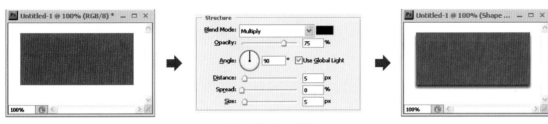

Drop Shadow 설정

1) 가로/세로 240 x 140의 새로운 창을 엽니다.

2) 모양 레이어를 이용해 사각형을 만든 후 그림자 효과를 적용합니다.

Gradient Overlay 설정

3) Gradient Overlay 효과를 적용한 다음 위치를 조절합니다.

그리디언트 효과 설정 창에서 마우스 커서를 이용해 그라디언트의 위치를 옮길 수 있습니다.

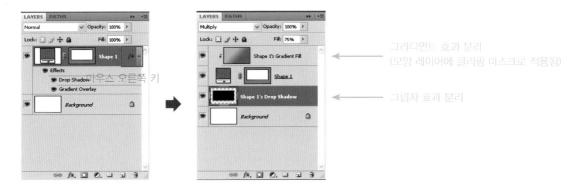

그라디언트 효과 분리
(모양 레이어에 클리핑 마스크로 적용됨)

그림자 효과 분리

마우스 오른쪽 키

4) 레이어 스타일에 마우스 오른쪽 키를 눌러 레이어 만들기를 선택해 효과를 분리합니다.

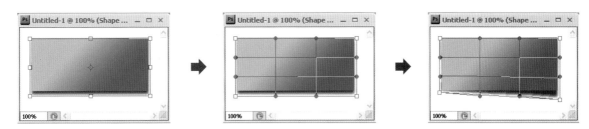

5) 분리된 그림자 레이어를 선택한 후 자유변형(Ctrl + T) 을 적용합니다.

6) 마우스 오른쪽 키를 눌러 뒤틀기(Warp)를 선택한 다음 위와 같이 양쪽 모서리를 수정합니다.

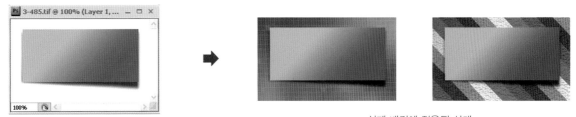

실제 배경에 적용된 상태

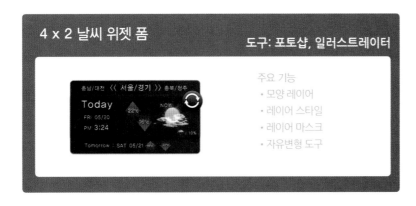

4 x 2 날씨 위젯 폼

도구: 포토샵, 일러스트레이터

주요 기능
• 모양 레이어
• 레이어 스타일
• 레이어 마스크
• 자유변형 도구

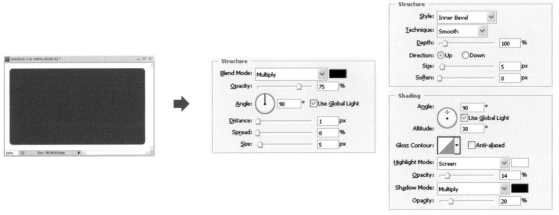

Drop Shadow 설정

Bevel & Emboss 설정

1) 가로/세로 480 x 280의 새로운 창을 열고 모양 레이어(Shape Layer) 도구를 이용해 라운드 사각형을 만듭니다.

2) 레이어의 Fill 값을 0%로 조절하고 Drop Shadow, Bevel & Emboss 효과를 적용합니다.

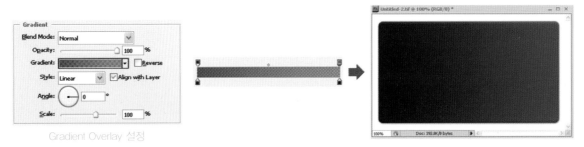

Gradient Overlay 설정

3) Gradient Overlay 효과를 적용합니다.

레이어 스타일 복사

레이어 스타일 붙여 넣기

4) 모양 레이어 도구를 이용해 내부에 작은 라운드 사각형을 만든 후 아래 레이어의 효과를 복사합니다.

5) 복사한 레이어 스타일을 붙여 넣어 적용합니다.

6) 모양 레이어 도구를 이용해 내부에 작은 라운드 사각형을 만든 후 레이어의 Fill 값을 0%로 조절합니다.   7) Stroke 효과를 적용합니다.

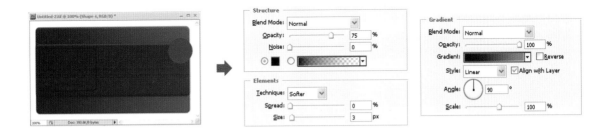

8) 모양 레이어 도구를 이용해 내부에 작은 원을 만듭니다.   9) Outer Glow와 Gradient Overlay 효과를 적용합니다.

10) 선만 있는 정원을 만든 후 Object → Path → Outline Stroke를 이용해 면으로 변환합니다.   11) 펜 도구를 이용해 두 선을 만든 후 패스파인더를 이용해 나눕니다. 그런 다음 나뉜 부분을 지웁니다.

12) 다각형 도형 도구를 이용해 삼각형을 만든 후 양쪽 끝에 배치합니다.

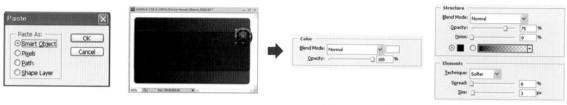

Color Overlay 설정   Outer Glow 설정

13) 일러스트레이터에서 오브젝트를 복사한 다음 Smart Object 형식으로 불러옵니다.   14) Color Overlay, Outer Glow 효과를 적용합니다.

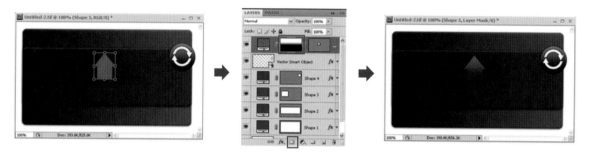

15) 사용자 정의 모양 도구를 이용해 화살표를 만든 후 자유변형(Ctrl + T) 도구를
이용해 회전 값을 적용합니다.   16) 레이어 마스크를 적용해 점차 사라지게 합니다.

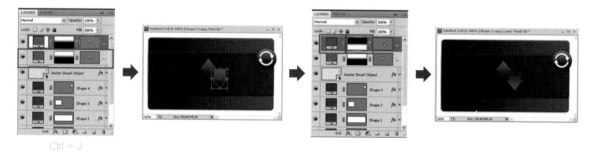

Ctrl + J

17) 화살표 레이어를 복사한 후 자유변형(Ctrl + T) 도구를 이용
해 회전 값을 적용합니다.   18) 화살표의 색상을 바꾼 후 다시 레이어 마스크의 방향을 조절합니다.

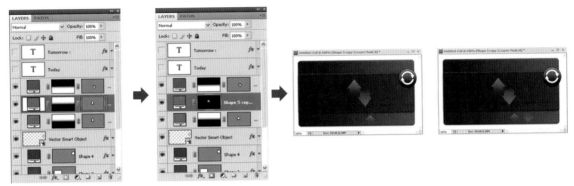

벡터 마스크 래스터화

19) 붉은 화살표 레이어를 복사(Ctrl + J)한 후 패스 영역에 마우스 오른쪽 키를 누른 후 벡터 마스크 래스터화합니다.

20) 자유변형 도구(Ctrl + T)를 이용해 크기와 위치를 다시 잡아 줍니다. 이와 같은 방법으로 파란 화살표도 다시 만들어 줍니다.

Drop Shadow 설정

21) 텍스트 도구를 이용해 해당 텍스트를 입력한 후 각각에 그림자 효과를 적용해 완성합니다.

위젯 폼 디자인

실제 배경에 적용된 상태

실제 내부에 들어가는 아이콘 및 텍스트와 같은 내용은 개발자가 프로그래밍을 통해 적용하는 부분이기 때문에 디자이너는 실제 이미지로 사용되는 부분까지만 제작하게 됩니다.

패턴 디자인

스마트폰 앱 디자인뿐만 아니라 기타 다른 그래픽 디자인에서도 패턴은 아주 중요한 디자인 요소 중 하나입니다. 앱의 배경이나 버튼 등에 주로 사용하며, 단조로울 수 있는 디자인을 고급스럽게 표현할 수 있습니다.

패턴은 실제 스마트폰 화면 크기에 맞게 제작해야 하므로 안드로이드 HDPI 기준으로 480 × 800, 아이폰4S 기준이면 640 × 960과 같이 크기에 맞춰 작업해야 합니다.

앱 디자인 시 배경 패턴을 사용하면 대부분 고정 이미지로 앱에 사용되기 때문에 각 해상도 크기별로 따로 제작하는 것이 효율적입니다.

피라미드 패턴 　　　　원형 하이라이트 패턴 　　　　클라우드 패턴 　　　　스크래치 패턴 　　　　레이어 합성 패턴

벌집(정육각형) 패턴 　　　　입체 패턴 　　　　사선 패턴 　　　　아가일 패턴 　　　　불규칙 패턴

패턴 색상 변화 주기

기존에 제작된 이미지 및 패턴의 색상 톤을 바꿔 새로운 느낌의 패턴 배경을
만들 수 있습니다. 다양한 방법이 있지만 Image → Adjustments → Hue/
Saturation(Ctrl + U)을 사용하면 쉽게 색상 톤을 바꿀 수 있습니다.

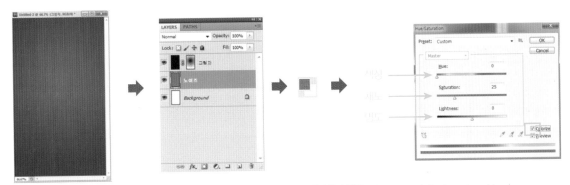

1) 기존 완성 패턴 열고 해당 레이어를 선택합니다.   2) 전 경색에 원하는 색상을 선택하고 Image   · Adjustments   · Hue/
Saturation(Ctrl + u)에서 Colorize를 체크합니다.

Hue/Saturation은 색상, 채도, 명도를 조절하는 메뉴이며, Colorize를 체크하면 현재 전경색에
있는 색상 조합을 자동으로 만들어 줍니다. 단, 레이어 스타일이 들어가 있는 레이어는 스타일
자체가 우선적으로 적용되기 때문에 색상이 변하지 않습니다. 또는 Image → Adjustments →
Variations에서 각 색상 값을 조합해 색상 변화를 줄 수 있습니다.

채도와 명도를 조절해 다양한 색상을 연출할 수 있습니다.

레이어 합성 모드를 이용한 패턴 효과 주기

최근 스마트폰 앱 디자인 트렌드는 자연스러운 패턴과 실사 느낌의 이미지를 사용하는 것입니다. 예를 들어 나무, 종이, 니트, 필름 효과 등이 있으며, 특별히 포토샵을 이용해 제작한다기보다 기존 이미지와 제작한 패턴을 자연스럽게 합성하는 식으로도 만들 수 있습니다.

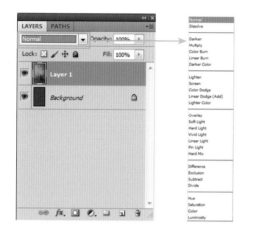

레이어 합성 모드는 바로 밑에 있는 레이어와 현재 레이어를 서로 투과시켜 여러 느낌의 합성을 만들어 냅니다.

Normal 부분을 선택하고 키보드의 방향키 ↑, ↓를 눌러 적당한 효과를 찾습니다.

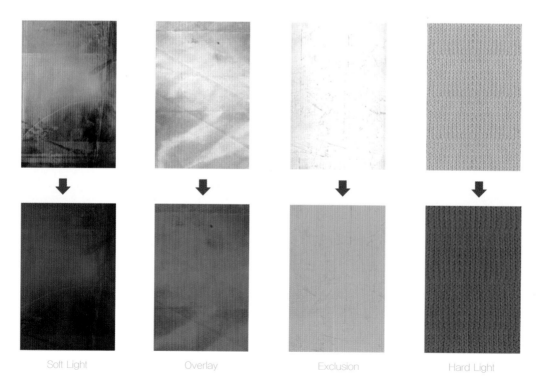

| Soft Light | Overlay | Exclusion | Hard Light |

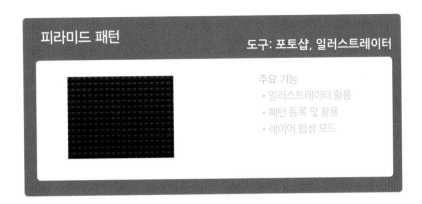

피라미드 패턴

도구: 포토샵, 일러스트레이터

주요 기능
- 일러스트레이터 활용
- 패턴 등록 및 활용
- 레이어 합성 모드

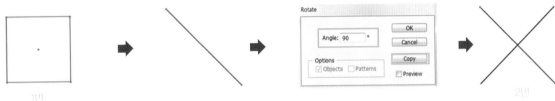

1) 480 x 800 작업 창을 만들고 정사각형으로 1번을 만듭니다.

2) 펜 도구로 Shift 키를 눌러 사선을 만든 후 회전 도구로 90도 복사해서 2번을 만듭니다.

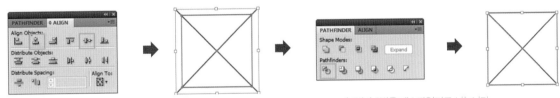

3) 1번과 2번을 정렬 메뉴를 이용해 정렬합니다.

4) 1번과 2번을 패스파인더로 나눕니다.

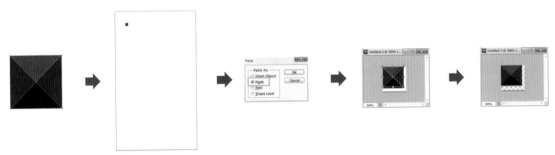

5) 선은 없애고 진한 회색 톤의 피라미드 모양을 만들고 480 x 800에 들어갈 크기만큼 줄입니다.

6) 오브젝트를 복사한 후 포토샵으로 가져갑니다. 이때 Pixels 형식으로 가져오며 크기를 조금 줄인 후 배경은 투명하게 처리합니다.

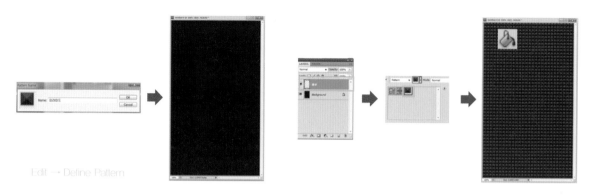

7) Edit → Define Pattern으로 패턴을 등록합니다.

8) 480 x 800의 새로운 창을 열고 Background에 진한 회색을 채운 후 패턴을 적용할 레이어를 추가합니다. 페인트 통 도구를 이용해 등록된 패턴을 적용합니다.

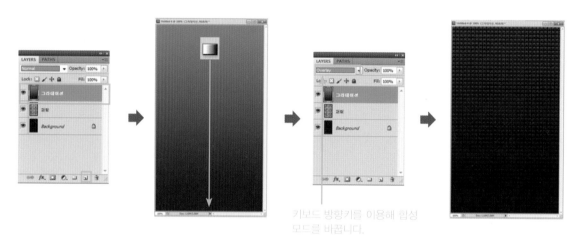

9) 새로운 레이어를 추가한 후 밝은 회색에서 진한 회색으로 바뀌는 그라디언트를 적용합니다.

키보드 방향키를 이용해 합성 모드를 바꿉니다.

10) 레이어 합성 모드를 조절해 그라디언트와 패턴과의 적절한 조합을 고릅니다.

같은 패턴이지만 레이어 합성 모드를 이용해 전체 밝기의 변화를 줌으로써 좀 더 세련되고 입체적인 느낌이 들 수 있습니다.

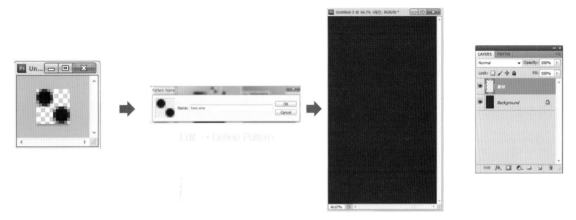

1) 12 x 12 창을 열고 검은색 원 두 개를 만듭니다. Edit → Define Pattern으로 패턴을 등록합니다.

2) 480 x 800 창을 열고 배경에 회색을 넣어준 후 패턴을 적용할 레이어를 추가합니다.

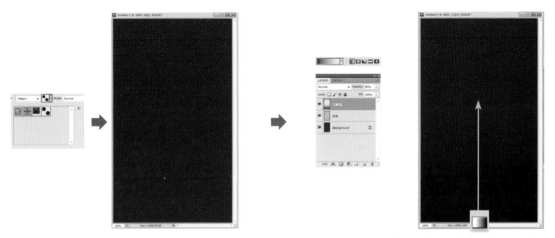

3) 등록된 패턴을 적용한 후 다시 새로운 레이어를 추가합니다.

4) 검은색 투명도가 0~100%인 그라디언트를 밑 부분에 드래그해서 그림자를 추가합니다.

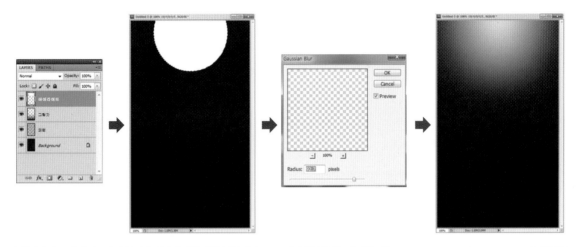

5) 하이라이트 레이어를 추가한 다음 상단에 흰색 원을 만듭니다.

6) 선택 영역을 해제한 다음 Filter → Blur → Gaussian Blur를 적용한 후 투명도를 조절합니다.

피라미드 패턴과 원형 패턴을 적용한 스마트폰 UI 디자인

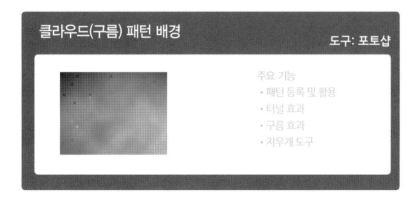

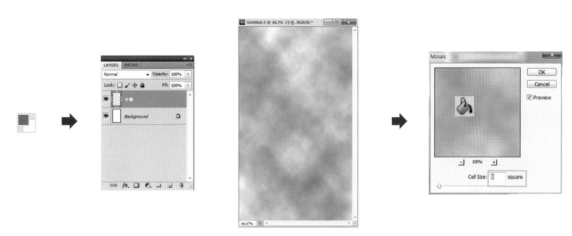

1) 전경 색과 배경 색에 원하는 조합의 색을 넣고 새로운 레이어를 추가　2) Filter → Pixelate → Mosaic를 적용하고 셀 크기는 8픽셀로 합니다.
하고 Filter → Render → Cloud를 차례로 선택해 효과를 줍니다.

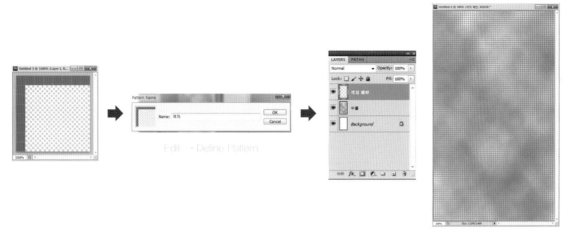

3) 8 x 8 창을 열고 가로/세로 1픽셀 선을 만든 후 배경을 투명하게　4) 새로운 레이어를 추가한 후 격자 무늬의 패턴을 적용합니다.
처리한 후 패턴으로 등록합니다.

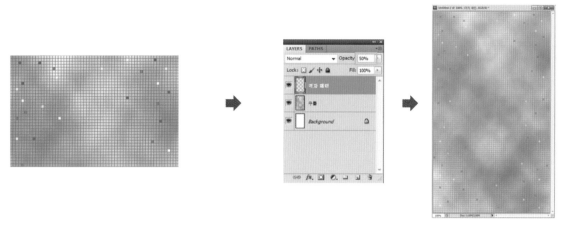

5) 격자 중간마다 페인트 통 도구로 다양한 색을 넣어줍니다. 이때 격자 패턴 자체에 색이
들어가지 않게 합니다.

6) 격자 패턴 레이어의 투명도를 낮춥니다.

격자 패턴 자체에 색이 안 들어가게 하기 위해서는 마술봉 툴을 이용해 격자 안쪽을 선택한
후 색상을 넣어주는 방법도 있습니다.

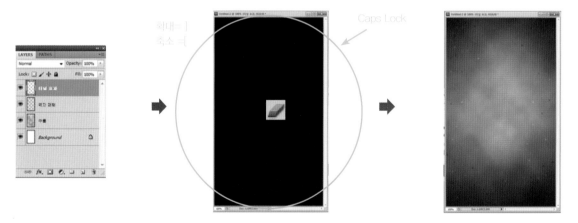

7) 새로운 레이어를 추가한 후 검은색을 채웁니다. 그다음 지우개 도구를 이용해 모서리만 남기고 가운데 부분을 클릭해서 지운 후 투명도를
조절해서 완성합니다.

지우개 도구는 브러시의 영역 대로 이미지를 지우는 도구입니다. 끝이 부드럽게 지워질 수
있게 브러시의 모양은 Soft Round로 선택하며 브러시의 크기는 단축키 [,] 를 이용해 확대/
축소합니다. 이때 Caps Lock 키를 누르면 브러시의 크기를 눈으로 확인하면서 조절할 수
있습니다.

1) 480 × 800 창을 열고 새로운 레이어에 회색을 채운 후 Filter → Noise → Add Noise를 적용합니다.

2) Image → Adjustments → Desaturate(Ctrl + Shift + U)를 적용해 흑백으로 변환합니다.

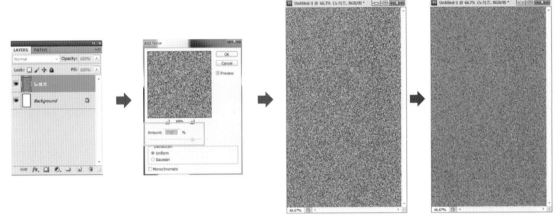

3) Filter → Blur → Motion Blur를 적용하고 Angle 값은 90도로 지정합니다.

4) Image → Adjustments → Levels(Ctrl + L)를 적용해 색상의 강약을 줍니다.

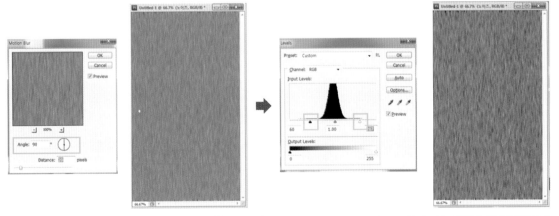

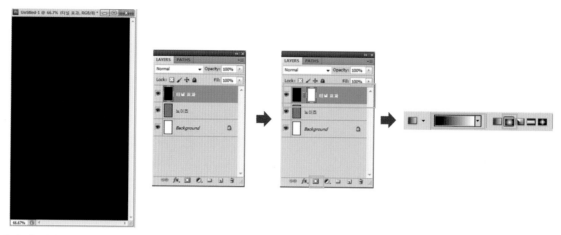

5) 새로운 레이어를 추가한 후 검은색을 채웁니다.

6) 레이어 마스크를 적용하고 검은색에서 흰색으로 변화는 색상을 만든 후 원형 그라디언트를 선택합니다.

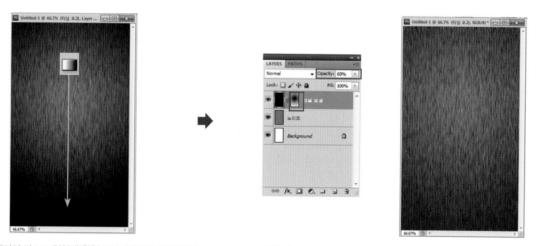

7) 레이어 마스크 영역에 원형 그라디언트를 적용합니다.

8) 투명도를 조절해서 완성합니다.

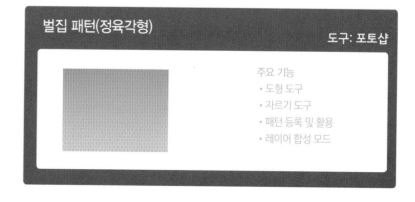

벌집 패턴(정육각형)

도구: 포토샵

주요 기능
• 도형 도구
• 자르기 도구
• 패턴 등록 및 활용
• 레이어 합성 모드

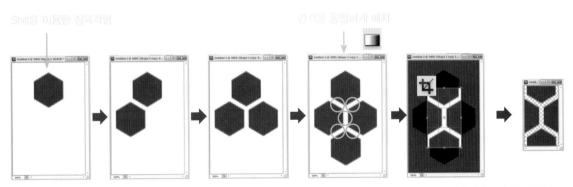

1) 60 x 90 창에 모양 레이어 모드를 선택한 후 다각형 도구를 이용해 정육각형을 그립니다.

2) 총 4개를 복사한 후 위와 같이 배치하고 각각 절반 크기만큼을 남겨두고 자르기 도구를 이용해 완성 창을 자릅니다.

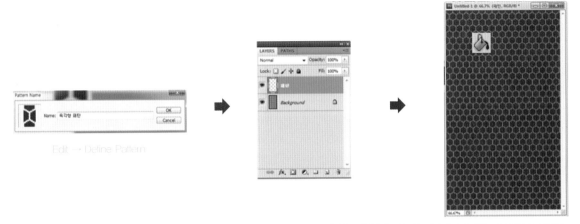

3) 배경을 투명하게 처리한 후 패턴으로 등록합니다.

4) 배경에 원하는 색상을 적용한 후 새로운 레이어를 추가하고 등록해 둔 패턴을 적용합니다.

5) 새로운 레이어를 추가합니다.

6) 선형 그라디언트를 선택한 다음 원하는 색상 조합을 만듭니다.

7) Shift 키를 누른 상태에서 그라디언트를 수직으로 적용합니다.

8) 그라디언트 레이어의 투명도를 조절해서 완성합니다.

입체 배경 패턴(정육각형)

도구: 포토샵, 일러스트레이터

주요 기능
- 일러스트레이터 활용
- 자르기 도구
- 레이어 합성 모드
- 도형 도구
- 패턴 등록 및 활용
- 레이어 스타일

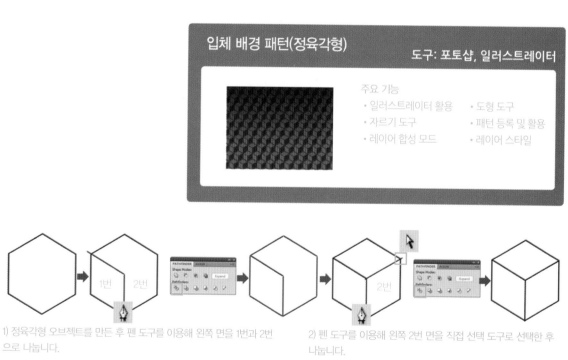

1) 정육각형 오브젝트를 만든 후 펜 도구를 이용해 왼쪽 면을 1번과 2번으로 나눕니다.

2) 펜 도구를 이용해 왼쪽 2번 면을 직접 선택 도구로 선택한 후 나눕니다.

패스파인더의 나누기 기능을 사용하면 나뉜 면이 그룹화되기 때문에 1번과 2번의 그룹을 풀어주거나 2번과 선만 직접 선택 도구로 선택해서 나눠야 합니다.

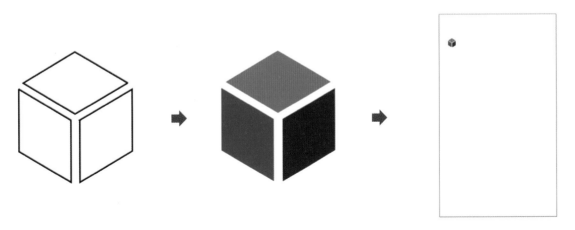

3) 전체 그룹을 풀고(Ctrl + Shift + G) 선을 해제한 후 각 색상을 지정합니다.

4) 480 x 800 창에 맞게 크기를 조절하고 복사(Ctrl + C)합니다.

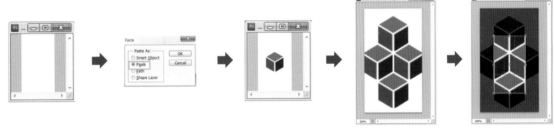

5) 실제 일러스트 오브젝트보다 2~3배 큰 사이즈의 창을 열고 Pixels로 불러옵니다.

6) 총 4개를 복사한 후 위와 같이 배치하고 각각 절반 크기만큼을 남겨두고 자르기 도구를 이용해 자릅니다.

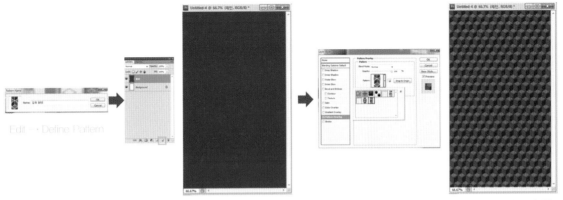

7) 배경을 투명하게 처리한 후 패턴으로 등록하고 480 x 800 창을 열고 새로운 레이어에 색상을 지정합니다.

8) 레이어 스타일에 Pattern Overlay를 체크해 등록해둔 패턴을 적용합니다.

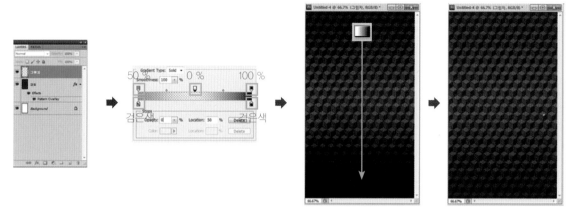

9) 그림자 레이어를 추가한 다음 투명도가 50% → 0% → 100%인 그라디언트 조합을 만듭니다.

10) 투명 그라디언트를 적용한 후 전체 투명도를 조절해서 완성합니다.

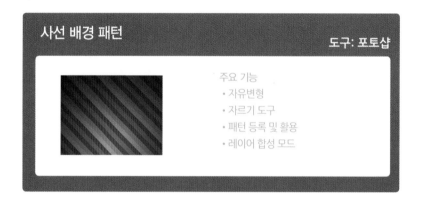

1) 200 x 200 창을 열고 사각형 선택 도구의 설정을 Pixel Size 로 설정한 다음 가로/세로 200픽셀에 20픽셀로 합니다.

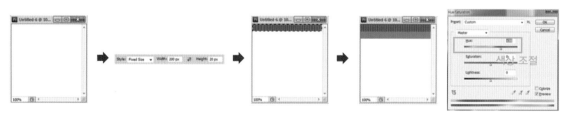

2) 원하는 색상을 채운 후 레이어 복사해서 Hue / Saturation을 이용 해 색상을 바꿉니다.

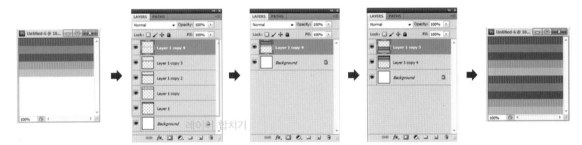

3) 이와 같은 방법으로 총 5개의 레이어를 복사하고 각각 색상을 바꿔줍니다.

4) 전체 레이어를 하나로 합친 다음 다시 한번 복사해서 화면 전체를 채웁니다.

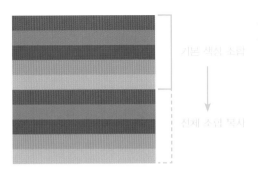

사선 패턴을 만들기 위해선 먼저 전체 원하는 **기본 색상 조합**을 만든 후 그 색상의 두 배의 크기의 작업 창에 **전체 조합 복사**를 만들어야 합니다.

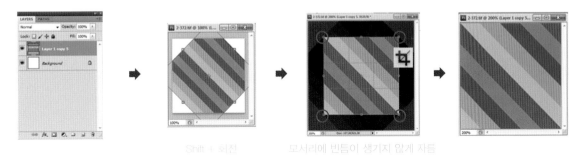

5) 다시 전체 레이어를 합쳐 줍니다.

6) 자유변형(Ctrl + T)을 이용해 45도로 정확히 회전한 후 자르기 도구를 이용해 다시 정사각형으로 잘라 줍니다.

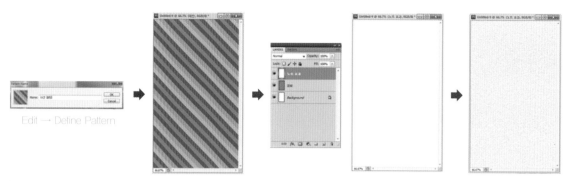

7) 패턴으로 등록하고 480 x 800 창에 적용합니다.

8) 새로운 레이어를 추가한 후 흰색을 채워주고 Filter → Sketch → Note Paper 효과를 적용합니다.

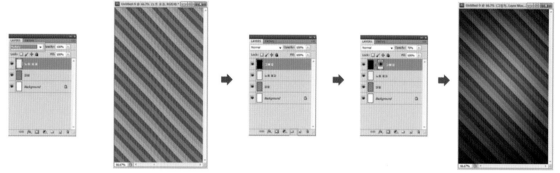

9) 적당한 레이어 합성 모드를 선택합니다.

10) 새로운 레이어를 추가한 후 검은색을 채우고 레이어 마스크를 적용해 터널 효과 (Vignette)를 적용합니다.

아가일(Argyle) 배경 패턴

도구: 포토샵, 일러스트레이터

주요 기능
- 일러스트레이터 활용
- 자르기 도구
- 패턴 등록 및 활용
- 레이어 합성 모드

1) 면만 있는 정사각형 오브젝트를 만든 후 수평 복사합니다.

2) 총 9개의 오브젝트를 만들고 각각 색상을 적용합니다.

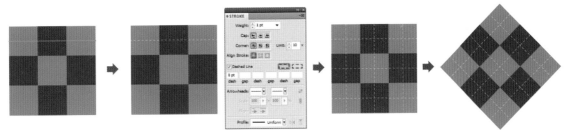

3) 펜 도구를 이용해 오브젝트 중간에 흰 선을 만든 다음 Stroke 팔레트에 Dashed Line을 체크하고 적당한 수치를 입력합니다.

4) 오브젝트 중간마다 선을 만든 후 전체를 45도로 정확히 회전시킵니다.

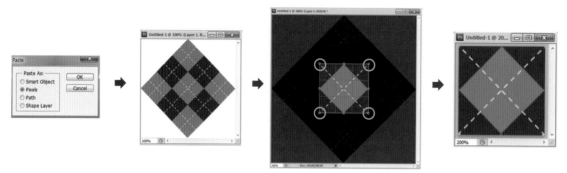

5) Pixels 형식으로 포토샵으로 불러옵니다.

6) 자르기 도구를 이용해 정사각형으로 자릅니다.

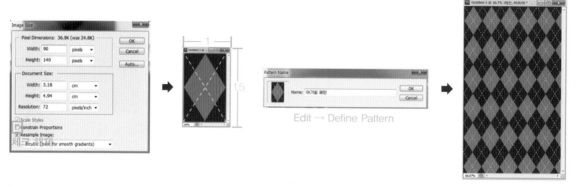

Edit → Define Pattern

7) Image → Image Size를 이용해 가로/세로 비율을 1:1.5 비율로 조절합니다.

8) 패턴으로 등록한 후 480 x 800 창에 새로운 레이어를 추가한 후 패턴을 적용합니다.

Image Size 조절 시 Constrain Proportions의 체크를 해제하면 가로/세로 비율을 다르게 입력할 수 있습니다.

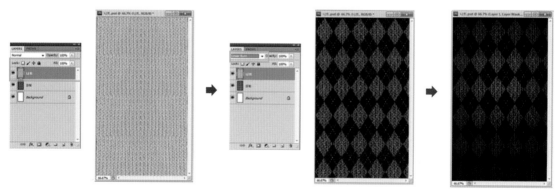

9) 자료실 및 인터넷 등에서 니트(knit) 이미지를 내려받아 패턴 위에 배치한 후 적당한 레이어 합성 모드를 선택합니다.

10) 하이라이트 및 터널 효과 등을 적용합니다.

http://cafe.naver.com/032cafe에서 관련 자료를 내려받을 수 있습니다.

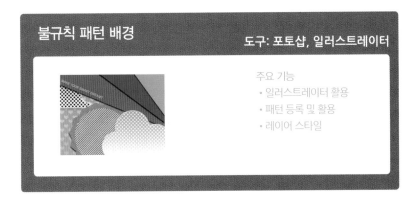

불규칙 패턴 배경

도구: 포토샵, 일러스트레이터

주요 기능
- 일러스트레이터 활용
- 패턴 등록 및 활용
- 레이어 스타일

1) 원형 도구 도구로 구름 모양을 만듭니다.

2) 펜 도구로 나머지 모양을 완성한 후 패스파인더로 합칩니다.

3) 별 도구를 화면에 클릭해 설정 창에 위와 같이 입력합니다.

4) 내부에 다시 정원을 그려 넣습니다.

5) 펜 도구를 이용해 위와 같은 곡선을 만든 후 복사해서 서로 연결합니다.

6) 여러 개를 복사한 후 나머지 부분을 펜 도구로 연결해 완성합니다.

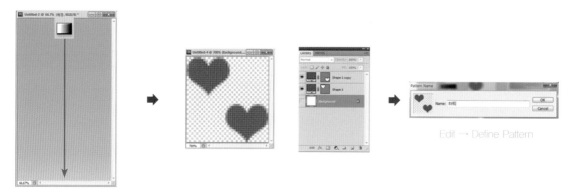

7) 480 x 800 창을 열고 선 형 그라디언트를 적용합니다.

8) 40 x 40 창을 열고 커스텀 도형 도구를 모양 레이어(Shape Layer) 형식으로 두 개의 하트를 만든 다음 배경을 투명하게 처리한 후 패턴으로 등록합니다.

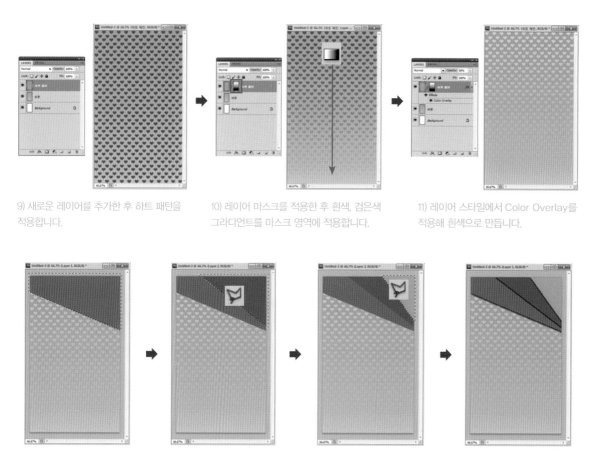

9) 새로운 레이어를 추가한 후 하트 패턴을 적용합니다.

10) 레이어 마스크를 적용한 후 흰색, 검은색 그라디언트를 마스크 영역에 적용합니다.

11) 레이어 스타일에서 Color Overlay를 적용해 흰색으로 만듭니다.

12) 각각 새로운 레이어를 추가한 후 다각형 올가미 도구를 이용해 위와 같은 모양을 만듭니다. 그런 다음 각 레이어에 레이어 스타일의 Drop Shadow 효과를 적용합니다.

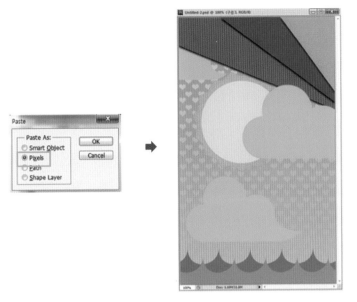

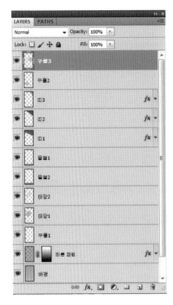

13) 일러스트레이터에서 드로잉한 각 오브젝트를 Pixels 형식으로 포토샵에 불러와 각 높이와 레이어 이름을 지정합니다.

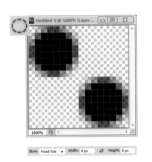

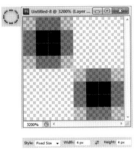

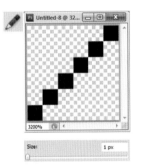

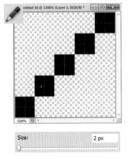

16 x 16 창에 가로/세로
8픽셀의 크기 원

8 x 8 창에 가로/세로 4
픽셀 크기의 원

6 x 6 창에 1픽셀 크기의
연필 도구

10 x 10 창에 2픽셀 크기
의 연필 도구

14) 각 패턴 이미지를 만들어 패턴으로 등록합니다(Edit → Define Pattern).

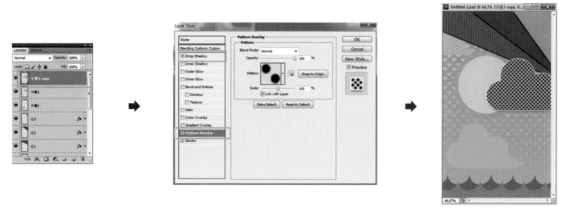

15) 이미지 레이어를 그대로 복사합니다(Ctrl + J). 16) 복사한 레이어에 Drop Shadow, Pattern Overlay, Stroke의 레이어 스타일을 적용합니다.

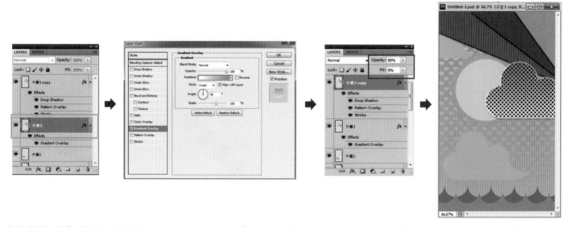

17) 밑에 있는 같은 이미지 레이어에 Gradient Overlay를 적용해 색상을 지정합니다.

18) 위에 있는 레이어의 Fill 값을 0%로 설정하고 전체 적당한 투명도를 적용합니다.

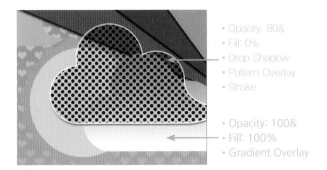

• Opacity: 80&
• Fill: 0%
• Drop Shadow
• Pattern Overlay
• Stroke

• Opacity: 100&
• Fill: 100%
• Gradient Overlay

같은 이미지의 레이어가 겹쳐 있지만, 위 레이어에는 Fill 값을 0%로 지정했기 때문에 레이어 스타일을 제외하곤 이미지 자체는 화면에서 사라집니다.

그 결과 위에 있는 레이어 스타일과 밑의 레이어가 겹쳐져서 두 가지 이상의 효과를 주는 것입니다.

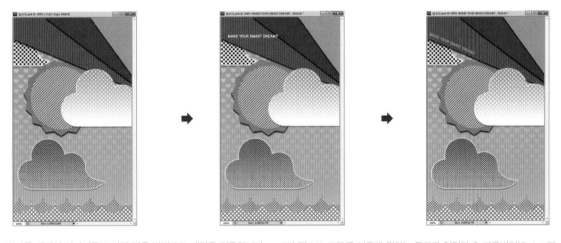

19) 다른 레이어 이미지들도 이와 같은 방법으로 패턴을 적용합니다.

20) 텍스트 도구를 이용해 원하는 문구를 입력한 후 자유변형(Ctrl + T)을 이용해 위치와 회전 값을 지정해 완성합니다.

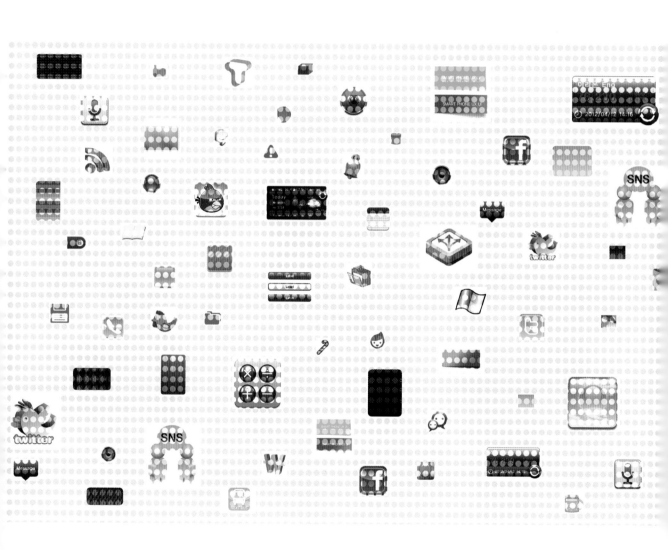

04
스마트폰 앱
프로젝트

하나의 앱을 기획하고 제작, 서비스하기까지 많은 단계가 있습니다. 최근엔 모바일 앱만 전문적으로 기획하고 설계하는 전문 기획자와 업체들도 많이 생겨나고 있습니다.

모든 아이디어가 앱으로 제작될 수는 없습니다. 특히 모바일 관련 앱은 UX, UI, 운영체제에 대한 이해, UI 가이드, 단말기 특징 등에 대한 충분한 지식이 있어야 합니다. 이번 장에서는 좀 더 현실적이고 실무에 필요한 디자이너 입장에서의 디자인 중심적인 앱 기획과 제작 과정 및 방법에 대해 알아보겠습니다.

01
앱 디자인
제작 프로세스

최근엔 앱을 전문으로 개발하는 업체들도 많이 생겨나고 있습니다. 하지만 앱 특성상 앱 개발은 전문 업체뿐 아니라 개인적인 기획과 제작도 충분히 가능한 분야입니다.

앱을 제작하기 위해서는 앱 특성마다 조금씩 다르겠지만 보통 한 명에서 많게는 수십 명에 이르기까지 개발 인력이 투입됩니다. 하지만 다른 콘텐츠와 비교했을 때 상대적으로 적은 인력으로도 개발할 수 있다는 것이 앱 개발의 특징 중 하나입니다.

앱의 특성과 업체에 따라 개발 인력의 구분은 조금씩 다르겠지만 보통 기획자, 프로그래머, 디자이너로 크게 구분됩니다. 여기에 전체 프로젝트를 관리하는 프로젝트 매니저(PM: Project Manager)도 있는데, 프로젝트 매니저는 관련 분야에 경험이 많고 전체 제작 과정을 잘 이해하고 조절할 수 있는 사람이 맡게 됩니다. 따라서 기획자, 프로그래머, 디자이너 중 한 사람이 할 수도 있고, 별도의 프로젝트 매니저가 있을 수 있습니다.

하나의 앱이 나오기까지는 모두의 업무 및 기술이 서로 잘 융합돼야 하므로 각자의 역할 분담과 상대방의 기술에 대해 반드시 이해해야 합니다.

001.
앱 개발자 구분

기획자 및 프로젝트 매니저

기획자란 말 그대로 앱을 기획하고 관리하는 사람을 말합니다. 앱 기획은 초등학생부터 전문 제작자까지 누구나 할 수 있는 분야이며, 최근에 스마트폰 사용이 급증하면서 새로운 유망 직종으로까지 떠오르는 분야입니다.

하지만 전문 기획자를 하기 위해서는 관련 분야에 대한 지식과 아이디어와 기획을 체계적으로 실행할 수 있는 능력이 있어야 합니다. 누구나 쉽고 자유롭게 생각할 수 있는 앱은 단지 아이디어에 불과합니다.

최근엔 앱 관련 교육 및 관련 희망자들도 많이 생겨나고 수많은 앱도 쏟아져 나오고 있으며, '애플리케이션 기획관리사'라는 자격증까지 생겨난 것을 보면 앱 기획자라는 분야가 점차 전문화되고 있음을 알 수 있습니다.

전문 앱 기획자가 되기 위해서는 앱 제작에 대한 전체 흐름과 기술에 대한 이해, UX/UI의 이해 등과 같은 전체 제작 과정을 알고 있어야 합니다. 이러한 전문 지식 없이 앱을 기획한다면 전문 앱 기획자라고 할 수 없으며, 좋은 앱을 기획하기가 어렵습니다. 그래서 이러한 지식을 바탕으로 보통 기획자는 기획과 전체 제작 과정을 조율하는 프로젝트 매니저를 동시에 겸하는 경우가 많습니다.

프로젝트 매니저란 분야마다 하는 역할은 조금씩 다르지만, 해당 앱을 개발할 때 필요한 마케팅부터 기획, 프로그램, 디자인, 서비스, 유지보수 등과 같은 전 분야를 설계하고 조율하는 역할을 합니다. 그래서 관련 분야의 경험과 기술이 풍부한 인력이 주로 맡게 되는데, 보통 기획자로서 활동하기도 하지만 기획자보다 높은 위치에서 전체 프로젝트를 관리하고 조율하기도 합니다.

하지만 최근에는 업무 자체가 좀 더 세분화되고 전문성을 요구하기 있어서 기획자와 프로젝트 매니저를 별도로 운용하기도 합니다. 단순 앱 기획자라고 하더라도 프로젝트 매니저가 갖춰야 할 지식과 경험을 바탕으로 앱 기획에 임해야 하며, 기획자가 곧 사용자이므로 기획할 때 항상 사용자 입장을 고려해야 합니다.

기획자 및 프로젝트 매니저는 시장 분석, 수익성, 업무 분석, 사용자 중심 설계, 표현력 등과 같은 몇 가지 중요한 원칙을 토대로 앱 기획 및 설계를 해야 합니다.

시장 분석

기획자에게 가장 중요한 요소 중의 하나이며, 수요와 판매 예측을 중심으로 콘텐츠(앱)를 기획 및 설계해야 합니다.

스마트폰이 나온 초창기에는 단순 하드웨어가 가지고 있는 기술을 중심으로 기획이 이뤄졌습니다. 예를 들어, 무선인터넷을 이용한 실시간 정보(날씨, 주식, 뉴스 등), 동작 감지 및 센서를 이용한 게임, GPS를 이용한 위치 관련 서비스 등이 여기에 해당합니다.

물론 현재도 이와 같은 기술을 바탕으로 앱이 발전해왔으나 최근에는 그러한
하드웨어적인 기술을 바탕으로 좀 더 세부적이고 최신 유행을 따르는 형태의
앱들이 기획되고 제작됩니다. 그리고 단지 스마트폰 자체의 사용보다는 앱을
이용한 SNS 연동, 미니 홈피, 방송국, 검색, 메신저, 금융, 포털, 쇼핑, 증강
현실(Augmented Reality), 클라우드(Cloud) 서비스 등과 같이 사용 범
위도 늘어나고 있습니다.

복합적인 기능을 이용한 앱

또한, 스마트폰이 다양해지면서 모든 종류의 스마트폰에 맞는 앱을 개발하기
가 불가능하므로 주요 타겟을 설정해서 기획해야 합니다. 타겟을 구분 짓는
요소로는 사용자 → 운영체제 → 스마트폰 기종 → 화면 크기순으로 이어
집니다.

기획자들은 현재 유행과 기술적인 부분을 파악해서 사용자가 원하고 지속적
인 서비스가 가능한 앱을 기획하는 것이 관건입니다. 그러다 보니 최근 앱
기획자들은 스마트폰 사용자라면 꼭 필수 앱으로 가지고 있어야 하는 앱
을 기획하는 것이 기획자들의 목표가 되고 있습니다.

또한, 최근에는 네이티브 앱에서 점차 하이브리드 앱으로 그 흐름이 넘어
가고 있습니다. 이는 기술적인 부분뿐 아니라 전 세계적인 추세이기도 합니
다. 그러기 위해서는 스마트폰과 웹을 이용한 콘텐츠 개발이 중요하며, 점차
앱과 웹의 구분이 사라지는 환경에 맞춘 앱을 기획하는 것도 중요한 부분입
니다.

2012년 9월 기준으로 서비스되는 앱의 수치를 살펴보면 애플의 앱스토어는 70만 개가 넘었으며, 안드로이드는 20만 개를 넘었습니다. 즉, 이제 웬만한 앱은 거의 다 나왔다고 볼 수 있습니다. 이렇게 무수히 많은 앱 가운데 분명 인기가 있고 고수익을 내는 앱도 있을 것이고, 잠깐 나왔다가 사라지는 앱도 있을 것입니다. 앱 기획자라면 이런 부분을 파악해서 인기 있는 앱을 벤치마 킹해서 새로운 앱을 기획하는 것도 하나의 방법입니다. 이와 같은 벤치마킹 을 통해 앱 또한 점차 진화하는 것입니다.

수익성

전문 앱 기획이라는 것은 앱을 교육과 취미로 제작하는 경우도 있지만, 대부 분은 하나의 수익 모델을 만들기 위한 노력으로 볼 수 있습니다. 특히 국 내 환경에서 앱을 이용한 수익모델을 만들어 내기가 그리 쉽지는 않습니다.

KT 경제경영연구소 디지에코에서는 이제 앱의 '골드러시는 끝났다'라는 제 목의 발표를 했습니다. 앱을 개발하는 업체를 상대로 한 앞으로 앱 개발에 대 한 계획을 조사해본 결과 2011년 1분기는 36%, 2011년 4분기에는 28%, 2012년에는 이보다 5~10% 정도 더 감소할 것으로 보고 있습니다. 반면 스 마트폰의 보급률은 2012년 기준 3,000만대를 넘어설 전망입니다. 즉, 스마 트폰은 더 많이 보급되는데 앱은 점차 감소하는 것을 볼 수 있습니다. 2010 년 급성장했던 앱 시장이 앱 자체의 수익 모델의 부재와 기술의 변화로 점차 내림세를 그리고 있다는 것입니다. 다시 말해 앱 제작 비용 대비 수익성이 낮 다는 것입니다.

특히 국내에서는 지금까지 문화 콘텐츠나 지적 콘텐츠, IT 콘텐츠는 무료라 는 개념이 지배적이었습니다. 실제로 MP3, 영화, 소프트웨어 등과 같은 콘 텐츠는 비용 지급 없이 어디서든 내려받아 사용하는 경우가 많았고, 최근에 들어서야 이러한 인식이 점차 사라지고 있습니다. 아직까지 앱을 사용할 때 유료보다는 무료를 더 선호하는 게 현실입니다.

전문가들은 국내 앱 시장에 대한 평가와 시행착오는 이제 끝났고 지금부터가 진짜 앱 시장이 새롭게 시작되는 시점으로 보고 있습니다. 사용자에게 정말 필요하고 최신 기술을 잘 반영하면서 수익성을 낼 수 있는 앱을 기획하는 것이 앱 기획자들의 가장 중요한 목표 중 하나입니다.

업무 분석

앱을 개발하는 실무에서 수행되는 업무 과정을 기술적(descriptive)이면서도 분석적으로 분해, 설계하는 것을 말합니다. 앱을 기획할 때는 단지 앱 자체의 기능도 중요하지만 개발 환경, 전체 개발 과정, 인력 배치, 요구사항, 시간, 유지 보수 등을 고려해서 기획해야 합니다.

앱이 하나 개발되기까지는 많은 과정을 거치게 되는데 이러한 과정을 무시한 기획은 아이디어에서만 끝날 것입니다. 어떤 요구와 필요로 기획해야 하는가? 어떤 기술이 필요하고 그에 따른 어떤 프로그래밍이 들어가는가? 디자인은 어떤 방향으로 할 것인가? 개발자들과의 조율은 어떻게 할 것인가? 등을 고려해야 합니다. 그러자면 기획자 자신도 직접 앱을 개발하진 않지만 각 분야에 대한 어느 정도의 지식이 있어야 합니다.

개발 업체마다 조금씩은 다르겠지만 프로그래머나 디자이너가 기획을 담당할 때도 있는데 그럴 때 조심해야 할 부분은 기획 자체를 자기 분야를 중심으로 설계하는 경우가 종종 있다는 것입니다. 프로그램 기능을 무시한 기획, 디자인 반영을 무시한 기획은 절대 좋은 기획이라고 볼 수 없습니다.

앱 기획자는 좁은 의미에서 앱 자체의 기획하는 역할을 의미하며, 넓은 의미에서는 앱 기획부터 전체를 조율하는 프로젝트 매니저로 볼 수 있습니다.

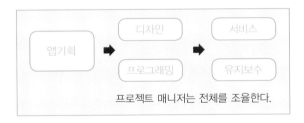

프로젝트 매니저는 전체를 조율한다.

사용자 중심 설계

사용자 중심 설계(UCD; User Centered Design) 또는 사용자 중심 디자인에서는 사용자가 원하고 필요로 하는 것에 대해 개발자가 아닌 사용자 입장에 상황을 맞춰 UX, UI, 인터랙션을 고려해 기획합니다.

당연히 앱 자체의 필요성과 기능성을 바탕으로 하되 앱 특성상 복잡하지 않고(Simple), 심미적 통합(Aesthetic Integrity), 일관성(Consistency),

직접 조작(Direct Manipulation), 피드백(Feedback), 메타포
(Metaphors), 색상(Color), 사용자 조작(User Control) 등과 같은 요소
를 고려해야 합니다.

표현력

앱의 기획부터 개발까지 최종 단계는 바로 사용자가 직접 활용할 수 있게 보
여주는 것입니다. 일반 사용자라면 그 앱이 어떤 운영체제에서 동작하고, 어
떤 프로그래밍 언어로 개발됐는지는 그리 중요한 문제가 아닙니다. 사용자가
좋은 앱이라고 판단하는 기준은 앱 자체의 기능에 충실하고, 사용하기 편하
고, 예쁘거나 귀엽거나 아름다운 것에 주로 초점을 맞춥니다. 최근 스마트폰
디스플레이 기술의 발달로 섬세하고 직관적인 표현이 가능해지면서 눈으
로 보이는 시각적 표현이 아주 중요해졌습니다.

이러한 시각적 표현은 다시 앱 자체의 디자인과 화면 구성으로 나눌 수 있습
니다. 앱 디자인 자체는 전문 디자이너가 하더라도 기획 당시 전체 디자인
에 대한 주제와 색상, 화면 구성 등도 미리 기획해야 합니다. 아무리 좋은
앱이라도 눈으로 보이는 디자인과 화면 구성이 적절치 않다면 사용자는 절대
좋은 앱으로 판단하지 않을 것입니다. 앱 기획자는 이런 부분을 고려해서 앱
기획 시 어떻게 보이고 어떻게 조작되는가를 시각화하는 작업도 동시에 진행
해야 합니다.

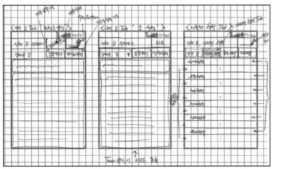
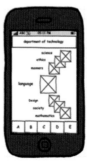

기획자 및 프로젝트 매니저는 실제 앱이 구현되는 모습을 표현할 수 있어야 한다.

앱 프로그래머 및 제작 과정

프로그래머란 컴퓨터 프로그램의 논리나 알고리즘을 설계하고, 원시 코드를 작성해 해당 콘텐츠를 개발하고 테스트하는 사람을 말하며, 앱 개발에 필요한 프로그래머를 앱 프로그래머 또는 앱 개발자라고 합니다.

보통 앱을 개발하는 전문 제작 인력을 통틀어 앱 개발자라고 하지만, 보통 앱 개발자라 하면 앱 프로그래머를 지칭합니다. 앱 개발자는 앱 개발에서 가장 핵심적인 인력이라 할 수 있습니다.

앱 프로그래머의 분야는 크게 안드로이드 개발, 아이폰 개발, 서버 개발로 나눌 수 있으며, 앱 디자이너와 가장 밀접한 업무 관계를 맺고 있는 분야입니다.

대표적인 스마트폰 플랫폼			
운영체제	아이폰	안드로이드폰	윈도우폰
프로그래밍 언어	Objective-C iPhone OS (Mac OS) iPhone SDK	Java Android SDK	C # Window7
하이브리드 앱	HTML5, jQuery, Sencha Touch		

앱 자체를 개발하는 개발자를 보통 앱 개발자 또는 앱 프로그래머라고 하며, 앱 종류에 따라 세부 분야로 나눌 수 있습니다. 최근에는 네이티브 앱뿐만 아니라 웹을 이용한 모바일 웹앱, 하이브리드 앱으로 방향이 점차 바뀌면서 앱과 웹의 구분도 점차 사라지고 있습니다.

앱 프로그래머를 좀 더 세분화하면 운영체제별 스마트폰 및 모바일 기기 자체의 기능을 제어하고 설계하는 클라이언트 개발자, 스마트폰 및 앱의 정보를 저장하고 관리하고 서버를 구축하는 서버 개발자, 하이브리드 앱이나 모바일 웹앱처럼 웹을 이용해 개발한 앱을 스마트폰이나 모바일 기기에 최적화해서 보이게 하는 퍼블리셔 개발자 등으로 나눌 수 있습니다.

SDK는 Software Development Kit의 약자로 운영체제별 전문 개발 툴을 말합니다.

네이티브 앱 제작 과정

네이티브 앱이란 각종 스토어를 통해 앱을 스마트폰으로 직접 내려받아 설치하고 사용하는 가장 대표적인 앱의 형태입니다.

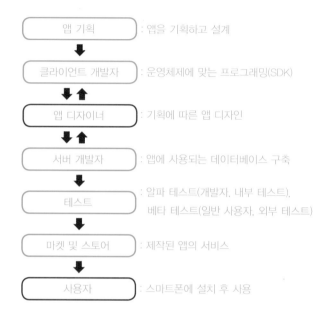

네이티브 앱 제작은 일반적으로 위와 같이 진행됩니다. 앱 규모에 따라 클라이언트 개발자와 서버 개발자를 구분 짓기도 하고, 작은 규모의 앱일 경우엔 두 가지를 동시에 진행할 때도 있습니다.

이때 디자이너는 해당 운영체제가 무엇이고, 운영체제에서 제시하는 가이드라인과 UX, UI의 요소와 기획 의도에 맞게 디자인해야 합니다.

앱은 사용자에게 서비스되기 전에 반드시 테스트를 거칩니다. 전문 개발자 및 내부적인 테스트를 알파 테스트라고 하며, 일반 사용자나 외부 인력으로 테스트하는 것을 베타 테스트라고 하는데, 어떤 사용자가 어떤 환경에서 앱을 사용할지 모르기 때문에 다양한 측면에서 테스트를 시행해야 합니다.

하이브리드 앱, 모바일 웹앱 제작 과정

하이브리드 앱이나 모바일 웹앱은 사용자가 웹을 통해 앱을 사용하는 것을 말합니다. 그렇기 때문에 스마트폰 단말기만 제어하는 것이 아니라 웹 프로그래밍도 동시에 해야 합니다.

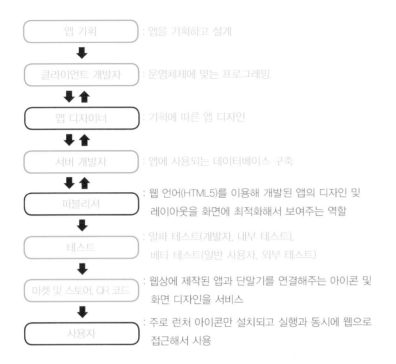

네이티브 앱과 가장 큰 차이점은 앱 자체를 스마트폰이 아닌 웹 서버상에 위치시키고 사용자는 무선 인터넷을 통해 해당 앱을 실행하고 사용하는 것입니다.

하이브리드 앱은 웹상에 존재하기 때문에 각자의 URL을 가지고 있으며 런처 아이콘만 마켓이나 스토어를 통해 내려받아 앱을 실행할 수 있습니다. 또는 QR코드를 이용해 앱에 접속해서 사용할 수도 있습니다.

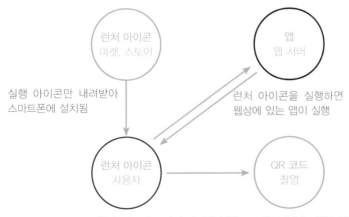

QR 코드 촬영 또는 대표 런처 아이콘 실행으로 웹상에 있는 앱이 실행

네이티브 앱은 스마트폰에 설치되어 내부에서 작동하므로 단말기의 정보를 쉽게 가져와 화면 구성을 쉽게 할 수 있습니다. 하지만 하이브리드 앱은 앱 자체가 서버상에 존재하면서 스마트폰에 보이기 때문에 앱 디자인 및 화면 구성은 스마트폰 종류에 따라 매번 달라질 수 있습니다.

그래서 웹 디자인과 마찬가지로 스마트폰 화면을 모니터로 인식해 각 스마트폰의 브라우저에 최적화해서 보여주도록 프로그래밍하는 것이 바로 퍼블리셔의 역할입니다.

앱 디자인과 퍼블리셔를 동시에 하는 수행하는 경우도 있고 각각 따로 하는 경우도 있습니다. 그리고 퍼블리셔 자체를 프로그램 분야로 보지 않고 앱 디자인 영역으로 구분하는 경우도 있습니다.

이는 앱을 제작하는 업체와 개발 인력마다 조금씩은 다르겠지만 최근 흐름을 보자면 앱 디자이너들도 디자인에 필요한 HTML5 & CSS3를 다룰 수 있어야 좀 더 깊이 있고 효율적인 앱 디자인이 가능할 것입니다.

앱 디자이너의 역할 및 자세

앱 디자인은 보통 모바일 콘텐츠 디자인이라고도 합니다. 우리가 사용하는 스마트폰 관련 앱도 모바일 영역에 포함되기 때문입니다. 하지만 최근에는 스마트폰 관련 앱이 대세를 이루면서 앱 디자인이라는 용어를 더 많이 사용하게 됩니다.

앱은 국내 휴대폰 보급률이 급속하게 늘어난 2000년 초기부터 지금의 스마트폰 관련 앱과 같은 대단한 이슈를 불러온 콘텐츠 중의 하나입니다.

모바일 디자인은 모바일 환경의 활성화와 많은 IT 업체들이 모바일 시장으로 뛰어들면서부터 모바일 배경화면, 모바일 게임, 모바일 앱, 준, 핌과 같은 동영상 서비스, 모바일 3D, 모바일 플래시 등과 같은 많은 콘텐츠가 쏟아져 나오면서 시작됐습니다.

하지만 최근에는 스마트폰과 더욱 향상된 모바일 기기의 보급으로 단순한 모바일 콘텐츠가 아닌 좀 더 막강해진 기능을 갖춘 수많은 앱이 나오고 있습니다. 그에 따라 앱을 전문으로 제작하는 전문 제작자와 전문 디자이너도 생겨났고, 모바일 콘텐츠 디자인은 곧 앱 디자인을 말하는 것으로 바뀌고 있습니다.

모바일 디자인의 변화

앱 디자인의 핵심은 기존 모니터와 같은 대형 디스플레이보다 상대적으로 작은 스마트폰이나 모바일 기기의 디스플레이에 얼마나 효율적으로 디자인하느냐에 있습니다. 또한, 터치스크린 방식의 UI 구성에서는 손의 그립 위치, 터치의 영역, 방향 등을 고려한 UX, UI 구성과 각 운영체제 및 모바일 환경에 대한 이해와 전문 지식이 필요합니다.

디자인 툴만 잘 다룬다면 디자이너라기보다는 엔지니어에 가까울 것입니다. 그래서 디자인 툴을 배우는 것과 동시에 함께 키워야 하는 부분이 바로 디자인 능력입니다.

이러한 디자인 능력으로는 스케치, 색감, 레이아웃, 표현 등 여러 가지가 있는데 대부분의 사람들은 그림을 잘 그려야 디자인을 잘 한다고 생각합니다. 물론 그림에 소질이 있는 사람이 디자인하는 데 유리하긴 합니다만 꼭 그림을 잘 그려야만 그래픽 디자인을 잘하는 것은 아닙니다.

그래픽 분야는 편집 디자인, UI 디자인, 타이포그래피 등 꼭 그림을 잘 그려야만 할 수 있는 분야가 아니기 때문입니다. 물론 캐릭터 디자인과 같은 부분은 그림을 잘 그리면 유리할 수는 있습니다.

아무리 좋은 캔버스와 연필이 있어도 표현하는 사람의 표현력이 떨어진다면 좋은 디자인 작품을 만들 수 없을 것입니다. 일러스트레이터나 포토샵과 같은 것은 단지 툴에 불과하고 좋은 디자인은 바로 손끝에서 나오는 것입니다.

기술 및 프로젝트에 대한 이해

다른 그래픽 디자인과 달리 앱 디자인 및 모바일 디자인은 모바일 특성과 환경에 대한 이해가 필요합니다. 일러스트레이터나 포토샵과 같은 그래픽 전문 툴을 다루는 능력은 기본이고, 그와 별개로 각 운영체제에 대한 이해, 운영체제별 가이드라인, 개발 언어, 앱 관련 UX/UI 등이 있습니다.

특히 우리가 앞 단원에서 알아본 스마트폰 운영체제에 대한 이해와 더불어 UX, UI, 운영체제별 가이드라인은 앱 디자이너가 반드시 알아야 할 필수적인 내용입니다.

적극적인 프로젝트 참여

대부분의 디자이너는 디자인만 잘하면 된다는 생각과 약간은 소극적인 자세로 업무에 임하는 경우가 많습니다. 물론 모든 디자이너가 그런 것은 아니지만, 특히 앱 디자이너라면 좀 더 적극적인 프로젝트 참여가 중요합니다. 앱 개발처럼 소규모로 프로젝트가 진행될 수 있는 분야에서는 제작자의 모든 의견과 기술이 중요하게 작용하기 때문입니다.

기획자나 개발자에게서 수직적인 관계로서 업무를 받기보다는 수평적인 선상에서 프로젝트에 참여하는 것이 중요합니다.

운영체제, UX, UI에 대한 이해

앱의 특성과 주요 사용자층에 적합한 디자인, 운영체제별 디자인 가이드와 UX, UI에 맞는 디자인, 스마트폰과 단말기 특징(화면 크기, 해상도, 효율적인 제작 순서 등)에 맞는 디자인 등 기술적인 부분과 운영체제별 디자인 특징, 효율적인 화면 구성(아이콘, 버튼, 색상, 구조 등), 최근 유행하는 앱 디자인 형태의 파악, 운영체제별로 새로 업데이트되는 디자인 가이드의 반영과 같은 디자인적인 부분이 있습니다.

그래픽 툴의 활용

앱 디자이너라면 당연히 그래픽 관련 툴을 다루는 능력이 있어야 합니다. 특히 안드로이드는 공식 사이트에서 포토샵 PSD 파일과 일러스트레이터의 AI 파일 형식에 맞게 탬플릿을 제공하고 있으며, 기타 아이폰과 대부분의 앱 디자인에 사용되는 외부 템플릿 또한 포토샵과 일러스트레이터를 이용해 제공되고 있습니다.

디자인 프레임워크라고 해서 하나의 그래픽 툴만 사용하는 것이 아니라 각 그래픽 툴의 특징과 효율성을 극대화해서 최적화된 이미지를 만들어 내는 것도 있으니 참고합니다.

프로그래머와의 협업

실무에서 가장 어려움을 겪는 것 중 하나는 바로 디자이너와 프로그래머 간의 협업 문제입니다.

프로젝트를 진행할 때 프로그래머와 디자이너는 어떤 방향(해상도, 대표 크기 설정)으로 디자인할 것인지, 이미지 파일(PSD 원본 파일, 개별 PNG 파일, 나인패치 이미지 적용 등)은 어떤 식으로 전달할 것인가에 대해 충분하게 논의해야 합니다.

유지보수

앱 기획과 개발, 완성까지 모든 부분이 완벽하게 이뤄질 수는 없습니다. 또 막상 앱을 출시하고 서비스를 시작한 다음에도 생각조차 못했던 오류나 부족함이 있기 마련입니다.

개발한 앱을 출시하더라도 수시로 업데이트와 유지보수를 통해 새로운 디자인과 기능을 추가해서 사용자의 꾸준한 관심과 신뢰를 얻을 수 있습니다.

자료 수집 및 즐겨 찾기 습관

앱 디자인을 시작했다면 디자인과 상관없는 웹 서핑이나 메일 확인, 쇼핑, 게임 등을 할 때도 마음에 드는 화면이나 색감을 가지고 있는 사이트를 항상 즐겨찾기에 추가하고 캡처해 두는 습관을 들여야 합니다.

해당 사이트와 자료들이 꼭 앱 디자인에 관련된 것이 아니더라도 사이트의 배너, 콘텐츠 등을 만든 디자이너들도 저마다의 노력과 고민 끝에 콘텐츠를 만들었을 것입니다. 이러한 자료는 언제든지 앱 디자인을 할 때 분명 색감이나 레이아웃, 표현 방법 등에 도움이 됩니다. 그리고 즐겨찾기 목록과 자료는 나중에 큰 디자인 자산이 될 것입니다.

주위의 모든 것을 디자인 소스로 활용

앱 디자인과 상관없는 미술 작품이나 사진, 조각과 같은 전시회를 자주 접하는 것도 좋습니다. 또 다양한 사물에서 디자인 소스를 찾는 노력도 중요합니다. 예를 들어, 옷의 패턴과 색감, 팬시 제품들, 나뭇잎, 하늘의 색상 등 모든 사물에서 색감과 레이아웃 표현 방법 등을 찾는 것입니다.

이처럼 다양한 방법으로 디자인 소스를 찾아 색감, 레이아웃, 표현 방법 등을 토대로 새로운 나만의 디자인을 만들 수 있습니다.

펜시 제품의 색감을 디자인에 응용한 예

옷의 패턴을 응용한 디자인 예

카피로 새로운 창조

누군가의 작품을 그대로 따라 만들어서 어떤 디자인 작품을 만든다면 그것은 명백한 불법 행위입니다. 하지만 처음 연습하는 입장에서는 기존에 잘 돼 있는 작품을 따라 하는 것도 한 가지 좋은 방법입니다. 물론 좋은 점만 참고해서 다시 자기 것으로 만들어야 합니다.

특히 앱스토어의 대표 앱이라거나 인기 있는 앱의 색감, 레이아웃, 표현 기법 등을 분석하고 파악해서 자기 것으로 만드는 것도 좋은 방법 중 하나입니다.

태블릿을 이용한 디자인

우리가 PC 환경에서 어떤 작업인가를 할 때 거의 모든 사람이 마우스를 사용합니다. 특히 디자인하는 사람은 마우스를 연필과 붓처럼 사용해야 하는 데, 손목의 움직임과 손끝의 움직임은 아주 다릅니다. 그러다 보니 마우스로는 표현하기 어려운 부분이 아주 많습니다.

그래서 디자인을 하는 사람이라면 마우스를 연필처럼 사용할 수 있는 태블릿을 사용하는 것이 더 유리합니다. 또한, 디자인의 가장 기본적인 선을 표현할 때도 마우스로는 선의 강약을 줄 수가 없는데, 태블릿은 펜의 누르는 힘을 감지해 선의 강약을 표현할 수 있습니다.

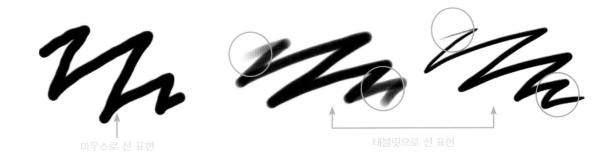

마우스로 선 표현　　　　　　　　　　　　　태블릿으로 선 표현

다른 작품 평가

게임을 하거나 장기, 바둑을 둔다고 생각해 보면 게임을 즐기는 사람은 그것에 빠져 다른 길을 잘 보지 못하지만, 훈수를 두는 사람은 이상하게 다른 길과 방법을 더 잘 보는 것과 같은 원리입니다.

다른 디자인 작품 또는 앱 디자인을 보면서 나름대로 평가를 한번 내려 보고 자신의 작품과 비교해보는 것입니다. 그리고 내 작품을 그와 같은 방식으로 또 평가해 보는 것입니다. 그러다 보면 자신의 디자인에서 장단점을 찾을 수 있습니다.

스케치와 메모

평소에는 이것저것 여러 가지가 눈에 들어오고 아이디어가 많이 생기는데, 어떤 디자인 작품을 하나 만들려고 하면 이상하게 갑자기 생각이 안 날 때가 많습니다. 그래서 평소에 머릿속에 떠오르는 디자인이나 색감의 느낌을 항상 스케치하고 메모하는 습관을 들이면 나중에 아주 좋은 디자인 자료가 됩니다. 그러면서 스케치 실력도 조금씩 좋아진다는 장점이 있습니다.

앱 디자인을 하기 전에 가장 많이 듣는 질문 중 하나가 바로 '디자인 전공이 아닌데 과연 디자인을 잘 할 수 있을까요?' 또는 '그림을 잘 못 그리는데 디자인을 잘 할 수 있을까요?'라는 질문입니다. 앞에서 알아봤듯이 디자인을 전공했다고 모두 디자인을 잘하는 것이 아니며, 또 그림을 못 그린다고 해서 디자인을 못하는 것은 절대 아닙니다.

전공과 그림을 잘 그리는 것도 어느 정도 중요한 부분이긴 하지만 앱 디자인과 UI 디자인은 얼마나 많은 경험을 하고 또 얼마나 많은 자기 계발과 모바일 환경을 이해하느냐에 달려 있습니다. "이 방법을 알면 디자인을 잘한다."라는 것은 절대 없습니다. 대신 그러한 방법을 잘 이해하고 자기 것으로 만들고 발전시키는 것이 중요합니다.

위에서 언급한 몇 가지 방법도 마찬가지입니다. '이런 방법들이 있구나'라고 한번 읽고 지나가는 건 쉽지만 실천하고 자기 것으로 만드는 것은 어려운 일입니다. 짧은 시간에 모두 자기 것으로 만들 순 없지만 하나씩 실천하고 노력하면 분명 좋은 앱 디자인을 할 수 있을 것입니다.

002.
앱 디자인 기획

디자인 기획

하나의 앱이 나오기까지 수많은 과정을 거칩니다. 가장 먼저 어떤 앱을 개발할 것이냐는 기획 단계부터 시작하는데, 앱 특성상 소규모로 기획이 진행될 수 있습니다. 전문 기획자뿐만 아니라 프로그래머, 디자이너도 앱 기획에 참여할 수 있습니다.

특히 앱 디자이너는 앱의 UI 디자인을 담당하기 때문에 앱 기획에 직접적인 영향을 줄 수 있습니다. 시장 분석, 수익성, 업무 분석, 사용자 중심 설계, 표현력 등을 바탕으로 한 기획에 디자이너는 해당 앱에 맞는 디자인을 찾아내는 것이 가장 중요한 관건입니다.

여러 가지 방법을 통해 제작하고자 하는 앱 디자인의 방향을 설정할 수 있습니다. 그러한 방법 중에는 브레인스토밍, 디자인맵, 벤치마킹 등과 같은 방법이 있습니다.

브레인스토밍

브레인스토밍이란 앱 개발에 필요한 구성원과 비전문가인 사용자가 모여 앱의 주제에 대한 회의 형식을 채택하고, 구성원의 자유 발언을 통해 아이디어를 제시하길 요구해 발상을 찾아내는 방법입니다.

- 한 사람보다는 다수가 제시하는 아이디어에 집중한다.
- 아이디어가 많을수록 질적으로 우수한 아이디어가 나올 가능성이 많다. 일반적으로 제시된 아이디어에 비판을 가하지 않는다.
- 전문가 입장이 아닌 사용자 입장의 의견을 충분히 반영한다.

이와 같은 원칙에서 브레인스토밍을 진행할 수 있습니다. 그러므로 브레인스토밍은 어떠한 내용의 발언이라도 그에 대해 비판을 해서는 안 되며, 오히려 자유분방하고 엉뚱하기까지 한 의견을 출발점으로 아이디어를 발전시켜 나갑니다. 이를테면, 일종의 자유연상법이라고도 할 수 있으며, 디자인 기획뿐 아니라 앱 기획 단계에서도 사용할 수 있는 아이디어 유추 방법이기도 합니다.

디자인 맵

디자인 맵은 이미지 맵이라고도 하며, 하나의 디자인을 위해 디자인에 참고할 만한 연상되는 이미지 및 패턴, 색상, 관련 앱 디자인, 최근 유행하는 이미지 등의 자료를 찾아 나열하고 디자인에 참고하는 것을 말합니다.

앞으로 제작할 앱의 고유 색상과 디자인, 패턴 등 앱 전체적인 디자인의 느낌을 디자인 맵 단계에서 결정하게 됩니다.

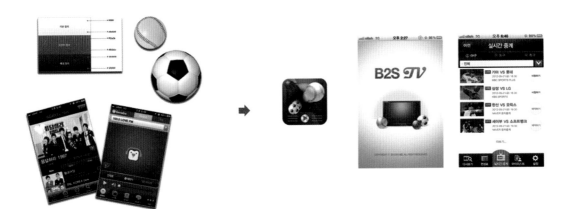

디자인 맵을 구성하는 방법은 특별한 형식을 따르지 않습니다. 하지만 이 과정에서 전체 앱의 색감, 질감, 디자인 패턴 등의 아이디어를 얻을 수 있습니다.

벤치마킹

각종 스토어나 마켓에서 현재 인기 있는 앱, 개발 준비 중인 앱과 유사한 앱, 유명 디자이너들이 디자인한 앱, 앱과는 상관없지만 디자인에 참고할 만한 웹사이트나 콘텐츠 등을 참고해서 좀 더 발전된 디자인과 UI 구성을 하는 것입니다.

스토리보드 구성

전체적인 앱 디자인에 앞서 실제 앱이 구현되는 전체 구조를 설계해봅니다. 전체 구조를 설계하면서 장면의 수, 각 장면의 전환, 필요한 버튼 및 버튼의 위치 등을 설계할 수 있습니다.

앱의 페이지 구성은 휴대폰이라는 특성과 버튼 조작의 활용도를 놓이기 위해 2~3단계를 넘지 않게 하고 각 앱의 기본 버튼 및 구성은 통일성 있게 제작해야 합니다. 또한, 어느 화면에서도 다른 화면으로 넘어갈 수 있는 버튼을 구성해 화면별로 자유롭게 이동하게 하는 것이 좋습니다.

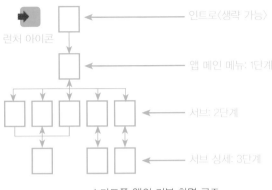

스마트폰 앱의 기본 화면 구조

페이퍼 프로토타입 및 목업

페이퍼 프로토타입

페이퍼 프로토타입이란 제품을 기획 단계부터 아이디어를 종이에 손으로 직접 그려서 검증하는 방식을 말합니다. 바로 디자인과 프로그래밍으로 들어갈 수도 있지만, 수정/변경하는 데 시간과 노력이 더 걸리고 한번 설정한 방향 대로만 진행해버리면 다른 유연한 생각을 하는 데 방해가 되기 때문에 실제로 제작하기 전에 페이퍼 프로토타입 방식을 이용해 가상의 앱을 구현해 보는 것입니다.

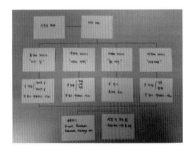

페이퍼 프로토타입을 이용한 앱 스토리보드 구성

- 같은 UI 화면을 몇 가지 형태로 제작해 서로 비교/분석해서 좀 더 효율적인 화면 구성을 만들어냄
- 실제 제작할 앱을 시각화해서 버튼의 위치, 화면 구성 등을 미리 파악할 수 있음
- 완성품 제작 전 미리 UI를 구성해 실제 제작할 때 시행착오를 줄일 수 있음
- 손 그림을 이용해 자유롭게 스케치하면서 다양한 아이디어를 이끌어낼 수 있음
- 버튼, 아이템 등 위치, 간격, 크기 등을 정확하게 기재함

페이퍼 프로토타입을 제작하는 방법은 직접 손 스케치를 이용하는 방법도 있지만 발사믹 목업(http://www.balsamiq.com), 펜슬 프로젝트(http://pencil.evolus.vn) 등과 같은 전용 툴을 이용하면 좀 더 체계적이고 깔끔한 형태의 페이퍼 프로토타입을 제작할 수 있습니다.

페이퍼 프로토타입에는 전체 화면 구조(스토리보드), 화면 레이아웃, 버튼, 콘텐츠, 화면 설명, 스타일 가이드 등을 함께 표기합니다.

다양한 형태의 페이퍼 프로토타입

포토샵 등을 통해 UI 디자인을 완성한 다음 완성된 파일을 보며 디자인 가이드를 작성하는 것보다 페이퍼 프로토타입 상에 디자인 가이드를 먼저 작성한 다음 그 가이드를 기준으로 UI 디자인을 하는 것이 더 효율적입니다.

목업

목업(Mock Up)이란 페이퍼 프로토타입과 비슷한 의미로 완성품을 제작하기 전에 실제와 동일한 형태의 제품을 미리 제작하는 것을 말합니다. 보통 앱 디자인에서는 페이퍼 프로토타입을 제작한 후 그에 따른 디자인을 제작해서 완성된 앱 형태를 갖춘 스냅샷이라고도 합니다.

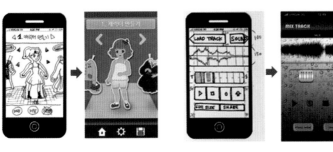

페이퍼 프로토타입을 활용한 앱 디자인

목업 제작은 디자인 초기 단계에서 꼭 필요 과정은 아니고 실제 앱 디자인 단계로 볼 수 있습니다. 그 이유는 앱 디자인 전에 스타일(디자인) 가이드를 먼저 제작하고 앱 디자인에 들어가는 것이 효율적이기 때문입니다.

스타일 가이드 표를 먼저 만들고 그다음 실제 앱 디자인에 들어가는 것이 좀 더 효율적인 제작 과정이지만, 대략적인 디자인과 완성 형태를 보기 위해 페이퍼 프로토타입을 제작한 후 바로 앱 디자인 작업에 들어가는 경우도 있습니다.

프로토타입 기획서

프로토타입 기획서란 페이퍼 프로토타입과 목업 제작보다 좀 더 발전된 형태로 앱 제작에 앞서 제작 의도, 디자인 방향, 스토리보드, 완성 화면 등을 정리해서 제작하는 기획서입니다.

보통 디자인 기획서라고도 하며, 의뢰업체에 시안 및 프레젠테이션 역할을 하기도 하고 마케팅용으로 활용되기도 합니다. 또 앱을 제작하기 전에 개발 여부를 판단하거나 제작할 앱의 가상 시나리오를 볼 때도 활용합니다.

프로토타입 기획서를 제작하는 특별한 형식이나 틀은 없지만 보통 제작 의도, 주요 기능, 앱 구조(스토리보드), 페이퍼 프로토타입, 디자인 맵, 런처 아이콘 디자인, 완성 화면 및 실행 화면 디자인 등의 내용이 들어가며, 주로 시각적인 요소를 사용해 앱의 완성 상태를 가상으로 보여 줍니다.

프레젠테이션 제작 및 제작 의도

프레젠테이션 겉장

제작 의도 및 주요 기능 설명

프로토타입 기획서는 시각적인 부분이 중요하므로 프레젠테이션 디자인도 앱의 느낌을 살려 디자인합니다. 또한 앱을 기획하게 된 의도나 앱에서 사용될 주요 기능을 짧고 간결한 표현으로 보기 쉽게 기술합니다.

앱 구조 및 스토리 보드

 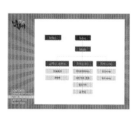 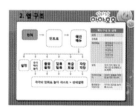 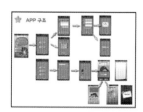

앱을 구현할 때는 구현된 전체 구조와 화면 설명 등을 3단계가 넘지 않는 범위 내에서 설계하고 한눈에 전체 앱 구조를 볼 수 있게 표현합니다.

페이퍼 프로토타입

앱 레이아웃 및 UI 구성을 제작한 페이퍼 프로토타입을 첨부해 체계적인 기
획과 설계가 이뤄졌음을 보여줍니다.

디자인 맵, 런처 아이콘 디자인

  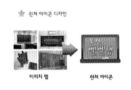 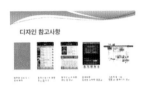

최근 디자인 트렌드나 디자인에 참고가 된 다양한 자료를 제시하고 그에 따
른 런처 아이콘 및 앱 UI 디자인의 주제를 설명합니다.

완성 화면 및 실행 화면 디자인

   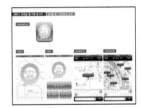

실제 앱을 완성했을 때의 완성 화면과 실행 화면을 가상으로 디자인해서 앱
을 제작하기 전에 전체 화면 및 실행 화면을 미리 알아볼 수 있습니다. 물론
실제 앱을 제작할 때 프로토타입 기획서를 바탕으로 제작하며, 제작하기 전
에 디자인에 대한 수정/편집 결과도 미리 확인할 수 있습니다.

> 프로토타입 기획서는 앱 제작 전뿐만 아니라 완성 후에도 제작할 수 있으며, 업체 및 개인
> 포트폴리오, 마케팅 사용, 앱 시안 등 다양한 형태로 사용될 수 있습니다. 물론 제작 유무는
> 제작사마다 다르겠지만 앱 기획 및 디자인에서 중요한 과정 중 하나입니다.

02
앱 디자인 제작

앱 UI 디자인을 하기 위해서는 크게 디자인적인 부분과 기능적인 부분으로 두 가지 측면을 고려해야 합니다. 디자인적인 부분은 말 그대로 앱 자체의 디자인을 말하며, 이런 앱 디자인은 기능적인 부분을 바탕으로 합니다.

기능적인 부분으로는 운영체제별 디자인 가이드 및 이미지 규격, 해상도별 이미지 구분, 나인패치, 스타일 가이드, 개별 이미지 제작 등이 있습니다.

앱 디자인 자체는 개인적인 성향과 앱의 특성에 따라 달라지므로 이번 과정에서는 기능적인 부분에 초점을 맞춰 런처 아이콘 제작부터 마지막 스타일 가이드 및 개별 이미지 제작까지의 과정에 대해 알아보겠습니다.

001.
앱 UI 디자인

런처 아이콘 제작

런처 아이콘은 앱 실행 아이콘이라고도 하며, 앱 디자인에서 가장 중요한 아이콘입니다. 대표적으로 안드로이드용 런처 아이콘과 애플의 iOS 아이콘으로 나눌 수 있으며, 디자인 형태, 특징, 규격에 대해서는 3단원에서 자세히 알아봤습니다.

안드로이드 런처 아이콘 | 아이폰 런처 아이콘

디자인이 iOS보다 추상적이며, 아이콘 외각을 자유롭게 지정할 수 있고 XXHDPI, XHDPI, HDPI, MDPI, LDPI 해상도로 크기가 구분된다. | 디자인이 iOS보다 추상적이며, 아이콘 외각을 자유롭게 지정할 수 있고 XXHDPI, XHDPI, HDPI, MDPI, LDPI 해상도로 크기가 구분된다.

안드로이드 런처 아이콘 규격 및 레이어 스타일 적용

하나의 앱을 제작하더라도 아이콘의 크기를 해상도별로 따로 제작하게 됩니다. 이는 안드로이드 운영체제를 사용하는 단말기 제조사마다 화면 크기가 각기 다르기 때문입니다.

구분	대표이미지	XXXHDPI	XXHDPI	XHDPI	HDPI	MDPI	LDPI
전체 크기	512 x 512	192 x 192	144 x 144	96 x 96	72 x 72	48 x 48	36 x 36
아이콘 크기	470 x 470	186 x 186	138 x 138	88 x 88	60 x 60	40 x 40	30 x 30
사각형 아이콘		182 x 182	134 x 134	84 x 84	56 x 56	38 x 38	28 x 28

이때 해상도가 같은 아이콘일지라도 원형 형태와 사각형 형태의 아이콘으로 구분해서 각 아이콘의 크기는 위의 표와 같이 따로 제작합니다. 그 이유는 같은 크기일 때 사각형 형태의 아이콘이 원형 형태의 아이콘보다 상대적으로 더 커 보이고, 앱을 개발하는 제작사마다 아이콘 크기를 통일시키기 위해서입니다.

아이콘 완성 가이드

각 해상도별 아이콘을 모두 제작하는 것이 정석이지만, 실제로는 가장 대표적인 XXHDPI, XHDPI와 HDPI 기준으로만 제작할 때가 많습니다. 최근 HDPI 이하 해상도 단말기가 많지 않고 안드로이드 개발 시 프로그래밍 방식으로 아이콘 크기를 줄일 수 있기 때문입니다.

안드로이드 런처 아이콘은 외각을 자유롭게 디자인할 수 있고 나머지 부분은 투명으로 처리됩니다. 그래서 아이콘 외각을 포토샵 레이어 스타일을 이용해 효과를 적용할 수 있습니다.

레이어 스타일 효과는 http://developer.android.com에서 지원하는 템플릿의 효과를 적용할 수 있습니다. 이때 XHDPI는 템플릿 4.0 버전, HDPI, MDPI, LDPI는 템플릿 2.3 버전을 기준으로 적용하는데, 이는 필수 사항

이 아닌 권장 사항입니다. 하지만 통일성 있는 런처 아이콘 효과를 주기
위해서는 아이콘 템플릿의 효과를 따르는 것이 좋습니다.

http://developer.android.com에서 icon 검색   런처 아이콘 템플릿 내려받기

XHDPI 해상도는 최신 버전으로서, 최근에 출시된 스마트폰은 XHDPI 해상도로 출시되
기 때문에 Icon_Templates-v4.0을 적용합니다. 나머지 HDPI, MDPI, LDPI는 기존 Icon_
Templates-v2.3 템플릿을 적용합니다.

	XHDPI	HDPI	MDPI	LDPI
Drop Shadow	• Color: #000000 • Opacity: 30% • Angle: 90 • Distance: 1px • Size: 1px	• Color: #000000 • Opacity: 75% • Angle: 90 • Distance: 2px • Size: 5px	• Color: #000000 • Opacity: 75% • Angle: 90 • Distance: 1px • Size: 2px	• Color: #000000 • Opacity: 75% • Angle: 90 • Distance: 1px • Size: 2px
−Opacity: 30%	• Blend Mode: Multiply • Opacity: 60% • Angle: −90 • Distance: 1px • Size: 1px	—		
−Angle: 90	• Blend Mode: Normal • Opacity: 30% • Color: #000000 • Size: 1px	• Blend Mode: Normal • Opacity: 30% • Color: #000000 • Size: 1px	• Blend Mode: Normal • Opacity: 30% • Color: #000000 • Size: 1px	• Blend Mode: Normal • Opacity: 30% • Color: #000000 • Size: 1px
−Distance: 1px	• Style: Inner Bevel • Depth: 231% • Angle: 90 • Size: 1px • Highlight: 25% • Shadow: 0%	• Style: Inner Bevel • Depth: 231% • Angle: 90 • Size: 1px • Highlight: 25% • Shadow: 0%	• Style: Inner Bevel • Depth: 231% • Angle: 90 • Size: 1px • Highlight: 25% • Shadow: 0%	• Style: Inner Bevel • Depth: 231% • Angle: 90 • Size: 1px • Highlight: 25% • Shadow: 0%

포토샵 레이어의 스타일 기본 설정 값

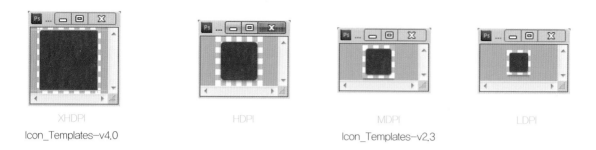

XHDPI
Icon_Templates-v4.0

HDPI

MDPI
Icon_Templates-v2.3

LDPI

XHDPI는 4.0 버전, 나머지는 2.3 버전으로 아이콘 템플릿을 포토샵에서 열어보면 위와 같은 해상도별 템플릿이 있습니다. 각 템플릿 레이어를 살펴보면 기본 효과와 임의의 효과가 적용돼 있는 레이어가 있습니다.

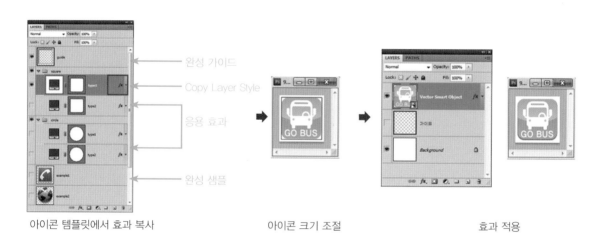

아이콘 템플릿에서 효과 복사   아이콘 크기 조절   효과 적용

아이콘 템플릿의 해당 레이어 스타일(fx)에 마우스 오른쪽 버튼을 눌러 Copy Layer Style로 효과를 복사한 후 제작한 아이콘에 다시 마우스 오른쪽 버튼을 눌러 Past Layer Style로 효과를 붙여 넣으면 됩니다. 또는 아이콘에 어울리는 레이어 스타일을 임의로 적용하면 됩니다.

완성된 아이콘은 배경을 해제한 후 Save for Web Devices(Ctrl + Alt + Shift + S)에서 png-24bit로 저장해서 완성합니다.

안드로이드 런처 아이콘 제작 순서

런처 아이콘을 제작하는 순서와 방법은 디자이너나 제작사마다 조금씩 다릅니다. 하지만 주로 가장 큰 이미지를 먼저 만들고 그다음으로 작은 순서대로 크기를 줄여나가는 방식을 사용합니다.

가장 큰 스토어 대표 이미지인 512 x 512를 먼저 만들고 그다음 XXHDPI → XHDPI → HDPI → MDPI → LDPI 순으로 줄여나가는 방법입니다. 이 방법은 한 이미지의 크기를 조절해서 줄여나가기 때문에 시간이 절약된다는 장점이 있지만, 이미지가 작아지면서 레이어 스타일 및 크기가 어색하게 변한다는 단점도 있습니다. 그래서 완성 가이드에 맞게 각 해상도별로 크기 조절을 합니다.

1) 가로, 세로 512 x 512 크기의 스토어 대표 이미지를 만듭니다.

Image → Image Size

2) 포토샵의 Image → Image Size를 이용해 96 x 96의 XHDPI용 이미지를 만든다.

Ctrl + T

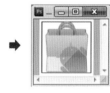

XHDPI용(96 x 96)

3) XHDPI 완성 가이드에 맞춰 다시 크기 조절을 합니다.

포토샵의 Image → Image Size를 통해 크기를 줄이더라도 자유변형 도구(Ctrl + T)를 이용해 아이콘 완성 가이드에 맞춰 다시 한번 크기 조절과 레이어 스타일을 적용합니다. 이때 Scale Style과 Constrain Proportions를 반드시 체크해서 가로/세로와 레이어 스타일을 같은 비율로 줄여야 합니다.

HDPI용(72 x 72)

MDPI용(48 x 48)

LDPI용(36 x 36)

이와 같은 방법으로 포토샵의 Image → Image Size를 이용해 HDPI,
MDPI, LDPI 순으로 크기 조절을 하고 그에 맞게 레이어 스타일을 적용하고
크기 조절을 합니다.

iOS 런처 아이콘 규격 및 제작 순서

안드로이드 런처 아이콘은 XHDPI, HDPI, MDPI, LDPI와 같은 해상도별
로 나뉜다면, iOS는 아이패드, 아이폰4/4S, 아이폰3/3GS와 같이 단말기별
로 크기가 나뉩니다. 또한, iOS는 단말기별 아이콘의 파일명을 정해진 파
일명으로 정확히 저장해야 합니다.

아이폰 필수 이미지 제작 순서							
종류	아이콘	런처 아이콘				앱 로딩	
크기	1024 x 1024	180 x 180	152 x 152	120 x 120	60 x 60	640 x 960	320 x 480	2048 x 1536
용도	앱스토어	아이폰6Plus	뉴아이패드	아이폰4/5/6	아이폰3	아이폰4	아이폰3	아이패드

단위: 픽셀

iOS 런처 아이콘도 크기가 가장 큰 스토어 대표 이미지부터 제작해서 작은
크기로 줄여나갑니다.

 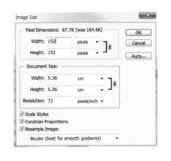 

Image → Image Size

뉴아이패드(152 x 152)

1) 가로, 세로 1024 X 1024 크기의 스토어 대표이미지
를 만듭니다.

2) 포토샵의 Image → Image Size를 이용해 152 X 152의 뉴아이패드용 이미지를
만듭니다.

아이폰4/4S(120 x 120)

아이패드(76 x 76)

아이폰3(60 x 60)

이와 같은 방법으로 포토샵의 Image → Image Size를 이용해 아이폰4/4S,
아이패드, 아이폰3GS 순으로 크기 조절을 합니다.

iOS 런처 아이콘 적용

iOS 런처 아이콘은 직사각형 형태로 제작되며, iOS에 적용되면 자동으로 라
운드코너가 적용됩니다.

iOS6에서는 라운드코너와 광채가 자동적용이 되었으나, iOS7에서는 광채가 사라지고 라운
드코너만 적용됩니다.

iOS 에뮬레이터에 적용

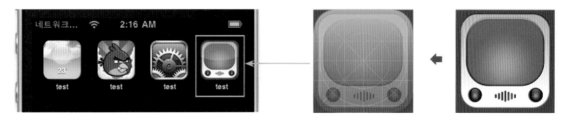

iOS7 Icon Template

완성된 아이콘의 라운드 코너값에 맞춘 디자인을 할 경우 iOS7 Icon
Template을 이용해 디자인에 적용할 수 있습니다.

iOS 런처 아이콘 디자인 중에는 위 그림과 같이 완성 아이콘의 라운드 코너
값과 연결된 디자인을 볼 수 있습니다. 이러한 표현을 할 경우 최초 앱 스토어
대표 이미지를 제작할 때 이러한 코너값을 고려해서 디자인해야 합니다.

안드로이드, iOS 대응 제작 프로세스

안드로이드와 iOS용 앱을 동시에 제작하는 경우도 많습니다. 하나의 앱을 두 가지 운영체제로 제작할 때 가장 효율적인 제작 방법을 알아보겠습니다.

아이폰6Plus: 1080 x 1920
아이폰6: 750 x 1334
아이폰5: 640 x 1136
아이폰4: 640 x 960
아이폰3: 320 x 480

갤럭시S6 Edge: 1440 x 2560
갤럭시S6: 1440 x 2560
갤럭시S4/S5: 1080 x 1920
갤럭시S3: 720 x 1280
갤럭시S1/S2: 480 x 800

일단 안드로이드와 iOS의 UI 구성은 조금 다릅니다. 일단 iOS에는 다른 화면으로 넘어갈 수 있는 네비 버튼이 항상 있어야 합니다. 하지만 안드로이드는 단말기 상의 취소(Back)버튼이 내장되어있어 네비 버튼이 없어도 큰 문제가 없습니다. 같은 앱을 두 운영체제로 제작할 때는 처음부터 iOS를 감안하여 UI상에 Back 버튼이나 네비 버튼을 추가하여 설계합니다. 그다음은 가장 큰 해상도부터 제작하여 작은 해상도로 줄여나갑니다.

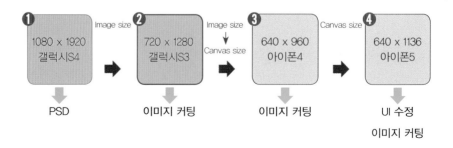

1) 최근 증가하고 있는 안드로이드 XXHDPI인 1080 X 1920으로 UI 디자인을 합니다.

XHDPI 리사이즈를 위해 16의 배수 픽셀로 제작하는 것이 정석

2) 같은 안드로이드인 XHDPI인 720 X 1280으로 리사이즈를 하여 이미지 커팅을 합니다.

HDPI 리사이즈를 위해 8의 배수 픽셀로 제작하는 것이 정석

3) 아이폰4인 640 X 960으로 Image Size 후 다시 Canvas Size 로 아이폰4 UI를 완성합니다.

아이폰은 아이폰3(320*480)가 기본 베이스이기 때문에 아이폰4를 먼저 제작

4) 아이폰4의 크기에서 세로만 1136으로 Canvas Size하여 아이폰5 UI를 완성합니다.

해상도별 이미지 크기 및 레이아웃 설정

해상도별 이미지 크기 설정

앱을 기획하고 디자인할 때 가장 먼저 생각해야 하는 부분이 바로 앱의 크기입니다. 화면 크기에 모두 맞는 디자인을 하는 것이 가장 이상적이나 현실적으로 모든 크기에 맞춰 제작하기란 시간과 노력이 아주 많이 드는 어려운 작업입니다. 그래서 실무에서는 크게 두 가지 사항을 고려해서 앱 디자인을 하게 됩니다.

Galaxy S1/2   Galaxy S3   Galaxy Note1   Galaxy Note2
〈Hdpi〉   〈XHdpi〉   〈XHdpi〉   〈XHdpi〉

안드로이드 대표 단말기 해상도

Galaxy S4/5
〈XXHdpi〉

Galaxy Note3
〈XXHdpi〉

Galaxy Note4
〈XXXHdpi〉

Galaxy S6/Edge
〈XXXHdpi〉

OS 대표 단말기 해상도

iPhone3

iPhone4

iPhone5

iPhone6

iPhone6 Plus

첫 번째로는 안드로이드나 iOS는 단말기의 정보를 인식해 자동으로 화면 비율에 맞춰 보이게 하므로 대표 해상도나 주력 단말기를 목표로 설정한 다음 하나의 크기로만 제작하고 나인패치를 이용합니다.

아이폰5는 아이폰4와 대부분의 이미지 규격은 같고 배경 크기만 640 x 1136으로 세로 길이가 차이 납니다.

LDPI: 240 x 320
HDPI,MDPI: 480 x 800
XHDPI: 720 x 1280

안드로이드는 HDPI 해상도가 대표 해상도이며, 국내에서 가장 많이 사용하는 단말기의 대표 해상도이기도 합니다. HDPI와 MDPI는 480 × 800으로 같아서 한번 제작해서 두 해상도에 모두 적용할 수 있습니다. LDPI의 해상도는 큰 이미지를 줄여 보이기 때문에 이미지의 깨짐 현상 없이 바로 적용할 수 있어 별도로 제작하지는 않습니다.

XHDPI는 프로그래밍 방식으로 HDPI 이미지를 강제로 늘려서 보이게 할 수 있으며, 나인패치를 이용해 화면 비율에 맞게 조절할 수도 있습니다.

강제로 늘려서 보일 때는 처음 HDPI의 화면 구성이 그대로 적용되지만 비트맵 이미지의 특성상 이미지가 조금 깨져 보일 수 있습니다. 나인패치를 이용하면 이미지를 강제로 늘리지 않기 때문에 이미지 깨짐 현상이 없지만 최초 HDPI 화면 구성과 다르게 표현될 수 있습니다.

안드로이드에서는 나인패치 이미지를 디자이너가 draw9patch 툴을 이용해 직접 제작하고 iOS는 프로그램상에서 처리하게 됩니다. 그래서 앱 디자인을 할 때는 어떤 방법으로 해상도를 처리할지에 대해 프로그래머와 충분히 논의한 후 제작에 임해야 합니다.

실제 앱 디자인을 할 땐 상단에 상태 바를 제외한 크기로 제작합니다. HDPI의 상태 바 크기는 50픽셀, HDPI 상태 바의 크기는 38픽셀입니다. 실제 앱 디자인을 할 때는 상태 바 크기를 제외한 나머지 크기에 맞춰 제작합니다.

단위: 픽셀

기본 해상도   강제로 늘려서 보여짐   나인패치를 이용해 표시됨

아이폰3: 320 x 480   아이폰4: 640 x 960   아이패드: 768 x 1024

iOS는 단말기를 기준으로 크기를 설정해서 제작합니다. 이때 대표 단말기는 아이폰4/4S와 아이폰3/3GS입니다. 두 단말기의 화면 크기는 비율이 같고 가장 먼저 아이폰4/4S를 기준으로 제작합니다. 아이폰3/3GS는 크기가 작아서 이미지 깨짐 현상 없이 자동으로 화면에 맞게 줄여져 보이게 됩니다.

아이폰에 맞춘 디자인은 아이패드와 화면 비율이 조금 다릅니다. 안드로이드와 마찬가지로 아이패드 화면에 맞게 강제로 늘려서 보이게 할 수 있으며, 나인패치를 이용해 화면 비율에 맞게 조절할 수도 있습니다.

강제로 늘려서 보일 때는 비트맵 이미지의 특성상 이미지가 조금 깨져 보일 수 있습니다. 나인패치를 사용할 경우 이미지를 강제로 늘리지 않기 때문에 이미지 깨짐 현상이 없고 화면에 맞게 보입니다.

아이폰4의 상태 바 크기는 40픽셀, 아이패드의 상태 바는 20픽셀이며, 실제 앱 디자인을 할 때는 상태 바 크기를 제외한 나머지 크기에 맞춰 제작합니다.

위 방법은 일반적인 앱을 제작할 때 쓰는 방법이지만 안드로이드의 XHDP(갤럭시S3, 갤럭시 노트1,2)와 iOS의 아이패드와 같은 크기의 전용 앱일 경우에는 해당 크기에 맞는 앱 디자인을 별도로 하게 됩니다.

두 번째는 앱을 개발할 때 자동 회전 기능을 없애는 것입니다. 최근 스마트폰이나 모바일 기기는 자동 회전 기능이 있어 단말기의 회전에 따라 앱의 방향이 바뀌게 돼 있습니다.

개발 당시 강제로 자동 회전 기능을 없애버리면 단말기상의 자동 회전 기능이 활성화돼 있어도 앱 자체가 회전되지 않습니다.

자동 회전이 적용된 앱

자동 회전이 안 되는 앱

이 부분도 프로그래머의 설정으로 적용되며, 자동 회전 기능이 없는 앱일 경우에는 하나의 대표 해상도와 크기만 제작하면 됩니다. 자동 회전 기능이 적용되는 앱이라면 디자인할 때 이를 고려해서 디자인해야 하며, 이때 주로 나인패치를 이용하게 됩니다.

주로 메신저나 SNS 관련 앱과 같이 디자인이 많이 들어가지 않는 앱은 자동 회전 기능을 사용하고 게임, 금융, 사진 등과 같은 테마형 앱이나 특정 기능을 수행하는 앱일 경우에는 자동 회전 기능을 잘 사용하지 않습니다.

레이아웃 설정

디자이너가 앱 디자인을 할 때는 주로 일러스트레이터와 포토샵을 사용합니다. 일러스트레이터는 아이콘 드로잉에 주로 사용되며, 포토샵은 UI 디자인뿐 아니라 최종 개별 이미지까지 저장하는 역할을 합니다.

| 페이퍼 프로토타입 | 완성 앱 디자인 | 개별 이미지 |

처음 페이퍼 프로토타입 과정에서 제작할 앱의 기본 화면 UI를 설계합니다. 이때 각 버튼의 위치 좌표값, 버튼의 가로 / 세로 크기, 간격 등에 대한 정보를 정확히 설정한 후 앱 디자인을 합니다.

포토샵에서 임의의 크기와 여백, 좌표값 등을 적용해서 디자인해도 크게 문제가 되진 않지만 이후 과정에서 개별 이미지 저장과 스타일 가이드를 작성할 때 크기와 마진, 좌표값이 모호하게 떨어지지 않게 하는 것이 좋습니다.

아이콘 크기: 123 x 79(X) → 120 x 80 (○)

- XXHDPI : 16배수 픽셀
- XHDPI : 8배수 픽셀

XXHDPI를 기본 해상도로 할 땐 아이콘 및 이미지의 크기가 16배수로 하는 것이 좋으며, XHDPI를 기본 해상도로 제작할 땐 아이콘 및 이미지의 크기가 8의 배수로 하는 것이 바람직합니다. 그래야 하위 해상도의 DP 변환 시 소수점이 생기지 않습니다.

> 스타일 가이드 표가 없더라도 개발할 수는 있지만 최초 의도했던 레이아웃 및 UI 디자인이 적절하게 표현되지 않을 수 있습니다.

포토샵에서 완성 크기를 열어 놓고 정확한 수치와 간격, 크기 등의 가상의 레이아웃을 만들어 페이퍼 프로토타입과 동시에 진행해야 정확한 수치를 알아낼 수 있습니다.

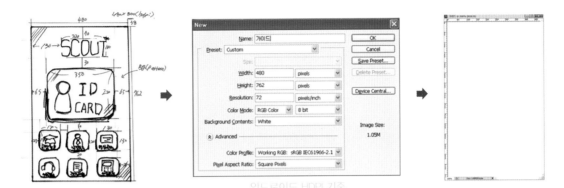

1) 포토샵에서 가로, 세로가 480 x 762인 작업 창을 엽니다. (상태 바의 38픽셀을 제외한 작업 창)

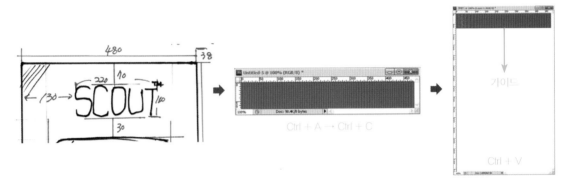

2) 가로, 세로가 480 x 70인 창을 열고 임의의 색을 채운 후 전체를 선택해서 복사합니다.

3) 완성 창에 붙여넣고 위치를 잡은 다음 가이드를 꺼냅니다. 그다음 이미지는 삭제합니다.

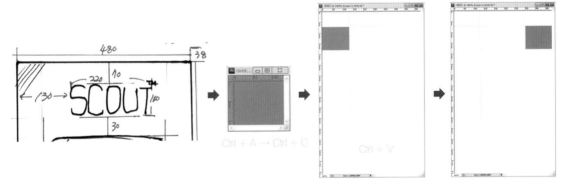

4) 가로, 세로가 130 x 110인 창을 열고 임의의 색을 채운 후 전체 선택해서 복사합니다.

5) 완성 창에 붙여 넣고 위치를 잡은 다음 가이드를 꺼냅니다. 그다음 이미지는 삭제합니다.

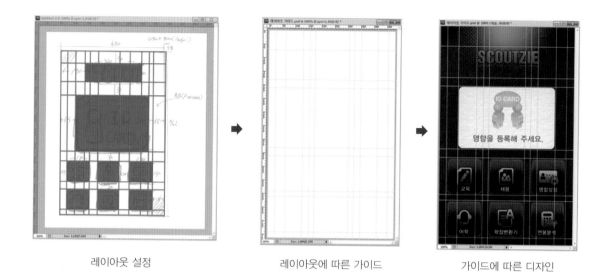

레이아웃 설정   레이아웃에 따른 가이드   가이드에 따른 디자인

이와 같은 방법으로 각 아이템이 들어갈 자리에 정확한 크기만큼 가이드를 설정합니다. 그런 다음 각 가이드 영역에 맞춰 버튼, 타이틀, 아이템과 같은 디자인을 진행합니다.

모든 디자인은 아이템별로 그룹화함

완성 창에서 크기에 맞게 바로 제작하는 방법과 각 아이템에 맞는 창을 열어 따로 제작한 다음 완성 창에 조합하는 방법이 있습니다. 그래야 정확한 크기에 맞는 화면 UI를 제작할 수 있습니다.

각 아이템 제작을 할 때는 반드시 레이어 폴더(그룹화)를 만들어 제작합니다. 그래야 개별 이미지를 저장/수정/편집하기가 쉬워집니다.

그리고 이처럼 정확한 크기와 수치로 제작하면 나중에 스타일 가이드로 활용할 수 있습니다.

나인패치 제작

나인패치는 스마트폰 앱을 디자인할 때 아주 중요한 디자인 방법의 하나로서, 하나의 앱 디자인을 단말기 해상도에 따라 자동으로 늘리거나 줄일 수 있는 디자인 기법입니다.

화면 크기에 자동으로 반응하거나 자동 회전 시 변하는 이미지를 제작할 때 나인패치 기능을 이용하면 별도의 추가 제작 없이 하나의 이미지를 모든 해상도에 맞게 사용할 수 있습니다.

안드로이드는 디자이너가 draw9patch를 이용해 직접 나인패치 이미지를 제작하고 iOS는 개발자가 프로그래밍상에서 제어하게 됩니다. 가장 대표적인 두 운영체제의 나인패치 사용법은 다르지만 일단 나인패치에 사용될 수 있는 이미지를 제작하는 과정까지는 동일합니다.

HDPI(480 x 800)   XHDPI(720 x 1280)에 나인패치 적용

앱에 사용되는 모든 이미지에 나인패치를 사용하지는 않습니다. 바로 전 과정에서 알아본 것과 같이 하나의 고정 이미지를 해상도별로 강제로 적용해서 사용할 수도 있으며, 나인패치를 이용해 자동으로 반응하게 할 수도 있습니다. 디자인이 복잡하거나 아이템 모양이 불규칙한 이미지는 나인패치를 사용할 수 없습니다.

나인패치 이미지의 형태

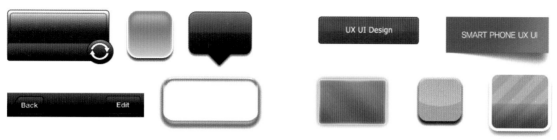

나인패치 가능 이미지   나인패치 불가능 이미지

나인패치에 사용될 이미지는 좌우 또는 상하가 통일된 형태의 디자인이며,
그 중 1픽셀을 늘리기 때문에 색상 또한 같도록 적용해야 합니다. 이미지 외
각이 불규칙하거나 내부에 패턴, 광채 등이 있으면 나인패치 이미지로 적합
하지 않습니다.

나인패치 색상

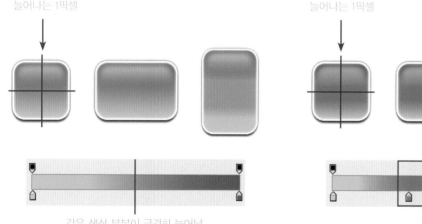

같은 색상 부분이 급격히 늘어남

위와 같은 이미지는 가로로 늘리게 되면 색상의 변화가 없지만, 세로
로 늘리게 되면 한 가지 색이 늘어나게 되므로 이미지가 어색해질 수
있습니다.

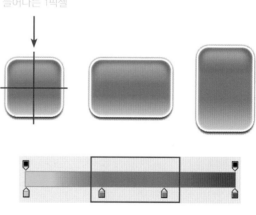

같은 색상

세로로 늘렸을 때도 이미지가 어색해지지 않기 위해서는 이미지를
제작할 당시 늘어날 부분의 색상을 미리 고려해서 같은 색상으로
영역을 만들어 제작합니다.

나인패치 종류

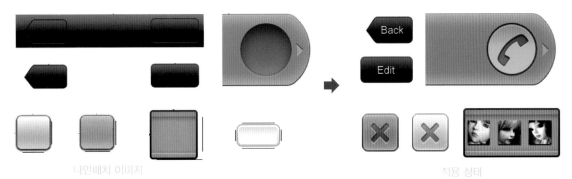

나인패치 이미지　　기본 나인패치　　적용 상태

가로 또는 세로와 같이 한쪽으로 늘어나는 이미지와 가로, 세로가 동시에 늘
어나는 형태의 기본 나인패치 이미지가 있습니다. 기본 **나인패치** 이미지는
위의 다른 아이콘과 텍스트와 같은 콘텐츠가 올라오는 형태가 됩니다.

나인패치 이미지　　콘텐츠 나인패치　　적용 상태

내부에 텍스트나 아이콘과 같은 콘텐츠가 들어있는 콘텐츠 나인패치는 콘텐
츠에 왜곡이 생기지 않는 범위를 설정해서 디자인해야 합니다. 보통 나인패
치는 가로, 세로 1픽셀을 설정하지만 이처럼 내부 콘텐츠가 있을 때는 콘텐
츠 양쪽의 1픽셀을 설정해서 늘릴 수도 있습니다.

상단과 좌측은 이미지가 늘어나는 영역의 1픽셀을 표시하고, 우측과 하단
은 콘텐츠가 들어갈 영역만큼 표시합니다. 이처럼 나인패치 표시를 하고

파일명 뒤에 .9가 붙으면 프로그래밍상에서 자동으로 나인패치 이미지로 인식합니다.

나인패치 이미지 특징

iOS는 디자이너가 나인패치 이미지를 PNG 파일로 제작하면 프로그래머가 가로, 세로 좌표를 설정해서 나인패치를 적용하며, 안드로이드는 디자이너가 draw9patch 툴을 이용해 직접 제작하게 됩니다. 디자인 형태는 늘어날 수 있는 외각과 색상을 고려해서 디자인합니다.

안드로이드 SDK를 실행하려면 먼저 자바가 설치돼 있어야 합니다. http://www.oracle.com에서 자바 프로그램을 내려받아 먼저 설치한 후 http://developer.android.com → Develop → Tools로 가서 안드로이드 SDK를 내려받아 기본 설치만 하면 됩니다.

설치가 다 끝나면 android-sdk-windows 폴더의 tools 폴더에 들어 있는 draw9patch.bat 파일을 실행하면 Drawe9patch 프로그램이 실행됩니다. Draw9patch를 사용하기 전에 포토샵을 이용해 나인패치로 사용될 이미지를 먼저 준비해 둡니다.

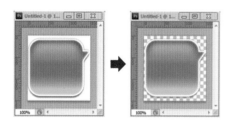

기본 나인패치 이미지

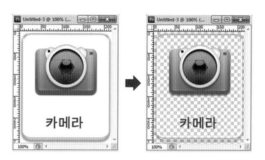

콘텐츠 나인패치 이미지

나인패치용 이미지는 외각을 투명하게 처리하며 사용했던 레이어 스타일(그림자, 광채 등)까지 완성 크기에 포함시켜 포토샵의 Save For Web & Devices를 이용해 png-24비트로 저장합니다.

색상과 디자인을 고려한 나인패치 적용   내부 콘텐츠를 감안한 나인패치 적용

Draw9patch

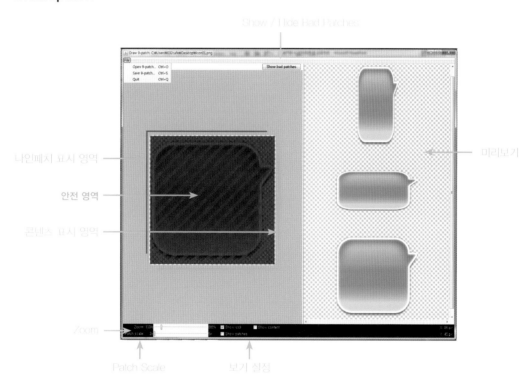

- **작업 창, 안전영역:** 나인패치는 상하 좌우 1픽셀을 제외한 나머지 부분은 작업이 이뤄지지 않음
- **미리 보기:** 나인패치가 적용됐을 때를 미리 보여줌
- **Show / Hide Bad Patches:** 나인패치가 잘못 적용되면 붉은색으로 표시됨
- **Zoom:** 작업 창의 크기 확대/축소
- **Patch Scale:** 미리보기의 비율 설정

- **Show Lock**: 안전영역 적용 / 해제
- **Show Content**: 나인패치 표시를 제외한 실제 콘텐츠가 들어갈 영역 보기 설정
- **Show Patches**: 나인패치 표시를 보여줌

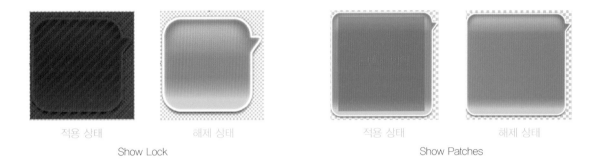

適용 상태　　　　　　해제 상태　　　　　　　　　　適용 상태　　　　　　해제 상태

Show Lock　　　　　　　　　　　　　　　　　Show Patches

기본 나인패치 제작

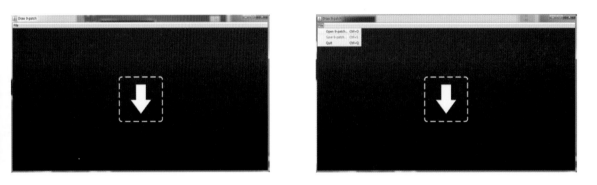

1) android-sdk-windows → tools → draw9patch.bat을 실행한 후 File → Open 9-patch를 이용
해 포토샵에서 저장한 PNG 파일을 불러옵니다.

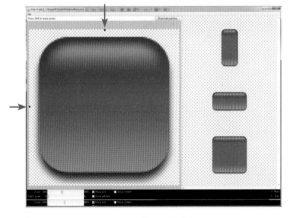

2) 위쪽과 왼쪽에 늘어날 1픽셀을 표시합니다.

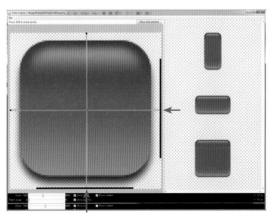

3) 오른쪽과 아래쪽에 콘텐츠 영역을 표시합니다.

나인패치 표시를 할 때는 마우스 왼쪽 버튼을, 지울 때는 마우스 오른쪽 버튼을 사용합니다. 콘텐츠 영역은 이미지가 늘어났을 때 콘텐츠가 들어가는 영역을 말하며, Show Content를 적용했을 때 보이는 영역이기도 합니다.

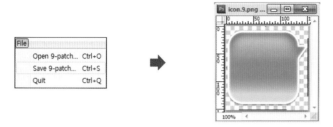

4) File →·Save 9-patch를 이용해 저장합니다. 이때 파일명 뒤에는 자동으로 .9.png가 붙습니다.

콘텐츠 나인패치 제작

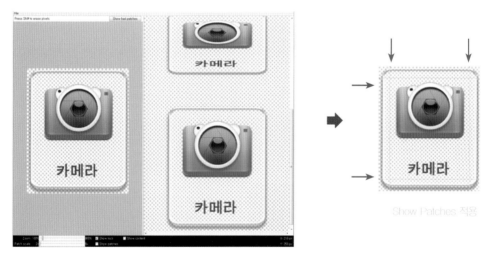

1) File → Open 9-patch를 이용해 포토샵에서 저장한 PNG 파일을 불러옵니다.

2) 콘텐츠 외각에 늘어날 부분을 양쪽에 표시합니다. 이때 Show Patches를 적용해 나인패치 영역이 콘텐츠를 침범하지 않게 합니다.

3) File →·Save 9-patch를 이용해 저장합니다. 이때 파일명 뒤에는 자동으로 .9.png가 붙습니다.

이미지 자체에 콘텐츠가 있는 나인패치는 오른쪽과 아래쪽의 콘텐츠 영역 표시를 하지 않습니다. 기본 나인패치 이미지는 내부에 이미지나 텍스트와 같은 콘텐츠가 유동적으로 들어가지만, 콘텐츠 나인패치는 내부에 아이콘 및 텍스트와 같은 콘텐츠가 미리 들어가 있기 때문에 콘텐츠 영역 표시가 필요하지 않습니다.

002.
스타일 가이드 및
이미지 저장

앱 디자이너가 전체 디자인을 마무리하면 최종적으로 완성 이미지가 첨부된 스타일 가이드와 개별 이미지를 프로그래머에게 넘깁니다. 그러면 프로그래머는 각 이미지의 위치, 간격, 레이아웃 등을 스타일 가이드를 참고해 개별 이미지를 조합해서 앱을 완성합니다.

이미지 커팅 및 나인패치 활용

폰트와 이미지 처리

폰트는 그래픽에서 PT 단위를 사용하며 SDK 에서는 SP 단위를 사용하지만 각 폰트마다 상대적이기 때문에 PX을 기준으로 XXHDPI, XHDPI, HDPI 로 계산해주는 것이 효율적입니다. 또한, UI 디자인에 사용된 텍스트는 이미지로 사용할 경우와 SDK 상에서 텍스트 처리하는 방법이 있습니다. 기본 텍스트는 SDK 에서 텍스트 처리하는 것이 용량과 가독성 면에서 좀더 효율적입니다.

텍스트 이미지와 SDK상에서의 텍스트로 구분한다.

SDK의 SP 단위는 상대적이기 때문에 포토샵의 PT 기준으로 표현할 수 없습니다. 그래서 디자인 가이드 작성 시 텍스트가 들어가는 곳의 영역과 텍스트가 들어갈 영역, 마진, 패딩 등을 정해주면 개발자가 그에 맞는 비율을 SP로 변환하여 적용하는 게 일반적인 방법입니다.

텍스트의 입력 영역과 텍스트 크기 등을 PX로 변환하여 사용

네비게이션바

개발자와 디자이너마다 이미지를 커팅하는 방법은 아주 다양합니다. 이미지 커팅 방법을 미리 개발자와 협의 후에 처리하는 것이 가장 효율적입니다. 그 중 네비게이션바의 이미지 커팅 방법에 대해 알아보겠습니다.

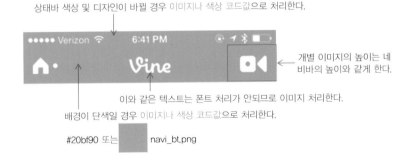

배경이 단색일 경우엔 16진수 색상 코드값만 알고 있어도 SDK 상에서 배경처리를 할 수 있습니다. 또한, 버튼도 버튼 크기보단 버튼이 들어갈 위치의 배경 크기와 맞추는 것이 레이아웃을 잡는 데 훨씬 효율적입니다.

네비바에 그림자 효과가 있을 경우
1) 이미지 자체에 그림자 효과를 준다.
2) SDK 환경에서 그림자 처리를 준다.
3) 아래 이미지에 그림자를 포함 한다.

네비게이션바와 콘텐츠 영역의 그림자 처리가 있을 경우엔 위와 같이 3가지 방법으로 이미지를 준비할 수 있습니다. 1번은 이미지 자체에 그림자를 주는 방식이지만 SDK 상에서 콘텐츠와 좌표 레이아웃 구성에 신경을 써야 합니다. 2번은 SDK 상에서 기본 효과와 그림자를 줄 수 있는 방법을 이용하는 것입니다. 마지막으로 3번은 아예 콘텐츠 이미지에 네비게이션의 그림자를 포함하여 이미지를 자르는 방법입니다.

각 아이템을 따로 저장함   공통 이미지 사용

네비게이션 버튼 및 아이콘을 저장할 때 이미지별로 저장하는 방법과 공통으로 사용될 부분을 하나만 저장하여 사용하는 방법도 있습니다.

리스트메뉴

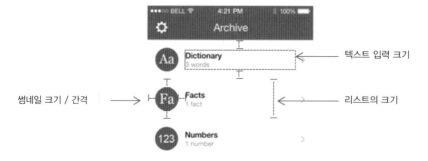

기본 리스트일 경우 리스트의 크기와 썸네일의 간격을 표시해서 개발자에게
알려줘야 합니다. 마찬가지로 단색일 경우 SDK에서 색상 코드값과 밑줄은
개발할 때 처리가 가능합니다.

| 1. 반투명 배경 | 2. 특정 텍스처 배경 | 3. 그라디언트 배경 |

1번과 같이 리스트로 사용되는 배경이 반투명할 경우 뒤에 비칠 이미지가 따
로 필요합니다. 2번처럼 특정한 텍스처가 리스트배경에 있을 경우 한마디의
텍스처 이미지가 필요하며 나머지는 공통으로 사용합니다. 단색이나 그라디
언트와 같은 배경은 나인패치를 이용하여 전체 리스트에 사용할 수 있습니
다.

메뉴, 버튼 및 기타 이미지

이와 같은 메뉴 아이콘 이미지를 커팅 할 때 아이콘 사이즈로 커팅하는 방법
과 화면 비율로 커팅하는 방법이 있습니다.

이미지 사이즈

장점: 제작 시간이 단축
단점: 아이콘이 규격화되지 않음
제작: 화면 비율에 맞는 마진 값을 고려하여 디자인 가이드를 작성

화면 비율 사이즈

장점: 디자인 가이드 작성이 편해지고 이미지를 규격화 할 수 있음
단점: 이미지를 커팅할 때 화면 비율을 맞추기 때문에 시간이 오래 걸림
제작: UI 디자인 시 미리 규격을 설계하여 제작 함

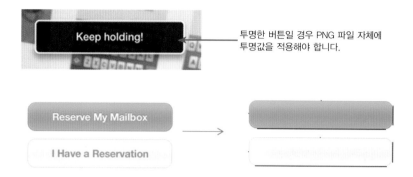

투명한 버튼일 경우 PNG 파일 자체에
투명값을 적용해야 합니다.

기본 버튼일 경우엔 기본 버튼 이미지를 나인패치하여 커팅하는 것이 효율적
입니다.

썸네일

기본 사각형 썸네일은 화면 비율 크기만 알면
된다.

원형 썸네일은 SDK 상에서 마스크와 그림자
처리할 수 있다.

특정 영역 썸네일은 영역으로 사용될 이미지가
필요하다.

배경 처리

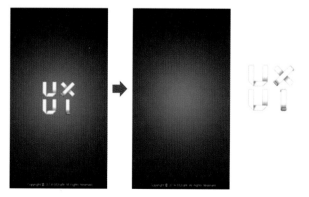

불규칙 이미지 배경

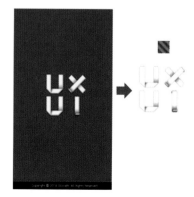

규칙 이미지 또는 단색일 경우

불규칙한 형태의 이미지가 배경으로 있을 경우 화면 전체 이미지가 필요하며, 단색 또는 규칙적인 패턴이 있는 배경은 패턴의 한 조각이나 단색의 색상 코드값만 있으면 전체 배경 처리를 할 수 있습니다.

SDK 탬플릿 사용

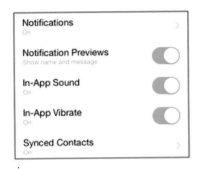

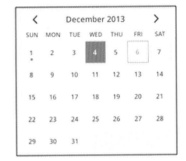

달력, 라이오 버튼, 슬라이드 메뉴, 팝업창, 체크 박스, 기본 라인, 단색 등은 기본 SDK에서도 지원하는 탬플릿으로 직접 디자인할 것인지 또는 SDK에서 지원하는 탬플릿을 사용할 것인지를 개발자와 논의한 후 디자인에 활용해야 합니다.

파일명 표기 및 이미지 저장

파일명 표기

최초 앱 디자이너는 일러스트레이터와 포토샵 같은 디자인 툴을 이용해 앱 UI 디자인을 하게 됩니다. 하지만 프로그래머는 개별 이미지들을 조합해서 앱 UI를 완성하는데, 이때 디자이너는 본인이 디자인한 앱 UI에 정확한 파일명을 표기해서 프로그래머에게 보내야 합니다.

앱 특성상 수시로 업데이트와 유지보수가 일어나기 때문에 작업의 효율성을 높이기 위해서는 정확한 파일명을 표기해야 합니다. 아래의 파일 구분자 표기법은 가장 많이 사용하는 파일명 표기법입니다.

이미지	구분자	내용
이미지	img	앱 UI에 사용되는 기본 이미지
아이콘	icon	앱 UI에 사용되는 아이콘
버튼	btn	앱 UI에 사용되는 버튼
라인	line	앱 UI 및 레이아웃에 사용되는 라인
배경	bg	앱 UI에 사용되는 배경
박스	box	텍스트 및 이미지 박스에 사용되는 이미지
사진	pho	카메라 또는 앱을 이용한 사진
타이틀	tit	제목 및 화면 설명
바	bar	버튼 및 콘텐츠 배경으로 사용되는 이미지
활성 / 비활성	on / off	버튼의 활성, 비활성을 나타내는 구분
나인패치	.9.png	나인패치가 적용되는 이미지
위젯	wj	위젯에 사용되는 이미지
텍스트 이미지	txt	텍스트를 이미지로 사용할 경우

앱 특징상 여러 화면으로 구분되고 각각에 사용되는 버튼 및 배경 등 겹치는 이미지가 있을 것입니다. 그래서 파일명을 구분할 때는 **화면 번호_구분자_번호_활성/비활성** 순으로 구분합니다.

그리고 두 가지 단어가 합쳐지는 파일명의 경우 두 번째 단어부터 대문자로 표기하는 **낙타 표기법**을 사용합니다. 이는 파일명이 길어지거나 복잡할 때 효율적인 표기법입니다. 또한 단어와 단어 사이의 띄어쓰기는 하지 않으며 띄어쓰기가 필요할 경우 '_'(언더스코어)를 사용합니다.

- main01_btn01.png: 메인 첫 번째 화면에 사용되는 기본 버튼
- sub02_btn01_on.png: 두 번째 서브 화면에 사용되는 활성화 버튼
- sub03_btn04_off.png: 세 번째 서브 화면에 사용되는 비활성화 버튼
- sub04_bar03.9.png: 네 번째 서브 화면에 사용되는 나인패치 바 이미지
- introMain_bg.png: 인트로와 메인을 동시에 사용하는 화면의 전체 배경 이미지

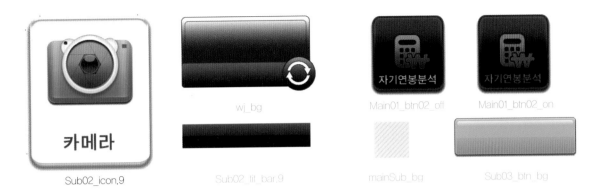

Sub02_icon.9   wj_bg   Main01_btn02_off   Main01_btn02_on

                    Sub02_tit_bar.9   mainSub_bg   Sub03_btn_bg

> 개별 이미지의 파일명을 이렇게 지정하는 것은 효율적인 앱 개발을 위해서입니다. 하지만
> 반드시 이와 같은 방법을 지킬 필요는 없습니다. 업체마다 고유의 제작 환경과 규칙이 있으
> 므로 나름의 효율적인 방법을 찾아 사용하면 됩니다.

개별 이미지 저장

개별 이미지는 완성된 앱을 만들 때 프로그래머가 사용하는 이미지입니다.
디자이너는 본인이 디자인한 앱 UI를 효율적으로 사용할 수 있게 개별 이미
지로 다시 한번 제작해야 합니다. 개별 이미지의 종류는 고정 이미지, 나인패
치 이미지, 패턴 이미지로 구분됩니다.

고정 이미지   나인패치 이미지   패턴 이미지

- 고정 이미지: 해상도에 상관없이 고정으로 사용되는 이미지
- 나인패치 이미지: 나인패치가 적용되는 이미지
- 패턴 이미지: 한 조각을 이용해 패턴화해서 보여주는 이미지

패턴 이미지 사용

개별 이미지는 디자인 기획과 페이퍼 프로토타입, 레이아웃 설정부터 미리 설계한 후 디자인해야 합니다.

개별 이미지를 만드는 방법은 크게 세 가지입니다. 첫 번째는 가장 확실하고 기본적인 방법으로 디자인이 끝난 레이어를 한 장으로 병합한 후 새로운 창에 가져간 다음 해당 파일 형식으로 저장하는 방법입니다.

두 번째 및 세 번째 방법은 포토샵의 고유 기능을 이용해 저장하는 방법으로 슬라이스 툴(Slice Tool)을 활용하는 방법과 스크립트(Scripts)를 활용하는 방법이 있습니다.

레이어 병합 기능을 이용한 개별 이미지 저장

Ctrl + E

1) 해당 레이어를 다중 선택하거나 레이어 폴더를 선택한 후 레이어를 병합합니다.

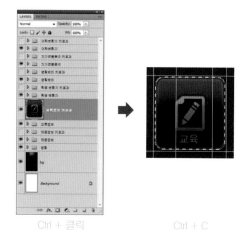

Ctrl + 클릭   Ctrl + C

2) 해당 레이어 썸네일에 마우스 포인터를 올린 후 Ctrl + 클릭해 선택하고 복사합니다.

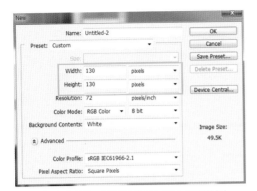 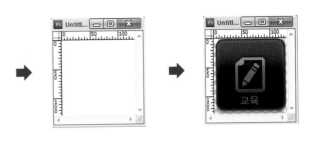

3) 새 창을 연 후 최초 기획했던 완성 크기로 설정합니다.   4) 복사한 이미지를 새 창에 붙여 넣습니다.

5) 배경을 투명하게 처리한 후 Save For Web & Devices에서 png-24bit로 저장합니다.

포토샵 특성상 복사한 크기의 새 창이 열리게 돼 있는데, 실제로는 페이퍼 프로토타입과 레이아웃 설정에서 표기한 정확한 크기로 다시 설정해서 이미지를 가져옵니다. 이때 그림자, 외각 광채 등도 완성 크기 안에 모두 들어가도록 디자인해야 합니다.

이미지 슬라이스 기능을 이용한 개별 이미지 저장

1) 가이드가 있는 UI 디자인 원본 PSD 파일을 열고 배경 레이어를   2) 슬라이스 툴(Slice Tool)을 이용해 필요한 부분의 영역을 설정합니다.
투명하게 처리합니다.

배경을 투명하게 해야 저장할 때 개별 이미지의 배경도 투명하게 처리할 수 있습니다.

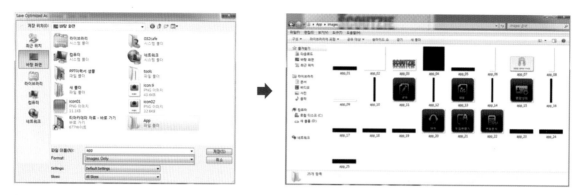

3) 이미지가 저장될 폴더를 만든 후 Save For Web & Devices에서 png-24bit로 저장합니다. 이때 Format은 Images Only로 설정합니다.

4) 해당 폴더에 images라는 폴더가 생겨나고 그 안에 개별 이미지가 png-24bit 파일로 자동 저장됩니다. 필요한 이미지의 파일명을 구분자에 맞게 변경하고 나머지 파일은 삭제합니다.

스크립트 기능을 이용한 개별 이미지 저장

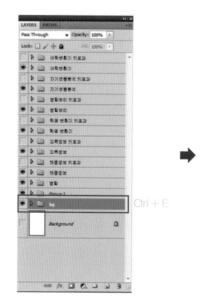

1) 디자인에 사용된 모든 레이어들을 아이템별로 병합합니다.

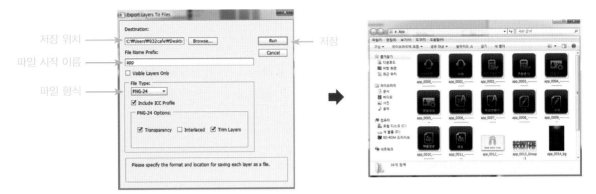

2) File → Script → Export Layers to Files에서 파일의 저장 위치, 파일명 시작 이름을 지정한 후 파일 형식은 PNG-24로 선택합니다. Run 버튼을 클릭하면 각 레이어가 이미지로 저장됩니다.

3) 저장된 개별 이미지들의 파일명을 구분자에 맞게 변경합니다.

스타일 가이드

스타일 가이드란?

프로그래머는 개별 이미지를 이용해 화면상에서 정확한 레이아웃을 잡기 위해 개별 이미지의 화면 내 좌표값과 크기를 알아야 합니다. 프로그래머는 완성 스크린샷과 스타일 가이드 표를 보고 개별 이미지를 조합해서 앱 UI를 완성할 수 있습니다.

스타일 가이드는 페이퍼 프로토타입 제작과 레이아웃 설정 시 나온 값을 바탕으로 디자인된 앱 UI에 프로그래머가 보기 쉽게 정확한 수치와 정보를 표기합니다.

스타일 가이드에 표기돼야 하는 것들은 전체 화면 크기, 이미지 및 아이콘 크기 및 위치, 폰트 크기, 색상, 간격, 나인패치, 애니메이션 좌표, 개별 이미지 파일명 등이 있어야 하며, 보통 워드 프로그램에 이미지 파일을 불러와서 제작합니다.

스타일 가이드 제작 시 주의할 사항

- 페이퍼 프로토타입과 레이아웃을 구성할 때 정확한 수치로 설계한 결과를 바탕으로 제작합니다.
- 단위는 픽셀을 사용하며, 색상은 16진수 코드값을 사용합니다.
- 좌표는 항상 좌측 상단(0,0)을 기준으로 한 절대 좌표를 따릅니다.
- 안드로이드용 스타일 가이드는 HDPI(480 x 800)와 XHDPI(720 x 1280)으로 두 가지를 제작합니다.
- iOS용 앱의 경우 가장 많이 사용하는 아이폰4, 4S(640 x 960)를 기준으로 스타일 가이드를 제작하고, 아이폰3(320 x 480)용은 정확히 2로 나눈 수치로 제작합니다.
- 화면 회전 적용 여부로 스타일 가이드를 가로/세로별로 따로 제작합니다.
- 스타일 가이드에는 전체 화면 크기, 이미지 및 아이콘 크기 및 위치, 폰트 크기, 색상, 간격, 나인패치, 애니메이션 좌표, 개별 이미지 파일명 등이 표기됩니다.

애니메이션 좌표값 추출

특정한 애니메이션이 들어있는 앱은 애니메이션의 동선 및 좌표값을 알아야 프로그래머가 정확하게 애니메이션을 구현할 수 있습니다.

각 레이어의 이미지를 선택하고 Info 팔레트에서 x, y 좌표값을 알아내는 방법과 외부 스크립트를 이용해 자동으로 알아내는 방법이 있습니다.

해당 레이어를 선택 영역으로 설정하면 INFO 팔레트에 x, y 좌표가 나타납니다. 이 좌표값을 장면별로 스타일 가이드에 표시하면 되는데, 애니메이션 장면 수가 많아질 경우 작업의 효율성이 떨어질 수 있습니다. 그래서 주로 외부 스크립트 파일을 이용해 자동으로 좌표를 알아내는 방법을 사용합니다.

인터넷에서 내려받은 스크립트 파일은 포토샵이 설치된 폴더의 Presets → Scripts 안에 붙여 넣으면 됩니다.

> http://cafe.naver.com/032cafe에서 파일명이 'xy'인 스크립트 파일을 내려받을 수 있습니다.

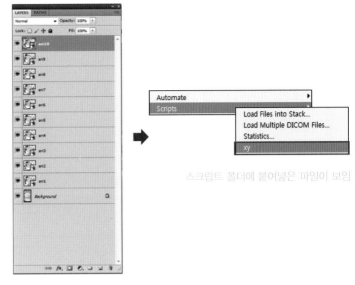

스크립트 폴더에 붙여넣은 파일이 보임

1) 애니메이션의 동선에 따라 미리 레이어 조합을 합니다.

2) File → Script → xy를 실행합니다.

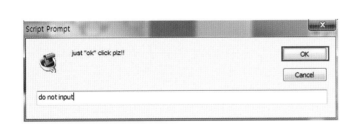

3) 스크립트 옵션 창이 나오면 OK를 클릭해서 실행합니다.

4) 레이어에 좌표값이 자동으로 나타납니다.

이처럼 나온 PSD를 스타일 가이드와 함께 첨부해서 프로그래머에게 보내면 프로그래머는 PSD 레이어와 동선, 좌표를 동시에 알 수 있습니다.

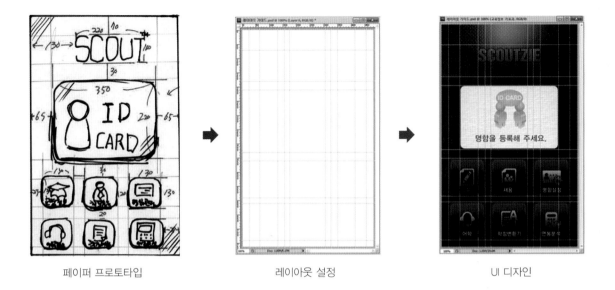

| 페이퍼 프로토타입 | 레이아웃 설정 | UI 디자인 |

이처럼 스타일 가이드 작성은 디자인 제작의 가장 마지막 단계이며, 페이퍼 프로토타입, 레이아웃 설정, UI 디자인, 개별 이미지, 스타일 가이드 순으로 이뤄집니다.

스타일 가이드 작성 방법

스타일 가이드를 작성하는 방법은 제작자와 업체마다 조금씩 다르지만, 앞 과정에서 말한 내용을 상세하게 표기해서 워드 프로세서나 기타 관련 프로그램으로 작성하면 됩니다.

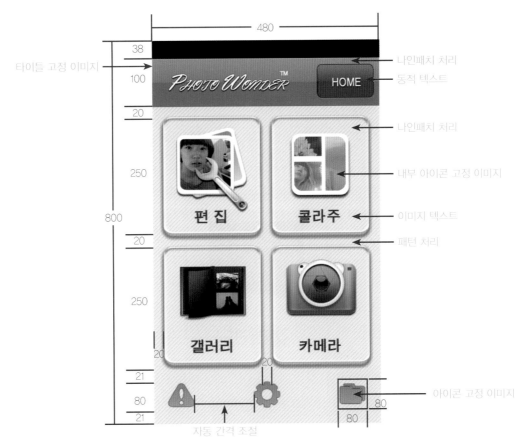

스타일 가이드 예시1

스타일 가이드는 전체 디자인의 레이아웃의 전반적인 수치와 내용, 색상 값을 표시합니다. 이때 중요한 점은 고정 이미지 / 나인패치 이미지에 대한 구분, 동적 / 이미지 텍스트 구분과 같은 화면 구성을 나타내는 것입니다.

가장 중요하게 들어갈 내용은 해상도에 따라 나인패치를 이용해 적용되는지, 고정 크기로 적용되는지에 관한 내용입니다. 또한, 배경이 단색일 경우 색상 값을 표시해야 프로그램(SDK)상에서 해당 값을 적용할 수 있습니다.

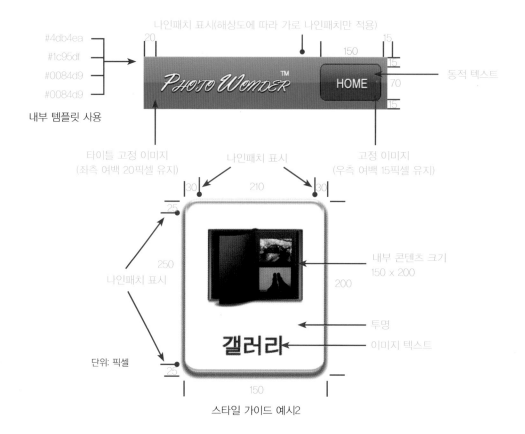

스타일 가이드 예시2

전체 스타일 가이드를 작성했다면 세부 스타일 가이드를 작성합니다. 특히 텍스트를 처리할 때 이미지로 텍스트를 만들지 프로그래밍상에서 동적 텍스트로 입력할지 구분합니다.

앱 디자인 특징 중 하나는 템플릿을 이용한 디자인을 많이 한다는 것입니다. 실제 디자이너가 디자인하긴 하지만 프로그램(SDK)에서 지원하는 템플릿이 있습니다. 템플릿을 사용하는 이미지는 별도로 표시해줍니다.

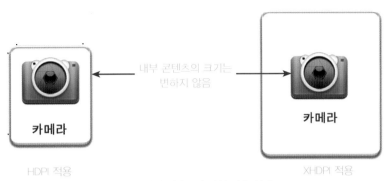

나인패치 이미지의 해상도에 따른 적용 상태

전체 화면 크기, 이미지 및 아이콘 크기 및 위치, 폰트 크기, 색상, 간격, 나인
패치, 애니메이션 좌표 등에 대한 스타일 가이드가 끝나면 개별 이미지를 다
시 정리합니다. 그리고 내부에 콘텐츠가 들어가는 콘텐츠 나인패치는 내부에
해당 이미지나 아이콘이 들어가 있기 때문에 나인패치 제작 시 우측과 하단
에 콘텐츠 추가 영역을 표시 하지 않습니다.

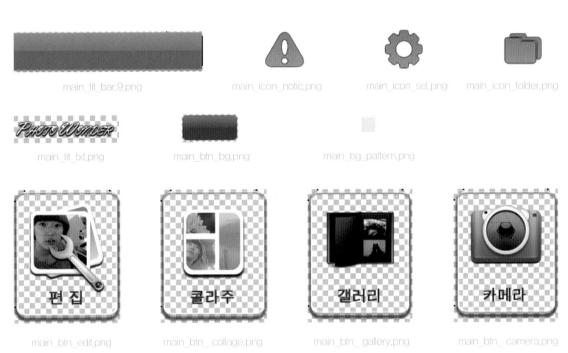

스타일 가이드 예시3

배경 패턴이 규칙적일 경우엔 패턴의 한 조각만 개별 이미지로 만들면 됩니다. 하지만 불규칙 패턴일 경우에는 전체 크기에 맞는 배경 이미지를 따로 만들어야 합니다.

불규칙 패턴 배경은 전체 이미지로 따로 제작한다.

포토샵을 이용한 앱 UI 디자인은 모니터 종류나 그래픽 카드에 따라 색상이 다르게 표현될 수 있고 단말기에서 보일 때도 단말기마다 제조사와 디스플레이 환경이 다르므로 최초 의도했던 색상과 느낌이 제대로 표현되지 않을 수 있습니다.

그래서 모든 디자인이 마무리되면 반드시 PNG나 JPG 파일로 다시 만들어 각 단말기에 사진 형태로 첨부한 후 확인하고 수정해야 합니다.

스타일 가이드를 제작하는 특정한 양식은 없고 제작자와 업체마다 제작 방식이 조금씩 다를 수 있습니다. 하지만 스타일 가이드 내에 표시되는 수치와 정보는 대부분 동일합니다.

또한, 스타일 가이드 표가 없더라도 개발할 수는 있지만 최초에 의도한 레이아웃 및 UI 디자인이 적절하게 표현되지 않을 수 있습니다.

그래서 스타일 가이드는 프로그래머가 보는 화면 제작 설명서로, 최대한 정확하고 보기 쉽게 구성해야 하며, 디자인의 마지막 단계로 볼 수 있습니다.

스타일 가이드 단위 변환

안드로이드는 XHDPI, HDPI, MDPI, LDPI와 최근에 추가된 XXHDPI로 해상도를 구분하고 있습니다. 디자이너 입장에선 고해상도의 이미지로 제작 하는 것이 효율적일지 모르지만, 실제 앱이 서비스될 때 모든 단말기가 고해 상도 단말기가 아니므로 저해상도 단말기에선 앱 용량이 커져서 앱이 느리게 실행되는 현상이 일어날 수 있습니다.

예를 들어 가장 고해상도인 XXHDPI(1080 × 1920) 크기의 앱으로 제작 하면 해당 단말기에선 최적화될지 모르지만, 기존에 출시된 HDPI, MDPI, LDPI 단말기에서는 필요 이상의 용량과 메모리를 차지하게 됩니다. 그래서 최초 앱 디자인을 할 땐 기획자, 개발자, 디자이너가 최적의 해상도를 설정하 여 제작해야 합니다.

디자이너가 제작하는 해상도와 개발자가 제작하는 해상도가 같을 경우엔 디 자인의 픽셀과 개발의 DP 단위가 1:1로 되기 때문에 스타일 가이드 제작 시 특별히 단위 변환을 할 필요가 없습니다. 하지만 디자이너는 고해상도 (XHDPI 이상)로 제작을 하고 개발자는 저해상도(HDPI 이하)로 제작을 하면 두 크기 사이의 단위가 달라지므로 스타일 가이드 제작 시 단위를 변환 해야 합니다.

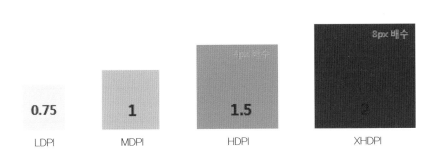

각 해상도별 비율을 살펴보면 LDPI는 0.75, MDPI는 1, HDPI는 1.5,XHDPI는 2의 비율을 가져갑니다. UI 디자인 할 때의 해상도와 개발할 때의 SDK 상의 해상도를 동일하게 하면 픽셀과 DP를 1:1로 하여 스타일 가 이드를 작성하면 됩니다.

최근에 출시된 고해상도로 UI제작을 할 경우 하위 해상도로의 DP변환 시 소수점 DP가 나오지 않게 하기 위해서 XXHDPI일 땐 16의 배수 픽셀로, XHDPI일 땐 8의 배수 픽셀로 의도적으로 UI를 제작하는 것이 효율적입니다.

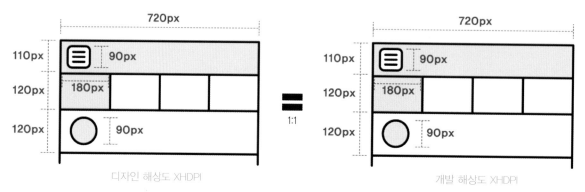

디자인과 개발 해상도가 같은 경우

디자인 해상도와 개발 해상도가 다를 경우엔 밑의 표를 기준으로 단위를 변환하여 스타일 가이드를 작성합니다.

	LDPI	MDPI	HDPI	XHDPI
LDPI	1.33dp= 1.00px	1.00dp= 0.75px	0.67dp= 0.50p	0.50dp= 0.38px
MDPI	1.33dp= 1.33px	1.00dp= 1.00px	0.67dp= 0.67px	0.50dp= 0.50px
HDPI	1.33dp= 2.00px	1.00dp= 1.50px	0.67dp= 1.00px	0.50dp= 0.75px
XHDPI	1.33dp= 2.67px	1.00dp= 2.00px	0.67dp= 1.33px	0.50dp= 1.00px

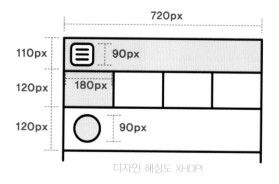

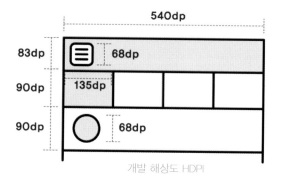

위 와 같이 디자인 해상도는 XHDPI로 하고 개발 해상도는 HDPI로 했을 경우 스타일 가이드 작성 시 XHDPI의 단위에 0.75를 곱한 수치가 바로 HDPI의 DP가 됩니다. 이처럼 변환된 수치로 작성해야 개발상에서 디자인 된 UI와 같은 비율로 레이아웃을 설정할 수 있습니다. 비율 계산 시 소수점으로 나오는 수치가 있을 경우엔 소수점을 반올림한 수치를 DP로 계산합니다.

[A – Z]